DAS NEUE MENÜ

VORRATSKÜCHE

DAS NEUE

MENÜ

VORRATSKÜCHE

SÜSSES UND PIKANTES SELBSTGEMACHT

EIKE LINNICH

MOSAIK VERLAG

Der Mosaik Verlag ist ein Unternehmen
der Verlagsgruppe Bertelsmann

Projektleitung: Marlisa Szwillus
Redaktion: Ulrike Erbertseder, Ulla Jacobs
Umschlaggestaltung: Petra Dorkenwald
Layout: Karoline Droege
Satz: Filmsatz Schröter GmbH, München
Druck und Bindung:
Mohndruck, Graphische Betriebe GmbH, Gütersloh
Printed in Germany · ISBN 3-576-06269-6

INHALT

NEUE LUST AUF EINE ALTE KUNST

Einst schufen Menschen Vorräte, um kalte Winter zu überleben. Heute ist vieles anders und besser. Im Supermarkt locken Delikatessen aus aller Welt. Ausländer kamen ins Land und haben uns mit ihrer Küche vertraut gemacht. Wie selbstverständlich kommen Kälte zum Frischhalten, Hitze zum Kochen, Kraft zum Pressen, Schneiden und Rühren und Mikrowellen zum Auftauen aus der Steckdose. Lebensmittel lagern in klimatisierten Hallen, um die Saison von Obst und Gemüse zu verlängern. Moderne Kost ist leicht, gesund und macht fit. Essen und Trinken bedeutet Genuß und Freude am Leben. Junge Menschen sind selbstbewußt und vielseitig. Sie kochen in der Freizeit mehr, als für den Augenblick benötigt wird, um alltags schnelle Kost zu zaubern und für liebe Gäste lange Menüs zu meistern. Sie haben Lust auf Selbstgemachtes nach eigenem Geschmack und verschenken es gern.

Leute von heute werkeln in kleinen Haushalten und setzen neue Ideen in die Tat um. Sie schaffen Vorrat nach eigenen Vorstellungen und sind aufgeschlossen für Schritte, die Rohstoffe und Energie einsparen. Sie pflücken Erdbeeren beim Bauern auf dem Feld und wissen, daß überdüngtes Obst und Gemüse zum Einmachen nicht taugt, weil die Haltbarkeit gefährdet würde. Sie besorgen festes Fleisch von zuverlässigen Händlern, weil wäßrige Qualität schrumpft und keinen Genuß verspricht. Sie schneiden Pilze über dem Boden ab und pflücken Beeren behutsam, um Pflanzen nicht zu verletzen. Sie verarbeiten in der Saison, was gut ist und wenig kostet, im eigenen Garten reift oder dem Nachbarn über den Kopf wächst. Sie kaufen eine Gans im neuen Jahr und Spargel nach Pfingsten, um Geld zu sparen. Trotz aller Prophezeiungen, in unserem Bürozeitalter wäre Einmachen Unsinn und bedeutungslos.

Beim Planen helfen Tabellen auf den Seiten 154–157: Ein Kalender zeigt übersichtlich, wann es was gibt und wie Sie es einmachen können. Sie sehen auf einen Blick, wieviel Zucker Sie für Früchte brauchen und wie hoch ihre Gelierkraft ist. Sie erfahren die Lagerzeiten für Tiefkühlkost, alle Zeiten und Hitzegrade zum Einkochen, die Höhe der Abfälle und wie sich die Hitze im Backofen regeln läßt.

In der Rubrik »Wichtig und nützlich« erfahren Sie viel Wissenswertes über die einzelnen Lebensmittel. Obst und Gemüse sollten Sie in der Regel tagfrisch verarbeiten. Der Abbau beginnt – nicht ohne Ausnahmen – gleich nach der Ernte. Früchte verlieren Festigkeit und Pektin. Gewicht, Aroma und Vitamine schwinden in atmenden Folienbeuteln und im Kühlschrank nur allmählich. Aber Aufbewahren bei Zimmertemperatur führt pro Tag zu erheblichen Verlusten, bringt schnell mehr Abfälle und sollte unterbleiben.

Je zarter und dünnhäutiger die Zutaten, um so kürzer waschen, was Vitamine und Mineralstoffe behalten soll. Schmutz in kaltem bis lauwarmem Wasser abspülen. Beim Putzen nur Genießbares und Gesundes übriglassen. Was zerkleinert ist, zügig verarbeiten. Denn an Licht und Luft wird Helles braun und verliert schnell Vitamin C. Ein Bad mit etwas Essig oder Zitronensaft bremst es erheblich. Vorkochen oder Blanchieren ist manchmal aufwendiger, aber es erhält und hebt die Qualität.

Einmachen steht für alle Verfahren, die Lebensmittel wochen- bis jahrelang haltbar machen. Es klappt größ-

tenteils nach uralten Erfahrungen, die erst in unserem Jahrhundert wissenschaftlich bestätigt wurden. Was Sie über Reinlichkeit, Geräte und die Methoden kennen müssen, können Sie in der »Einmachküche« auf den folgenden Seiten nachlesen. Dort zeigen Grundrezepte die Zubereitung nach verschiedenen Methoden. Goldene Einmachregeln auf Seite 25 sichern den Erfolg. Wenn Sie bestimmte Begriffe oder Zutaten suchen, hilft das Register schnell weiter.
Erfahrungen aus über 30 Jahren und aktuelle Daten begleiten Sie mit meinen besten Wünschen in Ihre Küche, wo Sie nach diesem Buch kochen und einmachen können. Sie erfahren am Rande, was Sie aus den Vorräten zaubern können, wie wandlungsfähig sie sind und was dazu paßt. Seien Sie gefaßt auf technische Unzulänglichkeiten und natürliche Unterschiede, damit Sie ausgleichend eingreifen können. Wenn Sie auf Qualität achten, Lebensmittel liebevoll behandeln und alle fünf Sinne benutzen, wird Ihnen alles phantastisch glücken.

Eike Linnich

ausfischen aus der kochenden Flüssigkeit, und die Lebensmittel tropfen schonend ab.
Rührlöffel: Mit seiner rechteckigen Spitze am Rührteil reicht er in die Nischen des Topfes und stellt sicher, daß der ganze Inhalt in Bewegung sein kann. Ein Loch in der Mitte erleichtert das Rühren und beschleunigt das Glattrühren. Wichtig beim Zubereiten von Brandteig!
Topf: Für Saucen und Marmelade muß er 4–5 Liter fassen. Das Einmachgut soll ihn höchstens halb füllen und viel Platz für aufsteigende Schäume bieten, damit sie nicht über den Rand laufen. Der Topf muß weit sein, weil Flüssiges verdampfen soll und schneller abziehen kann, wenn die Oberfläche groß ist.
Meßbecher: Er ist unentbehrlich beim Abmessen besonders von flüssigen Zutaten.
Siebe: Seiher und Siebschüsseln fangen die empfindlichen Güter sanft auf, weil sie spiegelglatt sind. Eine Palette mit stahlharter Kante reibt Geschmeidiges bis Festes schnell durch ein Trommelsieb, weil die platte Ebene aus schneidenden Drähten besteht. Weiches, wie zum Beispiel gekochte Äpfel oder Birnen, flutscht durch das »Passetout« oder die »Flotte Lotte«, während ein Eisen am Siebboden kreist und die Kurbel mit der Hand leicht zu drehen ist. In Spitzsieben läuft Flüssiges rasch ab, ohne den Inhalt zu drükken. Fein wie Staub rieseln Mehl und Puderzucker durch Rundsiebe mit feinstem Gitter.

REINLICHKEIT & WICHTIGE HELFER

In unseren Küchen und auch auf und in unseren Lebensmitteln tummelt sich eine Gesellschaft von natürlich vorkommenden Mikroorganismen und Enzymen. Mikroorganismen sind Kleinstlebewesen wie Bakterien, Schimmelpilze und Hefen, die für das Auge nicht erkennbar sind – nur in vielfacher Vergrößerung unter dem Mikroskop sichtbar. Enzyme sind natürliche Inhaltsstoffe von Nahrungsmitteln. Sozusagen »keimfreie« Lebensmittel gibt es nicht. Die Aktivität von Mikroorganismen ist abhängig von Wärme, Sauerstoff und Wassergehalt. Die meisten sind harmlos, aber manche von ihnen bilden Gifte. Sie führen zum Verderb der Lebensmittel und machen sie ungenießbar. Grundvoraussetzungen für ein erfolgreiches Einmachen sind in jedem Fall Lebensmittel von bester Qualität und Frische, absolute Sauberkeit und einwandfreie, unbeschädigte Einmach-Utensilien.

KEIME & KILLER

Kochendes Wasser tötet Keime, noch besser zusammen mit etwas Essigessenz. Aber ein kurzes Bad genügt nicht, weil es Nischen und Ritzen gibt, wo die Winzlinge sich verbergen. Also: Vor dem Einsatz alle Geräte, Töpfe und kleinen Helfer sehr ausgiebig in heißem Wasser mit Spülmittel und einer Bürste säubern und mit viel klarem Wasser nachspülen. Eventuell bis zum endgültigen Gebrauch in heißes Wasser mit einem Schuß Essigessenz legen. Arbeiten Sie besser mit vielen fusselfreien Tüchern – frisch aus der Wäsche – als mit Papiertüchern. Kochen Sie Seihtücher aus Mull, Nessel oder feinem Linnen vor jedem Gebrauch in Wasser mit Essig auf. Wenn Einmachgut nicht zum Einkochen bestimmt ist – holen Sie helfende Hände herbei! Die Gläser aus heißem Essigwasser nehmen und mit kochendheißem Gut übertrieben randvoll füllen, solange sie heiß sind. Sofort mit Deckeln zuschrauben – direkt aus heißem Essigwasser. Feuchte Tücher wiederholt in frischem, heißem Essigwasser spülen. Übertreiben Sie die Reinlichkeit ruhig. In diesem Fall ist sie eine Garantie für gutes Gelingen.

WICHTIGE HELFER

Auf dem Foto oben sehen Sie eine Auswahl nützlicher und wichtiger Einmach-Helfer. Diese und weitere werden im folgenden Kapitel ausführlich beschrieben.
Stahlblanke Küchenwerkzeuge halten lebenslang und lassen sich leicht spülen. Solche aus Kunststoff und Holz müssen zum Einmachen besonders gründlich gereinigt werden, um wirklich ausreichend sauber zu sein.
Küchenwecker: Sie helfen zuverlässig, die Zeiten beim Vor- und Zubereiten genau einzuhalten.
Trichter: Das Einmachgut gleitet mitten in das Glas, ohne den Rand zu verschmieren. Der Trichter muß auf dem Rand ankern können und darf den Inhalt nicht berühren. Beim Entnehmen würde Einmachgut tropfen und den Rand doch verschmutzen.
Einmachzange: Sie hat Gläser fest im Griff und läßt sie nicht fallen. Sie ist unentbehrlich, um heiße Gläser zu transportieren.
Schöpfkellen: Längliche Kellen mit Ausguß zielen gut, wenn Marmelade in enge Gläser gefüllt werden soll. Kellen mit gerader Front schaben Boden und Wände restlos leer und leeren Nischen.
Lochkellen: Drahtkellen und andere Kellen mit mittleren bis großen Löchern erleichtern das Herausfischen aus der kochenden Flüssigkeit, und die Lebensmittel tropfen schonend ab.

BESSER DURCH VORKOCHEN

Gemüse und Obst verändern sich nach der Ernte dadurch, daß weiterhin chemische Prozesse ablaufen, bei denen Vitamine abgebaut werden. Farbe, Geschmack und Geruch verändern sich. Durch Vorkochen = Blanchieren wird ein Großteil dieser Veränderungen gestoppt. Dabei entweicht enthaltene Luft, Verunreinigungen werden entfernt, Farben intensiver. Die Lebensmittel werden geputzt, gewaschen und eventuell zerkleinert. Kommen dann in reichlich sprudelnd kochendes Wasser und werden darin je nach Art 1–10 Minuten vorgekocht. Ganz wichtig danach ist das sofortige Abschrecken in möglichst eiskaltem Wasser. Dabei wird der Garprozeß unterbrochen, die Haut straffer. Bei hellem Gemüse und Obst etwas Zitronensaft oder pulverisierte Zitronensäure ins Blanchierwasser geben – damit es sich nicht verfärbt. Übrigens: Blanchiertes und später tiefgefrorenes Gemüse braucht nur etwa die Hälfte der normalen Garzeit.

VORKOCHEN UND ABSCHRECKEN

8-l-Topf für die große Kochplatte
je 500 g Lebensmittel 5 l Wasser
Kochen bei starker Hitze

1. Lebensmittel nach Festigkeit und Größe sortieren. So schneiden, wie sie gebraucht werden. Pfundweise in einen Siebkorb geben, der einen Henkel hat. Einfach einen Holzlöffel hindurchstecken und auf den Rand legen – das Holz wird nicht heiß, der Korb läßt sich ohne Topflappen anfassen und blitzschnell zwischen Herd und Waschbecken hin- und hertragen.
2. Das Wasser erhitzen und wallend kochen. Das Kochgut darin versenken – es soll spätestens nach 1 Minute wieder starke Blasen werfen.
3. Zartes wie Spinat und Mangoldblätter nur einmal aufkochen, Weiches und Feines wie Porreeringe 1 Minute kochen. Saftiges und Dünnes wie Erbsen, Fenchel und Paprikastreifen 2 Minuten. Stabiles und Dickes wie Bohnen, Möhren, Rosenkohl und zentimeterstarke Auberginenscheiben 3 Minuten. Hartes und Grobes wie Artischocken, Winterkohl und Grünkohl 4–5 Minuten. Sperriges wie Kohlblätter, Blumenkohl und Broccoli lose ins sprudelnde Wasser geben und neben dem Becken mit einer Drahtkelle abfischen.
4. Portionen am laufenden Band brauchen weniger Energie als einzelne. Deshalb kleinere Mengen teilen und in weniger Wasser vorkochen. Das Wasser stets auf den ersten Stand bringen – es soll immer die 10fache Menge sein und wird durch frisches ersetzt, wenn es nicht mehr appetitlich aussieht.
5. Zum Abschrecken das Blanchierte sofort nach dem Vorkochen in eine Schüssel mit Wasser und Eiswürfeln geben. Bei größeren Mengen besser ins Spülbecken tauchen und kurz schwenken – nach jedem Arbeitsgang schnell wieder mit frischem Wasser aus der kalten Leitung füllen.
6. Kaltes Baden stoppt das Garen und schwemmt letzte Schmutzteilchen fort. Sobald die Lebensmittel nur noch warm sind, entnehmen und kurz in einer Siebschüssel abtropfen lassen. Auf einem Tuch ausbreiten, solange sie lauwarm sind – es nimmt störende Nässe schnell und gut auf.

MIT MIKROWELLEN

700 Watt
500 g Lebensmittel
Kochen: 7 Minuten in 2 Schüben

1. 50 ml Wasser ins flache Geschirr aus Glas oder Porzellan geben. Lebensmittel darauf gleichmäßig ausbreiten und auf energiesparende Art vorkochen. Beispielsweise Möhren und grüne Bohnen. Oder Broccoli und Blumenkohl strahlenförmig und mit den Röschen nach außen. Spinat besser auf die sanfte Tour dämpfen oder in Wasser vorkochen.
2. Das Geschirr mit Deckel ins Gerät stellen. Nach der halben Zeit öffnen und mischen. Wieder verschließen und weiter garen. Nach 7 Minuten entnehmen und abgießen. Sofort abschrecken und abtropfen lassen.

Gemüse zum Vorkochen in einen großen Siebkorb geben, in sprudelndes Wasser hängen und aufkochen.

Am Holzlöffel herausheben. Frühestens entnehmen, wenn das Gemüse im Kern 1 Minute lang 90 °C heiß gewesen ist.

Nach dem Vorkochen in Eiswasser abkühlen – es bringt Farben zum Leuchten.

Zum Vorkochen mit Mikrowellen Gemüse wie Broccoli in Röschen teilen und in einem Geschirr aus Glas strahlenförmig anordnen.

ÜBER DAMPF

Topf mit Siebaufsatz · ab 3 l
je 500 g Lebensmittel 2 l Wasser
Kochen bei starker Hitze

Das Wasser erhitzen und wallend kochen. Das Kochgut in den Aufsatz geben. Fest mit dem Deckel verschließen und mit viel Dampf einnebeln – große Mengen im Dampfentsafter oder Multitopf. Je nach Art, Festigkeit und Umfang 1–10 Minuten dämpfen – also länger als in Wasser, das die Hitze schneller eindringen läßt.

IM SCHNELLKOCHER

Schnellkochtopf mit Siebeinsatz
je 500 g Lebensmittel
Kochen bei starker Hitze

1. 500 ml Wasser aufkochen. Den Siebeinsatz mit stabilen bis festen Lebensmitteln füllen, nicht mit Blattgemüse wie Spinat, da Zartes bei Hochdruck und Temperaturen über 100 °C zu weich wird.
2. Den Einsatz auf den dreibeinigen Ständer setzen, den Topf schließen und im Auge behalten, bis das Ventil zum Vorschein kommt und 2 Ringe zeigt. Sofort ins Spülbecken stellen und kalt duschen, bis es leise zischt und der Deckel sich leicht abnehmen läßt. Den Topf aufmachen und den Siebkorb entleeren, um weitere Portionen vorzukochen. Fertiges schnell kalt abschrecken und gut abtropfen lassen.

WICHTIG & NÜTZLICH

Beim Vorkochen sollen die Lebensmittel im Kern mindestens 1 Minute lang 90 °C heiß sein.
Für Helles wie Blumenkohl und Aprikosen etwas Zitronensaft ins Wasser geben, damit sie nicht braun beschlagen. Für Wasserreiches wie Zucchini, Auberginen und Gurken Essig nehmen, damit das Gemüse hell bleibt und nicht weich wird. Beliebig dosieren und reinen Essig nehmen, wenn das Gemüse sauer werden darf und sauer eingelegt werden soll. Das macht sehr knackig.
Salz im Kochwasser macht noch farbiger und dringt kaum ein. Nehmen Sie bis 1 EL pro Liter Wasser.

EINKOCHEN IN GLÄSERN

Als das 20. Jahrhundert begann, ruhte schon 3 Jahre im schlanken Glas, was bis heute bewundert wird. »1897« und »Annanas« steht auf dem Etikett, und innen schwimmen die Exoten, deren Herkunft im dunkeln liegt. Sie stehen gemeinsam mit Veteranen aus jüngeren Jahrgängen in einem holzgetäfelten Zimmer hinter verschlossenen Türen unter der Obhut einer Firma, die das Zeitalter des Einkochens eingeläutet hat. Johann Weck hieß der Gründer und Georg van Eyck der Kaufmann, in dessen Familie das Unternehmen bis heute blieb. Eine Erdbeere ziert als Markenzeichen die Gläser. Ein ganzes Sortiment von zuverlässigen kleinen Helfern und Geräten erleichtert das Einkochen. Sichern Sie Ihren Bedarf beizeiten, denn in Sommern mit reichen Ernten kam es vor, daß Einkochringe ausverkauft waren und nicht mehr beschafft werden konnten.

FÜLLEN UND VERSCHLIESSEN

Gläser und Deckel mit den Fingern abtasten, wo der Gummi eingeklemmt werden soll. Nur auswählen, was sich glatt anfühlt und heil ist. Gründlich waschen, heiß spülen und auf ein reines Tuch stülpen. Gummiringe auch abtasten und prüfen, ob sie gleichmäßig durch die Finger gleiten. Was sich rissig, spröde und klebrig anfühlt, scheidet aus und wird durch neue Ringe ersetzt, weil es sicherer ist und weniger kostet als verdorbener Inhalt. Gründlich reinigen und auskochen, wenn sie schimmelig sind. Immer 2–3 Minuten in Essigwasser kochen und in Reichweite stellen.

Gemüse in der Regel vorkochen. Obst roh und Anderes nach Rezept vorbereiten. Alte Gläser mit Bügel- oder Schnappverschluß bis 2 cm unter den Rand, neue Gläser bis zur Unterkante füllen. 2 cm tiefer breiiges Gut, quellende Farcen bis ¾ und steigenden Teig bis zur halben Höhe.

Wasser zum Auffüllen immer aufkochen. Für Gemüse pro Liter bis 1 EL Salz und etwas Zitronensaft hinzufügen. Für Obst pro Liter Wasser 150–750 g Zucker und etwas Zitronensaft. Kräuter kurz in kochendes Wasser tauchen und mit einschichten.

Deckel aus dem Essigwasser nehmen, mit dem Rücken in die Hand legen. Gummiringe auflegen und auf das Glas senken.

Bei alten Gläsern den Bügel aufsetzen. Oder den Hebel an der Lasche des Deckels aufsetzen und nach unten umlegen. Bei neuen Gläsern die Klammern in der Mulde des Deckels verkanten und nach außen ziehen, bis sie unter dem Rand einrasten.

EINKOCHEN

Der 29-l-Einkochtopf faßt je 7 Gläser auf einer Ebene und 2 Etagen, wenn sie 1 l fassen. Wenn sie weniger fassen, in mehreren Etagen übereinander. Auch Gläser unterschiedlicher Größe und mit verschiedenem Inhalt übereinander stapeln. Unten, was am längsten braucht, und oben, was zuerst wieder hinaus soll. Andere Einkochtöpfe ihrem Fassungsvermögen entsprechend beladen, für wenige Gläser einen normalen Kochtopf verwenden. Die Rezepte sind in der Regel für eine Etage mit 7 Gläsern berechnet, damit Einkochen wirtschaftlich ist. Beim alten System passen 6 Gläser nebeneinander auf den Ständer.

Die Gläser sollen fest auf einem Gitter stehen, das Hitze am besten leitet, und mit Wasser umspült werden. Direkt auf dem Topfboden würden sie tanzen oder gar zerspringen.

Wasser, das so warm wie die Gläser ist, bis zum Rand der oben stehenden Gläser einfüllen. Den Topfdeckel auflegen und das Thermometer hineinstecken, wenn es ein Modell ohne Automatik ist.

Hitze speist die Herdplatte, der Automat spart Energie, regelt die Hitze stufenlos in allen Graden und kann überall arbeiten, wo eine Steckdose in der Nähe ist. Scheinbar günstige Töpfe können sich als teuer entpuppen: Sie erfordern Kontrollen mit dem Thermometer, weil ihre Thermostaten nicht genau sind und die Hitze nicht zuverlässig einhalten. Schwankungen können Verderben verursachen.

Sobald die nötige Hitze erreicht ist, beginnt die Einkochzeit. Obst bei 80–90 °C und Gemüse bei 98–100 °C, Anderes je nach Rezept einkochen. Den Grad auf gleicher Höhe halten und die Hitze entsprechend steuern.

SICHER FÜR JAHRE

Einen schweren Einkochtopf auf einen Hocker heben, damit das Entleeren leichter geht. Die Gläser mit der Zange greifen und auf Tücher setzen. Topflappen und der gepolsterte Handschuh eignen sich nicht, weil sie naß und brennend heiß werden.
Die lauwarmen Gläser mit einem feuchten Tuch blank reiben oder in Essigwasser spülen, wenn kalkhaltiges Wasser sie blind gemacht hat. Ganz abkühlen lassen.
Klammern oder Bügel abnehmen, jeden Deckel am Rand pakken und das Glas einen Augenblick in der Schwebe halten. Bleiben sie fest verbunden, ist die Prüfung bestanden und der Inhalt mit großer Wahrscheinlichkeit für viele Jahre sicher aufgehoben. Innen ist die Luft dünn und außen normal. Sie drückt den Deckel auf das Glas und schließt es fest. Die Methode läßt warmes Lagern zu.
Die Lasche des Gummirings neigt sich nach unten, solange alles gesund ist. Die Gläser deshalb so aufreihen und stapeln, daß die Laschen zur Seite zeigen und mit kurzem Blick kontrolliert werden können. Zuerst täglich und im nächsten Monat wöchentlich begutachten. Offene Gläser zeigen waagerechte Laschen – sie waren nur scheinbar geschlossen.

OFFENE GLÄSER

Was gleich nach dem Einkochen noch offen ist, am besten in den Kühlschrank stellen und in den nächsten Tagen verbrauchen. Oder umfüllen und einfrieren.
Später warnen lose aufliegende Deckel vor dem Verzehr. Mechanische Verschlüsse können das nicht. Was drinnen gärt, bringt Glas zum Platzen. Es droht Gefahr, wenn sie leicht aufgehen und keinen Laut von sich geben. Sie müssen so zischen wie Einkochgläser, die an der Lasche ziehend aufgehen und Luft ins Glas lassen.
Vergiftungsgefahr besteht bei eiweißhaltigen Erbsen und Bohnen, besonders bei Fisch und Fleisch. Sie können schon verdorben sein, wenn unsere Sinne es noch nicht wahrnehmen können. Eingekochtes, das übel riecht, gärigen Schaum, Schleim oder Schimmel zeigt, darf auf keinen Fall verzehrt werden. Es könnte schwere gesundheitliche Störungen hervorrufen.

Für Kullerndes wie Kirschen einen Trichter aufsetzen. Es erleichtert das Einfüllen.

Drei Gläser mit Deckel und Ring aus Metall passen in normale und Schnellkochtöpfe.

Nach dem Einkochen und Abkühlen am Deckel anheben. So prüfen, ob die Gläser zu sind.

GLÄSER JAHRGANG 1983

Die Gläser mit der Erdbeere haben viele Vorzüge: Sie sind leicht, dünn, tischfein, formschön, einfach zu füllen, gießfreudig, stoßund rutschfest – und energiesparend, weil Hitze das Glas schnell passiert. Zwischen Inhalt und Deckel ist kein Platz für Luft, die Oberflächen dunkel machen würde. Der Verschluß ist bei größter Sicherheit leicht zu öffnen. Geschlossene Gläser lassen sich ebensogut stapeln wie Deckel, die nur 2 Größen haben, aber auf ein Dutzend verschiedene Gläser passen. Sie haben Varianten aus Kunststoff, die nach dem Öffnen fest sitzen, und bieten praktischen Schutz, wenn die Gläser nicht auf einmal leer werden. Von den Klammern reichen 3 Dutzend, sie sind leicht anzubringen und abzunehmen, stahlhart und rostfrei, federn ausdauernd und ermöglichen das Stapeln. So können bis 28 Gläser platzsparend im großen Einkochtopf stehen.

PRAKTISCH IN GRENZEN

3 Gläser mit Metalldeckel und Schraubring passen in den normalen Topf. Nach dem Einkochen ohne Schraubring testen, ob die Gläser fest verschlossen sind.
Gläser mit Twist-Off-Verschlüssen bergen Risiken. Ein luftdichter Verschluß kommt nur zustande, wenn der pelzige Ring neben dem Rand des Deckels unbeschädigt ist.
Wunder versprechen Pumpen, die Luft absaugen und Gläser fest schließen. Oder Einmachtropfen, die im Kopfraum verbrennen und Luftleere erzeugen. Nur Hitze tötet Keime zuverlässig, während zwischen Deckel und Glas ein Gummiring Luft hinaus läßt, aber Keimen den Eintritt verwehrt.

DIE SCHNELLE ART

Einkochen im Schnellkochtopf lockt durch die effektive Einkochzeit. Doch ist bis zur Entnahme etwas Geduld erforderlich. In Topf und Glas entsteht ein Überdruck, der langsam schwinden muß, damit nichts aus den Gläsern sprudelt. Schnelles Abdampfen und Duschen mit kaltem Wasser hätten böse Folgen. Für Zartes ist Hitze von 110–120 °C zu stark.
3 Gläser mit Metalldeckel und Schraubring passen genau auf das Gitter eines 5-l- bis 7-l-Topfes. 500 ml Wasser einfüllen, den Topf schließen und bei mittlerer Hitze aufsetzen. Die Einkochzeit beginnt, wenn das Ventil aufsteigt. Bei Ring 1 Marmelade 1–2 Minuten, Obst und Essiggemüse 7–12 Minuten einkochen. Bei Ring 2 Gemüse, Fleisch und Wurst 25 bis 30 Minuten einkochen.
Den Topf beiseite rücken und warten, bis das Ventil im Deckel versinkt und der Druck gewichen ist. Bis zum Öffnen weitere 30 Minuten warten.

EINKOCHEN IM BACKOFEN

Luft leitet Wärme schlechter als Wasser, die Hitze im Ofen ist aggressiv, bei Umluft noch mehr. Herde leisten schwankende Hitze, die schwer zu kontrollieren ist. Trockene Hitze verschleißt Gummiringe, macht sie klebrig und brüchig, so daß sie beim Öffnen reißen. Feste Inhalte lassen sich nicht kontrollieren.
Einkochen im Ofen ist möglich mit Füllgut in Flüssigkeit, die perlen kann. 5–6 Gläser gleicher Größe mit Abstand auf den Rost stellen und auf die erste Schiene von unten in den Ofen schieben, darunter das tiefe Blech mit 2 cm Wasser, darüber nasses Zeitungspapier. 175 °C einschalten und warten, bis Bläschen im Glas perlen. Bei Gemüse auf 150 °C senken und nach 90 Minuten abschalten, bei Obst sofort. Die Gläser nach 30 Minuten entnehmen.

MIT MIKROWELLEN

Wie im Backofen ist es nur bei rund 100 °C möglich, wenn perlender Saft den Hitzegrad anzeigt. Zu hoch für zarte Beeren! Das Vordringen bis in den Kern ist nicht meßbar und das Abtöten der Keime unsicher. Einkochen mit Mikrowellen taugt nicht für Fleisch und Gemüse, allenfalls für ein einzelnes Glas mit Obst.
Festes Obst im Glas mit Aufguß bedecken. Gummiring und Dekkel auflegen und spezielle Klammern ansetzen, die für Mikrowellen taugen und keine Funken sprühen. Ein Literglas bei 720 Watt 4 Minuten bestrahlen. Dazu in eine Schüssel setzen, weil Saft auslaufen kann. Wenn Bläschen aufsteigen, auf 180 Watt senken und weitere 4 Minuten im Gerät lassen.

WICHTIG & NÜTZLICH

Einkochen ist ideal für Diabetiker. Einfach den Zucker weglassen und durch die erlaubten Süßmacher ersetzen. Da die konservierende und bindende Wirkung des Zuckers entfällt, Marmelade beliebig anders andicken und 10 Minuten bei 90 °C einkochen.
Brei aus vollreifem, aber einwandfreiem Obst beliebig dick einkochen und süßen. Heiß abfüllen und 30 Minuten bei 90 °C einkochen.

SÄFTE ALLER ART

Die köstliche Vitaminquelle der Obst- und Gemüsesäfte muß auch im Winter nicht versiegen, wenn Sie rechtzeitig für einen Vorrat sorgen. Die selbst auf Flaschen gezogenen Säfte sind preiswerter als gekaufte und lassen sich wunderbar auf die geschmacklichen Vorlieben der Familie abstimmen. Verdünnte Säfte löschen den Durst. Reine Säfte ohne fremde Süße kochen mit dem gleichen Gewicht Zucker zu glitzernden Gelees, die Frühstücksbrötchen attraktiv machen und Gebäck schmackhaften Glanz verleihen. Süße Säfte laden zum Mixen ein und sind – aufgefüllt mit Sekt – erfrischende Cocktails.
Saft gewinnt man im Dampfentsafter, durch Kochen oder rohes Pressen. Gemüse kann auch zusammen mit frischen Kräutern entsaftet werden; das gibt eine besonders feine Würze. Und laben vor allem die, die auf Säure empfindlich reagieren.

GEKOCHTER SAFT

5 Flaschen je 500 ml
Lagern: 12 Monate bei 1–18 °C

4 kg Obst oder Gemüse
Saft einer Zitrone
Zucker oder Gewürze

1. Obst oder Gemüse gründlich waschen und sorgfältig putzen. Braune Stellen großzügig wegschneiden und alles entfernen, was durch Kochen bitter wird. Zum Beispiel die Blütenstände bei Kernobst, die Spitzen dicker Einmachgurken und Stiele von Holunderbeeren.
2. Die Zutaten zerkleinern, wenn sie dicker als 2 cm sind. In einen hohen Topf geben, dazu 1 l Wasser und Zitronensaft. Zucker und Gewürze nach Rezept oder eigenem Geschmack beifügen. Den Deckel fest auflegen.
3. Bei mittlerer Hitze erwärmen und sprudelnd kochen. Zarte Beeren knapp 10 Minuten, feste Beeren, Tomaten, Kräuter und Gurken 12 Minuten, Steinobst 15 Minuten, Kernobst und festes Gemüse 18 Minuten. Mit Deckel beiseite rücken und 30 Minuten ruhen lassen.
4. Ein 80 × 80 cm großes Mulltuch in Essigwasser aufkochen und heiß auswringen. Die Zipfel an die Beine eines Hockers binden, der auf seinem Sitz steht. Ein Gefäß mit weiter Öffnung unter das Tuch stellen.
5. Den Inhalt des Topfes in das Mulltuch schütten. Den Saft ruhig ablaufen lassen, bis die Rückstände sich fast trocken anfühlen.
6. Den Saft am nächsten Tag bei starker Hitze schnell aufkochen und abschmecken. Kochendheiß in heiße Flaschen trichtern und sofort verschließen.

SAFT AUF KALTEM WEG

2 Flaschen je 500 ml
Lagern: 4 Monate bei 1–15 °C

1 kg Obst (z. B. Äpfel oder Rhabarber)
20 g Weinsteinsäure (Apotheke)
250 ml Wasser
750–800 g Zucker

1. Ein Rezept für Obst,das in größeren Mengen anfällt. Rhabarber bündeln und 1 cm lang schneiden – für Kinder und empfindliche Mägen knapp 1 Minute vorkochen. Äpfel vierteln, ihre Blütenkränze entfernen. Anderes Obst seiner Art gerecht vorbereiten.
2. Das Obst wiegen und in ein passendes Gefäß geben. Weinsteinsäure und Wasser entsprechend der Obstmenge hochrechnen. Die nötige Menge aufkochen, über das Obst gießen und verrühren. Mit Teller und Gewicht beschweren.
3. Nach 24 Stunden ein großes Mulltuch (80 × 80 cm) in Essigwasser aufkochen, heiß auswringen und mit den Zipfeln an die Beine eines Hockers binden. Zucker in ein weites Gefäß geben und unter das Tuch stellen.
4. Obst samt Saft mit einem Litermaß ins Mulltuch schöpfen und abtropfen lassen. Ruhig stehen lassen, bis die Rückstände nur noch wenig feucht sind.
5. Den Saft darunter gelegentlich umrühren, damit der Zucker sich auflöst. Dann randvoll in sterile Flaschen trichtern. Schräg halten und am Glas entlang laufen lassen, damit möglichst wenig Schaum entsteht.
6. Die Flaschen sofort verschließen und im kalten Winter so lagern. Für sichere Haltbarkeit aufkochen, kochendheiß in heiße Flaschen füllen und verschließen.

Beeren zum Dampfentsaften im Sieb des Multitopfes – er ist auch gut geeignet zum Einkochen und als normaler Topf.

Beim Multitopf wird der Saftschlauch von oben eingeführt, beim Dampfentsafter führt er seitlich aus dem Saftkorb.

Eine Klammer verschließt den Saftschlauch. Zum Abfüllen Schlauch in die Flasche hängen und den Griff zusammendrücken.

DAMPFENTSAFTEN

5–6 Flaschen je 700 ml
Lagern: 12 Monate bei 1–18 °C

5 kg Obst oder Gemüse
Zucker oder Gewürze

1. Obst und Gemüse waschen. Beeren nicht entstielen, ausgenommen Holunderbeeren. Steinobst entstielen und nicht entsteinen. Kernobst 2 cm klein schneiden, dabei schlechte Stellen großzügig abschneiden. Rhabarber kleinschneiden und vorkochen, wenn Kleesäure nicht vertragen wird. Saftiges Gemüse wie Gurken, Tomaten und Zwiebeln in kleine Stücke schneiden. Feste Sorten wie Möhren, Rettich, rote Bete und Sellerie mit Schalen durch das Schnitzelwerk der Küchenmaschine treiben oder beliebig in feine Schnitzel zerkleinern.
2. Den Wassertopf bis zum Wulst füllen. Den Saftkessel aufsetzen und einrasten lassen. Den Schlauch in den Saftbehälter einführen und am Auslauf mit der Klammer verschließen. Den gelochten Einsatz hineinhängen und beladen. Festes bis 4 cm unter den Rand, Weiches 2 cm höher einfüllen. Nicht quetschen, damit der Dampf es gut umspielen kann.
3. Zucker und Salz sorgen für mehr Saft. Sie werden zwischen die Früchte gestreut und dringen unter Dampf gut ein. Für Gemüse pro kg bis 1 TL Salz, für süße Früchte pro kg 100 bis 150 g, für saures Obst 200–250 g Zucker.
4. Fest mit dem Deckel schließen. Bei Mittelhitze heiß werden lassen, bis das Wasser brodelt. Je nach Festigkeit 45–90 Minuten entsaften. Die Hitze so einstellen, daß es im Topf hörbar sprudelt und bissiger Nebel herrscht, der Pflanzliches angreift und auslaugt. In der Zwischenzeit den Wasserstand prüfen und wieder erhöhen, wenn Ebbe droht.
5. Bei saftreichen Früchten nach 20 Minuten die erste Flasche füllen. Den restlichen Saft vor dem Abfüllen umrühren. Kochendheiß abfüllen und verschließen.
6. Einfacher und wirkungsvoller geht das Entsaften in einem Einkochtopf, der gleichzeitig Dampfdüsen-Entsafter ist, keinen sensiblen Auslauf hat und Platzprobleme löst.

ABFÜLLEN UND LAGERN

Twist-Off- & Einkoch-Flaschen
Trichter & Verschlüsse

1. Säfte müssen mit 75 °C in der Flasche landen – der Saftstrahl verliert beim Einlaufen schnell an Wärme. Zweifel über den Hitzegrad kann ein Thermometer beseitigen.
2. Flaschen mit Wasser füllen und stehen lassen. Am nächsten Tag mit Wasser, Spülmittel und Bürste gründlich reinigen und klarspülen. Vor dem Füllen in Wasser mit etwas Essig legen und bis zum Siedepunkt erhitzen. Mit Hilfe einer Zange entleeren, mit einem Tuch umfassen und füllen, solange die Flaschen heiß sind.
3. Zum Füllen das Glas in eine flache Schale stellen und schräg halten, damit wenig Schaum entsteht. Saft durch einen Trichter gießen. Die Schale fängt auf, was über den Rand läuft.
4. Verschlüsse in Wasser mit Essig aufkochen. Mit der Zange entnehmen, abschütteln und heiß verwenden. Deckel aus Metall und mit geschlossenem Pelzring unter der Haube aufschrauben und einrasten lassen. Einkochflaschen mit Gummiringen, Glasdeckeln und Klammern verschließen – sie wirken schaumbremsend und sind tischfeine Gießer. Allein sie erlauben die Kontrolle, ob die Flaschen wirklich zu sind. Die Gläser kalt und frei von Klammern am Deckelrand anheben. Was durch die Prüfung fällt, kommt wieder in die Zange der Klammern und muß bei rund 75 °C 10 Minuten bis zum Hals im Wasser stehen. Was kalt ins Glas gefüllt wird, ist nach 20 Minuten bei 75 °C ebenso gesichert.
5. Die drittbeste Lösung sind Gummikappen oder Korken. Sie kosten beim Aufsetzen Kraft und verlangen geschickte Hände.
6. Volle Flaschen mit nassen Tüchern aus heißem Essigwasser abwaschen, auf trockene Tücher setzen und blank reiben. Etiketten mit wasserfester Tinte beschriften, befeuchten und auf die Flaschen drücken, solange sie warm sind.
7. Säfte zum Lagern aufreihen, wo es am kühlsten ist, aber bis zimmerwarm sein darf. In klarem Glas dunkel stellen, damit die Farben leuchtend bleiben.

Gläser zum Einkochen auf einen gelochten Einsatz stellen. Wasser, das so heiß wie der Saft ist, bis zum Hals einfüllen.

SÄFTE & IDEEN

Aus Suppengemüse und Kräutern wird Würze, die Kochsalz sparen hilft. Zum Trinken kann man sie mit Mineralwasser oder mit Milch verdünnen und mit Zitronensaft und Kräutersalz abschmecken.
Säfte mit Milch, Joghurt, Butter- oder Sauermilch mixen, um sie als Nachtisch zu reichen oder als Stärkung zwischen den Mahlzeiten zu trinken.
Wenn Saft nicht gut vertragen wird, hilft Anrühren mit blütenzarten Haferflocken und Verdünnen mit Tee oder schlicht Wasser. So löscht er den Durst am besten.
Reine Fruchtsäfte ohne oder mit wenig Zucker mit trockenem Sekt auffüllen und genießen.

DREI BEISPIELE

Rote Bete und Äpfel zu gleichen Teilen kalt oder heiß entsaften, mit Zitronensaft und Honig abschmecken und zum Beispiel mit Molke verlängern.
3 Teile Möhren und 2 Teile Sellerie kalt oder heiß entsaften, mit Zitronensaft abschmecken und mit Wasser oder Gemüsebrühe auffüllen.
10 Teile Tomaten und je 1 Teil Möhren, Petersilienwurzeln, Pfefferschoten, Porree und Zwiebeln heiß entsaften.

SAFTSEGEN

Einkoch-Flaschen je 1 l
Lagern: jahrelang

Jede Menge Äpfel und Birnen
Zucker nach eigenem Ermessen

1. Das Obst von den Bäumen pflücken und heruntergefallenes Obst vom Boden auflesen. In Körben einsammeln, in Wannen waschen, auf große Tische schütten und in geselliger Runde in kleine Stücke schneiden. Dabei vom Fallen verursachte Beulen und andere unschöne Stellen entfernen. Nur gesundes Fruchtfleisch in große Schüsseln füllen. Die Fruchtpresse startklar machen. Großmutters Fleischwolf an der Tischplatte festschrauben. Die Obsternte durchdrehen und in sauberen Schüsseln auffangen.
2. Für noch mehr Obst die Obstmühle auf vier Beinen aufstellen, füllen, mit der Handkurbel bedienen und das Obst geschnetzelt auffangen. In eine Korbpresse umfüllen. Sobald das Fassungsvermögen endet, die Preßscheibe auflegen, die Kolben und Gestänge mit kraftverstärkender Übersetzung ansetzen und festschrauben. Die Kurbel mit beiden Händen packen und schwungvoll in Gang setzen und drehen. Wiederholen, bis der Saft nicht mehr in den Ringgraben rinnt. Genauso fließt er aus Packpressen, die ähnlich arbeiten und besseren Ertrag versprechen, weil das Obst in mehreren Etagen übereinander liegt und von Platten mit durchlässigen Rahmen ablaufen kann.
3. Maschinell arbeitende Obstpressen gibt es in Miniausgaben für den Haushalt. Standfeste Modelle stehen in Mostereien, dort kann man die eigene Ernte in großen Mengen pressen lassen.
4. Den fertigen, naturtrüben Saft durch Mull laufen lassen, wenn noch Grobes stört. Zu weinigem Most gärt er nach einer Rezeptur auf Seite 42. Soll er Saft bleiben, in den allergrößten Topf füllen und über stärkster Hitze zum Summen bringen. Mit Zucker abschmecken und noch 5 Minuten kochen lassen. In Flaschen abfüllen und verschließen.
5. Soll reiner Süßmost in den Ballon aus Glas oder in ein Faß aus Holz, muß mehr Hilfe her. Hohlraum und Zufluß fordern nahtlose Verbindung und Freiheit von Keimen. Den Most ruhen lassen, bis er klar auf trübem Grund steht. Steril und heiß abfüllen.

WICHTIG & NÜTZLICH

Dampfentsaften ist die wirtschaftlichste Art. Es bedeutet nur einen Arbeitsgang, bei dem Sie aus rund 5 kg Obst oder Gemüse 3–4 l Saft gewinnen können.
Für ein klares Gelee Obst ohne Zucker dampfentsaften oder kochen, um auf Anhieb klaren Saft zu gewinnen.
Kleine Mengen im Schnellkochtopf, der 6 l faßt, entsaften. 350 ml Wasser auf den Boden gießen. Den ungelochten Einsatz auf den dreibeinigen Untersatz stellen. Den vollen Siebkorb darüber einsetzen. Den Topf schließen, erhitzen und die Zutaten je nach Festigkeit 10–20 Minuten entsaften. Zur Seite stellen und ruhen lassen, bis der Deckel sich mühelos aufschrauben läßt.
Saft für Diabetiker ohne Zucker gewinnen und erst kurz vor dem Gebrauch mit den erlaubten Mitteln süßen, wenn es erforderlich ist.
Saure und süße sowie herbe und milde Früchte harmonieren gut miteinander und helfen Zucker sparen. Machen Sie entsprechende Säfte aus Erdbeeren mit Rhabarber, aus Äpfeln mit Holunderbeeren, aus Birnen mit Preiselbeeren oder aus Erdbeeren mit Johannisbeeren.
Für den kurzfristigen Bedarf Säfte frisch gewinnen und einfrieren: Weiches im Mixer pürieren und durch ein feines Sieb laufen lassen. Festes in einer Saftzentrifuge ausschleudern. Bei Bedarf rechtzeitig im Kühlschrank auftauen lassen oder gefroren mixen.
Säfte aus Gemüse und Kräutern wirken bei einer Übersäuerung des Körpers – sie ist die häufige Ursache etlicher Zivilisationskrankheiten. Der tägliche Genuß von salzlosem Gemüsesaft fördert das Wohlbefinden.

MARMELADEN & GELEES

Um europäische Einigkeit beim süßen Brotaufstrich zu schaffen, haben Gesetzeshüter festgelegt, daß sich künftig offiziell nur Marmelade nennen darf, was aus Zitrusfrüchten besteht. Alles andere muß sich Konfitüre nennen. Das hört sich zwar viel feiner an, aber die Herzen der Schleckermäuler hängen nun mal an ihrer altvertrauten Marmelade. Geliebt und hausgemacht, fürchtet sie weder den neuen Namen noch die Konkurrenz. Paragraphen kümmern Marmelade und Gelee so wenig wie Mutter Natur der Fleiß von Züchtern.
Früchte gebärden sich launisch, zeigen selbst innerhalb einer Sorte Charakter und sind so unberechenbar wie das Wetter. Sie fordern sensiblen Umgang, damit sie in der Konsistenz weder zu dünn noch zu dick aufs Brot kommen.
Die Grundrezepte erlauben zahlreiche Varianten – auch für Gelees, wenn statt der Früchte ungesüßter Obstsaft verwendet wird.

Für die Gelierprobe Marmelade auf einen Teller tropfen. Sie soll nicht mehr wäßrig sein.

Aus einer schmalen Kelle mit Ausguß zielt es sich gut mitten in kleine bis große Gläser.

Den Topf beiseite rücken und die Marmelade langsam rühren, bis der Schaum weg ist.

Etiketten wasserfest beschriften, anfeuchten und auf warme Gläser drücken.

PFUND AUF PFUND

3 Gläser je 200 ml
Lagern: 12 Monate bei 1–18 °C

500 g Früchte (netto, z. B.
350 g Erdbeeren,
150 g Rhabarber)
500 g Zucker

1. Erdbeeren kalt waschen und abtropfen lassen. Blätterkränze entfernen. Die Früchte zerschneiden, so daß sie höchstens 1 cm dick sind. Rhabarber an den Enden abschneiden, waschen, bündeln und 3 mm dick schneiden.
2. Das Obst in einen weiten 2-l-Topf geben. Zucker dazugeben und bei Mittelhitze mit einem spitzen Lochlöffel rührend zum Kochen bringen. Rühren und aufsteigen lassen, bis die Gelierprobe nach 8–20 Minuten gelingt.
3. Den Topf beiseite rücken und kurz warten, bis die Marmelade sich klärt. Sehr langsam mit dem Löffel durchkreisen. Kochendheiß abfüllen und verschließen.
4. Erdbeeren und Rhabarber harmonieren gut. Mehr Rhabarber erfordert aber 2–3 Blatt eingeweichte Gelatine, die sich in dem heißen Brei schnell auflöst.

MIT GELIERZUCKER

6 Gläser je 200 ml
Lagern: 12 Monate bei 1–18 °C

1 kg Früchte (netto, z. B.
Kirschen oder Pfirsiche)
Saft von 1 Zitrone
1 kg Gelierzucker 1 + 1

1. Die Früchte waschen, im Tuch abtrocknen und entsteinen. Das Fruchtfleisch mehr oder weniger zerkleinern, mit Zitronensaft und Zucker mischen. Zudecken und Saft ziehen lassen.
2. Nach 24 Stunden in einen weiten 3-l-Topf geben und bei Mittelhitze zum Kochen bringen. Ohne Unterbrechung mit dem Lochlöffel rühren und nach der Uhr brodelnd kochen, bis die vom Hersteller angegebene Zeit abgelaufen ist – 2 oder 4 Minuten.
3. Die Gelierprobe machen und die Marmelade kurz weiter kochen, wenn sie fester sein soll. Kurz ruhen lassen, bis sie klar, aber noch kochendheiß ist. Abfüllen und verschließen.

MIT FLÜSSIGEM GELIERMITTEL

7 Gläser je 370 ml
Lagern: 12 Monate bei 1–18 °C

1,5–1,75 kg Früchte (netto)
2 kg Zucker
1 Flasche Geliermittel
10 g Zitronensäure Citropekt

1. Die Früchte waschen, verlesen und abtropfen lassen. Ihrer Art entsprechend vorbereiten und kleinschneiden oder beliebig zu saftigem Brei verarbeiten.
2. Zucker und Brei in einen weiten Topf geben, der 6 l faßt. Bei Mittelhitze gut rühren und abschmecken. Zitronensäure dazugeben, wenn Säure fehlt. 2 Minuten aufbrausen lassen.
3. Das Geliermittel aus der Flasche in die Marmelade laufen lassen. Gut verrühren und noch einmal bis zum Topfrand aufsteigen lassen.
4. Umrühren und die Gelierprobe machen. Jetzt Zitronensäure darin auflösen, falls noch Bindekraft fehlt. Ziehen lassen, aber nicht mehr kochen. Kochendheiß abfüllen und verschließen.

WICHTIG & NÜTZLICH

Zucker allein macht haltbar, wenn der Anteil 65 % beträgt. Früchte haben 10–15 % eigenen Zucker. Mit Obst oder Saft und Zucker zu gleichen Teilen wird das Ziel erreicht.
Pfund auf Pfund ist die alte Art, Marmelade und Gelee zu kochen. Der Geschmack wird kräftig, weil in langer Kochzeit Wasser verdampft.
Wird Gelierzucker verwendet, ist die Kochzeit kürzer, und Marmeladen und Gelees schmecken süß und frisch. Das Grundrezept eignet sich besonders für pektinarme Früchte und Säfte.
Flüssiges Geliermittel ist ergiebig und gut für alle Früchte und Säfte. Auf Rezepte im Umkarton ist Verlaß, die Kochzeit ist kurz und der Geschmack fruchtig. Das beigefügte Citropekt sichert Gelingen bei eigenen Einfällen.
Gelierhilfen mit Konservierungsstoffen machen haltbarer, manchmal zähflüssig.
Marmelade und Gelee mit wenig Zucker, Diabetikerzucker oder Süßstoff muß in die Tiefkühltruhe oder in den Kühlschrank und schnell verbraucht werden.
Mischungen ergeben interessante Varianten, die mit Massenobst äußerst preiswert sind. Zum Beispiel Stachelbeeren oder Grapefruits und Kürbis, Äpfel und Holunderbeeren, Möhren und Orangen, Rhabarber und Quitten, Birnen und Ananas mit Ingwer.
Pflaumenmarmelade schmeckt mit Lebkuchengewürz wie Weihnachten. Erdbeeren gewinnen durch Paste aus Pfefferschoten. Äpfel oder Birnen harmonieren mit Zitrone und Ingwer.
Milde Früchte mit wenig Zucker zu Mus eindämpfen. Dick und würzig abfüllen und 10 Minuten bei 98 °C einkochen.
Für Konfitüre 1 kg Zucker und 1 l Wasser klar kochen. 5 kg erlesene Früchte bis 2 cm dick in 10 Portionen nacheinander beifügen, 1 Minute kochen und entnehmen. Den Sirup nach jeder Portion auf das ursprüngliche Maß einkochen. Zuletzt alle Früchte beifügen, 10 Minuten sanft kochen und umrühren. Abfüllen und bis 6 Monate kühl lagern. Für sicheres Lagern 10 Minuten bei 98 °C einkochen.

PEKTIN & GELIERPROBE

Pektin steckt in allen Früchten, ist der Stärke ähnlich und teilt ihre Bindekraft. Weil Säure sie aufschließt, sollte Zitronensaft zu Beginn beigefügt werden. Die Gelierprobe offenbart die tatsächliche Gelierkraft – sie ist auch innerhalb der Sorten sehr unterschiedlich.
Zur Probe einen Tropfen auf kalten Untergrund fallen lassen, bis er sich zum Klecks rundet und keinen wäßrigen Hof bildet.
Die Kochzeit höchstens einige Minuten überschreiten. Sobald Zweifel aufkommen, ist Binden mit anderen Mitteln besser als weiteres Kochen, bei dem die Gelierfähigkeit sinken würde und ein dünner Sirup entstehen könnte.
Dünne Marmelade erst mal beiseite stellen. Pro Liter 6 Blatt Gelatine kalt einweichen, ausdrücken und einrühren. Die Probe einige Minuten in den Kühlschrank stellen. Wenn nötig, 1–5 weitere Blätter Gelatine einweichen und in der Marmelade auflösen. Zum Abfüllen wieder erhitzen.
Pektin kann auch selbst gemacht werden: Quitten oder unreife Äpfel mit Wasser bedecken, langsam erwärmen und 20 Minuten schwach simmern lassen. In ein Tuch gießen, den Saft ablaufen lassen und am nächsten Tag auf die Hälfte einkochen. Zur Probe 1 TL kalten Saft mit 2 EL Methylalkohol begießen und nach 2 Minuten schwenkend kreisen. Es bilden sich Knöllchen und schließlich eine dicke Masse. Wenn nicht, den Saft weiter einkochen und die Probe wiederholen. Wegwerfen, weil sie giftig ist! Das fertige Pektin kochendheiß in Einkoch-Gläser füllen und sofort verschließen. Was nach dem Erkalten noch offen ist, 10 Minuten bei 98 °C einkochen. Durchschnittlich 150 ml Pektin für 1,25 l Fruchtbrei oder Saft rechnen. Pektin wird zum Ende der Kochzeit beigefügt. Für pektinarme Früchte und wenn die Gelierkraft nicht reicht.

FÜLLEN & LAGERN

Kleine Twist-Off-Gläser auswählen, weil sie das Gelieren fördern. Mit Wasser füllen, am nächsten Tag entleeren und mit Spülmittel und Bürste heiß und gründlich waschen. Deckel mit pelzigem Ring unter der Haube sorgfältig reinigen. Getrennt ins Wasser mit etwas Essig legen und einmal aufkochen.
Gläser mit der Zange entnehmen und mit der Öffnung nach unten auf frisch gewaschene Tücher setzen. Wenige Minuten später umdrehen, einzeln auf ein Tuch setzen und mit kochendheißer Marmelade füllen.
Aus einer schmalen Kelle mit Ausguß zielt es sich leicht mitten in große bis kleine Gläser. Jedesmal am Topfrand abstreifen, damit keine Tropfen fallen. Verschmiertes Glas vermeidet auch der Einfülltrichter, wenn er auf die Öffnung paßt.
Marmelade und Gelee übertrieben randvoll einfüllen. Sobald eine Partie Parade steht, die Deckel abgießen, auf ein Tuch schütten und auf den Rand stellen. Noch heiß auf die Gläser setzen und zudrehen. Die Gläser mit Essigwasser abspülen, wenn sie dennoch schmierig sind.
Die Gläser umdrehen, heiß auf ein Tuch setzen und trocken reiben. Etiketten wasserfest beschriften, in kaltes Wasser tauchen und kopfüber auf die Gläser drücken, solange sie warm sind.
Reste mit dem Teigschaber aus dem Topf holen, damit nichts verlorengeht.

OHNE ODER MIT WENIG ZUCKER

4–5 Gläser je 150 ml
Lagern: 4 Monate bei 1–18 °C

1 kg Früchte oder 1 l Saft
Gelierhilfe nach Wunsch
Zucker, Honig oder Süßstoff

1. Früchte einer Art oder eine beliebige Mischung waschen, putzen, wiegen und zerkleinern. Den Saft auf beliebige Art gewinnen, jedoch ohne Zucker (S. 12). Nach Rezept abmessen und in einen weiten Topf geben, der 3 l faßt.
2. Natürliche Bindemittel wie Unigel, N-Gel, Agar-Agar oder Bio-Bin immer mit wenig kaltem Saft oder Fruchtbrei verquirlen.
3. Saft oder Früchte rührend aufkochen und auf die gewünschte

Natürliche Bindemittel erhalten die Frische besser als verlängerte Kochzeiten. Immer mit wenig kaltem Saft verquirlen.

Stärke einkochen. Nach und nach ins Bindemittel rühren und kurz aufkochen. Zum Schluß süßen.
4. Gelierhilfen mit Konservierungsstoffen wie Gelierwunder, Gelfix, Gelierpulver 2–3 + 1 oder Gelierzucker 2–3 + 1 immer kalt mischen und dabei genau nach Anweisung vorgehen. Über Mittelhitze rührend zum Kochen bringen und bis 4 Minuten aufbrausen lassen.

OHNE KOCHEN

2–4 Gläser oder Dosen je 150 ml
Einfrieren: 6 Monate bei – 18 °C

500 g Beeren
Saft von 1 Zitrone
Gelierzucker 1–3 + 1
oder bis 500 g Zucker

1. Beeren waschen und auf einem Tuch ausbreiten, bis das Wasser verdunstet ist. Ungenießbare Teile entfernen.
2. Gelierzucker 1 + 1 verspricht leuchtende Farben und gute Haltbarkeit. Gelierzucker 2 + 1 verlangt nach dem Kühlschrank und schnellem Verzehr. Gelierzucker 3 + 1 erlaubt zuckerarme Marmelade, die durch Einfrieren haltbar ist.
3. Früchte, Zitronensaft und Zukker nach und nach in den Mixer geben und auf hoher Stufe pürieren. Nach 2 Minuten unterbrechen und 10 Minuten warten. Weiter mixen, bis sich der Zucker in etwa 3 Minuten aufgelöst hat – länger dauert es mit Rührgeräten oder dem Schneebesen.
4. Oder Beeren mit Zitronensaft und der Hälfte des Zuckers mischen, zudecken und über Nacht ziehen lassen. Am nächsten Tag mixen oder rühren und dabei den restlichen Zucker einrieseln lassen, bis er aufgelöst ist.
5. Die Marmelade randvoll in sehr kleine Gläser füllen, verschließen, im Kühlschrank aufbewahren und bald verbrauchen. Oder in Dosen füllen und einfrieren.

ORANGENMARMELADE

8 Gläser je 250 ml
Lagern: 12 Monate bei 1–20 °C

4 Sevilla-Orangen (500 ml Saft)
4 Blutorangen (500 ml Saft)
130 g Orangenschalen
100 g Zucker
1,3 kg Gelierzucker 1 + 1

1. Bittere Sevilla-Orangen mit ihrer von Kratern gezeichneten Schale und die Blutorangen (Januar bis April) dünn abschälen, 130 g abwiegen.
2. Die Schalen nadelfein schneiden, mit Wasser bedecken, aufkochen und ins Sieb schütten. Zukker und 100 ml Wasser klar kochen. Die Schalen beifügen und 10 Minuten kochen.
3. Die Orangen auspressen und 1 l Saft abmessen. Mit dem Gelierzucker mischen, bei mittlerer Hitze rühren und zum Sprudeln bringen. 4 Minuten schäumend kochen.
4. Die Schalen samt Sud zur Marmelade geben, verrühren und gründlich durchkochen. Die Marmelade kochendheiß abfüllen und verschließen.
5. Oder 1 süße Orange, 6 Sevilla-Orangen und 1 Zitrone brühen, abtrocknen, fein schneiden, entkernen und mit kaltem Wasser bedecken. Am nächsten Tag 30 Minuten kochen, am übernächsten Tag mit dem gleichen Gewicht Zucker 80 Minuten kochen. Alle Kerne im Saft einer Zitrone sammeln, in Mull binden und in den letzten 10 Minuten zum Ausziehen mitkochen.

TROCKNEN

Lange bevor es Einkochgläser und Gefriergeräte gab, haben unsere Altvorderen ihre Nahrungsmittel konserviert – durch Trocknen. Die ganze Palette des Eßbaren war dabei vertreten: Fisch und Fleisch, Obst und Gemüse, Gewürzkräuter und Pilze. Noch heute sieht man in Ungarn die aufgefädelten, leuchtend roten Paprikagebinde an den Dachvorsprüngen hängen. Später werden sie zu Pulver vermahlen. Noch immer gibt es dickwandige Backhäuser, in deren Nachtwärme Früchte darren, bis sie am folgenden Morgen runzlig und süß sind. Beim ältesten Verfahren des Haltbarmachens werden die Lebensmittel an der Luft oder in Spezialgeräten durch das Verdampfen oder Verdunsten des Wassers konserviert. Bei einem Restgehalt von etwa 10 % haben die Mikroorganismen keine Lebenschance mehr.
Das Trocknen wurde industriell perfektioniert, aber es werden auch wieder Geräte erfunden und verbessert, um Lebensmittel daheim zu trocknen. Durch Umluftbacköfen und Mikrowellengeräte ist es selbst im kleinsten Haushalt möglich.

GEWÜRZPULVER

Dunkle Gläser mit Schraubverschluß
Lagern: trocken fast unbegrenzt

Wild- und Gartenkräuter

1. Junge, in der Regel hellgrüne Blätter aus den Herzen der Kräuter pflücken, nachdem der Tau getrocknet ist. So zum Beispiel Brennesseln, Löwenzahn, Gänseblümchen, Gartenkresse, Salbei, Sauerampfer, Tausendgüldenkraut und Wegerich. Immer nur eine Sorte auf einmal.
2. Die Kräuter nur waschen, wenn sie schmutzig oder staubig sind. Kurz in leicht angewärmtes Wasser tauchen, mit den Händen oder einer Drahtkelle herausfischen. Auf dem Abtropfbrett kurz abtropfen lassen, auf Tüchern ausbreiten und ab und zu wenden, bis sie trocken sind.
3. Frische Tücher ausbreiten, das Kraut darauf locker ausbreiten und 1 Tag trocknen lassen. Jeweils wenige Zweige bündeln und aufhängen, wo es schattig ist und ein Lüftchen weht. Stramm in Gummiringe spannen, damit sie die Bündel tragen, bis sie dünn und trocken sind.
4. Die Kräuter trocknen lassen, bis sie wie Papier rascheln. In einen Mörser geben und zerstoßen. Durch ein Sieb rieseln lassen, um Pulver und Grobes zu trennen.
5. Das Pulver in Gläser aus dunklem Glas geben und zuschrauben. Je 1 Messerspitze der täglichen Kost beifügen – es bringt Abwechslung, schmeckt gut und ist gesund.

TROCKENPILZE UND PILZPULVER

Dunkle Gläser mit Schraubverschluß
Lagern: trocken fast unbegrenzt

Röhrenpilze, Habichtspilze, Morcheln, Ritterlinge, Stockschwämmchen, Täublinge

1. Es eignen sich vor allem Röhrenpilze, die genannten Arten und weitere Pilze, die Kenner finden und wißbegierige Sammler Fachbüchern entnehmen. Die Pilze mit einem harten Pinsel trokken reinigen und dabei sortieren.
2. Kleine bis mittelgroße Pilze mit hellen Röhren und Lamellen unter dem Hut senkrecht in ½ cm dicke Scheiben schneiden. Die Stiele abschneiden, soweit sie hart und bräunlich sind.
3. Abschnitte waschen, wenn sie sandig sind. Im Sieb abtropfen lassen und in ein Tuch einrollen, um sie ganz abzutrocknen. Große Pilze samt gesunder Röhren und Lamellen kleinschneiden. Madengänge und unschöne Stellen herausschneiden.
4. Tücher auf Gitter legen. Pilze in einer Schicht auslegen – getrennt in den 3 Gruppen. An einem schattigen und luftigen Ort trocknen. Über Nacht ins Haus holen und in der Frühe wieder hinausstellen, sobald der Tau verdunstet ist. Täglich wenden, damit sie gleichmäßig trocknen.
5. Nach 2–3 Tagen rascheln die kleinen bis mittelgroßen Pilze. In trockene Gläser füllen und verschließen. Später entwickeln sie sich schon beim Einweichen in kaltem Wasser zu Aromariesen. Für eine Mahlzeit mit 4 Personen reichen 20–30 g.

Pilze mit dem Pinsel abbürsten und nicht waschen – sie saugen Wasser auf, das beim Trocknen hinderlich wäre.

Pilze in Scheiben schneiden. Hellfleischiges und dunkle Teile getrennt trocknen – letztere für Pilzpulver.

Für Pulver harte Pilze in den Cutter geben und in wenigen Schüben zerschlagen. Sieben, um Grobes zu entfernen.

6. Für Pulver Abschnitte und große Pilze weiter trocknen, bis sie hart und brüchig sind. Im Cutter oder Mixer zu Pulver zermahlen oder durch eine Kaffeemühle drehen. Damit kein Duft entflieht, verschlossen aufbewahren: für saftigen, weichen und schmackhaften Fleischteig aus wenig Hackfleisch und viel Brot, der in Kohlblätter gerollt wird. Suppen, Saucen und frische Pilze damit würzen. Das Pulver sorgt für vollen Geschmack und aromatisiert alle Speisen, die fleischiger schmecken sollen.

WICHTIG & NÜTZLICH

Beim Trocknen verdunsten Wasser und Säuren, Saures wird süßer. Durch größere Dichte entsteht so ein verändertes, volles Aroma. Auf 40 % Geschrumpftes quillt in kaltem Wasser wieder voll auf. Was auf 30 % und weniger abfällt, quillt nicht mehr auf, würzt aber kraftvoll.
Zum Trocknen im Backofen Roste mit Mull umspannen. Was hängend trocknen soll, auf Fäden reihen und in Rahmen spannen. Bei 50–60 °C und Luftzufuhr trocknen, im Umluftofen bei 60–80 °C und geschlossener Tür. Stündlich kontrollieren, herausnehmen und nachtrocknen lassen.
Mikrowellen erhalten Farben. Kräuter von den Stielen pflücken, flach auf Teller streuen und bei 200 Watt oder 30%iger Leistung trocknen. In 4–6 Schüben je 2 Minuten. Trocknen bei voller Mikrowellenleistung bedeutet Verlust sämtlicher Aromen.
Basilikum, Beifuß, Bohnenkraut, Estragon, Liebstöckel, Majoran, Rosmarin, Salbei, Sellerie und Thymian kurz vor der Blüte trocknen.
Mischungen nach Neigung und Lieblingsrezepten zusammenstellen – zum Beispiel für Hülsenfrüchte wie auf Seite 96 beschrieben.
Für Pfefferschoten Garn einfädeln und am Ende verknoten. Durch die Stiele führen und an einer Schlinge aufhängen. Trocknen, bis sie knittrig sind.
Obst ist fertig, wenn es beim Drücken keinen Saft mehr hergibt. Kräuter, Schalen und Würzgemüse sind fertig, wenn von 100 g nur noch 30–40 g übrig sind. Sie sind fest wie Gummi oder zerfallen zwischen reibenden Fingern.
Duftendes nach dem Trocknen in Gläser oder Tüten aus Zellophan füllen und verschließen. Pfefferschoten in einer kühlen Kammer hängend lagern und bei Bedarf pflücken.

WÜRZGEMÜSE

2 kg · Twist-Off-Gläser
Lagern: trocken fast unbegrenzt

je 1,5 kg Möhren und Porree
je 1 kg Sellerie und
Petersilienwurzeln mit Kraut

1. Das Gemüse putzen, waschen und in Tüchern abtrocknen. Getrennt in dünne Scheiben hobeln oder durch das Schnitzelwerk einer Küchenmaschine treiben.
2. Reine Tücher auf die Roste und Bleche des Ofens legen und das Gemüse darauf locker ausbreiten, 1–2 Tage an der Luft vortrocknen.
3. Im herkömmlichen Ofen bei 50–60°C und leicht geöffneter Tür trocknen. Im Ofen mit Umluft bei 60–80°C und geschlossen.
4. Sobald die dünnen Blätter zwischen den Fingern knisternd zerfallen, an der Luft abkühlen lassen und in Dosen verschließen. Zum Auslaugen kalt einweichen und mitkochen, wenn eine Brühe geschmacklich ergänzt werden soll. Anschließend ins Sieb schütten und auspressen, um möglichst viel Geschmack und Bindekraft zu gewinnen.

Für Würzgemüse die Zutaten in dünne Scheiben hobeln und auf Tüchern trocknen: bei Umluft oder an frischer Zugluft.

Wenn Blätter rascheln und Scheiben fest wie Gummi sind, ist das Gemüse fertig. Es macht Fonds kräftig.

FRÜCHTE & TEE

Für Müsli Obst kleinschneiden, trocknen und mischen. Abends kalt einweichen und morgens mit Getreideflocken, Saft und frischem Obst der Saison abwechslungsreich gestalten.
Schalen von unbehandelten Zitrusfrüchten dünn abziehen, mit Nadel und Faden aufziehen und hängend trocknen. Zum Würzen in Flüssigkeiten auskochen. Oder Schalen fein abreiben, mit der gleichen Menge Zucker und etwas Wasser zu einer Paste kochen. So als Würze beifügen – für Süßspeisen und Saucen.
Apfelschalen, Pfefferminze und andere Kräuter für Tee einsammeln und trocknen. Blätter von Brombeeren und Himbeeren für schwarzen Tee antrocknen und in Zigarrenkisten pressen. Sie erwärmen sich, fermentieren und duften schließlich ähnlich wie Tabak, wenn sie wenig feucht gehalten werden. Anschließend ganz trocknen.

TROCKNEN ZUM NULLTARIF

Bastler tischlern als Windofen einen Kasten auf vier Beinen, der von allen Seiten luftdurchlässig ist. Boden, Wände und Türen sind mit Fliegendraht bespannt, damit Ungeziefer draußen bleibt. Die Decke ist dicht, damit sie Regen fernhält. Innen gibt es wie im richtigen Backofen Schiebeleisten und passende Gitter aus Holz. Darauf trocknen Obst, Kräuter, Gemüse und Pilze schnell und gut. Dabei täglich wenden und aufstellen, wo es warm ist und eine Brise weht. Am besten in Perioden mit niedriger Luftfeuchtigkeit. In der kühlen Jahreszeit trocknen und lagern Schinken, Speck und Mettwürste an Haken unter der Decke. Henkel in Armhöhe erleichtern das Tragen an zugige Plätze – bei Frost ins Haus.

FRÜCHTEKONFEKT

4,5 kg · luftdichte Behälter
Lagern: trocken und dunkel

3,5 kg Kernobst
4 Vanilleschoten
3 kg Gelierzucker 1 + 1
Zitronensaft zum Abschmecken
300 g Zucker

1. Äpfel, Birnen und/oder Quitten waschen und auf ein Gitter geben, das mit Backpapier ausgelegt ist. Vanilleschoten spalten und das Mark abschaben. Die Schoten zum Obst geben. In den Ofen schieben und bei 175°C backen.
2. Nach 60 Minuten das Obst in kaltem Wasser abschrecken. Warm auf ein Tuch legen, damit es schnell wieder trocken ist. Vierteln und das Fleisch von Schale und Kerngehäuse schaben.
3. Das Fruchtfleisch, Vanillemark und Gelierzucker in einen weiten, flachen Topf füllen und bei mittlerer Hitze rühren. 4 Minuten kochen und mit Zitronensaft süßsauer abschmecken. Im kalten Wasserbad weiter rühren, bis die Masse nicht mehr heiß ist. Auf Folie häufen, darin einschlagen, zum Ziegel formen und 2 cm dick ausrollen. Offen und zimmerwarm ruhen lassen.
4. Am nächsten Tag das feste Mus in Streifen schneiden. Mit einem Messerrücken oder einer Gabel ein Muster prägen.
5. Die getrockneten Vanilleschoten kleinschneiden und mit 300 g Zucker mischen. 2 Portionen nacheinander in den Mixer schütten und in einigen Schüben mit dem Flügelmesser fein mahlen. Das Konfekt darin wenden und so dünn bestäuben. Zwischen Seidenpapier oder Zellophan raschelnd in schmucke Dosen stapeln. Zum Naschen und zum Verschenken.

OBST DÖRREN

2 kg · luftdichte Behälter
Lagern: trocken und dunkel

5 kg Beeren, Stein- oder
Kernobst

1. Obst vollreif und mit niedrigem Wassergehalt verwenden. Kurz waschen, wenn es nötig ist. Auf Tüchern ausbreiten und vorsichtig trocknen. Auf frischen Tüchern liegen lassen, bis alle Nässe verflogen ist.

Äpfel mit und ohne Schale verarbeiten. Kerngehäuse mit einem runden Ausstecher entfernen.

Äpfel nach dem Entkernen in Scheiben schneiden und an Fäden hängend trocknen.

2. Beeren entstielen oder von den Rispen streifen. Steinobst halbieren und entsteinen. Birnen mit Schale und Kernhaus 2 cm dick schneiden. Gitter und Bleche des Ofens mit einer doppelten Lage Backpapier belegen und nach oben knicken, damit ein Rand entsteht. Beeren und Steinobst darauf verteilen.
3. Zum Trocknen bei 50°C in den Ofen schieben. Den Wrasenabzug öffnen oder einen Holzlöffel in den Türspalt schieben. Stündlich kontrollieren und Vorderes nach hinten kehren, damit alles gleichmäßig gerät. Je nach Größe 12–24 Stunden trocknen – kürzer bei Umluft. Leicht schrumplig entnehmen und an einem warmen, luftigen Ort nachtrocknen.
4. Äpfel nebeneinander kühl und luftig lagern, bis sie ganz mürbe, aber noch glatt sind. Mit dem Sparschäler abziehen und die Kernhäuschen mit einem Ausstecher herausbohren. 1 cm dicke Ringe schneiden, auf Bindfäden reihen und aufspannen, wo es schattig ist und zieht. Täglich kontrollieren und lockern, wenn sie sich gegenseitig berühren.
5. Zur Probe das Obst drücken. Sobald es keinen Tropfen mehr hergibt, ist es fertig. In Dosen pressen und verschließen.

EINFRIEREN

Angeblich verfügten Chinesen schon vor 3000 Jahren über Eiskeller. Kaiser Nero samt Hofstaat und anspruchsvoller Gesellschaft ließen Gletscher in den Alpen abtragen, auf winterlichen Reisen nach Rom transportieren und in Gewölben stapeln, um rund ums Jahr mit dem Feinsten versorgt zu sein. Dann begann die neue Eiszeit. Carl von Linde erfand 1876 die erste Maschine zum Eismachen. Starke Männer waren gefragt, um Stangeneis in die Häuser wohlhabender Leute zu schleppen. Später zogen die weißen Schränke in die Küchen ein und sogen Kälte aus den Steckdosen. Einfrieren ist die junge, moderne Schwester des Einmachens. Keine Alternative zum Einmachen, sondern sinnvolle Ergänzung. Kluge Hausfrauen kennen sich mittlerweile gut genug mit Gefriergeräten aus, um ihre Stärken und Schwächen richtig einzuschätzen.

SCHLAF & AUSNAHMEN

Bei wenigen Graden unter Null verderben Lebensmittel zwar nicht, aber die sanfte Kälte entzieht Säfte, die sich als zerstörende Kristalle zwischen den Zellen ausdehnen, beim Auftauen davonrinnen und schlappe Kost hinterlassen. Ganz anders bei großer Kälte, die blitzschnell eindringt und steinhart macht. Sie erzeugt nur winzige Kristalle, die harmlos sind. Die Qualität ist fast so gut wie vor dem Tiefschlaf, wenn beim Auftauen Sorgfalt und Umsicht walten. Maschinen in Fabriken können Lebensmittel mit 35 und mehr Graden unter Null schocken, während Haushaltsgeräte höchstens $-30°C$ erreichen. Mit der Leistung wird die kritische Zone unter Null schnell genug überwunden, wenn die Kost kalt und in kleineren Mengen dem Kälteschlaf übergeben wird.
Auch in der Tiefkühlkost wirken Mikroorganismen, die Eiweiß, Vitamine und Fett verändern. Fett wird bereits nach 3 Monaten ranzig, Sahnesaucen flocken aus und müssen nach dem Auftauen repariert werden. Auch auf Eigelb und Öl gestützte Emulsionen würden ausflocken. Gekochtes Eiweiß würde zäh wie Gummi werden. Mit Speisestärke und Gelatine Gestärktes und gekochte Kartoffeln kämen körnig wieder ans Tageslicht. Wasserreiches Gemüse wie Gurken und Tomaten würden zusammenfallen. Glasuren würden abplatzen oder erblinden und Baiser kommt nur ausnahmsweise unter einer Eistorte kurz in die knackige Kälte.

SCHUTZ VOR LUFT

Offene Speisen im Kühlschrank und Brot im Kasten machen es deutlich: Luft entzieht Feuchtigkeit, die Lebensmittel ihrer Frische beraubt. In dunklen Truhen bei tiefen Temperaturen ist sie noch fleißiger und schafft knochentrockene Krusten, die nicht mehr genießbar sind. Sie offenbaren Gefrierbrand, der durch eng anliegende Haut, die keine Luft durchläßt, verhindert wird. Einfrierer brauchen deshalb zum Verpacken geeignete Beutel und Dosen.
Eckige Gefrierdosen gibt es in verschiedenen Größen: 500, 800, 1250 und 1750 ml. Sie schützen Flüssiges und Empfindliches und können platzsparend gestapelt werden. Noch besser, wenn Flüssiges als Eisblock umquartiert wird: Dosen einfach kurz in kaltes Wasser tauchen, wenig später öffnen, den gefrorenen Inhalt entnehmen, in einen Beutel stekken, mit Klebeband verschließen und zurück ins Gefriergerät legen.
Gefrierbeutel sind der richtige Schutz für kleines Stückgut wie vorgekochte Zuckerschoten, Prinzeßbohnen, Kullererbsen und Kohlblätter. Am besten wird die Luft mit einem Vakuumgerät abgesaugt und die Öffnung zugeschweißt.
Gefrierkochbeutel nehmen fertige Speisen auf, die im Wasserbad auftauen oder heiß werden sollen. Sie lösen Aufgaben, sobald die Anzahl der Kochplatten zu klein ist. Knödel und viele Sorten Gemüse werden zusammen im großen Topf heiß, während die Tafelrunde sich der Vorspeise widmet.
Für sperriges Gut wie Rinderzunge, Hühnerschenkel, ganze Fische und Meeresfrüchte brauchen Sie Folienschlauch am laufenden Band und ein Schweißgerät, das ein Vakuum zieht. Fleischer und Lebensmittelhändler haben manchmal leistungsstarke Geräte und können aushelfen. Bequemer wäre reißfeste Alufolie, die mittlerweile zwar wiederverwertet wird, aber der Umwelt zuliebe nur ausnahmsweise benutzt werden sollte.
Vor dem Füllen der Beutel und Dosen steht das Beschriften. Dazu sind Folienschreiber bestens geeignet.

Gemüse nach dem Vorkochen trocken in Gefrierbeutel oder in Folienschlauch füllen.

Nach dem Absaugen der Luft mit dem Vakuumgerät die Öffnung zuschweißen.

Gares im Kochbeutel direkt aus der Kälte in sprudelndes Wasser geben und erhitzen.

WICHTIG & NÜTZLICH

Was gut und reif für Topf und Pfanne ist, taugt genau zu diesem Zeitpunkt am besten zum Einfrieren. Einzelheiten dazu finden Sie bei den entsprechenden Themen des Buches.
Beim Einfrieren muß die Kälte einen Zentimeter in der Stunde schaffen, damit die Qualität erhalten bleibt. Deshalb vorher kühlen, möglichst flach einpacken und nur eine Schicht auf einmal einfrieren.
Tiefkühlkost verschenkt Energie an den Kühlschrank, wenn sie darin auftaut. Gleichzeitig dient es der Qualität am meisten und gilt als die sanfteste Art. Auftauen im Kühlschrank braucht Zeit und dauert je nach Dichte pro Zentimeter bis 2 Stunden.
Für Gemüseplatten einzelne Sorten bißfest garen und luftdicht in Gefrierkochbeutel füllen. Beliebig viele Sorten in reichlich kochendes Wasser geben, heiß werden lassen und direkt aus dem Beutel auf eine warme Platte schütten. Butter und Kräuter zum Schwenken mit einfrieren und durch Wenden gleichmäßig verteilen.
Für Suppen kleinste Portionen Gemüse, Klößchen, Flädle und andere Einlagen flach oder lose einpacken und einfrieren. Sie machen schnelle Suppen möglich.
Paste für Pesto zu Nudeln und Kräuterbutter für Steaks flach einpacken und zum schnellen Auftauen in kaltes Wasser legen.
Offen einfrieren und lose verpacken, was einzeln gebraucht wird und gefroren zum Einsatz kommt: Zwetschen für Zwetschenknödel und hübsche Kleinigkeiten zum Garnieren wie Sahnerosetten, Schokoladenröllchen, Früchte in zierlichen Teilen und Tranchen, robuste Kräuter und Blätter.

Heißer Plattentip: Mehrere Beutel mit garem Gemüse in einem Topf erhitzen.

BAUSTEINE IM KASTEN

Die wenigen Ausnahmen sagen aus, daß Sie alles andere einfrieren können – wissend, daß eine prall gefüllte Kühltruhe am wenigsten Strom schluckt. Im Vergleich zu Keller und Speisekammer hat das Gefriergerät einen begrenzten Raum, dessen Wände den Inhalt unsichtbar machen.
Mit zunehmendem Sortiment droht das Gedächtnis zu streiken. Viel Verschiedenes fordert die Mentalität eines Buchhalters, um über den Inhalt die Übersicht zu behalten. Listen müßten geführt und jedesmal bearbeitet werden, sobald die Tür zum Rausholen oder Reintun geöffnet war. Wo nicht alles nach Plan läuft und Wendigkeit gefragt ist, lebt es sich durch Beschränkung einfacher und leichter.
Die Truhe wird in Zonen eingeteilt und wie ein Baukasten mit Steinen bestückt – sie sehen immer gleich aus, haben immer den gleichen Platz und werden wieder aufgefüllt, sobald Ebbe naht. Hauptsächlich mit allem, was oft gebraucht wird und schnelle Kost besser macht. Außerdem mit allem, was bei feierlichen Anlässen die Küchenmaid ersetzt. Und vor allem damit, was den Tagesbedarf übersteigt, in größeren Mengen weniger Arbeit macht und besser gelingt. Bausteinen gleich, die auf andere passen und für verschiedene Bauten taugen. Mit Etiketten, die länger als einmal halten. In unterschiedlichen Behältern, die Aussagen über den Inhalt machen.
Eher Fonds als fertige Suppen einfrieren, eher Hefefladen als fertige Pizza, eher Füllung und Teig getrennt und weniger fertiges Gebäck. Immer ein festes Sortiment einfrieren, das größtmöglichen Nutzen bringt. Aber auch Zutaten, die den persönlichen Bedürfnissen entsprechen.

Flüssige und empfindliche Zutaten in Dosen einfrieren, Sperriges paßt in Gefrierbeutel.

PERSÖNLICHE WÜNSCHE

Kleine Kinder verlangen oft nach Brei und winzigen Portionen, die viel Aufwand bedeuten würden, wenn nicht kluge Frauen wären, die einmal zubereiten, was viele Male reicht. So zum Beispiel Brei aus Gemüse und einem Stich Butter, verdünnter Brei oder Saft aus frischem Obst, Püree aus Fisch oder Fleisch, das in eßlöffelfüllenden Portionen beigemischt wird. Exotisches Obst und Gemüse muß durch Blanchieren vorbehandelt werden, weil Babies keine Abwehrkräfte gegen eingeführte Keime haben.
Kranke und Genesende brauchen eine Schonkost wie starke Brühe ohne Salz, viel frisches Gemüse, rohes Obst, leicht Verdauliches und mehr, was der Arzt verordnet und das Befinden erlaubt. Mit einem Gefriergerät als Reservat ist es einfacher und leichter, Verordnungen einzuhalten und schneller zu genesen.

FÜR WARMES GEMÜSE

10 Beutel je 300 g
Einfrieren bei minus 20–30 °C
Lagern: 12 Monate bei – 18 °C

3 kg zartes Gemüse (netto)
10 g Salz
evtl. Zitronensaft

1. Blattgemüse wie Spinat, Sauerampfer, Blätter von Mangold, zarter Frühlingsspitzkohl bestechen durch leuchtendes Grün und frischen Geschmack. Zuckerschoten und frische Erbsen überzeugen, weil sie auch knackig geraten und angenehm süßlich schmecken. Grüne Bohnen und Spargel sowie Möhren teilen ihre Fans unter Einfrierern und Einkochern.
2. 5 l Wasser salzen, bei starker Hitze zum Wallen bringen und für helles Gemüse Zitronensaft beifügen. Je 500 g Gemüse hineingeben und vorkochen. Blattgemüse wie Spinat und Mangoldblätter nur einige Sekunden, bis es grüner und nicht mehr steif ist. Frische Erbsen und Zuckerschoten 1–2 Minuten, Prinzeßbohnen 3 Minuten. (Siehe auch Seite 9.)
3. Drei andere Möglichkeiten: Im großen Multitopf das Gemüse unter dem geschlossenen Deckel mit heftigem Dampf einnebeln und ein bißchen länger vorkochen. Im Schnellkochtopf unter Druck nur halb so lange. Mit Mikrowellen bei 700 Watt pfundweise 7 Minuten behandeln, nach 3½ Minuten umrühren. (Siehe auch Seite 9.)
4. Das Gemüse in eiskaltem Wasser schnell abkühlen und abtropfen lassen – es soll kein Wasser haften bleiben. Am besten auf fusselfreien Tüchern ausbreiten und darin einrollen, damit es wirklich trocken wird.
5. Pro Person 150 g Gemüse in Gefrierbeutel füllen. Die Beutel flach hinlegen und die Luft herausdrücken, so gut es geht. Zuschweißen oder mit Clips luftdicht verschließen. Abkühlen lassen und einfrieren.
6. Grundsätzlich ist zartes Gemüse mit kurzen Garzeiten, das beim Servieren noch Biß haben soll, im Gefriergerät bestens aufgehoben. Zum Abwägen: Beim Einkochen gehen mehr Vitamine verloren als beim Einfrieren. Beim Lagern in der Kälte beginnt nach etwa 6 Monaten ein leichter Abbau, während die Werte bei eingekochtem Gemüse jahrelang auf gleicher Höhe bleiben.

BEEREN

5 Dosen je 500 ml
Einfrieren bei minus 20–30 °C
Lagern: 12 Monate bei – 18 °C

1,5 kg Beeren
250 g Zucker

1. Brombeeren, Johannisbeeren, Stachelbeeren, Heidelbeeren, Erdbeeren, Himbeeren und Preiselbeeren oder Cranberries kühlschrankkalt verwenden und nur waschen, wenn es nötig ist. In stehendes, kaltes Wasser geben – direkt ins Wasser gleiten lassen, um sie nicht zu drücken. Körbchen dabei schräg halten und an einer Seite unter den Wasserspiegel drücken.
2. Beeren mit den Händen entnehmen, zwischen den Fingern abschütteln und auf dem Abtropfbrett kurz liegen lassen. Anschließend auf Tüchern ausbreiten und sanft rollend trocknen, indem die Tücher seitlich angehoben werden.
3. Zucker im Mixer fein zerschlagen, aber nicht so staubig wie Puderzucker. Je 50 g in eine flache Schüssel geben, dazu 300 g Beeren. Schwenken, bis sie dünn und gleichmäßig überzogen sind. In kalte Gefrierdosen geben und sofort einfrieren – die Haut aus Zukker schützt die Beeren und senkt Verluste an Farbe, Aroma und Vitaminen.
4. Beeren im Kühlschrank auftauen lassen, wenn sie im ganzen gebraucht werden und ihre schöne Gestalt behalten sollen. Auch eiskalt in Törtchen betten und mit heißem Gelee überziehen. So tauen sie wie in einen schützenden Mantel gehüllt auf – schnell und schonend.
5. Beeren für Saucen mit weiteren Zutaten mischen, pürieren und abschmecken. Durch ein Sieb streichen, wenn Kerne stören. Das Fruchtmark flach einpakken und einfrieren. Zum schnellen Auftauen verpackt in Wasser legen.

OBST & GEMÜSE EINLEGEN

Zu den einfachsten, aber raffinierten Methoden, Früchte und Gemüse haltbar zu machen, gehört das Einlegen. Rezepte aus Großmutters Küche lassen heute noch – oder schon wieder – das Wasser im Munde zusammenlaufen. Ob süß, sauer oder süßsauer, die Palette ist schier unendlich. Vor uns sehen wir Krüge und glasierte Steintöpfe mit den köstlichsten Dingen, die nicht nur zu Braten, kaltem Fleisch und als Beilage schmecken. Allerdings braucht Eingelegtes Ruhe, damit sich die Aromen harmonisch miteinander vereinen können.
Obst und Gemüse werden durch den richtig dosierten Sud aus Essig, Salz, Zucker und Gewürzen nicht nur schmackhafter, sondern auch haltbarer. Denn Essig hat konservierende Kraft, die durch Salz und Zucker noch verstärkt wird. Besonders sicher sind die Köstlichkeiten in Twist-Off-Gläsern aufgehoben. Oder in Gläsern, die sich zum Einkochen eignen. Eingekocht kann die Essigkonzentration auch schon mal niedriger sein – für die, die es etwas milder im Geschmack mögen.

SENFGURKEN

Steinkrug oder Glashafen · 5 l
Lagern: 12 Monate bei 1–15 °C

4 kg gelbe Asiagurken
200 g Salz
1 Suppenteller Kirschblätter
10 reife Dillkronen
10 Zweige Estragon
20 Schalotten
100 g Meerrettichstange
1,4 l Gurkenaufguß (2 Flaschen)
2 Pfefferschoten in Ringen
2 Lorbeerblätter
2 EL weiße Pfefferkörner
200 g gelbe Senfkörner
Zellophan, Essig

1. Gurken von der Spitze in Richtung Stiel mit dem Sparschäler abziehen. Am Stiel abschneiden, was bitter schmeckt. Gurken längs vierteln, Kerne und Weiches mit dem Löffel abschaben.
2. Das Fruchtfleisch in Vierecke, Rechtecke, Rauten oder Streifen schneiden. Mit Salz mischen. Blätter, Dillkronen und Estragon waschen, trockenschütteln und die Gurken damit bedecken. Beschweren.
3. Die Gurken am nächsten Tag portionsweise im Sieb abtropfen lassen und auf Tüchern abtrocknen. Schalotten pellen, Meerrettich schälen. Beides in Scheiben hobeln oder schneiden.
4. Das Gefäß mit dem Blattwerk auslegen. Gurken, Schalotten und Meerrettich einschichten, vielleicht auch einige grüne Weintrauben.
5. Gurkenaufguß mit 500 ml Wasser, Pfefferschoten, Lorbeerblättern und Pfefferkörnern erhitzen, aufkochen und abschmekken. Über die Gurken schöpfen und mit Senfkörnern bedecken.
6. Zellophan oberflächengroß zuschneiden und essignaß auflegen. Ein größeres Blatt essignaß über die Öffnung spannen und unter dem Rand mit einem Gummiring befestigen.
7. Senfgurken sind an frischer und trockener Luft gut haltbar. Bei Entnahmen eine reine Zange benutzen und die Öffnung wie zuerst verschließen – wegen des Aufwands wöchentliche Rationen umfüllen und im Kühlschrank bereithalten.
8. Senfgurken auch in kleinen Twist-Off-Gläsern einmachen, um sie sicherer zu lagern.

WICHTIG & NÜTZLICH

Gemüse zum Einlegen einsalzen und entwässern oder durch Vorkochen von Stoffen befreien, die nicht schmecken und das Gemüse verderben.
Obst roh oder gar verwenden. Wasserreiche Früchte in süß-saurem Sirup vorkochen. Festes Obst wie Kirschen und zarte Beeren auch roh einlegen.
Gemüse und Obst sollen rund 60 % des Raums in Anspruch nehmen. 40 % mit Aufguß auffüllen, der 2 % Säure enthalten muß. Zum Beispiel 3 Teile Wasser und 1 Teil Zitronensaft. (Immer aufkochen und kalt oder heiß verwenden.) Säure wehrt Mikroorganismen ab, so daß Obst und Gemüse auch ohne Einkochen haltbar sind.
Mehr Essig macht wäßriges Gemüse wie Gurken, große Zucchini und Kürbis noch fester. Zucker im Aufguß hält Keime zusätzlich in Schach und dient in beliebiger Dosierung dem persönlichen Geschmack.

Halb Essig und halb Wasser ist richtig zum Einlegen. Hier mit Gewürzen für Sommersalat.

Beide Bohnensorten und Möhren garen. Zwiebeln und Wurzeln in Öl andünsten.

Das Gemüse mischen und in Gläser füllen. Mit kochendheißem Aufguß bedecken.

Für saures Gemüse eignen sich Dillkronen, Estragon, Gewürzkörner, Kirschblätter, Lorbeerblätter, Knoblauch, Meerrettich, Pfeffer- und Senfkörner, Wacholderbeeren, Weinlaub, Zwiebeln.
Für süß-saures Obst und Gemüse eignen sich vor allem Ingwer, Muskatblüten, Nelken, Pfeffer, Senf, Senfmehl und Schalen von Zitrusfrüchten.
Twist-Off-Verschlüsse gewähren gutes Gelingen. Die fest verschlossenen Gläser sind wendefreundlich und können immer wieder kopfstehen, bis satt auf Grund liegt, was immer wieder auftaucht und über dem Spiegel bedroht wäre.

SOMMERSALAT

12 Twist-Off-Gläser je 370 ml
Lagern: 12 Monate bei 1–18 °C

1 kg frische Bohnenkerne
1 kg Schnittbohnen
1,2 kg Möhren
2 EL Salz
6 Knoblauchzehen
4 Lorbeerblätter
2 EL Senfkörner
2 EL schwarze Pfefferkörner
4 Stengel Estragon
900 ml Weißweinessig
2 Petersilienwurzeln
2 Zwiebeln
1 EL Öl

1. Bohnenkerne kurz nach dem Reifen palen, solange sie weich sind und eine zarte Haut haben. Mit Wasser bedecken und bei schwacher Hitze 10–15 Minuten leicht perlend garen. Ins Sieb schütten, kalt duschen und abtropfen lassen.
2. Grüne Bohnen an den Spitzen abschneiden, waschen, bündeln und 4 cm lang schneiden. Möhren sparschälen und in bohnendicke Stifte schneiden.
3. 3 l Wasser bei starker Hitze aufkochen. Salzen. Portionsweise je 250 g Bohnen und Möhren hineingeben und in wenigen Minuten bißfest kochen. Mit der Drahtkelle entnehmen und in kaltem Wasser abschrecken. Warm ins Sieb geben und trocken schwenken.
4. 1 l Kochwasser filtern. Wenn es nicht schmeckt, durch frisches Wasser und 1 EL Salz ersetzen. Mit den Gewürzen 10 Minuten kochen, mit Essig aufkochen und abschmecken.
5. Petersilienwurzeln und Zwiebeln schälen und in winzige Würfel schneiden. Beides im Öl glasig und bißfest dünsten – etwa 10 Minuten bei mäßiger Hitze. Mit Bohnenkernen, grünen Bohnen und Möhren mischen und in Gläser füllen.
6. Den Aufguß mit oder ohne Gewürze kochendheiß über das Gemüse schöpfen, bis es bedeckt ist. Die Gläser fest verschließen.
7. Den Salat bei Tisch mit einem Sieblöffel entnehmen und als Vorspeise genießen.

SÜSS-SAURE FRÜCHTE

7 Einkoch-Gläser je 1 l
Lagern: 12 Monate bei 1–20 °C

700 ml Rotweinessig
500 ml dunkler Rotwein
500 g Zucker
5 kg feste Birnen oder Pfirsiche
2 unbehandelte Zitronen
500 g Gelierzucker
3–4 Stangen Vanille
3 EL weiße Pfefferkörner

1. Essig, Rotwein und Zucker bei mittlerer Hitze aufkochen.
2. Birnen sparschälen, die Blütenkränze rund herausbohren und die Stiele abschaben. Pfirsiche kurz in kochendes Wasser tauchen, kalt duschen, abziehen, halbieren und entsteinen. Schalen und Steine beiseite legen.
3. Die Früchte in den Weinsud geben. Sanft sprudelnd glasig kochen. Birnen etwa 15 Minuten, bis ein Stäbchen ohne wachsenden Widerstand auf das Kernhaus stößt. Pfirsiche nur 5 Minuten. In der Siebschüssel sammeln.
4. Die Schalen in einen Topf geben, von 10 Pfirsichen auch die Kerne aus aufgehämmerten Steinen. Dazu die gelbe Schale der Zitronen, ihren Saft sowie 1 l Wasser. 20 Minuten kochen, ins Sieb schütten und die Rückstände ausdrücken.
5. Den Saft mit rotem Weinsud, Tropfsaft und Gelierzucker mischen. Bei mäßiger Hitze rühren und 5 Minuten kochen.
6. Die Früchte mit der Rundung nach außen platzsparend in Gläser schichten – ganze Früchte schmiegen sich besonders gut an die Wände der bauchigen Schmuckgläser, die zum Verschenken verleiten und wie im Bild mit Birnen gefüllt sind.
7. Vanille und Pfeffer zu den Früchten geben. Den Aufguß abschmecken und kochendheiß einfüllen, bis die Früchte bedeckt sind. Sofort verschließen und, wenn die Gläser kalt sind, prüfen, ob die Deckel fest sitzen. Wenn nicht, in kaltem Wasser aufsetzen und 10 Minuten bei 90 °C einkochen.
8. Für Twist-Off-Gläser alle Früchte noch einmal im Aufguß aufkochen, mit der Drahtkelle entnehmen und kochendheiß einfüllen. Die Gewürze dazugeben und mit dem Sud bedecken. Zuschrauben.
9. Zu Braten und Steaks von Wild und Geflügel oder zu Fondue und kaltem Bratenaufschnitt reichen.

Ganze Birnen sind dekorativ. Nur schälen, die Stiele abschaben und kürzen. Die Blütenstände rund ausschneiden.

Bauchige Gläser nehmen sperriges Obst platzsparend auf. Der Sud macht es schmackhaft und bißfest.

Süß-sauer Eingelegtes für sichere Haltbarkeit 10 Minuten bei 90 °C einkochen. Dazu mit Klammern verschließen.

WEIN-KIRSCHEN

6 Twist-Off-Gläser je 370 ml
Lagern: 12 Monate bei 1–20 °C

2 kg hellrote Glaskirschen
250 g Preiselbeeren
125 ml Weißweinessig
250 ml Rosé oder Weißherbst
750 g Zucker

1. Kirschen waschen, entstielen, auf einem Tuch trocknen und entsteinen. 5 Steine mit einem Hammer zerschlagen und die Kerne zurücklegen.
2. Preiselbeeren verlesen und waschen. Tropfnaß in den Mixer geben und pürieren. In ein Tuch geben und fest auswringen.
3. Preiselbeersaft, Essig und Wein mit den Kirschen mischen. Mit Teller und Gewicht beschweren, damit die Kirschen untertauchen.
4. Am nächsten Tag in ein Sieb schütten und abtropfen lassen. Sud und Zucker aufkochen. Kerne in Mull binden, in den Aufguß legen und nach 5 Minuten entnehmen. Kirschen portionsweise im Sud 2 Minuten kochen – soviel auf einmal, wie der Saft bedeckt. Mit der Drahtkelle entnehmen, abschütteln und in die Gläser verteilen.
5. Den Saft 5 Minuten brausend kochen, abschmecken und über die Kirschen schöpfen, bis die Gläser voll sind. Sofort verschließen.
6. Wein-Kirschen als Belag für Gebäck aufbewahren. Sie harmonieren gut mit leichter Buttercreme.

BEEREN AUF ENGLISCHE ART

4 Twist-Off-Gläser je 370 ml
Lagern: 12 Monate bei 1–20 °C

1 kg Blaubeeren, Brombeeren, Johannisbeeren oder Holunderbeeren
200 g feiner brauner Kandis
350 ml Weißweinessig
1 EL weiße Pfefferkörner
1 TL Pimentkörner
3 Nelken
½ TL Muskatblüte
1 Zimtstange
50 g Meerrettich in Scheiben

1. Die Beeren verlesen, von ungenießbaren Teilen befreien. Lauwarm waschen, abtropfen lassen und auf einem Tuch trocken rollen. In Gläser verteilen.
2. Kandis, Essig und alle Gewürze 15 Minuten kochen. Durch ein Sieb gießen, den Sud erneut aufkochen und abschmecken. Kochendheiß über die Beeren schöpfen, bis die Gläser voll sind. Sofort zuschrauben und auf die Deckel stellen.
3. Die Gläser täglich wenden, bis die Beeren nicht mehr auftauchen.
4. Die Beeren schmecken fein zu gebratenem Wild mit Kroketten und Rotkraut.

JOHANNISBEER-SCHÖNHEITEN

6 Twist-Off-Gläser je 250 ml
Lagern: 12 Monate bei 1–20 °C

1 kg Johannisbeeren
1 l Essig
1 kg Zucker

1. Weiße, rote oder schwarze Johannisbeeren am besten trokken vom Strauch pflücken. Rispen mit dichtem Behang aus reifen Beeren auswählen und behutsam behandeln. Einzeln durch lauwarmes Wasser ziehen, wenn sie es nötig haben. Trocken im Essig versenken.
2. Die Beeren am nächsten Tag abtropfen lassen, mit 750 g Zukker mischen und kühlen. Den Essig anderweitig verwenden.
3. Die Beeren nach 2 Tagen mit ihrem Saft in Gläser füllen und in die Lücken Zucker streuen. Mit Zucker bedecken und die Gläser zuschrauben.
4. Für Gebäck, Desserts und Cocktails verwenden, die mit süßen Trauben noch appetitlicher aussehen.

FRÜCHTE & ALKOHOL

Himbeeren, Birnen, Kirschen und Zwetschen stehen auf der Rangliste ganz oben, wenn es um die Herstellung von Obstbränden geht. Geiste entstehen durch Einmaischen unvergorener Früchte in Äthylalkohol und anschließendem Destillieren. Als Wasser bezeichnet man solche Obstbrände, die aus vergorenen Früchten destilliert werden.
Zur Freude anderer und dem eigenen Wohlsein können Sie Früchte und Spirituosen vereinen, Rumtopfverwandte selbst erfinden und erfolgreich verwirklichen. Faustregeln für das richtige Verhältnis zueinander machen es leicht.

RUMTOPF AUF KLASSISCHE ART

Steinkrug oder Glashafen · 8 l
Lagern: 10 Monate bei 1–18 °C

500 g Erdbeeren
2 kg Zucker
250 g Stachelbeeren
250 g Kirschen
250 g Himbeeren
250 g Johannisbeeren
250 g Blaubeeren
500 g Aprikosen
500 g Pfirsiche
500 g späte Pflaumen
500 g Birnen
250 g Ananas
2,8 l 54%iger Rum

1. Im traditionellen Rumtopf befinden sich alle Früchte, die vom Frühling bis zum Herbst anfallen. Reife, feste Früchte waschen, auf Tüchern ausbreiten und ihrer Art gerecht putzen, enthäuten, entsteinen, von ungenießbaren Teilen befreien und in mundgerechte Stücke schneiden.
2. Steinkrug oder Glashafen mit Wasser füllen und am nächsten Tag gründlich reinigen. Mit kochendem Essigwasser auffüllen, warm entleeren und mit fusselfreiem Tuch abtrocknen.
3. Mit Erdbeeren beginnen und diese mit 250 g Zucker im Gefäß vermischen. Wenn sich die Kristalle aufgelöst haben, mit 1 l Rum aufgießen.
4. Den Topf verschließen, kühl und dunkel stellen. Im Laufe des Sommers nach und nach auffüllen – 250 g Früchte mit je 125 g Zucker und 200 ml Rum, 500 g Früchte mit 250 g Zucker und 400 ml Rum. Die Früchte notfalls mit einem Teller bedecken, wenn frische Frucht oben schwimmen sollte.
5. Den Rumtopf zum ersten Mal umrühren, wenn die letzte Frucht beigefügt ist. Vor dem ersten Genuß 4 Wochen ruhen lassen.

Erdbeeren kommen zuerst in den klassischen Rumtopf. Dazu das halbe Gewicht Zucker und 1 Liter Rum.

Den Rumtopf im Laufe des Sommers nach und nach auffüllen: je 250 g Früchte mit 125 g Zucker und 200 ml Rum.

In den schönsten Farben leuchten Früchte, wenn Sie helles, rotes und dunkles Obst in Schichten einlegen.

GEHACKTES OBST FÜR KUCHEN

Steinkrug oder Glashafen · 5 l
Lagern: 18 Monate bei 1–18 °C

4 unbehandelte Zitronen
1 kg mürbe Äpfel
(Cox oder Boskop)
250 g getrocknete Feigen
250 g getrocknete Aprikosen
500 g dunkle Rosinen
300 g Korinthen
je 100 g Zitronat und Orangeat
je 1 TL Muskatblüte und Zimt
je ½ TL Nelken und Piment
150 g Mandelblättchen
300 g brauner Zucker
1 l 38%iger Weinbrand
250 ml trockener Sherry

1. Zitronen auspressen, die Schalen mit Wasser bedecken, weich kochen und in winzige Würfel schneiden. Äpfel schälen, vierteln, entkernen und in winzige Würfel schneiden. Feigen und Aprikosen ebenso zerkleinern.
2. Zitronensaft, alle Früchte, Rosinen, Gewürze, Mandeln und Zucker gründlich mischen und in einen keimfreien Krug oder Glashafen geben. Mit Weinbrand und Sherry übergießen, zudecken, in einen kühlen Raum stellen und ruhen lassen.
3. Die Früchte wöchentlich umrühren. Mit mehr Sherry oder Weinbrand feucht halten, 3–4 Wochen ziehen lassen und als Füllung für Gebäck benutzen.
4. Die Briten nennen ähnliche Mischungen Mincemeat – sie werden zusätzlich mit 7–20% gehacktem Nierenfett vom Rind zubereitet und zu Weihnachten für Plumpudding verwendet. Marmeladen aus Erdbeeren und Zitrusfrüchten werden nach persönlichem Geschmack hinzugefügt.

SCHNAPSIDEEN

Früchte mit Promille passen zu Nachspeisen wie Vanillecreme und Eis, Flammeri mit Grieß oder Reis, Pfannkuchen und anderen feinen Mehlspeisen.
Den Aufguß extra servieren und zu Saucen vollenden. Mit gebundenem Saft oder Fruchtmark neue Saucen erfinden. Etwas Aufguß unter steife Sahne ziehen, um sie für Torten und als Zugabe zu veredeln. Gebäck wie Biskuit damit tränken und zu Torten oder Desserts schichten. Für Getränke mit Sekt oder Mineralwasser verdünnen.

WICHTIG & NÜTZLICH

Alkohol und Zucker machen Obst haltbar. Der zum Einlegen verwendete Alkohol sollte mindestens 40%ig sein. Wein oder Sherry und Portwein sind daher nicht geeignet. Der Zucker verhindert, daß die Früchte durch Alkohol zäh werden und schrumpfen. Ein gutes Mischungsverhältnis wird erzielt, wenn für 450 g Obst und 2 Tassen Alkohol ½ Tasse Zucker beigefügt wird.
Früchte zum Einlegen in Alkohol müssen vollreif sein und möglichst wenig Wasser enthalten, damit sie nicht zu gären beginnen. Passiert es dennoch, haben Sie zwei Möglichkeiten: 80%igen Rum im 100-ml-Maß beifügen, bis das Schäumen aufhört. Oder aus der Not eine Tugend machen und den Rumtopf vergären lassen. Anschließend filtern, in Flaschen abzapfen und als Dessertwein aus Likörgläschen genießen.
Beeren nur waschen, wenn sie schmutzig und sandig sind. Mit den Händen sanft in lauwarmem Wasser schwenken, locker auf reinen Tüchern ausbreiten und einige Stunden oder bis zum nächsten Tag trocknen lassen. Steinobst und Kernobst auf einer trokkenen Unterlage einige Tage liegen lassen – es darf schon eine leicht schrumplige Haut haben.
Um frische Farben zu erhalten, Früchte sortiert einlegen. Rotes Obst wie Erdbeeren zusammen mit Kirschen, Himbeeren, Johannisbeeren, frühen Pflaumen und reifen Stachelbeeren. Weißes und gelbes Obst wie Äpfel und Birnen mit Aprikosen, Eierpflaumen, Nektarinen, Johannisbeeren, Pfirsichen und hellen Weintrauben. Dunkles Obst wie Blaubeeren mit Brombeeren und Johannisbeeren, Kirschen und Brombeeren. Helle, rote und dunkle Früchte einzeln an Speisen garnieren oder kurz vor dem Servieren vereinen.
Für einen Exotentopf Früchte wie Ananas, frische Datteln und Feigen, Ingwer in Sirup, feste Kakis, Kiwis, Mangos und Papayas mit weißem Rum oder Weinbrand einlegen.
Aufgesetzter und Likör sind Auszüge aus Obst und Kräutern. Diese schwimmen in alkoholischen Getränken und stehen an der Sonne, bis sie Aroma und Farbe ausgehaucht haben. Rezepte auf Seite 144/145.

SAUERKRAUT & CO.

Schon vor der Zeitenwende erfanden Chinesen Sauerkohl mit Reiswein. Trotzdem nennen Ausländer uns »Krauts«, reisen als Touristen an und erwarten hier Sauerkraut und Würste ohne Ende. Verwundert entdecken sie eine deutsche Küche, die besser und vielseitiger ist als ihr Ruf. Inklusive Sauerkraut auf feine Art mit Wein und Fasan, mit Ananas und Kasseler etc. Der säuerliche Geschmack entsteht durch eine natürliche Gärung. Die dabei entstehende Milchsäure macht die rohen Zutaten mürbe, würzig, schützt vor Verderb und läßt zusätzliche Vitamine entstehen. Nach derselben Methode können auch andere Gemüse für Monate haltbar gemacht werden. Ein gesunder Genuß!

GEMÜSE IM KRUG

Gärtopf oder Steinkrug ab 5 l
Lagern: 6 Monate bei 1–10 °C

3,5 kg Gemüse (z. B. Weißkohl)
10 g Meersalz
Gewürze nach Wahl

1. Der Gärtopf hat einen kleinen Graben – er wird mit Wasser gefüllt, der Deckelrand steht darin und schließt den Topf luftdicht ab. Es kann keine Luft herein, aber Gärgase können hinaus. Die Gefäße sind ab 5 l zu haben. Mehr Aufsicht braucht Gemüse in anderen Behältern aus Holz, Steinzeug, Porzellan oder Glas.
2. Krug oder Behälter mit frischem Wasser füllen, am nächsten Tag mit Spülmittel und Bürste schrubben, mehrfach heiß spülen, mit Essigwasser füllen. Ein Tuch aus Leinen, Teller oder Brett und schweren Stein ebenso reinigen und in Essigwasser entkeimen.
3. Frisches Gemüse wie Weißkohl, Wirsing, Rotkohl, Gurken, Paprikaschoten, Möhren, Kohlrabi und Bohnen gründlich putzen und waschen. Anschließend in Schnitzel hobeln. Schnell und einfach auf einem Hobel mit zwei oder mehr Messern, die glatte Schnitzel auswerfen. Besonders flink mit dem Schnitzelwerk einer Küchenmaschine, die weniger ansehnliche Schnitzel auswirft. Roh verwenden oder 2 Minuten vorkochen, Zwiebeln und Rote Bete 10 Minuten.
4. Das Gemüse pro kg mit 2–3 g Salz mischen und Gewürze nach Rezept oder eigenem Geschmack hinzufügen. (Bei Kohl zum Beispiel Lorbeerblätter, Wacholderbeeren, Knoblauch, Zwiebeln und Meerrettich.) Gründlich mischen und stampfen, bis es saftig und weich ist.
5. Den Krug entleeren und das Gemüse einschichten. Jede Lage fest zusammendrücken – mit den Fäusten oder einem Stößel aus Holz, wie er im Bild zu sehen ist. Aufhören, wenn das Gemüse etwa 10 cm unter dem Rand steht.
6. Das Tuch auswringen und über den Krug legen. Teller oder Brett auflegen und mit dem Stein beschweren. Beim Gärtopf den Graben mit gekochtem Wasser füllen und den Deckel auflegen. Andere Gefäße so gut verschließen, wie es möglich ist.
7. Das Gemüse gären lassen. 6 Wochen bei 16 °C, 5 Wochen bei 18 °C oder 4 Wochen bei 21 °C. 24 °C sind für Sauerkraut ideal und bedeuten eine Gärung von nur 3 Wochen. Mehr Wärme würde zum Verderben führen.
8. Das Gemüse steht nach einigen Stunden im eigenen Saft – er soll einen See bilden, der mindestens 1 cm tief ist. Wenn er flacher ist, 1 Liter Wasser mit 15 g Salz aufkochen und kalt hinzufügen. Auch etwas Brottrunk (Reformhaus) und saure Milch – beide fördern das Gären.
9. Das Gären beginnt, wenn es im Gefäß lebendig wird und Schaum aufsteigt. In den nächsten 8–10 Tagen täglich kontrollieren und Schaum abschöpfen.
10. Nach dem Gären Trübes aus der Lake fischen, bis das Gemüse im klaren Saft liegt.
11. Das Gemüse über Winter in einem ungeheizten Raum lagern. Einzelne Portionen mit einer keimfreien Zange entnehmen. Sobald die Bedeckung schmierig ist, waschen, in Essigwasser auskochen und frisch auflegen. Das Gefäß beim Lagern luftdicht verschließen.
12. Wenn kühles Lagern nicht möglich ist, das Gemüse beim Gären probieren, bis es sauer genug ist. Dann die Oberfläche reinigen, das Gemüse mit Saft in Gläser füllen, verschließen und 30 Minuten bei 85 °C einkochen.
13. Für Weinsauerkraut Wein nach dem Gären hinzufügen und das Kraut mehrmals durchstoßen.

Milchsaures Gemüse im Glas gären lassen: in Streifen oder Scheiben schneiden und mit Gewürzen fest einschichten.

Frischen Weißkohl für Sauerkraut in feine Streifen hobeln. 2 Minuten vorkochen oder roh verwenden.

Kohl mit Salz und Gewürzen einschichten. Gründlich mit dem Holzstößel stampfen, bis das Gemüse saftig und weich ist.

Das Gemüse mit Tuch, Teller und Stein beschweren und bei 24 °C rund 3 Wochen gären lassen.

GEMÜSE IM GLAS

Twist-Off-Glas · 1 l
Lagern: 6 Monate bei 1–10 °C

700 g Gemüse (netto)
7 g Meersalz
Gewürze nach Wahl

1. Gemüse so vorbereiten und so klein schneiden, daß es möglichst lückenlos geschichtet werden kann. In einer Schüssel stampfen oder kneten, bis es etwas weicher wird – mit Ausnahme von geschnetzelten Bohnen, Gurken, Pilzen und Tomaten. Das Gemüse mit den Gewürzen ins Glas schichten und fest zusammendrücken. Es soll ⅘ voll sein.
2. 250 ml Wasser aufkochen und das Salz darin auflösen. Kalt über das Gemüse geben, so daß es 2 cm über dem Gemüse steht. Das Glas verschließen. Für mehr Gläser die Mengen hochrechnen.
3. Das Gemüse bei Zimmertemperatur 5–7 Tage stürmisch gären lassen. Das Glas zur Vorsicht auf Teller mit Zeitungspapier stellen, damit überlaufende Schäume aufgefangen werden. Bei etwa 16 °C still nachgären lassen. Vom Start bis zum Ziel braucht es so rund 5 Wochen.
4. Wie Gemüse im Krug lagern oder für bessere Haltbarkeit einkochen – so hat es noch reichlich Vitamin C und kann nicht mehr saurer werden.

WICHTIG & NÜTZLICH

Für milchsaures Gemüse nur reines Salz wie Meersalz verwenden. Tafelsalz kann Zusätze enthalten, die die Lake trüben würden und zu unschönen Verfärbungen führen könnten.
Gut zusammen passen: Gurken oder Bohnen mit Bohnenkraut, Borretsch, Dillkronen und Pimpinelle. Wirsing und Möhren mit Senfkörnern, Kümmel oder Koriander. Paprika, Zucchini und Zwiebeln mit Oregano und Knoblauch. Rote Bete und Äpfel mit Senfkörnern, Zitronenschale und Ingwer. Sellerie und Äpfel mit Meerrettich oder Ingwer. Möhren, Äpfel und schwarzer Rettich mit Pfefferkörnern und Lorbeerblättern. Porree, Äpfel und Zwiebeln mit Koriander.

EINSALZEN & PÖKELN

Der eingesalzene Hering hat mehr als alles andere Eßbare ganze Völker bereichert. Er war eine praktische Einheit zum Tauschen, gründete den Wohlstand der Wikinger und nährte die handelsfreudige Hanse. Salz übernahm aber auch bei vielen anderen Lebensmitteln die überlebenswichtige Aufgabe als Frischhalter. Anschließendes Wässern war zwingend, um die Speisen wieder genießbar zu machen. Für unsere Vorratshaltung ist das Pökeln inzwischen unbedeutend geworden. Und wenn – dann tun wir's wegen des Geschmacks und nur in kleinen Mengen. Die Nährwerte bleiben überwiegend erhalten, wenn das Gepökelte gleich anschließend eingekocht oder eingefroren wird.

FLEISCH TROCKEN PÖKELN

Glasierter Steinkrug · 10 l
Pökeln: 2 + 12 Tage bei 2–7 °C

6 kg Fleisch und/oder Speck
180 g brauner Zucker
60 g schwarze Pfefferkörner
60 g Wacholderbeeren
30 g Pimentkörner
200 g Meersalz

1. Stücke von Rind und Schwein auswählen, die höchstens 3 kg wiegen, kaum Knochen haben und sich lückenlos einschichten lassen. Beispielsweise Schweineschulter für Schäufele, Schinken zum Backen in Brotteig, Rinderzunge für solche in Madeira und Rinderkeule für Festessen. Mit Zucker einreiben und in den Krug schichten. Kühlen.
2. Nach 2 Tagen die Gewürze im Mörser grob zerstoßen und mit dem Salz mischen. Das Fleisch täglich entnehmen, mit je ⅛ Mischung einreiben und wieder fest einschichten. In 8 Tagen bildet sich Lake, die das Fleisch bald bedeckt und bei Pökeltemperatur einige Zeit frisch erhält.
3. Nach dem Pökeln am besten gleich genießen oder weiterverarbeiten. Wie gewohnt in Wasser ziehend garen – Schwein etwa 2 Stunden, Zunge 3 Stunden. Eine 3 kg schwere Rinderkeule in einen gußeisernen Topf legen, in den sie knapp paßt. 300 ml Wasser angießen, einen zähen Mehlbrei auf den Topfrand schmieren und den Deckel auflegen – der Verschluß soll luftdicht sein. Auf die untere Schiene des Ofens schieben, 140 °C einschalten und nach 5 Stunden ausschalten. Entnehmen, nach 3 Stunden öffnen und abgießen, bevor das Fett fest wird. Das Fleisch in eine Form pressen, beschweren und kühlen. Dünn aufschneiden.

MATJES UND LACHS

Rechteckige Form · 1 l und mehr
Pökeln: 12 Stunden oder 2 Tage
Lagern: 14 Tage bei 2–7 °C

Einfrieren: 3 Monate bei – 18 °C

Fette Heringe ohne Milch und Rogen
Lachs oder Forellen
Meersalz, Zucker, Gewürze

1. Heringe kalt abspülen. Pro 500 g mit 20 g Salz einreiben, fest in die Form einschichten und beschweren. Nach 6 Stunden umschichten, nach 12 Stunden genießen.
2. Lachs oder Forellen schuppen, entgräten und längs halbieren. Pro kg 40 g Salz mit 30 g Zucker mischen und auf das Fleisch streuen. Außerdem 1 Tasse Dill, 1 TL weißer Pfeffer und 4 Wacholderbeeren grob zerkleinert. Fische mit der Haut nach außen in die Form legen, Schwanzende aufs Kopfstück. Beschweren und am nächsten Tag wenden.
3. Zum Einfrieren die Fische enthäuten, portionieren und hautnah einpacken.

WICHTIG & NÜTZLICH

Salz konserviert, wenn das freie Wasser zu 20 % gesättigt ist. Je mehr Wasser die Zutaten enthalten, um so salziger geraten sie. Lake für Fleisch können Sie mehrfach nutzen und ergänzen.
Salz macht Fleisch blaß. Chemische Mittel erhalten die appetitanregende Farbe. Zucker wirkt ähnlich. Salpeter und andere Rotmacher, die dem fertigen Pökelsalz zugegeben werden, haben keinen Einfluß auf den Geschmack und sind entbehrlich.
Kleinere Stücke 4 Tage pökeln, Speckseiten, Kasseler und Mettwurst etwa 14 Tage, mächtige Schinken 4–5 Wochen. Mit Lake bedeckt auch länger aufbewahren. Dann zum Entsalzen in frisches Wasser legen – kleine Stükke 3–4, mittlere 12 und große bis 24 Stunden. Anschließend dem Fleischer anvertrauen und räuchern lassen oder hängend trocknen, wo es trocken ist, zieht und nicht wärmer als 15 °C ist.
Echter Matjes wird schockgefrostet, über Nacht im Kühlhaus aufgetaut und am folgenden Tag verkauft. Er enthält 20 % Fett, 1,5 % Salz und schmeckt von der Hand in den Mund. Luft läßt das Fett schnell ranzig werden – Öl schützt davor ebenso wie hautenge Folie und Einfrieren bis 3 Monate.

Huhn oder anderes Fleisch zum Pökeln so schneiden, daß es wenig Platz braucht.

Das Fleisch in einen Plastikbeutel stecken und in eine Schale legen. Die abgekühlte Lake seitlich eingießen.

Die Luft herausdrücken und den Beutel fest verschließen.

FLEISCH NASS PÖKELN

Pökeln: 4 Tage bei 2–7 °C
Einfrieren: 6 Monate bei – 18 °C

Einkochen: 1 Stunde bei 98 °C
Lagern: 12 Monate bei 20 °C

3 kg Fleisch (z. B: Masthuhn)
50 g Salz oder Pökelsalz
1 Lorbeerblatt
2 Wacholderbeeren
1 EL Senfkörner
2 EL Zucker
2 Zwiebeln
1 Knoblauchzehe

1. Huhn am Rückgrat durchschneiden, flach biegen, wenden, 1× längs und 1× quer durchschneiden. Innereien entfernen. Anderes Fleisch 5 cm dick zuschneiden, waschen und an S-Haken aufhängen, wo es trocken, schattig und kühl ist.
2. Für die Lake Salz, Gewürze und Zucker rührend erhitzen. Mit 500 ml Wasser, Zwiebel- und Knoblauchscheiben aufkochen. Über Nacht kühlen.
3. Das Fleisch in einen Gefrierbeutel stecken und in ein Gefäß legen. Die Lake hineingießen, Luftblasen hinausstreichen und den Beutel verschließen. Kühlen, in den nächsten 4 Tagen täglich wenden.
4. Oder im großen Steintopf Huhn zusammen mit anderem Fleisch pökeln. Täglich kontrollieren – Lake mit weißem Belag durch reines Tuch filtern, aufkochen und kalt über das Fleisch gießen.
5. Das Fleisch entnehmen, kalt spülen und mit Wasser bedecken. Aufkochen, abschäumen und knapp unter dem Siedepunkt garen: Kasseler 45 Minuten, Huhn 90 Minuten und Eisbein 2 Stunden.
6. Zum Einfrieren das Fleisch roh in Gefrierbeutel stecken. Oder gegart entbeinen, entfetten, in Dosen legen und mit Kochbrühe bedecken.
7. Zum Einkochen das gare Fleisch noch warm entbeinen, putzen, zuschneiden, in Gläser geben und mit Brühe bedecken.

DIE GOLDENEN EINMACHREGELN

GEFAHREN KENNEN

Luft, Feuchtigkeit sowie Wärme zwischen 15 und 45°C bewirken, daß sich Mikroorganismen immer schneller vermehren und bei steigenden Graden vielfach potenzieren. Die Stufe zwischen Reife und Fäulnis ist bei kritischen Temperaturen rasch überschritten. Frisches davor schützen und beim Erhitzen oder Abkühlen dafür sorgen, daß der gefährliche Bereich so rasch wie möglich durchlaufen wird.

BEDARF EINSCHÄTZEN

Mengen nach Erfahrungen aus der Vergangenheit schätzen. Vorsorge für maximal ein Jahr betreiben, aber begrenzte Lagerzeiten in die Kalkulation einbeziehen.

ENGPÄSSE UMGEHEN

Ernten sind unbekannte, nicht vorhersehbare Größen. Wichtige Helfer zum Einmachen sind zuweilen ausverkauft, und Hersteller müssen passen, weil sie mit der Produktion nicht so schnell nachkommen können. Bestände rechtzeitig überprüfen und ergänzen: Gummiringe, wenn alte spröde sind. Gläser, wenn alte abgesplittert sind. Kleine Gläser, um neue Bedürfnisse zu decken. Thermometer und Einkochtopf, weil er noch fehlt oder der alte gewachsene Ansprüche nicht erfüllt.

WAS MEISTER MACHT

Profis haben staunende Zuschauer, wenn sie blitzschnell am Herd hantieren. Es macht die Übung, aber auch das richtige Handwerkszeug: Scharfe Messer für bestimmte Zwecke. Rostfreie Siebe und Drahtkellen für schonenden Umgang und schnelles Abtropfen. Schüsseln und Töpfe mit großem Fassungsvermögen, die nichts über den Rand lassen. Stabile Geräte, die bequem in der Hand liegen und die Arbeit leicht machen.

FRISCHE UND MEHR

Nur einwandfreie Lebensmittel verarbeiten und Krankes großzügig entfernen. Der Begriff »Frisch« trifft nicht genau genug. Verschiedene Eigenschaften wie der Reifegrad entscheiden über die Güteklasse. Hinweise an passender Stelle des Buches helfen, sie zu heben und erstklassige Ergebnisse zu erzielen.

FÜR ANFÄNGER

Rezepte vorher lesen und in Gedanken durchspielen. Wenn etwas unklar ist, die zusätzlichen Informationen nachlesen und im Kapitel »Die Einmachküche« blättern, um Grundregeln zu kennen und mit Methoden vertraut zu werden.

BRUTTO UND NETTO

Eine Tabelle im Anhang macht deutlich, wie groß der Unterschied zwischen eingekaufter und topffertiger Ware ist. Vorhandene Mengen mit Angaben in Rezepten in Einklang zu bringen, ist eine leichte Aufgabe, weil es auf das richtige Verhältnis der Zutaten zueinander ankommt. Nach Rezepten oder festen Regeln können Sie die richtigen Gewichte leicht errechnen.

UNSICHTBARE FEINDE

Helfer beim Einmachen sind Essig und kochendes Wasser. Sie töten Keime, die unsere Sinne nicht wahrnehmen können. Lebensmittel, die keine Säure enthalten und nicht bei hohen Graden eingekocht werden, müssen im Hinblick darauf besonders sorgfältig bearbeitet und ebenso wie ihr Umfeld von den Störenfrieden befreit werden.

WIDER DAS VERGESSEN

Der Küchenwecker hilft Zeiten genau einzuhalten. Ist er gestellt, erinnert er zuverlässig an abgelaufene Termine. Er verhindert zu langes Erhitzen, das Abstriche für die Güte bedeuten kann. Etiketten schaffen Übersicht bei Vorräten, die von außen nicht erkennbar sind.

FÜR SICHERES LAGERN

Im Gefriergut schlummert bei −18°C sicher, was für eine bemessene Zeit frisch bleiben soll. Angreifbares ist bei Temperaturen zwischen 4 und 15°C am besten aufgehoben. Es soll trocken, an frischer Luft und in keimarmer Umgebung stehen: Das gewähren mit Kalk geweißte Wände, mit Essigwasser gereinigte, trockene Regale und sauber abgewischte Gefäße. Damit gesunde Vorräte sich nicht anstecken, wöchentlich inspizieren, Eingekochtes nur im ersten Monat. Was durch Einkochen unter Vakuum steht, ist frostfrei bis zimmerwarm für Jahre sicher aufgehoben. Nach dem Erkalten klärt die Anfaßprobe, ob Gläser wirklich dicht geschlossen sind und Luft von außen den Dekkel fest auf das Glas drückt.

AUSFÄLLE UND VERLUSTE

Mängel wie Schnell- oder Naßreife, Süßfäule, Gärgase und Düngerüberschuß verlangen mehr Zeit und Hitze beim Verarbeiten. Wenn diese nicht ausreichend waren, entstehen durch Keime innerhalb kurzer Zeit Schimmel, Schleim oder gärender Schaum. Das sind die sichersten Anzeichen für den Verderb. Auf keinen Fall verzehren. Vergiftungsgefahr besteht auch bei eiweißreichem Eingemachten wie Fleisch, Wurst, Fisch, Bohnen usw., bei dem lose aufliegende Deckel oder nicht ganz fest verschlossene Gläser entdeckt werden. Diesen Verlust muß man einfach so hinnehmen.

BESSER DURCH VORKOCHEN

Die genaue Zeit des Blanchierens in sprudelnd kochendem Wasser ist abhängig von Größe und Konsistenz der Lebensmittel. Ihre Qualität wird gesteigert, weil chemische Vorgänge gestoppt und Verunreinigungen entfernt werden. Vorkochen ist die ideale Vorbereitung zum Beispiel für das Einfrieren. Verluste an wasserlöslichen Vitaminen, die das Vorkochen verursacht, sind vergleichsweise unbedeutend.

SICHERHEIT UND EINKOCHEN

Bei neuen Gläsern liegt die Füllhöhe an der Unterkante des Randes, bei alten liegt sie 2 cm tiefer. Für Breiiges und Quellendes gelten geringere Höhen, deren Überschreitung Ärger verursachen würde. Die empfohlenen Hitzegrade gewähren Sicherheit, die auf langjährigen Erfahrungen beruhen. Mehr Hitze kann zu weich machen. Weniger Hitze ist bedrohlich, weil die Kerntemperatur zu niedrig bleibt. Ein Thermometer macht klar, ob die Hitzegrade stimmen. Kontrollen sind unerläßlich. Eine Tabelle im Anhang zeigt die Toleranzen nach unten.

Das Kapitel beginnt mit Frühlingsboten und schließt mit Wildfrüchten nach dem ersten Frost. Im Bild füllen Rhabarber und Kirschen schlanke Gläser, die aus Großmutters Nachlaß stammen. Birnen mit Rotwein stecken in einem modernen Einkochglas, das als Geschenk willkommen ist. Im Vordergrund aller Liebling – eine Marmelade aus Erdbeeren, bei deren Zubereitung Sie schöne Exemplare abzweigen sollten, um sie einzufrieren und später als Schmuck für Desserts zu nutzen oder in Törtchen unter einem heißen Überzug schnell und schonend aufzutauen.
In der modernen Vorratsküche stehen Kompott und Rote Grütze tischfertig im Einkochglas. Auch Fruchtmark, das Sie unter Schlagsahne ziehen können, um Gebäck damit zu füllen. Und Saucen, die Cremes und andere Desserts begleiten sollen, oder die klassische Cumberlandsauce, die gut zu kaltem Fleisch paßt. Es gibt exotisches Chutney zum Fondue, chinesische Pflaumensauce zur Pekingente und vielseitiges Preiselbeermark mit Orangen, das eine hinreißende Torte verspricht. Marmelade variiert Quark und Joghurt auf vielfache Weise.
Nur wenige Minuten brauchen Marmelade und Gelee, die mit Geliermitteln gekocht werden. Pektin wird aus Äpfeln gewonnen und sichert das Gelieren aller Früchte, die keinen hohen Pektingehalt haben. Auskunft darüber gibt die Tabelle auf Seite 156, wenn Sie eigene Ideen verwirklichen möchten. Zuckeraustauschstoffe gibt es mit extra Gelierkraft. Wie der Name sagt, können Sie ihn genauso dosieren wie Haushaltszucker. Fruchtzucker (Fruktose) wirkt um 10 bis 50 Prozent stärker – je kühler die Speise, um so stärker süßt er. Beide eignen sich für Marmelade, Gelee und Mus, die Diabetiker erfreuen und Kalorien senken. Andere Süßstoffe sind passend für Säfte und Kompott.

RHABARBER

Die Obstsaison beginnt mit einem Gemüse, das in der Küche zu den Früchten zählt und roh ungenießbar ist. Milder Himbeer-Rhabarber, herber Blut-Rhabarber und grüne Sorten sind austauschbar. Unterschiede können Sie durch mehr oder weniger Süße beim Abschmecken ausgleichen. Im Laufe der Saison werden die Stangen fester und bekommen schließlich eine Haut, die Farbe gibt und Ballaststoffe liefert. Sie muß nur abgezogen werden, wenn sie hart ist und trockene Stellen hat. Beim Stutzen der Stangen können Sie solche Haut leicht ertasten und abziehen. Im Frühling gibt hauchdünne Haut Halt und Farbe. Dann wäre es schade, die zarten Stangen zu schälen.
Zum Schneiden muß das Messer eine frisch geputzte, blitzblanke Klinge haben, an der Wasser abperlt. Denn Säure aus Rhabarber macht stumpf und läßt angegriffenes Metall schwer hindurchgleiten. Kontakt mit Aluminium und Metallen außer Edelstahl muß verhindert werden, weil Farbe und Geschmack darunter leiden.
Wein, Birnen, Äpfel, Zitrusfrüchte, Erdbeeren und Himbeeren harmonieren gut mit Rhabarber und nehmen ihm, was Gaumen und Zähne rauh macht. Rhabarber hat ein zartes Aroma und seine starke Säure erhöht den guten Geschmack anderer Früchte.

CHUTNEY AUS RHABARBER

10 Twist-Off-Gläser je 150 ml
Lagern: 12 Monate bei 1–18 °C

1 kg Rhabarber
250 g Zwiebeln
2 Knoblauchzehen
50 g frischer Ingwer
250 g Äpfel
50 g rote Pfefferschoten
400 g Zucker
100 g Rosinen
500 ml Weinessig
½ TL Zimt
½ TL Nelkenpulver
Salz
schwarzer Pfeffer

1. Rhabarber bündeln und in 2 mm dicke Scheiben schneiden. Zwiebeln, Knoblauch und Ingwer schälen. Äpfel schälen, vierteln und entkernen. Pfefferschoten spalten und entkernen. Alles winzig würfeln.
2. Zucker, Rosinen und 250 ml Essig in eine tiefe Pfanne geben, dazu die vorbereiteten Zutaten. Erhitzen und schwach sprudeln lassen, bis der Rhabarber zerfällt.
3. 250 ml Essig und die Gewürze dazugeben. Über mäßiger Hitze etwa 20 Minuten kochen lassen. Dabei langsam rühren, bis die Sauce Straßen zieht. Abschmekken, kochendheiß abfüllen, verschließen, auf die Deckel stellen und abkühlen lassen.
4. Das Chutney schmeckt zu gebratener Leber mit Reis und grünem Salat. Es paßt zum Fleischfondue sowie zu kaltem Fleisch wie Pute und Wild mit knusprigem Röstbrot.

RHABARBERGELEE MIT ORANGEN

5 Twist-Off-Gläser je 200 ml
Lagern: 12 Monate bei 1–18 °C

1,5 kg Rhabarber
3 unbehandelte Orangen (600 g)
etwa 1,25 kg Gelierzucker 1 + 1

1. Rhabarber 3 cm lang schneiden. Orangen so dünn schälen, daß die Schalen durchsichtig sind. Rhabarber und Schalen mit 500 ml Wasser aufsetzen und 5 Minuten kochen. Beiseite stellen.
2. Nach 15 Minuten in ein Tuch schütten und den Saft darunter auffangen. Die Reste auswringen, wenn sie nur noch lauwarm sind.
3. Die weiße Schale der Orangen abschälen, das Fleisch aus den Bindehäuten schneiden und die Rückstände auspressen.
4. Beide Säfte mischen und abmessen. Im weiten Topf mit dem gleichen Gewicht Gelierzucker 3 Minuten kochen. Das Fruchtfleisch der Orangen hinzufügen, alles noch 2 Minuten aufwallen lassen. Die Gelierprobe machen und das Gelee abfüllen, sobald sich der Schaum gelegt hat.

RHABARBERKOMPOTT MIT ERDBEEREN

4 Einkoch-Gläser je 750 ml
Einkochen: 30 Minuten bei 80 °C
Lagern: 12 Monate bei 1–20 °C

2 kg Rhabarber
500 g Erdbeeren
1 unbehandelte Zitrone
300 g Zucker

Für Kompott Erdbeeren pürieren, Zitronensaft, Zitronenschale, Rhabarber und Zucker beifügen.

Kompott roh einfüllen. Die abgebildeten Gläser passen zu dritt in den normalen Topf – hier ein Schnellkochtopf.

1. Rhabarber bündeln, 1 cm lang schneiden. Die Erdbeeren entkelchen und pürieren. Zitronenschale fein abreiben, den Saft auspressen. Alles mit Zucker mischen.
2. In Gläser füllen. Verschließen, in warmem Wasser aufsetzen, über Mittelhitze zum Summen bringen und einkochen.
3. Das Kompott paßt zu Pfannkuchen, Grießpudding, Dampfnudeln, gebackenen Grieß- und Brotschnitten sowie Klößen.

WICHTIG & NÜTZLICH

Für Blechkuchen Rhabarber roh einfrieren, unaufgetaut auf Rührteig legen und backen.
Saft durch Hitze, aber auch kalt gewinnen – dann vor dem Abfüllen aufkochen oder einkochen.
Vanille, Ingwer, Zimt und Schalen von Zitrusfrüchten passen gut zu Rhabarber.
Kompott und Konfitüre aus Rhabarber schmecken gut mit Äpfeln und Ingwer.

RHABARBERSAFT IM GLAS

4 Einkoch-Gläser je 750 ml
Einkochen: 45 Minuten bei 98 °C
Lagern: 12 Monate bei 1–20 °C

1 unbehandelte Zitrone
600 g Zucker
2 kg Rhabarber
1 Stange Vanille

1. 2 l Wasser, gelbe Zitronenschale und Zucker aufkochen. Abkühlen lassen, mit dem Saft der Zitrone mischen.
2. Rhabarber bündeln und 2 mm dünn schneiden. Mit kochendem Wasser bedecken, nach 5 Minuten abgießen und abtropfen lassen. Vanille in 4 Stücke schneiden und mit dem Rhabarber in die Gläser geben.
3. Zuckerlösung kalt hineinfüllen. Die Gläser verschließen, einkochen und 8 Wochen ruhen lassen. Den Saft zum Trinken im Sieb abtropfen lassen.
4. Für ein Gelee 8 Blatt Gelatine kalt einweichen, auflösen und den Saft nach und nach einrühren.
5. Zum Verfeinern und zum Beschleunigen der Gelierzeit 250 g Himbeeren oder Erdbeeren gefroren hineingeben – sie tauen in etwa 30 Minuten auf, während das Gelee fest wird. Dazu paßt Vanillesauce.

RHABARBERSAUCE

10 Twist-Off-Flaschen je 500 ml
Lagern: 12 Monate bei 1–18 °C

5 kg Rhabarber
1 kg Zucker
1 Päckchen Gelierwunder

1. Rhabarber bündeln, 3 mm dünn schneiden, im weiten Topf mit Zucker und Gelierwunder mischen. Zudecken, über schwacher Hitze Saft ziehen lassen und zum Kochen bringen.
2. Die Sauce offen 10 Minuten kochen, dabei umrühren. Abschmecken, kochendheiß und randvoll in Flaschen füllen und verschließen. Mit dem Boden nach oben in einem Kasten abkühlen lassen.
3. Rhabarbersauce paßt, wo auch Kompott paßt. Oder mal zu gekochtem Aal mit Salzkartoffeln und brauner Butter genießen. Und fetter Aal wird so besser bekömmlich.

STACHELBEEREN

Ihre Farbe reicht von blaßgrün über goldgelb bis hellbraun oder dunkelrot. Sie sind behaart oder glatt und dünnhäutig bis dickschalig. Bei der Verwendung kommt es weniger auf die Sorte an. Der Reifegrad signalisiert, wie Stachelbeeren eingemacht werden.
Ende Mai sind Stachelbeeren hart und grasgrün, haben nur winzige Kerne und taugen für Konfitüre und Grütze. Sie werden dann gepflückt, um schwer tragende Sträucher zu entlasten und das Ausreifen der übrigen Beeren zu fördern. Gelblich und ein bißchen elastisch eignen sie sich zum Einmachen im ganzen. Vollreife und aufgeplatzte Früchte werden pflaumengroß und schmecken am besten frisch vom Strauch. Sie sind unsere süßesten Beeren und hervorragend für Säfte.
Stachelbeeren werden im Handel nach Reifegrad sortiert angeboten, manchmal schon von Stielen und Blüten befreit.

STACHELBEER-KONFITÜRE MIT APRIKOSEN

12 Twist-Off-Gläser je 250 ml
Lagern: 12 Monate bei 1–18 °C

1,5 kg Stachelbeeren
1 kg Aprikosen
2,5 kg Zucker
1 Flasche Geliermittel (225 g)
10 g Zitronensäure Citropekt
½ TL Muskatblüte

1. Stachelbeeren putzen und waschen. Aprikosen entsteinen und kleinschneiden. Beide in einem flachen 6-l-Topf mit Zucker mischen und über mäßiger Hitze aufsetzen. Ab und zu umrühren, bis sich der Zucker aufgelöst hat.
2. Die Konfitüre kurz mit dem Schneidstab bearbeiten, um die Früchte etwas zu zerkleinern. Über Mittelhitze aufkochen und mit dem Lochlöffel in Achten durchkreisen, damit sie nicht überschäumt.
3. Das Geliermittel hinzufügen, verrühren und einmal aufwallen lassen. Zitronensäure und Muskat dazugeben und unterrühren. Die Konfitüre randvoll in Gläser füllen, verschließen. Auf den Deckeln stehend abkühlen lassen.

STACHELBEEREN FÜR KUCHEN

(zum Foto oben)

5 Einkoch-Gläser je 1 l
Einkochen: 30 Minuten bei 90 °C
Lagern: 12 Monate bei 1–20 °C

3,5 kg grüne Stachelbeeren
1 unbehandelte Zitrone
1 kg Gelierzucker 1 + 1

1. Stachelbeeren putzen und waschen. Gelbe Zitronenschale und 2 EL Gelierzucker im Mixer fein zerschlagen.
2. Stachelbeeren in eine geräumige Schüssel geben, dazu Zitronensaft, Zitronenzucker und übrigen Gelierzucker. Mischen, randvoll in Gläser füllen und verschließen. Den Einkochtopf mit kaltem Wasser auffüllen – so hoch, daß die Gläser fest stehen. Über Mittelhitze zum Perlen bringen und einkochen.
3. Für Törtchen und Obstkuchen die Beeren abgetropft auf Böden aus Mürbteig legen. Den Saft mit Tortenguß anrühren, aufkochen und über die Beeren löffeln.

ROTER STACHELBEERSAFT

4 Flaschen je 700 ml
Einkochen: 25 Minuten bei 75 °C
Lagern: 12 Monate bei 1–20 °C

3,5 kg reife Stachelbeeren
300 g Zucker
1 Vanilleschote

1. Stachelbeeren putzen und waschen. Mit 1 l Wasser, Zucker und Vanilleschote aufkochen und 10 Minuten sprudeln lassen. Zugedeckt beiseite stellen.
2. Nach 30 Minuten in ein Sieb schütten, das mit einem Tuch ausgelegt ist. Mit einem Teller beschweren und den Saft 5–6 Stunden ablaufen lassen.
3. Den Saft bis 4 cm unter den Rand in Flaschen trichtern, auf ein Gitter in einen hohen Topf stellen und bis zum Hals mit kaltem Wasser bedecken. Über Mittelhitze zum Perlen bringen, mit übrigem Saft randvoll füllen, verschließen und einkochen.
4. Mit kühlem Sekt zum Perlen gebracht, werden Gäste das Rätsel des Cocktails kaum erraten und über das Ergebnis staunen!

ERDBEEREN

Erdbeeren schmecken um Johanni am besten, aber nicht alle Jahre gleich. Sommer mit großer Wärme und Trockenheit bescheren sehr feste und dunkelrote Beeren, die besonders süß und aromatisch sind, aber wenig Säure enthalten und für Marmelade mehr Geliermittel als üblich brauchen. Proben beim Zubereiten sind also unerläßlich!
Erdbeeren zum Einmachen müssen einheitlich rot, fest und trokken sein. Senga Sengana, Mieze Schindler, Climax und Hansa wurden zum Einfrieren gezüchtet. Durch ihren Gehalt an Kleesäure werden Erdbeeren manchmal nicht vertragen. Dann mit kochendem Wasser übergießen, nach 30 Sekunden kalt abspülen, abtropfen lassen und nach Rezept weiterverarbeiten. Gegen allergische Reaktionen helfen Passieren, die Zugabe von etwas Kalzium oder Sahne.

Makellose Erdbeeren gleicher Größe als Schmuck für Süßspeisen auswählen und einfrieren.

Der Stabmixer schafft schnell Mark und Saucen zum Einkochen oder Einfrieren.

FRUCHTMARK AUS ERDBEEREN

4 Dosen je 250 ml
Einfrieren: 12 Monate bei –18 °C

4 Einkoch-Gläser je 250 ml
Einkochen: 20 Minuten bei 80 °C
Lagern: 12 Monate bei 1–20 °C

1 kg Erdbeeren
50 g Gelierzucker 1 + 2
100 g Zucker

1. Die Erdbeeren kurz in kaltem Wasser schwenken, auf einem Tuch ausbreiten und trockenrollen. Die Kelche abdrehen.
2. Die Früchte fein hacken, in den Mixer geben oder mit einem Schneidstab pürieren. Mit Zucker mischen und abschmecken.
3. Zum Einfrieren in die Dosen füllen, verschließen und im Gefriergerät verstauen. Bei Bedarf das Fruchtmark in den Kühlschrank stellen und einige Stunden auftauen lassen oder gefroren in einen Mixer geben und mit anderen Zutaten verarbeiten.
4. Zum Einkochen in die Gläser füllen und verschließen. Mit kaltem Wasser aufsetzen, über Mittelhitze heiß werden lassen und einkochen.
5. Das Fruchtmark zum Servieren mit Zutaten wie beispielsweise Orangensaft, Madeira, weißem Portwein, rotem Fruchtsaft oder Frischkäse verrühren. Die Saucen mit einer Paste aus roten Pfefferschoten schärfen und zu Desserts servieren. Zum Beispiel zu Grießflammeri, weißer Schokoladencreme, Milchreis und Vanille-Eiscreme oder Vanillepudding. Aber auch für Getränke beispielsweise mit Joghurt, Milch und Tee aller Art mixen oder mit Wein oder Sekt auffüllen. Für eine Erdbeercreme für Torten und anderes Gebäck 750 ml steifgeschlagene Sahne und 250 g eiskaltes Fruchtmark mischen.

ERDBEER-SCHÖNHEITEN

4 Dosen je 250 ml
Einfrieren: 12 Monate bei –18 °C

1 kg vollreife Erdbeeren
50 g Puderzucker

1. Makellose Erdbeeren gleicher Größe und ohne Druckstellen in kaltes Wasser tauchen, einzeln auf ein Tuch legen und trocken werden lassen.
2. Puderzucker in einen tiefen Teller sieben. Die Erdbeeren einzeln darin wenden, damit sie gleichmäßig von einer dünnen Schicht eingehüllt werden.
3. Die Erdbeeren nebeneinander auf ein Tablett legen. Bei größtmöglicher Kälte in einigen Stunden fest gefrieren lassen. Sofort in Dosen schütten, verschließen und zurück ins Gefrierfach geben.
4. Die Schönheiten zum Garnieren und für erlesenes Gebäck reservieren. Nebeneinander in den Kühlschrank legen und auftauen lassen. Oder in Törtchen legen, mit heißer Glasur überziehen und so durch einen Mantel geschützt schnell auftauen.

FEINER LIKÖR AUS ERDBEEREN

7 Flaschen je 350 ml
Lagern: 5 Monate bei 10–18 °C

750 g Erdbeeren
250 g rote Johannisbeeren
1 rote scharfe Pfefferschote
½ Stange Zimt
500 g weißer Kandiszucker
700 ml Weinbrand
700 ml Kirschwasser

1. Die Beeren nur waschen, wenn sie sandig sind. Erdbeerkelche herausdrehen und Johannisbeeren von den Stielen streifen. Früchte, Pfefferschote, Zimt und Kandiszucker in einen Glaskrug schichten. Zudecken und kühlen.
2. Am nächsten Tag Weinbrand und Kirschwasser an die Früchte gießen, den Krug fest verschließen und 2 Monate an einen sonnigen Platz stellen. Nachts in den Kühlschrank umquartieren, damit der Inhalt nicht zu warm wird und zu gären beginnt.
3. Das Safttuch brühen, auswringen und in ein Sieb legen. Den Krug darüber entleeren und den Likör ablaufen lassen.
4. In Flaschen füllen und verschließen. Den Likör dunkel aufbewahren und 4 Wochen reifen lassen.
5. Mit Sekt oder Riesling auffüllen und als erfrischenden Cocktail kredenzen.

ERDBEERGELEE MIT HOLUNDERBLÜTEN

6 Twist-Off-Gläser je 250 ml
Lagern: 12 Monate bei 1–18 °C

1 kg kleine Erdbeeren
1 unbehandelte Zitrone
10 Holunderblüten
20 g Gelierpulver 1 + 1
10 g Zitronensäure Citropekt
1 kg Zucker

1. Die Erdbeeren kalt spülen und die Blätterkränze abdrehen. In einer Obstpresse ausdrücken oder durch den Entsafter treiben. Mit dem Saft der Zitrone in ein Sieb geben und ruhig ablaufen lassen.
2. Holunderblüten waschen, von den Stielen streifen, in ein Mulltuch binden und in den Saft legen.
3. Gelierpulver und 2 EL Zucker im weiten Topf mischen. Saft samt Mulltuch beifügen. Über Mittelhitze rühren, zum Kochen bringen, 1 Minute sprudeln lassen.
4. Das Mulltuch ausdrücken und entfernen. Zucker und Zitronensäure hineinrühren, 3 Minuten sprudeln lassen. Das Gelee in Gläser geben, nachdem der Schaum sich gelegt hat. Zuschrauben, auf die Deckel stellen und abkühlen lassen.

FRISCHE KONFITÜRE AUS ERDBEEREN
(zum Foto rechts)

5 Twist-Off-Gläser je 150 ml
Lagern: 4 Monate bei 7–10 °C

500 g vollreife Erdbeeren
500 g Gelierzucker 1 + 1
5 TL Weinbrand

1. Erdbeeren kalt spülen, entkelchen und auf einem Tuch trockenrollen. Im Wechsel mit dem Zukker in den laufenden Mixer geben und zu Püree zerkleinern. Nach 10 Minuten wieder mixen, bis der Zucker aufgelöst ist.
2. Die Konfitüre in sterile Gläser geben. Weinbrand im Deckel anzünden und diese sofort auf die Gläser schrauben.
3. Frische Konfitüre auch mit weniger Zucker zubereiten. Dann Gelierpulver oder Gelierzucker 3 + 1 für kalt gerührte Konfitüre verwenden, damit sie fest genug wird. In den Kühlschrank stellen und in wenigen Tagen verbrauchen. Oder einfrieren und bis 12 Monate lagern.

HIMBEEREN & BROMBEEREN

Den roten Beeren im Hochsommer folgen bis in den frühen Herbst die schwarzen Schwestern. Beide sind reif, wenn sie fast vom Strauch fallen und beim Pflücken mühelos aus hellen Näpfen schlüpfen. Falls Maden schneller waren, überlassen wir ihnen die Beute und befördern beide zurück zur Mutter Natur.
Himbeeren und Brombeeren bestehen aus lauter Saftkügelchen, die nur eine sehr dünne Haut haben, sehr empfindlich sind und besonders schnell verarbeitet werden müssen. Beide werden in der feinen Küche passiert, weil ihre harten Kerne als störend empfunden werden. Andererseits erfüllen sie eher die Ansprüche einer gesunden Ernährung, wenn sie ganz bleiben.
Im Kälteschlaf bleiben Frische, Form und Farbe der Beeren am besten erhalten. Trotzdem sind Verfahren mit Hitze für Saft, Kompott, Suppe und Püree empfehlenswert, weil der Geschmack voller und runder wird. Himbeeren haben ein intensives Aroma, das in Verbindung mit roten Johannisbeeren noch stärker wird. Roter Johannisbeersaft schmeckt schon nach Himbeeren, wenn der Anteil nur 2 % beträgt!

HIMBEERSAUCE

4 Twist-Off-Gläser je 150 ml
Lagern: 10 Monate bei 1–18 °C

600 g vollreife Himbeeren
125 g Gelierzucker 1 + 1
125 g Zucker
120 ml Himbeergeist

1. Himbeeren kurz durch kaltes Wasser ziehen, wenn es nötig ist. Dann auf einem Tuch ausbreiten und trockenrollen.
2. Die Früchte in kleinen Portionen auf ein Trommelsieb geben und passieren, um gleichzeitig die Kerne zu entfernen. Dafür einen Spachtel mit einer scharfen und geraden Kante benutzen – auf der ebenen Fläche geht es mit allen weichen Früchten schnell und leicht.
3. Püree und Gelierzucker mischen, unter Rühren rasch erhitzen, 10 Minuten kochen und in Gläser verteilen.
4. Warten, bis sich eine Haut gebildet hat. Zucker auf das Mark streuen und mit Himbeergeist befeuchten. Verschließen und wegstellen.
5. Himbeersauce beispielsweise für Pfirsich Melba verwenden: Halbe Pfirsiche mit Vanille-Eiscreme und Schlagsahne anrichten. Himbeersauce schüttelnd mit der Schutzschicht mischen und darüberlöffeln. Reste davon im Kühlschrank aufbewahren und in Kürze verwenden.

Passieren ist spielend leicht mit einer Palette, die eine gerade, scharfe Kante hat.

Saucen aus passiertem Obst wie Himbeeren sollen weich fließen und kräftig süß-sauer schmecken.

HIMBEERSIRUP

8 Flaschen je 350 ml
Lagern: 12 Monate

1 kg Himbeeren
1 kg rote Johannisbeeren
150 ml frischer Zitronensaft
1,6 kg Zucker

1. Himbeeren verlesen, Johannisbeeren von den Rispen streifen. Himbeeren und Johannisbeeren kalt waschen. Danach zerdrücken, mit Zitronensaft und 100 g Zucker mischen, zudecken und beiseite stellen.
2. Nach einem Tag in ein Tuch geben und ablaufen lassen. Die Reste fest auswringen. 200 ml Saft und 1,5 kg Zucker mischen und klar kochen. Den übrigen Saft beifügen, 2 Minuten kochen und abschäumen.
3. Sirup in warme Flaschen abzapfen. Randvoll füllen, sofort verschließen und dunkel aufbewahren.
4. Nur wenig Himbeersirup macht Mineralwasser und Milch zu schmackhaften Getränken. Sie können Sahne, Creme und Tortenguß damit aromatisieren sowie andere Speisen geschmacklich abrunden. Beispielsweise Salatsaucen, Rote Grütze, Früchtegelee und Fruchtsaucen.

HEISSE HIMBEEREN

7 Einkoch-Gläser je 500 ml
Einkochen: 20 Minuten bei 80 °C
Lagern: 12 Monate

3,5 kg Himbeeren
750 ml roter Johannisbeersaft
750 g Gelierzucker 1 + 1

1. Möglichst feste Himbeeren kurz in kaltes Wasser geben, behutsam entnehmen und gut abtropfen lassen. In einer weiten Schüssel mit frischem Johannisbeersaft und Zucker schwenken, zudecken und in den Kühlschrank stellen.
2. Am nächsten Tag abgießen und die Himbeeren in die Gläser füllen. So mit Saft auffüllen, daß die Früchte gerade bedeckt sind. Verschließen, in kaltem Wasser langsam erwärmen und einkochen. Dunkel lagern.
3. Himbeeren bei Bedarf schnell erhitzen, vielleicht flambiert zu Vanille-Eiscreme genießen. Oder Omelett mit flambierten Himbeeren belegen, zusammenlegen und sofort servieren.

RUSSISCHE WARENJE

3 Twist-Off-Gläser je 500 ml
Lagern: 12 Monate bei 1–18 °C

1 kg Himbeeren
1 kg Zucker

1. Himbeeren in stehendes, kaltes Wasser geben, mit den Händen entnehmen und abschütteln. In einer weiten Schüssel ausbreiten, mit 500 g Zucker bestreuen, zudecken und beiseite stellen.
2. Nach 6 Stunden oder am nächsten Tag den Saft abgießen und mit 500 g Zucker kochen, bis sich Blasen bilden. Dabei beaufsichtigen.
3. Himbeeren in den Sirup geben, schwach kochen und abschäumen, bis sie glasig sind und nicht mehr schwimmen.
4. Warenje in eine Schüssel füllen, zudecken und kühlen.
5. Am nächsten Tag behutsam umrühren, randvoll in heiße Gläser füllen und zuschrauben.
6. Warenje auf dem Frühstücksbrötchen genießen. Oder mit Tee und Gebäck am Nachmittag.
7. Warenje nie in größeren Mengen kochen, sondern immer nur 1 kg Obst auf einmal. Wenn es große Früchte sind, nach dem Putzen wiegen und zerkleinern. Wenn es saures Obst ist, mit 250 ml Wasser verlängern und mehr Zucker nehmen. Beispielsweise für Rhabarber und grüne Stachelbeeren 250 g bis 1 kg.

WICHTIG & NÜTZLICH

Saft schmeckt überwiegend nach Himbeeren, auch wenn Sie dafür bis zu 50% anderes Obst wie rote Johannisbeeren, Stachelbeeren, Rhabarber und Äpfel verwenden. Auf einfachste Art pro kg mit 50–70 g Zucker dampfentsaften. Oder die Früchte mit wenig Wasser weich kochen, den Saft durch ein Tuch filtern, pro Liter mit 250 g Zucker süßen und mindestens 70 °C heiß abfüllen.
Für Kaltschale 750 ml Apfelsaft aufkochen, mit 2 EL Stärkemehl binden und süßen. Abkühlen lassen, mit 500 g Himbeeren mischen, in Gläser füllen, verschließen, langsam erhitzen und bei 80 °C 20 Minuten einkochen.

BEERENCOCKTAIL
(zum Foto rechts)

6 Dosen je 750 ml
Einfrieren: 12 Monate bei –18 °C

750 g kleine Erdbeeren
750 g feste Himbeeren
750 g rote Johannisbeeren
750 g Brombeeren
200 g Zucker

1. Die Früchte im Laufe der Saison nacheinander einfrieren, da sie nicht gleichzeitig in guter Qualität zu haben sind. Jeweils behutsam durch kaltes Wasser ziehen, auf einem Tuch ausbreiten und trockenrollen.
2. 50 g Zucker und 50 g weiche Erdbeeren aufkochen, durch ein Sieb passieren und abkühlen lassen. Die restlichen Erdbeeren darin schwenken, in Dosen verteilen, verschließen und einfrieren.
3. 700 g Himbeeren auf einem Tablett ausbreiten und hart gefrieren. 50 g Zucker und 50 g weiche Himbeeren aufkochen und durch ein Sieb passieren. Die gefrorenen Himbeeren darin schwenken, auf die Erdbeeren geben, verschließen und einfrieren.
4. Johannisbeeren und Brombeeren wie Himbeeren vorbereiten und einfrieren.
5. Schnell servierfertig und attraktiv sind die Beeren in glitzerndem Gelee: 500 ml roten Johannisbeersaft kurz kochen, 8 Blatt eingeweichte Gelatine darin auflösen, 600 g Beerencocktail gefroren beifügen. Mit Himbeersirup abschmecken und in einer kalt gespülten Kranzform erstarren lassen. Zum Servieren auf eine Platte stürzen und mit Sahne genießen. Anstelle von Johannisbeersaft können Sie auch Rotwein nehmen und den Beerenkranz mit Johannisbeerlikör (Cassis) abschmecken. Das ist eine interessante Variation, die aber wegen des Alkohols nicht für Kinder geeignet ist.
6. Beerencocktail auch im Kühlschrank auftauen lassen und pur zu Eiscreme, im süßen Reisring und mit gelierter Mandelmilch »Blanc-manger« anrichten.

BROMBEERKOMPOTT

7 Einkoch-Gläser je 500 ml
Einkochen: 20 Minuten bei 80 °C
Lagern: 12 Monate bei 1–20 °C

3 kg Brombeeren
500 g Zucker
2 Päckchen Gelierwunder
750 ml Apfelsaft

1. Brombeeren waschen, verlesen, auf Tüchern ausbreiten und trocknen lassen. Zucker und Gelierwunder mischen, in den Apfelsaft geben, verrühren und 3 Minuten kochen – das Geliermittel bindet den Aufguß und erhält die Festigkeit der Beeren.
2. Brombeeren in die Gläser geben und mit lauwarmem Aufguß bedecken. Verschließen, in kaltem Wasser aufsetzen, erhitzen und einkochen.
3. Das Kompott schmeckt pur, zu Vanille-Eiscreme, zu hellen Creme- und Mehlspeisen.

SÜSS-SAURE BROMBEEREN

6 Twist-Off-Gläser je 250 ml
Lagern: 12 Monate bei 1–18 °C

1 kg Brombeeren
500 ml Rotweinessig
500 g Zucker
2 Stangen Zimt
1 TL Nelken

1. Brombeeren waschen, verlesen und gut abtropfen lassen. Essig, Zucker und Gewürze aufkochen. Brombeeren in 2 Portionen nacheinander dazugeben, 5 Minuten leise sieden lassen und im Sieb abtropfen lassen.
2. Brombeeren mit oder ohne Gewürze in die Gläser verteilen. Den Sud 10 Minuten brausend kochen und abschäumen, bis er klar ist. Brombeeren damit bedecken. Die Gläser sofort verschließen, auf ihre Deckel stellen und abkühlen lassen.
3. Brombeeren so zu Rindfleisch und Meerrettich kombinieren und zu Wild reichen.

FLÜSSIGE BROMBEEREN

Für Saft 3 kg Brombeeren mit 1,5 l Traubensaft, 1 Stange Zimt und 30 Wacholderbeeren kurz aufkochen. Nach 30 Minuten durch ein Tuch filtern, süßen, in Flaschen füllen, auf 75 °C erhitzen, verschließen und 25 Minuten einkochen.
»Kroatzbeere« ist altdeutsch und erinnert an den kratzigen Strauch. Der Name ist erhalten durch den berühmten Likör und beliebten Verdauungshelfer.
Für eine kalte Sauce zu Wild 2 kg Brombeeren mit 1 kg Zucker, 500 ml Rotweinessig, 1 TL Piment, 2 TL Nelken und 2 Stangen Zimt 2 Stunden kochen. Durch ein Sieb passieren und 75 °C heiß abfüllen.

HEIDELBEEREN

Im Wald und auf der Heide wuchern die auch Blau- und Bickbeeren genannten Winzlinge, die Sammler zum Nulltarif ernten. Größer sind Sorten aus Amerika, die für Kulturen gezüchtet wurden. Beide sind dunkelblau und weiß bereift. Jene aus freier Wildbahn haben am meisten Aroma, aber die großen sind ihnen geschmacklich auf den Fersen, sobald sie in einer naturnahen Umgebung gedeihen.
Heidelbeeren bis dreimal in stehendes, kaltes Wasser geben. Kurz ruhen lassen und abgießen, solange Unerwünschtes nach oben steigt. Beeren entfernen, die weder reif noch einwandfrei sind. Die guten Beeren trocken in Dosen füllen, einige Tage im Kühlschrank aufbewahren und eine Stunde vor dem Essen zuckern. Oder bis 12 Monate einfrieren und bei –18 °C lagern. Bei Bedarf gefroren zuckern und 1–2 Stunden auftauen lassen.

HEIDELBEER-KONFITÜRE

(zum Foto oben)

5 Twist-Off-Gläser je 250 ml
Lagern: 12 Monate bei 1–18 °C

500 g rote Johannisbeeren
2 EL Zitronensaft
750 g Heidelbeeren
1 kg Gelierzucker 1 + 1

1. Johannisbeeren waschen, von den Rispen streifen, im Mixer pürieren, mit dem Zitronensaft mischen, in ein Tuch geben und auspressen, bis die Reste trocken sind.
2. Heidelbeeren waschen, verlesen und im Sieb abtropfen lassen.
3. Johannisbeersaft, Heidelbeeren und Gelierzucker mischen, rührend erhitzen und schäumend kochen. Kochendheiß und randvoll in Gläser füllen. Verschließen und auf den Deckeln stehend abkühlen lassen.

HEIDELBEERGELEE

4 Twist-Off-Gläser je 250 ml
Lagern: 12 Monate bei 1–18 °C

750 g Heidelbeeren
1 Päckchen Gelierpulver
500 g Zucker

1. Heidelbeeren waschen, verlesen und abtropfen lassen. Nach und nach in den laufenden Mixer geben und pürieren. Durch ein Tuch filtern und die Rückstände auspressen.
2. Gelierpulver in einen weiten Topf geben, 500 ml Saft langsam hinzugießen und verrühren. Unter Rühren aufkochen. Zucker hineinstreuen und das Gelee einige Minuten sprudelnd kochen, bis die Gelierprobe gelingt. Kurz stehen lassen, bis der Schaum sich legt. Kochendheiß in Gläser füllen. Verschließen, nachdem eine Haut entstanden ist.
3. Das Gelee auch bis zu 50 % aus Äpfeln zubereiten und beim Entsaften einige Wacholderbeeren hinzufügen. So schmeckt es noch nach Heidelbeeren und kostet weniger, wenn das Obst dafür gekauft werden muß.

HEIDELBEEREN FÜR KUCHEN

7 Einkoch-Gläser je 500 ml
Einkochen: 30 Minuten bei 80 °C
Lagern: 12 Monate bei 1–20 °C

2 kg Heidelbeeren
1 unbehandelte Zitrone
700 ml Apfelsaft
1 TL Zimt
300 g Zucker

1. Heidelbeeren waschen, verlesen und im Sieb abtropfen lassen. Gelbe Zitronenschale, Zitronensaft, Apfelsaft, Zimt und Zucker 5 Minuten kochen, durch ein Tuch filtern. Abkühlen lassen.
2. Die Beeren in Gläser geben, mit je 150 ml Aufguß übergießen, verschließen, in kaltem Wasser aufsetzen und einkochen.
3. Heidelbeeren später als Belag für Törtchen und Torten aus Mürbteig verwenden. Saft mit Tortenguß aufkochen und heiß über die Beeren löffeln.

JOHANNISBEEREN

Je mehr Farbe sie enthalten, um so intensiver ist ihr Geschmack. Allein werden die süßen, schwarzen Johannisbeeren zuweilen als zu streng empfunden. In Mischungen reichen kleine Mengen, um den Geschmack zu verstärken. Rote Johannisbeeren sind mengenmäßig bedeutsamer, sie leuchten wie Kristall, schmecken sehr fruchtig, aber auch sauer und zusammenziehend.
Weiße Johannisbeeren sind selten und werden hauptsächlich aus dem eigenen Garten geerntet. Trotz der blassen Farbe schmecken sie süß, aromatisch und ein bißchen nach Wein.
Rote Johannisbeeren ordnen sich bescheiden unter, wenn sie mit anderem Obst gemischt werden, dessen Geschmack stärker zur Geltung kommen soll. Bei Gelee und Konfitüren unterstützen sie auch die Fähigkeit zum Gelieren, weil sie reich an Pektin sind. Das gilt für alle Johannisbeeren. Kerne und Schalen sind Ballaststoffe, die darmreinigend wirken.

ROTE GRÜTZE

7 Einkoch-Gläser je 500 ml
Einkochen: 20 Minuten bei 80 °C
Lagern: 12 Monate bei 1–20 °C

500 g Himbeeren
1 kg rote Johannisbeeren
1 kg schwarze Johannisbeeren
ca. 500 g Zucker
250 g Speisestärke
500 g süße Kirschen

1. Himbeeren verlesen, Johannisbeeren von den Rispen streifen. Beide Beerensorten waschen. 250 g schöne Himbeeren reservieren. Johannisbeeren mit den übrigen Himbeeren und mit Wasser bedeckt kurz kochen. 10 Minuten beiseite stellen.
2. Die Beeren in ein Sieb geben und passieren. 0,25 l Saft abmessen. Mit den ausgedrückten Beeren und Wasser einen Zweitsaft kochen. So 3,25 l gewinnen.
3. Kirschen waschen und entsteinen. Den ersten Saft aufkochen und mit Zucker süßen. Kirschen und die reservierten Himbeeren darin einmal aufkochen, mit der Drahtkelle entnehmen und abtropfen lassen.
4. Speisestärke mit dem abgekühlten Zweitsaft verquirlen, in den Saft rühren und klar kochen.
5. Rote Grütze noch lauwarm abschmecken, mit Kirschen und Himbeeren mischen. Bis 2 cm unter den Rand in Gläser füllen, verschließen und in kaltem Wasser aufsetzen. Langsam erwärmen und einkochen.
6. Für Varianten beifügen: feste Erdbeeren, weiße Johannisbeeren, reife Stachelbeeren, rote und blaue Pflaumen in kleinen Stücken.
7. Rote Grütze mit frischer Milch genießen, die bis zur Hälfte mit Sahne gemischt wird.

Für Rote Grütze Himbeeren und Johannisbeeren mit Wasser bedecken und kurz kochen. 10 Minuten beiseite stellen.

Die Beeren in ein Sieb geben, durchpassieren und 0,25 l Saft abmessen.

Rote Grütze noch lauwarm mit ganzen Früchten mischen und in Gläser füllen.

JOHANNISBEERSAFT

6 Flaschen je 700 ml
Lagern: 12 Monate bei 1–18 °C

5 kg rote Johannisbeeren
500 g Zucker

1. Johannisbeeren waschen und samt ihrer Rispen in den Siebkorb des Entsafters geben. Mit Zucker bestreuen und über dem Wasserbehälter 45 Minuten entsaften. Das Wasser soll hörbar brodeln und aggressiven Dampf erzeugen.
2. Im Zwischentopf sammelt sich bei Johannisbeeren viel Saft. Deshalb rechtzeitig etwas abzapfen. Saft vor dem Abfüllen umrühren und über 75 °C heiß in Flaschen laufen lassen. Randvoll füllen, sofort verschließen, feucht abwischen und abkühlen lassen.
3. Kleine Mengen im Schnellkochtopf entsaften. Oder Beeren von den Rispen streifen, mit Wasser bedeckt kochen, durch ein Tuch filtern und süßen. Kochendheiß abfüllen oder 25 Minuten bei 75 °C einkochen.

GELEE AUS WEISSEN BEEREN

12 Twist-Off-Gläser je 250 ml
Lagern: 12 Monate bei 1–18 °C

2 kg weiße Johannisbeeren
12 Dolden Holunderblüten
150 ml frischer Zitronensaft
500 ml Weißwein (Gewürztraminer)
ca. 2 kg Zucker

1. Johannisbeeren waschen und von den Rispen streifen, dann zerstampfen. Holunderblüten waschen, von den Stielen pflücken. Beeren, Blüten und Zitronensaft mischen und zudecken.
2. Am nächsten Tag in ein Tuch schütten und den Saft ablaufen lassen. Die Rückstände auswringen. Für 100 ml Saft 100 g Zucker abwiegen. Zusätzlich auf die Gesamtmenge 500 g Zucker dazugeben.
3. Zucker und Wein 5 Minuten sprudelnd kochen. Saft dazugeben und einige Minuten kochen, bis die Gelierprobe fest wird. Das Gelee kochendheiß in Sturzgläser füllen. Verschließen, sobald sich eine Haut gebildet hat.
4. Das Gelee bei Bedarf stürzen, in kleine Stücke schneiden und als Garnitur auf Pasteten oder Torten streuen.

CUMBERLANDSAUCE

4 Twist-Off-Gläser je 250 ml
Lagern: 12 Monate bei 1–18 °C

50 g Schalotten
1 Knoblauchzehe
20 g frischer Ingwer
2 unbehandelte Orangen
1 Zitrone
250 ml Rotwein
1 TL Salz
1 EL weiße Pfefferkörner
2 EL heller, scharfer Senf
400 g rote Johannisbeeren
100 g schwarze Johannisbeeren
500 g Zucker

1. Schalotten, Knoblauch und Ingwer schälen und in winzige Würfel schneiden. Die farbige Schale der Orangen abschälen, 5 Minuten in Wasser kochen, abschrecken und in winzige Würfel schneiden. Orangen- und Zitronensaft auspressen. Alles mit Rotwein, Salz, Pfeffer und Senf 10 Minuten kochen.
2. Johannisbeeren waschen, von den Rispen streifen und dazugeben. Aufkochen, mit dem Zucker verrühren und schwach siedend etwa 30 Minuten kochen lassen, bis 1 l übrig ist.
3. Die Sauce abschmecken, kochendheiß abfüllen, verschließen und auf den Deckeln stehend abkühlen lassen.
4. Sie ist eine klassische Beilage zu kaltem Wild und Geflügel. Etwas herber gerät sie mit Preiselbeeren statt schwarzer Johannisbeeren – so harmoniert sie zur dänischen Leberpastete.

RIESIG MIT RIBISELN

Johannisbeeren tauchen in deutscher Sprache als Ribisel auf, weil sie in Österreich so heißen.
Für Johannisbeermark weiße, rote oder schwarze Beeren mit der gleichen Menge Zucker mischen. Saft ziehen lassen, pürieren, passieren, aufkochen, in kleine Gläser füllen, abkühlen lassen, mit Zucker bedecken und verschließen. Es ist köstlich für Kuchen wie Linzer Torte, für Rotkohl und braune Saucen zu Wild und Sauerbraten.
Zum Garnieren sind ganze Rispen dekorativ. Dafür feucht in Puderzucker wenden, offen einfrieren, einpacken und im Gefriergerät lagern.

APRIKOSEN, NEKTARINEN & PFIRSICHE

Ihre Saison beginnt mit Aprikosen, die in der Schweiz Barillen heißen und in der österreichischen Küche als Marillen nicht nur für die gleichnamigen Knödel willkommen sind. Es folgen weißfleischige Pfirsiche mit einem zarten Duft nach bitteren Mandeln und gelbfleischige Sorten, die süßer und aromatischer sind. Ihre samtene Haut sollte gebrüht und abgezogen werden, weil sie meistens bitter schmeckt. Nektarinen munden weinartig, sie glänzen matt und sind zum Reinbeißen fest.

Aprikosen, Nektarinen und Pfirsiche entfalten durch das Garen im Vakuum des Einkochglases ein köstliches Aroma, ohne ihre angenehme Festigkeit einzubüßen. In Mischungen schmecken sie überraschend neu, zum Beispiel mit herben Zitrusfrüchten, Preiselbeeren und sauren Kirschen. Kombinationen aus frischen und getrockneten Früchten brauchen wenig Zucker und geraten besonders aromatisch. Beispielsweise als Füllung für Strudel, Krapfen, Teigtaschen und Sahnetorten. Oder für Lamm und Huhn in Currysauce mit Reis. Für Trockenobst brauchen sie die 5- bis 6fache Menge. *Auf Seite 17 steht, wie's gemacht wird.*

APRIKOSENSAUCE

4 Twist-Off-Gläser je 500 ml
Lagern: 12 Monate bei 1–18 °C

- **250 g getrocknete Aprikosen**
- **500 g Zwiebeln**
- **125 g frischer Ingwer**
- **1,25 kg frische Aprikosen**
- **1 TL Koriander**
- **1 TL Curry**
- **1 TL Cayennepfeffer**
- **1 EL heller Senf**
- **2 EL Salz**
- **600 ml Weißweinessig**
- **ca. 250 g Zucker**
- **125 g frische Walnußkerne**

1. Getrocknete Aprikosen in dünne Scheiben schneiden, mit 250 ml Wasser bedecken und ausquellen lassen.
2. Am nächsten Tag Zwiebeln und Ingwer schälen und in winzige Würfel schneiden. Frische Aprikosen entsteinen und in kleine Stücke schneiden. Mit eingeweichten Aprikosen, Gewürzen, Essig und Zucker in 90 Minuten zu einem weichen Mus kochen.
3. Die Nüsse grob hacken, hineingeben und kurz aufkochen. Die Sauce abschmecken, kochendheiß in Gläser geben, verschließen und auf den Deckeln stehend erkalten lassen.
4. Frühestens in einigen Wochen zu heißem Kochschinken, Pökelfleisch und Schweinefleisch vom Grill versuchen.

APRIKOSENMARK

7 Twist-Off-Gläser je 150 ml
Lagern: 12 Monate bei 1–18 °C

- **1,25 kg Aprikosen**
- **2 EL Zitronensaft**
- **4 EL Aprikosengeist (Barack Pálinka)**
- **450 g Gelierzucker 1 + 1**

1. Aprikosen waschen und entsteinen. In einem großen Topf mit Zitronensaft, Aprikosengeist und Gelierzucker mischen und über mäßiger Hitze zum Kochen bringen.
2. Die Früchte offen weichkochen und im Topf mit dem Stabmixer pürieren. Kochendheiß und randvoll in Gläser füllen, verschließen und auf den Deckeln stehend kalt werden lassen.
3. Wer das Aprikosenmark ganz fein lieber mag, häutet die Aprikosen vorher. Dafür Früchte kurz in kochendes Wasser tauchen, abschrecken und die Haut abziehen.
4. Das Püree bei Bedarf zu einer Sauce vollenden: mit Saft oder Wein verrühren und abschmekken. Zu Vanillecreme, Crêpes und Mehlspeisen servieren.

Reife Aprikosen mit festem Fruchtfleisch und lose sitzenden Steinen sind am besten zum Einmachen geeignet.

Pfirsiche mit bräunlichem Fleisch zeigen beginnende Fäule. Zum Einkochen muß es um den Stein hell sein.

WICHTIG & NÜTZLICH

Frühe Sorten lösen sich in der Regel schlecht vom Stein und sollten deshalb im ganzen eingemacht werden. Späte Arten lassen sich meistens besser entsteinen und platzsparend in Gläser schichten.
Beim Kauf sollten Sie eine Frucht probieren, bevor Sie größere Mengen heimtragen. Am besten wählen Sie reife Früchte, die durchgehend saftig sind und leicht vom Stein lassen. Aber Finger weg von Pfirsichen mit bräunlichem Fleisch am Stein – es zeugt von beginnender Fäule. Harte Ware können Sie zum Sonnenbad auf die Fensterbank legen, bis sie reif ist und auf Druck etwas nachgibt.

PFIRSICHE IN NEKTARINENPÜREE

5 Einkoch-Gläser je 750 ml
Einkochen: 30 Minuten bei 90 °C
Lagern: 12 Monate bei 1–20 °C

- **1 kg Nektarinen**
- **150 ml frisch gepreßter Orangensaft**
- **ca. 500 g Zucker**
- **3 kg Pfirsiche**

1. Nektarinen waschen, vom Stein schneiden, mit Orangensaft und Zucker aufkochen. Mit dem Stabmixer pürieren und durch ein Sieb streichen.
2. Pfirsiche mit kochendem Wasser brühen, nach einigen Sekunden abschrecken und abziehen. Das Fleisch in Segmenten vom Stein schneiden und mit dem Püree in Gläser schichten.
3. Die Gläser verschließen, in kaltem Wasser aufsetzen, über mäßiger Hitze zum Perlen bringen und einkochen.
4. Als fertiges Dessert servieren, vielleicht mit Schlagsahne, Joghurt oder leichter Creme aus Frischkäse.

Zum Häuten den Pfirsich mit kochendheißem Wasser in der Siebkelle oder im Topf überbrühen.

Die Frucht mit kaltem Wasser abbrausen und die Haut mit einem spitzen Messer abziehen.

APRIKOSEN FÜR KUCHEN

(zum Foto oben)

7 Einkoch-Gläser je 1 l
Einkochen: 30 Minuten bei 90 °C
Lagern: 12 Monate bei 1–20 °C

700 ml Gewürztraminer Spätlese
1 kg Gelierzucker 1 + 1
5 kg große Aprikosen

1. Wein 5 Minuten kochen. 2 l Wasser und Zucker dazugeben und aufkochen. Abkühlen lassen. Aprikosen mit kochendem Wasser übergießen, nach 30 Sekunden abschrecken, abziehen, halbieren und entsteinen. Mit der Rundung nach außen in Gläser schichten.

2. Die Gläser verschließen, in kaltem Wasser aufsetzen und einkochen.

3. Aprikosen beispielsweise abgetropft auf einen Boden aus Mürbteig legen. Mit einem feinem Schaum aus 2 Eiern, 50 ml Aufguß und 50 g saurer Sahne überziehen und im Ofen bei 180 °C in 25 Minuten backen. Warm oder kalt servieren und vielleicht mit frischer Minze oder Zitronenmelisse schmücken.

NEKTARINEN-KONFITÜRE

7 Twist-Off-Gläser je 250 ml
Lagern: 12 Monate bei 1–18 °C

750 ml Orangensaft (6 Früchte)
1,3 kg Nektarinen (8–10 Stück)
1,5 kg Zucker
1 Päckchen Gelierwunder

1. Orangen auspressen, den Saft in eine große Schüssel geben. Nektarinen vom Stein schneiden und dazugeben, bis der Inhalt 1,75 kg wiegt.

2. Zucker und Gelierwunder mischen. Die Fruchtmischung dazugeben und über großer Hitze rühren. Wallend bis zur gelungenen Probe kochen. Kochendheiß und randvoll in Gläser geben, verschließen, auf die Deckel stellen und abkühlen lassen.

SÜSSE & SAURE KIRSCHEN

Süße Kirschen schmecken von der Hand in den Mund, während Sauerkirschen sich erst in einem heißen Zuckerbad voll entfalten. Zum Einkochen eignen sich Herzkirschen, Amarellen, Knorpelkirschen und Weichseln. Hauptsache, sie sind fest und schmecken gut. Beim Garen werden helle Sorten blaß, während dunkle Kirschen nur wenig Leuchtkraft einbüßen. Deshalb sind sattrote bis schwarzrote Früchte zum Einkochen begehrter.
Frische Blättchen und eine straffe Haut kennzeichnen gute Qualität. Die Haut muß trocken sein, weil Feuchtigkeit schnell zur Fäule führt. Kirschen müssen trocken lagern und spätestens am nächsten Tag verarbeitet sein. Überreife, geplatzte und nicht gärende Kirschen ohne Faulstellen eignen sich noch gut für Saft, Marmelade und Kompott, das in Gläser gefüllt und eingekocht werden sollte.
Kirschen kalt waschen und danach entstielen und entsteinen, um Saftverluste zu vermeiden. Mit einem Handgerät oder Tischgerät entsteinen. Den Saft dabei auffangen und mitverwenden. Am schonendsten ist das Entsteinen auf alte Art: Wenn Sie eine kirschkernbreite Haarnadel oder Büroklammer auf der Unterseite in einen Sektkorken stecken, so entsteht am handfesten Griff eine Schlinge, mit der sich die Steine da leicht herausbohren lassen, wo vorher der Stiel saß.

Kirschen sind orangegelb bis schwarzrot. Helle Sorten erblassen beim Garen.

Zum Entsteinen eine spezielle Zange oder eine Haarnadel am Korken benützen.

ERLESENE KIRSCHEN

6 flache Dosen je 250 ml
Einfrieren: 12 Monate bei −18 °C

2,5 kg Kirschen
300 g Zucker

1. Zum Einfrieren geeignete Sorten wie Lothkirsche, Ludwigs Frühe und Schattenmorellen verwenden.
2. Kirschen waschen, entstielen und zum Abtrocknen auf Tüchern ausbreiten. Zucker im Mixer zerschlagen – er soll sehr fein sein, aber nicht so fein wie Puderzukker.
3. Kirschen auf alte Art (siehe oben) entsteinen, direkt danach in Zucker umdrehen und mit der Öffnung nach oben in Gefrierdosen legen, damit sie keinen Saft verlieren und nach dem Einfrieren einzeln entnommen werden können.
4. Zum Garnieren und für Törtchen verwenden.

KIRSCHENGESÄLZ

4 Twist-Off-Gläser je 200 ml
Lagern: 12 Monate bei 1–18 °C

2 kg süße Kirschen
1 kg saure Kirschen

1. Kirschen waschen, abtrocknen, entstielen und entsteinen. Im weiten Topf über geringer Hitze eindämpfen, bis nur noch ein Drittel übrig ist.
2. Das konzentrierte Gesälz ist fertig, wenn sich auf der Oberfläche kein Saft mehr bildet. Fest in Gläser pressen, damit keine Luftblasen bleiben. Nachdem eine Haut entstanden ist und das Gesälz abgekühlt ist, die Gläser mit Deckeln verschließen.

MARASCHINO-KIRSCHEN

5 Einkoch-Gläser je 250 ml
Einkochen: 20 Minuten bei 90 °C
Lagern: 12 Monate bei 1–20 °C

1 kg helle Sauerkirschen
500 g weißer Kandiszucker
250 ml Kirschwasser
250 ml Maraschino

1. Kirschen waschen, abtrocknen, entstielen und entsteinen (oder mit Stiel und Stein einlegen: dann 750 g Kirschen mit je 375 ml Kirschwasser und Maraschino).
2. Kirschen mit Kandiszucker mischen, zudecken und bis zum nächsten Tag ziehen lassen. Inzwischen mal wenden, damit der Kandis sich im Saft der Kirschen löst.
3. Die Gläser mit Kirschen füllen. Mit halb Kirschwasser und halb Maraschino aufgießen. Verschließen, in ein kaltes Wasserbad setzen, erhitzen und einkochen. Die Gläser entnehmen und abkühlen lassen.
4. Kirschen behutsam im Glas schwenken und wegstellen. Mindestens 14 Tage ziehen lassen und nach dem Öffnen im Kühlschrank aufbewahren.
5. Maraschinokirschen einzeln entnehmen und zum Garnieren verwenden. Oder in einen Cocktail geben.

GEWÜRZKIRSCHEN

7 Twist-Off-Gläser je 500 ml
Lagern: 12 Monate bei 1–18 °C

2 kg Knorpelkirschen
3–4 Stangen Zimt
500 ml Weißweinessig
400 ml Rotweinessig
100 ml Sherryessig
800 g Zucker

1. Kirschen waschen und entsteinen. Zimt, Essig und Zucker aufkochen. Über die Kirschen gießen. Zudecken.
2. Am nächsten Tag die Essiglösung abgießen und einige Minuten sprudelnd kochen. Die Kirschen hineingeben und einmal aufkochen.
3. Kirschen mit der Drahtkelle entnehmen und in die Gläser verteilen. Je ½ Zimtstange hineinstecken. Die Essiglösung aufkochen, die Kirschen damit bedekken. Gläser sofort verschließen. 14 Tage durchziehen lassen.

KOMPOTT AUS SÜSSEN KIRSCHEN

(zum Foto rechts)

5 Einkoch-Gläser je 750 ml
Einkochen: 30 Minuten bei 90 °C
Lagern: 12 Monate bei 1–20 °C

4 kg süße Knorpelkirschen
500 g schwarze Johannisbeeren
4 unbehandelte Zitronen
3 Stangen Zimt
4 Nelken
etwa 500 g Gelierzucker 1 + 3

1. Kirschen waschen, entsteinen und abtropfen lassen. Johannisbeeren waschen und von den Rispen streifen.
2. ¼ der Kirschen und die Johannisbeeren in einen Topf geben, dazu dünne Schale einer Zitrone, den Saft der Zitronen, Zimt und Nelken. Langsam zum Kochen bringen, 3 Minuten schwach perlen lassen und mit dem Schneidstab pürieren. Durch ein Sieb passieren und dabei mit dem Rücken einer Suppenkelle ausdrücken. Saft mit Gelierzucker mischen und abschmecken.
3. Kirschen in Gläser geben, leicht zusammendrücken und mit dem Saft bedecken. Verschließen, in kaltem Wasser aufsetzen, bei mittlerer Hitze zum Perlen bringen und einkochen.
4. Das Kompott mit Grießklößen, Quarkauflauf, Pfannkuchen und anderen Mehlspeisen anrichten. Oder pur als leichtes Dessert. Es schmeckt ausgezeichnet zu Vanille-Eiscreme und kann aus festlichem Anlaß flambiert werden: Das Kirschkompott heiß über das Eis geben, bei Tisch mit etwas heißem Kirschwasser beträufeln und anzünden.

SAFT & KONFITÜRE

Aus 5 kg Kirschen können Sie 4 l Saft gewinnen. Mit Stein im Dampfentsafter: Sauerkirschen je kg mit 100 g Zucker, süße Kirschen mit 50 g. Oder mit Wasser bedeckt garen, den Saft süßen und bei 75 °C 25 Minuten einkochen.
Konfitüre aus Kirschen mit Gelierhilfen zubereiten, weil sie wenig Pektin enthalten. Oder zur Hälfte Johannisbeeren nehmen. Die Johannisbeeren pürieren und passieren, wenn die Kerne unerwünscht sind.

DIE FAMILIE DER PFLAUMEN

Die frühreifen Eierpflaumen und roten Pflaumen ißt man am besten frisch gepflückt. Mirabellen und Reineclauden werden saftig und schmackhaft, wenn man sie beim Garen mit Zitrone, Zimt, Nelken und Muskat würzt. Mit einem Entsteiner können Sie festsitzende Steine herausstechen und im Aufguß auskochen, damit er kräftiger wird.

Zwetschen für Mus, zum Trocknen und Einfrieren sollten so lange wie möglich am Baum bleiben. Dann hat sich ihr aromatisches Fleisch vom Stein gelöst und die Haut ist ein bißchen schrumplig. Beim Eindicken zu Mus verdichten sich Süße und Aroma, so daß eine Zugabe von Zucker fast überflüssig ist.

PFLAUMENMUS

9 Twist-Off-Gläser je 200 ml
Lagern: 12 Monate bei 1–18 °C

5 kg späte Pflaumen
500 g Zucker und mehr
1 TL Zimt
¼ TL Nelken
etwas Rum

1. Pflaumen entstielen, waschen, abtrocknen und entsteinen. Mit dem Zucker mischen und in die tiefe Pfanne des Backofens geben.
2. Die Hitze einschalten und die Pflaumen bei 150 °C eindicken. Dabei den Wrasenschieber öffnen oder einen Holzlöffel zwischen Ofen und Tür klemmen, damit der Dampf entweichen kann.
3. Die Pflaumen können ohne Aufsicht bleiben, bis die Hälfte ihres Volumens verdampft und der Saft sirupartig geworden ist. Es dauert etwa 4 Stunden. Im Heißluftherd geht es bei 130 °C etwas schneller, weil der heiße Wind das Mus schneller trocknet als stille Luft.
4. Das Mus weiter eindämpfen und dabei in Abständen von 30 Minuten kontrollieren, bis der Saft fast ganz verdampft ist. Dabei vorsichtig zur Mitte schieben, damit am Rand nichts schwarz wird.
5. Das Blech aus dem Ofen nehmen, die Pflaumen mit den Gewürzen bestreuen und verrühren. Heiß in Gläser füllen und stehen lassen, bis das Mus eine Haut hat. Dünn mit Zucker bestreuen, mit Rum befeuchten und zuschrauben.
6. Sie können auch Kirschen nach diesem Rezept zu Mus eindämpfen. Beides schmeckt lecker auf Brot und Brötchen zum Frühstück. Und auf Schnittchen zum Nachmittagstee.

Späte Pflaumen und Zwetschen lassen leicht vom Stein und haben dottergelbes, festes Fruchtfleisch.

Zucker auf der Haut vom Mus bremst Schimmel. Sicherer ist Einkochen in Gläsern.

PFLAUMEN IN WEISSWEIN

7 Einkoch-Gläser je 1 l
Einkochen: 30 Minuten bei 90 °C
Lagern: 12 Monate bei 1–18 °C

5 kg reife Pflaumen (fest am Stein)
1 kg Zucker
2 l Weißwein

1. Pflaumen waschen, entstielen und in der Naht einschneiden. Mit dem Zucker mischen und Saft ziehen lassen.
2. Nach 6 Stunden abgießen. Saft und Wein aufkochen und über die Pflaumen gießen. Abkühlen lassen, dabei ab und zu schwenken. Das Abgießen, Aufkochen und Übergießen zweimal wiederholen. Den Sud beim letzten Mal zu leichtem Sirup einkochen.
3. Pflaumen in die Gläser geben. Mit dem Weinsud bedecken, verschließen, in warmem Wasser erhitzen und einkochen.
4. Pflaumen in Weißwein passen zu Vanille-Eiscreme, Reispudding und Schlagsahne, Hefeklößen und Vanillesauce.

PFLAUMEN SÜSS-SAUER

(zum Foto rechts)

7 Twist-Off-Gläser je 500 ml
Lagern: 12 Monate bei 1–18 °C

2 kg Pflaumen (fest am Stein)
500 g Zucker und mehr
500 ml Rotweinessig
2 Stangen Zimt
6 Nelken
200 g frischer Ingwer
50 g rote scharfe Pfefferschoten
unbehandelte Schale
von 1 Zitrone

1. Pflaumen waschen, entstielen, abtrocknen und einmal längs einschneiden. Alle Pflaumen in ein tiefes Gefäß geben.
2. 250 ml Wasser, Zucker, Essig, Zimt und Nelken aufkochen. Ingwer schälen und in kleine Scheiben schneiden. Pfefferschoten entkernen und in dünne Ringe schneiden.
3. Ingwer, Zitronenschale und Pfefferschoten in den Aufguß geben und einmal aufkochen. Über die Pflaumen gießen. Mit Teller und Gewicht beschweren, zudekken und kühlen.
4. Am nächsten Tag in ein Sieb geben. Den abgetropften Saft zum Kochen bringen, während Sie die Pflaumen in Gläser geben. Gewürze entfernen, wenn sie stören.
5. Den Aufguß abschmecken und nachsüßen, wenn er noch nicht süß-sauer schmeckt. Kochendheiß über die Pflaumen gießen, bis sie ganz bedeckt sind. Die Gläser verschließen.
6. Süß-saure Pflaumen passen gut zu Braten von Gans, Ente und Schwein.

WICHTIG & NÜTZLICH

Für Knödel und Kuchen vollreife Pflaumen und Zwetschen ohne Stein mit der Schnittfläche nach oben fest gefrieren, verpacken, zurück ins Gefriergerät geben und bis 9 Monate bei –18 °C lagern. Später gefroren in die Knödel drücken oder vor dem Backen auf einen Teig legen. Aber nicht auf Hefeteig, weil er sich von einem derartigen Kälteschock lange erholen müßte!
Zu Schweinefleisch und Pökelfleisch schmeckt süß-saure Sauce aus 4,5 kg Pflaumen mit Stein: mit 2,5 kg Zucker bis zum Zerfallen dünsten und durch ein grobmaschiges Sieb passieren. Dann mit 1 l Rotweinessig, 1 TL Zimt, ½ TL Nelken und ½ TL Muskat auf 4 l eindämpfen. Kochendheiß abfüllen und verschließen.
Frisches Pflaumenmus können Sie bis zur gewünschten Konzentration eindämpfen, süßen, heiß abfüllen und bei 90 °C in 30 Minuten einkochen.

CHINESISCHE PFLAUMENSAUCE

3 Flaschen je 500 ml
Lagern: 12 Monate bei 1–18 °C

750 g Zwetschen
750 g Aprikosen
375 g saure Äpfel
500 g brauner Zucker
375 ml weißer Essig
375 ml Pimentkörner

1. Das Obst waschen und entsteinen oder entkernen, Äpfel schälen. Das Fruchtfleisch kleinschneiden. Mit Zucker und Essig mischen und Saft ziehen lassen.
2. Piment im Mörser zerreiben, mit der fruchtigen Mischung in einen weiten Topf geben und über schwacher Hitze etwa 1 Stunde eindämpfen. Die Sauce ist fertig, wenn beim Rühren Rillen kurz stehen bleiben.
3. Pflaumensauce kochendheiß in Flaschen füllen und verschließen. Frühestens nach 4 Wochen versuchen.
4. Zum Beispiel zu Pekingente mit Pfannkuchen und frischem Porree, zu Frühlingsrollen, zu knusprigen Rippchen und anderem gebratenem Schweinefleisch genießen.

TIPS ZUM EINKOCHEN

Reineclauden sollen gut ausgebildet, aber noch nicht ganz reif sein. Mirabellen sollen hartgelb sein, also reif, aber noch so fest, daß sie beim Drücken Widerstand leisten. Am besten eignen sich große Früchte mit zarter Haut.

Da die Haut aller Pflaumen zum Platzen neigt, kann sie in der Naht bis auf den Stein eingeschnitten werden. So bleiben die Früchte ansehnlicher, ohne ihren Geschmack zu verlieren. Vorausgesetzt, der Aufguß ist nicht wäßrig, sondern kräftig durch Saft, Wein, Süße und Gewürze.

Sehr würziges Kompott oder wenig süßer Aufstrich entsteht aus überreifen und geplatzten Pflaumen. Dafür entsteinen, weiche und bräunliche Teile großzügig abschneiden und entfernen. Die Früchte mit wenig Wasser bei schwacher Hitze weich dünsten, süßen und abkühlen lassen. Anschließend in Gläser füllen, verschließen, langsam erwärmen und bei 90 °C 30 Minuten einkochen. Das Kompott paßt gut zu Wildgerichten, aber auch zu Mehlspeisen.

ZWETSCHEN FÜR KUCHEN

7 Einkoch-Gläser je 1 l
Einkochen: 30 Minuten bei 90 °C
Lagern: 12 Monate bei 1–20 °C

5 kg späte Zwetschen
3 Stangen Zimt

1. Am besten leicht schrumplige Zwetschen waschen und auf Tüchern trockenrollen. In der Naht einschneiden, entsteinen, zur ursprünglichen Form zusammenfügen und fest in Gläser schichten.
2. Zimtstangen in Stücke brechen und zwischen die Früchte stecken. Die Gläser verschließen, in kaltem Wasser aufsetzen, langsam erhitzen und einkochen.
3. Bei Bedarf beispielsweise direkt aus dem Glas in Hefeteig betten und wie gewohnt backen. Oder wie frische Zwetschen verwenden.

MIRABELLEN IN GIN

4 Twist-Off-Gläser je 500 ml
Lagern: 8 Monate bei 1–18 °C

800 g Mirabellen
unbehandelte Schale von 1 Zitrone
400 g Zucker
1 l Dry Gin (40 %)

1. Mirabellen waschen, mit gekürzten Stielen in Gläser geben, dazu je 1 Stück Zitronenschale und den Zucker. Verschließen, im Topf auf ein Gitter setzen, zur Hälfte mit Wasser auffüllen und erhitzen. 20 Minuten knapp unter dem Siedepunkt halten. Entnehmen.
2. Am nächsten Tag die Zitronenschalen entfernen und die Mirabellen mit Gin bedecken. Die Deckel kurz in kochendes Wasser geben, mit einer Zange entnehmen, an der Luft trocknen lassen und noch warm auf die Gläser schrauben.
3. Mirabellen in Gin mindestens 1 Woche ziehen lassen. Sie sind schön zum Garnieren und für Cocktail, der mit trockenem Wermut aufgefüllt wird.

REINECLAUDEN-KONFITÜRE

6 Twist-Off-Gläser je 200 ml
Lagern: 12 Monate bei 1–18 °C

1 kg Reineclauden
2 unbehandelte Zitronen
1 kg Gelierzucker 1 + 1
1 Stange Zimt nach Geschmack

1. Reineclauden waschen, abtrocknen, entsteinen und in kleine Stücke schneiden. Die Zitronen fein abreiben und den Saft auspressen.
2. Zitronenschale, Zitronensaft und Gelierzucker mit den Reineclauden mischen. Zudecken und ruhen lassen, bis sie im eigenen Saft stehen.
3. Früchte samt Saft und vielleicht einer Zimtstange in einen weiten Topf geben, bei mittlerer Hitze rühren und 6–8 Minuten sprudelnd kochen. Nach der Gelierprobe randvoll in Gläser füllen und sofort zuschrauben. Auch Mirabellen nach diesem Rezept zu Konfitüre kochen.

ÄPFEL

Kläräpfel sind die ersten der Saison – sie schmecken mürbe am besten und ergeben ein erstklassiges Kompott. Boskoop, Gelber Bellefleur, Gravensteiner, Goldreinette, James Grieve, Undine, Ingrid Marie und Cox sind aromatische Äpfel, die als Tafelobst und zum Einmachen bestens geeignet sind, wenn sie reif sind. Granny Smith ist nur kurz vor der Reife zum Reinbeißen saftig. Der Massenapfel Delicious neigt nur wenig zum Braunwerden und zeigt sich beim Garen formbeständig. Mangelnde Würze kann durch Verdampfen oder durch würzigen Aufguß ersetzt werden. Das gilt auch für alle ungenannten Sorten.
Bei unreifen Äpfeln ist die Mulde um den Blütenstand ganz flach. Je tiefer die Mulde ist, um so reifer ist der Apfel. Weiße Kerne bedeuten Unreife, wenig Aroma, aber eine große Gelierkraft. Äpfel mit braunen Kernen zeigen Reife und sind würziger, aber gelieren weniger gut.
Bei 2–4°C sind Äpfel (getrennt von Kartoffeln) haltbar. Lagerung macht sie mürbe und zum Trocknen besser tauglich.
Gelierzucker enthält Pektine, die aus Äpfeln gewonnen werden. Sie können unreife Äpfel gut mit pektinarmen Früchten mischen, um Gelee oder Marmelade daraus zu machen.
Für Kompott eignen sich vor allem milde Sorten, die festes Fruchtfleisch haben. Am besten verwenden Sie Äpfel, die zartbraune Kerne haben und noch nicht ganz reif sind. Auch mal Preiselbeeren zwischen halbe Äpfel in die Gläser streuen – sie färben rosa, können in die Äpfel gefüllt und zu Wild serviert werden. Ingwer hat einen eigenwilligen Geschmack und eine angenehme Schärfe, die mit Äpfeln harmoniert. Mischen Sie ihn in kleinen Würfeln in Kompott, Aufguß und Marmelade.

APFELLIKÖR

6 Flaschen je 500 ml
Lagern: 5 Monate bei 10–18°C

1 kg mürbe Äpfel (2 l Saft)
1 kg Zucker
500 ml Apfelbranntwein

1. Apfelstücke pro kg mit 1 l Wasser bedecken und knapp unter dem Siedepunkt 60 Minuten ziehen lassen. Im Mulltuch abtropfen lassen und die Rückstände auspressen.
2. Den Saft pro Liter mit 500 g Zucker aufkochen und nach dem Abkühlen mit 250 ml Apfelbranntwein mischen. In Flaschen füllen, verkorken und einige Wochen reifen lassen.

APFELGELEE

6 Twist-Off-Gläser je 250 ml
Lagern: 12 Monate bei 1–18°C

2 kg unreife Äpfel
1 kg Zucker

1. Saft ohne Zucker durch Kochen oder im Dampfentsafter gewinnen (Seite 12).
2. Je Liter mit 400 g Zucker verrühren und 5 Minuten sprudelnd kochen. Schaum abheben, solange er grob und grau ist. Wieder 400 g Zucker hinzufügen. Umrühren und lebhaft kochen, bis die Gelierprobe gelingt.
3. Das Apfelgelee kochendheiß in Gläser füllen und verschließen.
4. Varianten mit frischem Ingwer, Zitrone oder Weißwein zubereiten. Kardamom, Zimt, Nelken oder Anis im ganzen mitkochen und vor dem Abfüllen entnehmen.

VANILLEÄPFEL

7 Einkoch-Gläser je 1 l
Einkochen: 30 Minuten bei 90°C
Lagern: 12 Monate bei 1–20°C

2 unbehandelte Zitronen
750 ml Weißwein
1 Vanilleschote
250 g Gelierzucker 1 + 1
3,5 kg kleine Äpfel
2 EL weißer Essig

1. 750 ml Wasser, Zitronensaft, Weißwein, gespaltene Vanille und Zucker aufkochen, zudecken und beiseite stellen.
2. Äpfel waschen, schälen und in leicht gesäuertem kalten Wasser sammeln, damit sie hell bleiben. Längs durchschneiden und das Kernhaus herausschälen, große Äpfel vierteln. Die Äpfel mit der Rundung nach außen fest in Gläser schichten.

Das Kernhaus mit dem Grapefruitlöffel herausschälen, damit die Mulde glatt wird.

Halbe Äpfel platzsparend und mit der Rundung nach außen in bauchige Gläser schichten.

Sofort mit Aufguß bedecken. Vanille und Zitrone zufügen.

3. Weinsud warm oder kalt über die Äpfel gießen. Ganz bedecken, je 1 Stück Vanille und gelbe Zitronenschale hineinstecken.
4. Die Gläser verschließen und mit Wasser bedecken, das die gleiche Temperatur hat. Bei mittlerer Hitze heiß werden lassen und einkochen.
5. Beispielsweise 175 ml Aufguß mit 30 g Zucker, 1 Ei, 2 Eigelben, 6 EL Sahne und ½ TL Vanillemark im heißen Wasserbad aufschlagen, bis der Schaum 70°C heiß ist. Heiß über die Äpfel geben und sofort servieren.

APFELMOST

15 l Glasballon
Lagern: 12 Monate bei 1–15°C

45 kg Äpfel
5 kg Birnen

1. Äpfel und Birnen durch die Saftpresse drehen oder mit einem Handgerät entsaften, das eine Kombination aus Obstmühle und Saftpresse ist. In einen Glasballon trichtern, den Gärverschluß fest in die Öffnung stecken und etwas Wasser ins Glasrohr gießen, damit der Ballon luftdicht geschlossen ist. So kann Kohlensäure hinaus, wenn der Inhalt gärt. Und es kommt keine Luft von außen hinein. Den Saft bei rund 15°C stehen lassen.
2. In der ersten Woche täglich kontrollieren und Wasser nachfüllen, wenn es vom Gärschaum aus dem Rohr gedrückt wurde.
3. Den Most 2–4 Wochen gehen lassen. Den Gärverschluß entfernen und den Ballon sofort verschließen.
4. In den nächsten vier Wochen die stille Gärung ablaufen lassen. Most schon während der Gärung und frisch verbrauchen. Oder danach mit einem Schlauch in Flaschen abzapfen. So bleibt Bodensatz zurück, der den Most trüben würde. Die Flaschen verkorken und liegend lagern.

APFELESSIG

3 Flaschen je 700 ml
Lagern: 12 Monate bei 1–15°C

2 kg Äpfel
50 ml Weißweinessig

1. Äpfel waschen, in kleine Stükke schneiden und platzsparend in einen Steintopf drücken. Pro kg mit 300 ml kochendem Wasser bedecken, beschweren und zudecken. Bei 18°C stehen lassen.
2. Nach 14 Tagen in ein Mulltuch schütten und ablaufen lassen. Den Saft pro Liter mit 25 ml Weinessig mischen und zurück in den sauberen Steintopf gießen. Wieder zudecken und bei rund 18°C stehen lassen.
3. Den Apfelessig nach weiteren 14 Tagen durch Filterpapier gießen, in Flaschen füllen und verschließen.
4. Beispielsweise für Rotkohl verwenden und vor allem für Salate aus Blättern, Früchten und rohem Gemüse nutzen.

APFELCHUTNEY

6 Twist-Off-Gläser je 250 ml
Lagern: 12 Monate bei 1–18 °C

1,5 kg unreife, grüne Äpfel
500 g Zwiebeln
400 g helle Rosinen
375 ml Weißweinessig
300 g Zucker
½ TL Cayennepfeffer
1 TL Ingwerpulver
1 EL Mixed-Pickles-Gewürz
1 EL zerstoßene Senfkörner

1. Äpfel schälen, vierteln, entkernen und achteln. Zwiebeln pellen und würfeln. Beides in einen weiten Topf mit dickem Boden geben, dazu alle anderen Zutaten. Bei mäßiger Hitze ohne Umrühren schwach kochen, bis die wäßrige Flüssigkeit verdampft ist.
2. Auf mittlere Hitze heraufschalten und das Chutney rühren, bis es andickt und Straßen zieht. Abschmecken, kochendheiß abfüllen, sofort verschließen.
3. Später beispielsweise zu gebratener Leber servieren.

APFELBUTTER

6 Twist-Off-Gläser je 250 ml
Lagern: 8 Monate bei 1–18 °C

1,5 kg saure Äpfel oder Fallobst
500 ml Apfelessig
250 g Zucker
2 EL Melasse, Sirup oder Honig
¼ TL Nelkenpulver
¼ TL Salz
½ TL Zimt
½ TL Piment

1. Äpfel waschen und bei 175 °C backen, bis sie weich und etwas schrumplig sind. Je nach Größe 40–60 Minuten.
2. Heiß durch die »Flotte Lotte« drehen. Im Bräter mit den anderen Zutaten mischen und bei 150 °C verdampfen lassen. Das Mus ist fertig, wenn es streichfähig wie weiche Butter ist und nichts Wäßriges mehr absondert.
3. Das Mus abschmecken, kochendheiß in Gläser löffeln und zusammendrücken, damit keine Luftblasen eingeschlossen werden.
4. Die Gläser auf den Rost setzen und zurück in den Ofen stellen. Entnehmen, wenn das Mus eine Haut gebildet hat. Dann sofort zuschrauben.
5. Der Name sagt's: Es ist ein Aufstrich, der Butter entbehrlich macht.

APFELMUS

7 Einkoch-Gläser je 500 ml
Einkochen: 30 Minuten bei 90 °C
Lagern: 12 Monate bei 1–20 °C

3,5 kg reife Äpfel
(Boskoop oder Holsteiner Cox)
Saft von 1 Zitrone
Zucker oder Süßstoff

1. Möglichst mürbe Äpfel waschen, abtrocknen und mit Schale und Kernhaus in 4 cm große Stükke schneiden. Mit Zitronensaft in einen schweren Topf geben, dazu 500 ml Wasser.
2. Äpfel zugedeckt über geringer Hitze dämpfen, bis sie nach etwa 20 Minuten weich sind. Heiß durch eine »Flotte Lotte« drehen.
3. Das Mus mit einem beliebigen Mittel süßen, noch warm in Gläser füllen. Dabei mehrmals aufstoßen, damit keine Luftblasen bleiben. Mus gegen die Regel nur bis 2 cm unter den Rand in Gläser füllen, die sonst randvoll gefüllt werden.
4. Die Gläser verschließen, in Wasser gleicher Temperatur aufsetzen, bei Mittelhitze heiß werden lassen und einkochen.

Äpfel für Mus mit Schale und Kernhaus verarbeiten. In wenig Wasser weich kochen.

Beim Passetout rollt und drückt die Walze am Boden das Mus mühelos hindurch.

APFELKOMPOTT

7 Einkoch-Gläser je 750 ml
Einkochen: 30 Minuten bei 90 °C
Lagern: 12 Monate bei 1–20 °C

3,8 kg Äpfel
2 EL weißer Essig
2 unbehandelte Zitronen
200 g Gelierzucker 1 + 1
125 g helle Rosinen
50 g Mandelblättchen

1. Äpfel schälen, vierteln, entkernen und in Spalten schneiden. Nur solange wie nötig in kaltes, säuerliches Wasser legen.
2. Die gelbe Schale der Zitronen abziehen, bündeln und in hauchdünne Streifen schneiden. Mit Zitronensaft, Gelierzucker und 1,25 l Wasser mischen und aufkochen.
3. Äpfel im Sieb abtropfen lassen. Mit Rosinen und Mandeln in Gläser schichten und zusammendrücken. Den Aufguß kochendheiß über die Äpfel gießen, bis sie bedeckt sind. Die Gläser verschließen, knapp mit heißem Wasser bedecken und bei mäßiger Hitze einkochen.

ÄPFEL IN CALVADOS

3 Twist-Off-Gläser je 500 ml
Lagern: 8 Monate bei 1–15 °C

700 g reife, mürbe Äpfel
3 TL Zitronensaft
6 Wacholderbeeren
300 g Zucker
700 ml 40%iger Calvados

1. Äpfel schälen, vierteln und die Kerngehäuse an ihrem äußeren Rand bogenförmig ausschneiden. Große Äpfel achteln.
2. Äpfel mit der Rundung nach außen fest in Gläser schichten. Je 1 TL Zitronensaft, 2 Wacholderbeeren und 100 g Zucker hineingeben.
3. Die Gläser so mit Calvados füllen, daß die Äpfel bedeckt sind. Fest verschließen und mindestens zwei Monate reifen lassen.
4. Pur, mit Vanillesauce, Schlagsahne oder Walnuß-Eiscreme als Dessert genießen.

RHEINISCHES APFELKRAUT

2 Twist-Off-Gläser je 250 ml
Lagern: fast unbegrenzt bei 1–20 °C

5 kg unreife Äpfel oder Fallobst

1. Das Obst mit 500 ml Wasser kochen und 24 Stunden in einem Tuch ablaufen lassen oder dampfentsaften.
2. 3 l Saft abmessen und im weiten Topf mit dickem Sandwichboden schnell aufkochen und in etwa 100 Minuten auf 500 ml reduzieren. Sobald er andickt, oft am Boden rühren, bis ein dunkler Sirup entstanden ist. In Gläser füllen und verschließen.

WICHTIG & NÜTZLICH

Ein kräftiger Aufguß macht fade und mehlige Äpfel saftig und aromatisch. Dafür Kerngehäuse und Schalen mit Wasser bedecken. Mit Schalen von unbehandelten Zitronen 10 Minuten kochen, ins Mulltuch gießen, ablaufen lassen und auspressen. Abschmecken und über die Äpfel im Glas gießen. Gelierzucker bindet, verstärkt das Aroma und sorgt für festes Fruchtfleisch nach dem Garen unter dem Siedepunkt.
Blütenblätter von wilden Rosen und Holunderblüten passen gut zu Äpfeln. Die Blätter im Aufguß ziehen lassen, beim Entsaften hinzufügen und beim Dämpfen von Äpfeln daruntermischen, bevor sie durchs Sieb kommen und zu Apfelmus werden. Vanilleschoten, Schalen von Zitrusfrüchten, ganze Gewürze wie Kardamom, Muskatblüte, scharfe Pfefferschoten, sparsam dosierte Nelken und Wacholderbeeren harmonieren mit Äpfeln und können für eigene Ideen versucht werden.
Blütenstände können bitter machen. Kegelförmig herausschneiden, wenn Äpfel mit Schale verwendet werden.
Reife Falläpfel eignen sich für rohen Saft ohne Zucker, wenn Sie die weichen Teile großzügig entfernen. In einer professionellen Saftpresse oder einer Saftzentrifuge gewinnen, filtern und unter 10 °C bis 3 Monate lagern. Für eine Lagerzeit von 12 Monaten einfrieren und bei −18 °C frisch erhalten. Oder einkochen und bei 1–20 °C lagern.

Birnen

Ihr zarter Geschmack entfaltet sich am besten beim Einkochen, wenn sie reif und nicht mehr hart sind, ein gesundes Kernhaus und dunkelbraune Kerne haben. Weiche und unreife Birnen taugen nicht zum Einkochen. Aber 10 % solcher Birnen machen Apfelmost schmackhafter. Zum Entsaften sollten Sie Birnen mit 10 % saurem Obst wie Grapefruit, Holunder, Ebereschen und anderen Wildbeeren mischen.
Gellerts Butterbirnen müssen am Baum reifen, um ihren vollen Geschmack zu entfalten – die meisten anderen Sorten müssen ausgewachsen, aber noch grün gepflückt werden. Bei Temperaturen von 15–21°C reifen sie in 7–10 Tagen. Bei 1°C können Birnen, je nach Sorte, 1–6 Monate aufbewahrt werden.

BIRNENKOMPOTT
(zum Foto oben)

5 Einkoch-Gläser je 1 l
Einkochen: 30 Minuten bei 90°C
Lagern: 12 Monate bei 1–20°C

3 kg reife Birnen
etwas Essig
700 ml weißer Traubensaft
300 g Zucker und mehr
225 g flüssiges Geliermittel

1. Feste Birnen schälen, halbieren und das Kerngehäuse rund herausschälen. Die Birnenhälften in Essigwasser legen, damit sie nicht dunkel werden.
2. Saft und Zucker aufkochen, mit dem Geliermittel verrühren und abschmecken.
3. Birnen abtrocknen und mit der Rundung nach außen in bauchige Schmuckgläser schichten. Mit dem Aufguß bedecken. Die Gläser verschließen, in warmes Wasser setzen, erhitzen und einkochen.
4. Birnen sternförmig auf einen Boden aus Mürbteig legen, mit einer Creme aus 2 schaumig geschlagenen Eiern, 100 ml Aufguß und 100 g geriebenen Mandeln überziehen und 15 Minuten bei 200°C backen. Heiß mit etwas Aufguß glasieren.

BIRNENMUS

4 Twist-Off-Gläser je 250 ml
Lagern: 12 Monate bei 1–18°C

2 unbehandelte Zitronen
3 kg weiche Birnen
2 Stangen Zimt
100 g brauner Zucker
75 ml Rum

1. Gelbe Zitronenschale abreiben. Saft auspressen. Birnen schälen, vierteln und entkernen. Dabei bräunliche Teile großzügig abschneiden und entfernen. Die Birnen in den Zitronensaft legen und mit einem Kartoffelstampfer zerkleinern, aber stückig lassen.
2. Birnen im Bräter mit Zitronenschale, Zimt und Zucker verrühren. Im Ofen bei 150°C und leicht geöffneter Tür eindämpfen, bis nur noch 1 l übrig ist. Dabei ab und zu umrühren.
3. Mus in Gläser geben, mit Rum bedecken und verschließen. Vor Gebrauch umrühren.

GEWÜRZBIRNEN

6 Einkoch-Gläser je 500 ml
Einkochen: 60 Minuten bei 90°C
Lagern: 12 Monate bei 1–20°C

100 g frischer Ingwer
50 g rote Pfefferschoten
2 EL Pfefferkörner
2 Stangen Zimt
1 TL Salz
100 ml Balsamessig
600 ml Rotweinessig
500 g Zucker
2,5 kg kleine, reife Birnen

1. Ingwer und Pfefferschoten kleinschneiden. Mit Gewürzen, Salz und 1 l Wasser aufsetzen, 20 Minuten kochen, passieren.
2. Sud, Essige und Zucker erhitzen, abschmecken und kochendheiß halten.
3. Feste Birnen sparschälen, die Stengel abschaben und die Blütenstände herausstechen. Im ganzen in bauchige Schmuckgläser geben. Mit dem Sud bedecken, verschließen und einkochen.
4. Zu Kochfleisch und Bouillonkartoffeln genießen.

QUITTEN

Zum Ruhm der lange vergessenen Früchte heißt es nach einer alten Volksweisheit »Quitten für die Hochzeitsleut schafft Lieb und Lust und Kinderfreud«. Quitten sind roh ungenießbar, aber sie entfalten beim Garen einen starken Geschmack und einen intensiven Duft. Sie sind ideal zum Einmachen. Den Pelz reiben Sie am leichtesten mit einem feuchten Tuch ab, und die Blütenstände sollten Sie immer entfernen, weil sie bitter machen können. Quitten sind reich an Pektin, aber auch sehr sauer und als Saft schmackhafter, wenn Sie zur Hälfte weißen Traubensaft nehmen. Quitten sind hart, steinig und selbst mit schärfstem Messer schwer zu schälen. Ein bißchen leichter geht es mit blankgeputzter Schneide, an der Wasser abperlt. Oder die Früchte im ganzen vorgaren – über kochendem Wasser im Siebkorb des Schnellkochtopfes 10 Minuten, im normalen Kochtopf halb mit Wasser bedeckt 30 Minuten. Das Kochwasser können Sie für den Aufguß und Getränke nutzen. Ob Birnen- oder Apfelquitte – sie soll zum Einmachen rundum eine gelbe Schale haben. Noch grüne Früchte reifen auf einer sonnigen Fensterbank. Bei 0°C können Sie die Früchte 2–3 Monate lagern.

ROTE QUITTEN

7 Twist-Off-Gläser je 500 ml
Lagern: 12 Monate bei 1–18°C

2,5 kg Quitten
1 kg Zucker

1. Quitten feucht abreiben. Die Blütenstände herausstechen und wegwerfen. Quitten schälen, vierteln, entkernen, mit Zucker mischen und kühlen.
2. Schalen und Kerngehäuse in 2 l Wasser bei geringer Hitze 3 Stunden kochen. Dabei halb verdampfen lassen. Alles ins Sieb geben und passieren.
3. Am nächsten Tag Quitten im Aufguß bei geringer Hitze ziehen lassen, bis sie orangerot sind. Ins Sieb schütten, abtropfen lassen und mit der Rundung nach außen in Gläser schichten. Mit kochendheißem Aufguß bedecken und sofort verschließen.
4. Die Quitten schmecken kräftig süß-sauer. Sie sind zu fetten Braten sehr bekömmlich und passen gut zu gebratener Ente mit Rotkraut, Rosenkohl und Kartoffelklößen.

Den weißen Pelz der Quitten mit feuchtem Tuch abreiben.

Für rote Quitten das Obst roh zuckern und einen Tag kühlen.

Quitten im Sud aus Schalen und Kerngehäusen kochen.

QUITTENGELEE

6 Twist-Off-Gläser je 250 ml
Lagern: 12 Monate bei 1–18°C

2 kg Quitten
250 ml Weißwein (Riesling)
1 Vanilleschote
etwa 1,5 kg Zucker

1. Quitten waschen, abreiben und ohne Blütenstände 3 cm groß schneiden. In 1,25 l Wasser mit Weißwein und Vanille langsam aufkochen, zugedeckt 45 Minuten ziehen und bis zum nächsten Tag ruhen lassen.
2. Ein Sieb mit einem Tuch auslegen, die Quitten hineingeben und ablaufen lassen. (Die Reste passieren und mit der gleichen Menge Zucker zu Marmelade kochen.)
3. Den Saft abmessen und mit dem gleichen Gewicht Zucker mischen. Über mäßiger Hitze sanft siedend kochen, bis die Gelierprobe gelingt.
4. Gelee kurz stehen lassen, bis der Schaum sich legt. Randvoll in Gläser füllen und sofort mit Deckeln verschließen.

QUITTENKONFITÜRE

8 Twist-Off-Gläser je 300 ml
Lagern: 12 Monate bei 1–18°C

2 kg Quitten
1 kg Zucker

1. Quitten waschen, abreiben und die Blüten keilförmig herausschneiden. Die Früchte knapp mit kaltem Wasser bedecken und bei mäßiger Hitze 30 Minuten sanft kochen. Entnehmen und abkühlen lassen.
2. Fruchtfleisch aus den Schalen und von den Kerngehäusen schaben. Mit Zucker mischen und bei mittlerer Hitze rühren, bis die Gelierprobe gelingt.
3. Die Quittenkonfitüre kochendheiß und randvoll in Gläser füllen, verschließen.
4. Auf gebuttertem Bauernbrot genießen.

QUITTENMARK

6 Twist-Off-Gläser je 200 ml
Lagern: 12 Monate bei 1–18°C

1 kg Quitten
350 g Zucker

1. Quitten waschen, abreiben, vierteln, schälen und entkernen, die Blütenstände entfernen. Schalen und Kerngehäuse mit 250 ml Wasser 15 Minuten schwach kochen. In ein Sieb schütten und abtropfen lassen.
2. Den Saft auffangen und mit den Quitten kochen, bis sie weich sind. Mit einem Kartoffelstampfer zermusen und mit dem Zucker mischen.
3. Das Mus bei mittlerer Hitze rühren und 5 Minuten kochen lassen. Abschmecken, kochendheiß in Gläser füllen und dabei mit dem Löffelrücken zusammendrücken, damit keine Luftblasen bleiben. Verschließen.
4. Quittenmark beispielsweise mit 250 ml Vanille-Schlagsahne mischen und eiskalt als Dessert genießen oder als Füllung für Biskuittorten verwenden.
5. Oder das Quittenmark einfrieren und als geschmeidige Eiscreme genießen.

VANILLEQUITTEN

7 Einkoch-Gläser je 750 ml
Einkochen: 30 Minuten bei 90°C
Lagern: 12 Monate bei 1–20°C

4 kg Quitten
etwas Essig
500 g Zucker
1 Vanilleschote

1. Quitten feucht abreiben, schälen, vierteln und entkernen. Sofort in Essigwasser legen, damit sie hell bleiben.
2. 2 l Wasser, Zucker und gespaltene Vanille bei starker Hitze aufkochen. Quitten darin 5 Minuten sprudeln lassen. Immer soviel auf einmal hineingeben, daß sie bedeckt sind. Im Sieb sammeln.
3. Quitten mit der Rundung nach außen in Gläser schichten. Mit dem heißen Aufguß bedecken, verschließen, in warmes Wasser setzen und einkochen.
4. Als Dessert servieren oder für Kuchen verwenden.

PREISELBEEREN & CRANBERRIES

Preiselbeeren bestechen durch ihr volles Aroma und schmecken leicht bitter. Cranberries sind groß, pflegeleicht und haben eine erfrischende Säure. Verwandt mit ihnen sind die Moos- oder Topfbeeren, die nur selten zu haben sind. Alle Arten sind frisch gut haltbar und können im Kühlschrank wochenlang frisch gehalten werden, bei 1–3 Grad sogar etwa 3 Monate. Einfrieren bekommt ihnen in jeder Form sehr gut, man kann sie auf Tüchern trocknen und beliebig verpackt einfrieren, um sie später streufähig und in jeder erwünschten Menge zu entnehmen.
Sie können alle Arten der Beeren roh zu Saft, Konfitüre und Sauce verarbeiten. Preiselbeeren und ihre roten Schwestern enthalten einen natürlichen Konservierungsstoff und sind auch fertig zubereitet gut haltbar. Beim Kontakt mit Hitze reagieren sie heftig und hörbar. Deshalb vorsichtig bei mäßiger Hitze und zugedeckt kochen, damit sie nicht aus dem Topf springen. Die Gefahr ist vorüber, wenn es unter dem Deckel still geworden ist.

CRANBERRYSAUCE

7 Einkoch-Gläser je 250 ml
Einkochen: 20 Minuten bei 80 °C
Lagern: 12 Monate bei 1–20 °C

2 kg Cranberries
800 g Zucker
Saft von 2 Zitronen
4 unbehandelte Orangen
2 EL Senfpulver
1 TL Zimt
1 TL Ingwerpulver
250 ml Rotwein

1. Die Beeren verlesen, waschen und im Sieb abtropfen lassen. Mit Zucker und Zitronensaft 15 Minuten kochen.
2. Die gelbe Schale der Orangen abschälen und in nadelfeine Streifen schneiden. Den Saft der Orangen auspressen. Beides mit den Gewürzen mischen und zu den Beeren geben. Rotwein beifügen und verrühren. Die Sauce weitere 15 Minuten kochen.
3. Die Sauce abschmecken, kochendheiß in Gläser oder weithalsige Flaschen füllen und verschließen. Möglichst dunkel lagern, damit die frische Farbe erhalten bleibt. Bis 4 Wochen im Kühlschrank aufbewahren, aber für längere Haltbarkeit sofort einkochen.
4. Die erfrischend säuerliche Sauce paßt gut zu Geflügel und Wild wie Reh, Hirsch, Fasan und Ente. Sie können braune Saucen damit ebenso geschmacklich abrunden wie die klassische Cumberlandsauce, Fruchtsaucen und Kaltschalen.

PREISELBEER-LIMONADE

7 Flaschen je 700 ml
Einkochen: 25 Minuten bei 75 °C
Lagern: 12 Monate bei 1–20 °C

2 kg Preiselbeeren
Saft von 4 Zitronen
700 g Zucker

1. Preiselbeeren in kaltes Wasser geben. Grüne und verdorbene Beeren, die nach oben steigen, auslesen. Auch dunkle und weiche Früchte verwenden.
2. Beeren mit Zitronensaft mischen, im Mixer pürieren, mit 2 l Wasser auffüllen und kühlen.
3. Am nächsten Tag durch ein Tuch geben und fest ausdrücken. Saft und Zucker mischen und stehen lassen, bis die Kristalle sich aufgelöst haben.
4. Limonade in Flaschen trichtern, verschließen, im Wasserbad erhitzen und einkochen.

PREISELBEER-ORANGENMARK

6 Dosen je 250 ml
Einfrieren: 12 Monate bei – 18 °C

1 kg Preiselbeeren oder Cranberries
1 unbehandelte Orange
1 kg Gelierzucker 1 + 1

1. Preiselbeeren oder Cranberries mehrfach in lauwarmes Wasser geben, verlesen, auf einem Tuch ausbreiten und abtrocknen.
2. Die gelbe Schale der Orange fein abreiben, ihren Saft auspressen. Gelierzucker, Beeren, Saft und Schale der Orange mischen und stehen lassen, bis sie im eigenen Saft liegen.

Für Preiselbeer-Orangenmark alle Zutaten mischen und ziehen lassen, bis die Beeren im eigenen Saft schwimmen.

Die Mischung in zwei Portionen durch den Deckel in den laufenden Mixer geben und fein pürieren, damit die Sauce glatt wird.

3. Die Mischung in 2 Portionen nach und nach in den Mixer geben und fein pürieren. In einem Gießer mischen und abschmecken. Das Püree in Gefrierdosen füllen, verschließen und einfrieren.
4. Das Püree ist sehr vielseitig und kann für süße und salzige Speisen verwendet werden. Es schmeckt pur zu milden Desserts wie Bayerischer Creme und Mandelsulz. Mit Mayonnaise oder Sahne sowie Meerrettich entsteht eine feine Fondue-Sauce.
5. Sie können das Mark auch unter steife Schlagsahne ziehen, Schokoladenbiskuit damit füllen und als Torte oder Roulade zum Kaffee anbieten. Einmal und immer wieder, weil es hinreißend schmeckt.

PREISELBEEREN MIT ÄPFELN
(zum Foto rechts)

7 Einkoch-Gläser je 250 ml
Einkochen: 30 Minuten bei 80 °C
Lagern: 12 Monate bei 1–20 °C

250 ml Apfelsaft
200 g Zucker und mehr
750 g Preiselbeeren
800 g reife Äpfel oder Birnen

1. Aus Apfelsaft und Zucker einen dünnen Sirup kochen.
2. Preiselbeeren waschen, verlesen und abtropfen lassen. In den Sirup geben, zudecken und einmal aufkochen. Beiseite stellen und abkühlen lassen.
3. Äpfel oder Birnen schälen, vierteln, entkernen und in kleine Würfel schneiden. Mit den Preiselbeeren mischen und mit Zukker abschmecken.
4. Das Kompott in Gläser füllen, verschließen, in kaltem Wasser erhitzen und einkochen.
5. Später vorzugsweise zu milden Speisen wie Grießpudding und Milchreis servieren.
6. Für ein Dessert 8 EL der Preiselbeeren mit 400 g Sahnequark, etwas geriebener Orangenschale und Walnußöl verrühren. 50 g grobe Haferflocken in 2 EL Walnußöl gelb rösten, mit 1 EL Vanillezucker und 1 Prise Zimt mischen und unmittelbar vor dem Essen über die Quarkspeise streuen.

WICHTIG & NÜTZLICH

Als Beilage zu Rippchen vom Grill verblüffend einfach und raffiniert: Preiselbeeren (eingemachte oder frische Beeren) und hellen Dijonsenf zu gleichen Teilen im Mixer pürieren und mit Zucker abschmecken.
Preiselbeeren schmecken weniger herb, wenn Sie Kompott und Marmelade mit milden und lieblichen Früchten wie Orangen, Äpfeln und Birnen kochen. Selbst wenn Sie den Anteil auf 20 % senken, kommt das Aroma der Beeren noch zur Geltung.
Raffiniert schmeckt Kompott mit Brombeeren, Heidelbeeren oder Holunderbeeren. Mit der gleichen Menge Preiselbeeren kochen, nach Geschmack süßen, einkochen und später zu Steaks von Wild und Rind servieren.

HOLUNDER & ANDERE WILDFRÜCHTE

Im Wald und in freier Landschaft gedeihen ungezähmte Büsche und Sträucher mit Wildfrüchten, die von altersher für menschliche Genüsse und gesundmachende Tinkturen genutzt wurden. Sie heißen Berberitzen, Ebereschen, Hagebutten, Holunder oder Fliederbeeren, Sanddornbeeren, Schlehen oder Schwarzdorn. Die Früchte sind Aromariesen und schmecken deshalb ein bißchen streng und bitter. Der Makel läßt sich durch Mischungen mit anderem Obst leicht ausgleichen. In einer Auswahl erlesener Rezepte erfahren Sie, wie man die einzelnen Früchte behandelt und verarbeitet. Eine Tabelle am Schluß des Buches zeigt Ihnen, auf welche Art Sie die Früchte einmachen können.

SANDDORNNEKTAR

4 Twist-Off-Flaschen je 250 ml
Einkochen: 25 Minuten bei 75 °C
Lagern: 12 Monate bei 1–20 °C

3 kg Sanddornbeeren
300 g Zucker
250 g Blütenhonig

1. Die orangefarbenen Sanddornbeeren behutsam von den dornigen Zweigen pflücken, da sie sehr empfindlich sind.
2. Beeren waschen, mit Zucker mischen und mit dem Schneidestab des Handmixers zerschlagen. Stehen lassen, bis sich der Zucker aufgelöst hat.
3. Alles ins gespannte Safttuch geben und nach einer Weile mit Brett und Gewicht beschweren, um viel Saft zu gewinnen. Mit Honig mischen und abschmecken.
4. Flaschen mit Nektar füllen, zuschrauben, bis zum Hals mit Wasser bedecken und einkochen.
5. Sanddornnektar ist reich an Vitaminen und hilft bei Erkältungen. Man kann ihn ins Müsli mischen, in die Quarkspeise und in heiße Milch oder Tee.

EBERESCHENGELEE

8 Twist-Off-Gläser je 250 ml
Lagern: 12 Monate bei 1–18 °C

1 kg Ebereschen (Vogelbeeren)
2 kg unreife Äpfel
2,25 kg Zucker
225 g flüssiges Geliermittel samt Zitronensäure Citropekt

1. Korallenrote Beeren der wilden Eberesche schmecken sehr herb, rote oder Gartenvogelbeere etwas milder. Die Beeren von den Dolden streifen und waschen. Äpfel waschen, ohne Blüten und Stiele kleinschneiden.
2. Beides mit 750 ml Wasser aufsetzen, zudecken und 10 Minuten kochen. Beiseite stellen und erkalten lassen.
3. Früchte samt Saft in ein Tuch geben und fest ausdrücken. Den Saft mit Zucker mischen und schnell aufkochen. Das Geliermittel hineingeben und das Gelee noch einmal aufwallen lassen. Mit der Zitronensäure verrühren, abschmecken, kochendheiß in Gläser füllen und verschließen.

BERBERITZENGELEE

7 Twist-Off-Gläser je 250 ml
Lagern: 12 Monate bei 1–18 °C

1 kg reife Berberitzen
1 kg grüne Birnen
4 EL Rum
etwa 1,2 kg Gelierzucker 1 + 1

1. Berberitzen verlesen und waschen. Birnen waschen, ohne Blütenstände und Stiele in Stücke schneiden.
2. Beides mit 250 ml Wasser aufsetzen, zudecken und langsam zum Kochen bringen. 20 Minuten ziehen lassen, in ein gespanntes Tuch geben und bis zum nächsten Tag abtropfen lassen.
3. Saft und Rum mischen und wiegen. Mit dem gleichen Gewicht Gelierzucker mischen und im weiten Topf schnell erhitzen. Sprudelnd kochen, sofort danach in Gläser geben und verschließen.

HAGEBUTTENMUS
(zum Foto links)

7 Einkoch-Gläser je 250 ml
Einkochen: 20 Minuten bei 90 °C
Lagern: 12 Monate bei 1–20 °C

2 kg kleine Hagebutten
250 ml Weißwein oder Portwein

1. Die roten Scheinfrüchte der Hunds- oder Heckenrose sammeln. Stiele und Blüten abschneiden. Die Früchte aufschneiden, die Kerne entfernen – dabei mit dünnen Handschuhen aus Folie arbeiten, weil die Härchen zwischen den Kernen starkes Jucken verursachen.
2. Hagebutten waschen, mit dem Wein in ein hohes Gefäß geben, zudecken und kühl stellen. Täglich umrühren, nach 8 Tagen pürieren und durch ein Sieb streichen.
3. Hagebuttenmus bis 2 cm unter den Rand in Gläser geben, verschließen, in kaltem Wasser langsam erhitzen und einkochen.
4. Das Mus später ins Müsli mischen oder mit Milch mixen. Auch beliebig süß einkochen, um es als Brotaufstrich zu verwenden.

WÜRZIG & DUFTEND

Für Bowle, Marzipan und die Adventsbäckerei aus Blütenblättern von wilden Rosen duftenden Rosensaft machen. 500 g Blätter mit 750 g Zucker mischen, in ein Glas geben, fest zusammendrücken und in die Sonne stellen. Nach 10 Tagen in einem Tuch fest auswringen – Sie erhalten so etwa 500 ml Rosensaft.

HAGEBUTTENSAFT

7 Flaschen je 330 ml
Lagern: 12 Monate bei 1–18 °C

4 kg Hagebutten
1 l Apfelsaft
Saft von 2 Zitronen
800 g Zucker und mehr

1. Scheinfrüchte der Wildrose »Rosa Rugosa« oder Heckenrose pflücken. Stiele und Blütenkronen abschneiden. Handschuhe aus Folie anziehen, die Früchte halbieren, ausschaben, waschen.
2. Hagebutten mit Apfel- und Zitronensaft aufsetzen und erhitzen. Leicht sprudelnd kochen, zudecken und bis zum nächsten Tag an einen kühlen Platz stellen.
3. Das Safttuch in eine Siebschüssel legen, die Hagebutten hineingeben und den Saft in ein Gefäß ablaufen lassen.
4. Das Tuch über den Früchten zusammendrehen und den restlichen Saft auspressen.
5. Saft und Zucker aufkochen und abschmecken. Mehr Zucker zufügen, wenn er noch zu sauer ist. Kochendheiß in sterile Flaschen füllen und verschließen.

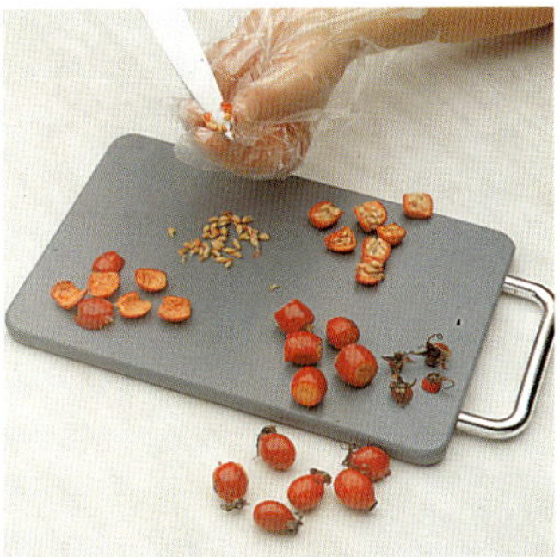

Stengel und Kronen der Hagebutten abschneiden. Die Früchte längs aufschneiden, behandschuht entkernen.

Für Saft Hagebutten mit Zucker, Apfel- und Zitronensaft kochen. Kalt ins Safttuch schütten und ablaufen lassen.

Die Rückstände auspressen, um möglichst viel Saft zu gewinnen. Das Tuch kraftvoll aufdrehen und auswringen.

HOLUNDERSEKT

10 Flaschen je 700 ml
Lagern: 6 Monate bei 10–14 °C

14 Blütendolden vom Holunder
2 unbehandelte Zitronen
250 ml Apfelsaft
1 kg Zucker

1. Blütendolden in ein 8-l-Gefäß geben, dazu Zitronen in Scheiben, Apfelsaft und Zucker.
2. 7 l Wasser aufkochen, abkühlen lassen und kalt hinzufügen. An die Sonne stellen, täglich umrühren und nach 4 Tagen durch ein Tuch filtern.
3. Den Saft in sterile Flaschen füllen, mit Schraubdeckeln verschließen und in einem kühlen Raum auf Zeitungspapier stellen, da beim Gären Schaum überlaufen kann. Regelmäßig kontrollieren.
4. Nach etwa 4 Wochen ist die Gärung abgeschlossen. Die Flaschen dann mit essiggetränktem Tuch reinigen und auf frisches Papier stellen. Vor dem Servieren gut kühlen.

HOLUNDERBEEREN IN APFELSAFT

7 Einkoch-Gläser je 500 ml
Einkochen: 20 Minuten bei 80 °C
Lagern: 12 Monate bei 1–20 °C

3 kg Holunderbeeren (netto)
250 g Gelierzucker 2 + 1
1,5 l Apfelsaft

1. Holunderbeeren durch kaltes Wasser schwenken, von den Dolden streifen und dabei unreife Beeren nicht mitnehmen.
2. Die Beeren mit dem Zucker mischen, zudecken und über Nacht Saft ziehen lassen. Danach in eine Siebschüssel geben und abtropfen lassen.
3. Gläser oder weithalsige Flaschen mit Beeren füllen. Holundersaft und Apfelsaft mischen und über die Beeren gießen. Gleichmäßig verteilen, damit er in allen Gläsern auf gleicher Höhe steht.
4. Die Gläser verschließen, in kaltes Wasser setzen, langsam erhitzen und einkochen.
5. Holunderbeeren später als Kompott servieren, beispielsweise mit schaumig gerührter Creme aus Frischkäse, zermuster Banane und gehackten Nüssen.

SCHLEHEN IN HONIG

4 Twist-Off-Gläser je 250 ml
Lagern: 12 Monate bei 1–18 °C

500 g Schlehen
3 Lorbeerblätter
1 EL Pfefferkörner
1 TL Wacholderbeeren
250 ml Apfelessig
250 g Waldhonig

1. Die 1 cm großen, blauschwarzen Beeren mit dem weißlichen Belag ab Oktober sammeln und mit Handschuhen pflücken, weil die Sträucher spitze Dornen haben. Schlehen waschen, verlesen und kurz einfrieren, wenn sie draußen noch keinen Frost überstanden haben – es macht sie milder.
2. Lorbeerblätter, Pfeffer- und Wacholderbeeren in einer trokkenen Pfanne anrösten. In den Mörser geben, zerreiben, mit Essig und Gewürzen 10 Minuten kochen.
3. Essig durchseihen, wieder aufkochen und mit den Schlehen erneut aufkochen. Zudecken und abkühlen lassen.
4. Schlehen im Sieb abtropfen lassen und in Gläser geben. Sud und Honig aufkochen, die Schlehen damit bedecken. Die Gläser verschließen.
5. Die Schlehen später zu Wild servieren.

GELEE EXKLUSIV

Für ein erlesenes Gelee 500 g Holzäpfel von »Pyrus astrachanica« waschen, entstielen und in Scheiben schneiden. 300 g Zukker mit wenig Wasser befeuchten, schmelzen und zuerst mit den Holzäpfeln 10 Minuten kochen, 600 ml Apfelsaft dazugeben und nochmals 10 Minuten kochen. Am nächsten Tag im Tuch auspressen, Saft mit 500 g Gelierzucker 1 + 1 bis zur Gelierprobe kochen, abfüllen und verschließen.

Das Kapitel führt vom zarten Frühlingsgemüse bis zu robusten Sorten im Winter. Im Bild Antipasti, die beim Italiener als Vorspeise auf dem Büffet stehen: Champignons, links flankiert von roten, gelben und grünen Paprikaschoten, rechts von Artischockenherzen, Zwiebeln und Pfefferschoten in Olivenöl mit Knoblauch und Gewürzen. Im bauchigen Glas Mixed Pickles aus Möhren, grünen Bohnen, jungen Zwiebeln und Blumenkohl. Alles servierfertig, erfrischend, passend zu warmen und kalten Speisen und immer parat durch Einlegen mit Essig. Mit schmackhaftem Aufguß, den Sie hinterher als Salatsauce nutzen können. Rezepte wie Auberginenpüree, Ratatouille und Paprikagelee zeigen, wie grenzüberschreitend Einmachen sein kann.

Teilen Sie verschiedenartige Gemüse in gleich große Stücke, wenn es hohe Ansprüche erfüllen soll. Broccoli in Röschen und seine Stiele bleistiftstark auf gleiche Länge. Sortieren Sie Rosenkohl und Bohnen nach Gruppen in verschiedenen Größen. Ebenso anderes Gemüse, das dann bildschön aussieht und gleichmäßig gar wird. Es ist ratsam und auch gut machbar, gleich mehrere Portionen für den Vorrat auf einmal vorzubereiten.

Einfrieren ist ideal für zartes Gemüse. Tiefkühlgemüse bleibt knackig, behält die Farbe, ist ideal für Buttergemüse, muß aber auftauen und braucht Platz in der Truhe. Einkochen spart Energie, bringt Aufguß für Saucen, macht keine Platzprobleme und ist unabhängig vom Stromnetz. Die lange Einkochzeit strapaziert die Lebensmittel nicht so sehr, weil die Luft draußen bleibt und die Hitze knapp unter dem Siedepunkt liegt. Einkochen eignet sich für alle robusten Sorten, die dabei gleichzeitig garen und zum Servieren nur erhitzt werden müssen. Gemüse in großen Mengen können Sie für Säfte nutzen, zu Saucen kochen, als Würzgemüse für Braten trocknen und durch eine natürliche Gärung in milchsaures Gemüse verwandeln. Mit Pilz-Variationen schließt das Kapitel.

SPINAT, MELDE & CO.

Im Frühling sprießen in der Natur zahlreiche Pflanzen, deren Blätter wie Spinat zubereitet werden können, solange sie noch jung und zartgrün sind. Zu diesen Pflanzen zählen Bärlauch, Beinwell, Brennessel, Franzosenkraut, Gänseblümchen, Gänsefingerkraut, weißer Gänsefuß, Guter Heinrich, Hirtentäschelkraut, Huflattich, Knoblauchrauke, Löffelkraut, Mädesüß, Malve, Melde, Queller, Pastinak, Portulak, Sauerampfer, Schlangenknöterich, wilder Senf, Taubnessel, Teufelskralle, Vogelknöterich, Vogelmiere, Wegerich, Wegwarte, Weidenröschen, Weißdorn und Wiesenbocksbart.

Das Einfrieren muß für das empfindliche Blattgemüse erschaffen worden sein – für die hellgrünen zarten Blätter ebenso wie für den robusten Wurzelspinat mit seinen krausen Blättern. Ausdauernde Hitze macht die Frühlingsboten butterweich und die Farbe wechselt in einen Ton, der grünen Oliven ähnelt. Deshalb wurde das Einkochen vom Einfrieren verdrängt.

PÜREE FÜR PESTO UND GRÜNE SAUCE

8 × 100 g für je 4 Portionen
Einfrieren: 8 Monate bei –18 °C

1 kg Spinat
300 g glatte Petersilie
50 g Basilikum
200 g Frühlingskräuter: Portulak, Brennessel, Sauerampfer, Gänsefingerkraut, Taubnessel und Wegerich zu gleichen Teilen

1. Spinat und Kräuter verlesen, waschen und tropfnaß in einen weiten Topf geben. Mit Deckel über starker Hitze dämpfen, bis die Blätter zusammenfallen und dunkler geworden sind. Ins Sieb geben und abtropfen lassen.
2. Das Gemüse in den Händen ausdrücken, auf dem Brett bündeln, kleinschneiden und fein hacken. Am besten mit einem Wiegemesser oder großen Hackmesser mit Griffmulde.
3. Das Püree portionsweise in Gefrierbeutel geben, zu flachen Päckchen zusammendrücken und verschließen. Pesto oder Grüne Sauce nach Rezept zubereiten, das Püree gefroren hinzufügen und beim Auftauen mit der Gabel zerdrücken.
4. Pesto beispielsweise aus einer Portion Püree, 2 Knoblauchzehen, 100 ml Olivenöl, 50 g Parmesan und 1 EL Pinienkernen herstellen, die Paste mit Salz und Pfeffer abschmecken und mit etwas Kartoffel- oder Nudelwasser schlank rühren. Dazu schmecken Nudeln, Bohnen und Tomaten.
5. Für Grüne Sauce ein hartgekochtes Ei, 100 g Joghurt, 4 EL neutrales Öl, Salz und Pfeffer mit einer Portion Püree mischen und abschmecken. Dazu passen Roastbeef und gekochtes Fleisch.

SPINAT

Je 150 g Spinat für 1 Portion
Einfrieren: 12 Monate bei –18 °C

1. Spinat verlesen und dabei die Stiele abschneiden. Das Gemüse kurz in kaltem Wasser spülen, in einen Salatschwenker oder in ein Sieb geben und gut abtropfen lassen.
2. 5 l Wasser in einen 8-l-Topf geben und über starker Hitze zum Aufwallen bringen. Spinat pfundweise hineinstreuen und unter Wasser drücken, bis er zusammenfällt.
3. Spinat mit einer Drahtkelle entnehmen, in Eiswasser abkühlen und auf dem Abtropfbrett ausbreiten. Das Kochwasser für weitere Portionen benutzen und entsprechend ergänzen. Durch neues Wasser ersetzen, wenn es dunkel und schmutzig aussieht.
4. Spinat in den Händen ausdrücken. Die Blätter nach Wunsch ganz lassen oder bündeln und in Streifen schneiden. Anschließend portionsweise in Gefrierbeutel geben.
5. Beutel zu flachen Päckchen zusammendrücken, damit der Spinat schnell aufgetaut werden kann. Luft herausdrücken, die Beutel verschließen und nebeneinander einfrieren.
6. Vor dem Servieren 1 Stunde auftauen lassen oder gefroren verwenden. Die Portionen klein halten, weil aufgewärmte Reste für die Bekömmlichkeit bedenklich sind.

Beim Verlesen von Spinat alle Blätter entfernen, die gelb und welk sind.

Spinat nur kurz vorkochen, bis er zusammenfällt und die Farbe intensiver ist.

Vorkochen und Abschrecken nimmt dem Spinat, was Zunge und Gaumen rauh macht.

Für Püree den gedämpften Spinat auf dem Brett fein hacken.

WICHTIG & NÜTZLICH

Zarte Blätter verlieren beim Blanchieren und Dämpfen viel von ihrem ursprünglichen Gewicht. Durchschnittlich brauchen Sie mindestens die doppelte Menge frisches Gemüse.
Zum Blanchieren mit Mikrowellen Spinat und andere zarte Blätter tropfnaß in ein Tuch einschlagen, bei 600 Watt 3–4 Minuten ins Gerät geben und zusammenfallen lassen. Das ist für Blattgemüse vom Feld und von unbelasteten, natürlichen Standorten geeignet.
Das Blanchieren in viel kochendem Wasser ist vorteilhafter für schnell gezogenes Gemüse aus dem Treibhaus. So können Sie einen überhöhten Gehalt an Nitrat um mehr als die Hälfte senken und ein unbedenkliches Maß erreichen.
Für Kleinkinder wird Spinat nicht zur Marter, wenn Mütter junges Blattgemüse blanchieren, pürieren und im Eisbehälter einfrieren. So läßt es sich in kleinsten Mengen dosieren, würfelweise entnehmen und in heißen Speisen auftauen. Zum Beispiel in Brei und Gemüse aus Möhren oder Schwarzwurzeln.
Wenn Sie die Kräuter ihrer heilenden Wirkung wegen sammeln und einfrieren, können Sie später vor allem Suppen und Saucen damit zubereiten. Als Gemüse schmecken sie zu hellen Saucen, die ihren zuweilen herben Geschmack mildern.
Bittere Arten wie Löwenzahn und Blätter mit strengem Geschmack wie Beinwell sollten Sie mit Sorten mischen und zubereiten, die mild sind.
Vortrefflich geraten Kartoffelsuppen und -aufläufe, die mit einer Handvoll der Kräuter zubereitet werden.

MANGOLD & GROSSES BLATTGEMÜSE

Mangold ist kräftiger, würziger und pflegeleichter als Spinat. Er läßt sich für verschiedene Zwecke nutzen, weil die Blätter zart und die Stiele robust sind. Das gilt auch für anderes Blattgemüse wie Paksoi und Chinakohl – ihre fleischigen Stiele sind zum Einfrieren und zum Einkochen empfehlenswert.

Große Blätter laden förmlich dazu ein, als Verpackung für eine Füllung zu dienen. Griechen und Ungarn machen es vor mit Blättern, die sie vor der Haustür finden – die einen vom Weinstock, die anderen vom Kohlfeld. Aber beide lassen das Gemüse durch eine Milchsäuregärung geschmeidig, würzig und haltbar werden.

Die zarteren Blätter von Endivie, Mangold, Chinakohl, Paksoi und Kohlrabi werden durch ein kurzes Bad in sprudelnd kochendem Wasser in Sekundenschnelle so weich, daß sie sich zum Einwickeln einer Füllung eignen – sie sind am besten im Gefriergerät aufgehoben, denn beim Einkochen würden sie die leuchtende Farbe verlieren und viel von ihrer Frische einbüßen.

BLÄTTER UND ROULADEN

Je 8 Blätter für 4 Portionen
Einfrieren: 12 Monate bei –18 °C

1. Schöne Blätter auswählen. Die hellen Stiele am unteren Ende keilförmig herausschneiden und im oberen Bereich flach abschneiden, so daß sie fast so dünn wie die Blätter sind.
2. 3 l Wasser über starker Hitze aufkochen, die Blätter einzeln hineintauchen und wieder entnehmen, wenn die Farbe dunkler geworden ist.
3. Blätter in Eiswasser abkühlen, damit sie nicht nachgaren. Nach dem Abkühlen ausschütteln und auf Tüchern ausbreiten, um sie abzutrocknen. Nach Größe und Portionen sortieren.
4. Für Rouladen sofort füllen und aufrollen. Dabei von den Seiten über der Füllung nach innen umschlagen, damit geschlossene Päckchen entstehen.
5. Blätter und Rouladen zwischen Klarsichtfolie einpacken und einfrieren. Das ist praktisch, weil sie dann einzeln entnommen werden können, schnell auftauen und heiß werden.
6. Tiefgekühlte Blätter nach dem Auftauen beliebig verwenden. Beispielsweise mit einem Rest Pilzrisotto füllen, aufrollen und dicht nebeneinander in etwas Brühe oder Sahne dünsten, bis die Füllung heiß ist.
7. Fertige Rouladen langsam im Kühlschrank auftauen lassen und in Fett oder Fond erhitzen. Oder gefroren verwenden und entsprechend länger dünsten, bis sie ganz heiß sind. Die Flüssigkeit sämig kochen und mit Sahne verfeinern.

Mangold soll frische Blätter und weiße Stiele haben.

Die Stiele keilförmig abschneiden, um zweierlei Gemüse zu gewinnen.

Zum Füllen die Stiele flach schneiden, damit sich die Blätter gut aufrollen lassen.

BLATTGEMÜSE IN STREIFEN

Bis 150 g pro Portion
Einfrieren: 12 Monate bei –18 °C

1. Blätter von Mangold, Chinakohl, Paksoi und Frühkohl verwenden, bevor dieser sich zum Kopf ausbildet. Äußere harte Blätter entfernen und vielleicht zuerst die schönsten Blätter für Rouladen abpflücken.
2. Die übrigen Blätter waschen und in viel sprudelndem Salzwasser versenken, bis sie nicht mehr steif sind. Schnell in eiskaltem Wasser abkühlen, auf Tüchern ausbreiten und darin abtrocknen. Anschließend mehrfach übereinander legen, fest aufrollen und in Streifen schneiden.
3. Das Gemüse abwiegen, für Suppen nur bis 50 g pro Person. In Gefrierbeuteln füllen, zu flachen Päckchen zusammendrücken und die Luft herausdrücken. Verschließen und einfrieren.
4. Blattgemüse gefroren in heiße Speisen geben und erhitzen. Zum Beispiel in Kartoffelsuppe oder Gemüse aus Möhren und Bohnenkernen in Sahnesauce.

MILCHSAURE BLÄTTER

2 Twist-Off-Gläser je 1 l
Lagern: 6 Monate bei 0–10 °C

1,2 kg Mangold oder Chinakohl
20 g Meersalz
4 EL Brottrunk (Reformhaus)

1. Die Rippen so flach wie die Blätter schneiden. Diese kurz in kochendes Wasser tauchen, kalt spülen und abtropfen lassen.
2. 800 ml Wasser und Salz aufkochen, kalt mit dem Brottrunk mischen. Die Blätter aufrollen, in die Gläser geben und 2 cm hoch mit dem Wasser bedecken. Verschließen und bei rund 20 °C stehen lassen.
3. Sobald der Inhalt perlt, bei etwa 15 °C 2–3 Wochen gären lassen. Anschließend kalt und dunkel lagern. Blätter bei Bedarf abspülen, abtrocknen und nach Rezept verarbeiten.

MANGOLDSTIELE

450 g für Einkoch-Gläser je 750 ml
Einkochen: 90 Minuten bei 98 °C
Lagern: 12 Monate bei 1–20 °C

1. Die Stiele mit dem Sparschäler abziehen, wo sie bräunlich und hart sind. Fingerlang und etwa 1 cm breit schneiden.
2. 3 l Wasser über starker Hitze aufkochen. Je 300 g Gemüse hineingeben, 2 Minuten kochen, mit der Siebkelle entnehmen und in kaltem Wasser abkühlen. Im Sieb abtropfen lassen.
3. Die Streifen aufrecht und fest in Gläser geben, um sie platzsparend hineinzuschichten. Pro Glas etwa 350 ml Wasser mit ½ TL Salz aufkochen. Das Gemüse damit bedecken.
4. Die Gläser verschließen und in Wasser aufsetzen, das die gleiche Temperatur hat. Erhitzen, nach dem Einkochen entnehmen und auf einem Gitter abkühlen lassen.
5. Mangold später wie Spargel zubereiten. Den Aufguß für eine Sauce verwenden und mit Sahne und Eigelb legieren – aber nicht mehr kochen. Mangold darin erhitzen und so beispielsweise mit Pellkartoffeln und Katenschinken servieren.
6. Oder die abgetropften Mangoldstiele auf einen Buttertoast legen, mit einer Creme aus geriebenem Cheddarkäse, etwas Aufguß und Muskat bedecken, mit Semmelbröseln bestreuen und überbacken.

HÜLLE & FÜLLE

Grüne Hüllen sind wie maßgeschneidert für empfindliche Füllen, die nur bei Temperaturen weit unter dem Siedepunkt saftig geraten. Beispielsweise zartes Filet, das rosa gebraten ist und nicht heißer als 50 °C werden soll. Oder eine Fischfarce, die schon bei rund 70 °C gar ist. Für eine Lachsfarce zum Beispiel 400 g eisgekühltes Lachsfilet im Mixer mit 2 Eigelben pürieren, mit Zitronensaft, Salz und Pfeffer abschmekken und mit dem Schnee von 2 steifgeschlagenen Eiweiß vermischen. Ein Blätterkleid schützt auch beim Backen unter einem Mantel aus Teig vor Hitze.

WEISSER & GRÜNER SPARGEL

Einig sind wir alle, daß Spargel in seiner Saison am besten schmeckt. Aber wer ihn für die übrigen Jahreszeiten reserviert, zählt entweder zu den begeisterten Einfrierern oder zu jener Minderheit, die das Gemüse lieber aus dem Einkochglas holt. Am besten testet jeder selbst, was dem persönlichen Geschmack am nächsten kommt.
Spargel vor dem Schälen in ein passendes Gefäß legen und mit kaltem Wasser bedecken, damit er sich später leichter schälen läßt. Nach einer Stunde entnehmen und mit einem Sparschäler oder kleinen Küchenmesser abziehen. Weißen Spargel von oben nach unten, grünen von unten nach oben und nur am unteren Drittel schälen. Dabei die dünne Unterhaut mit entfernen, weil sie noch faserig ist und bitter machen kann. Sie erkennen es an der Oberfläche, die noch dichter aussieht als beim völlig »nackten« Spargel. Die Endstücke in dünnen Scheiben abschneiden, bis das Messer leicht hindurchgleitet und nichts Holziges mehr stört.
Abschnitte und Schalen für einen Aufguß oder Suppen höchstens 15 Minuten auskochen. Nicht länger, weil es den Sud bitter machen kann. Zum Marktende am Samstag und zu Beginn der Woche können Sie günstige Angebote erwarten und zum Einmachen nutzen. Dünne, zerbrochene und kurze Stangen mit entsprechend großem Anteil an Köpfen schmecken wie ganzer Spargel. Weil er nicht so schön ist, bekommen Sie ihn preiswerter.

SUPPENSPARGEL UND SPARGELPÜREE

7 Einkoch-Gläser je 750 ml
Einkochen: 2 Stunden bei 98 °C
Lagern: 12 Monate bei 1–20 °C

5 Dosen je 200 ml
Einfrieren: 12 Monate bei –18 °C

4 kg dünner Spargel
800 g Petersilienwurzeln
Saft von 2 Zitronen
60 g Meersalz

1. Spargel waschen und brechen – er zerspringt etwa in der Mitte wie Glas und es muß nur noch am unteren Ende die Schale entfernt werden. Die Endstücke mit kaltem Wasser bedecken und schnell aufkochen.
2. Spargelspitzen ganz lassen oder in Stücke schneiden und in eine Schüssel geben. Die Endstücke darüber abgießen. Die Spargelspitzen nach 3 Minuten abgießen und das Wasser wegschütten.
3. Petersilienwurzeln waschen, schälen und in Scheiben hobeln. Mit Wasser bedecken und 5 Minuten kochen. Die Spargelenden dazugeben, mit Wasser bedecken und weitere 10 Minuten kochen. In ein Sieb schütten. Die Brühe mit Zitronensaft und dem Salz abschmecken.
4. Spargelspitzen in die Gläser geben und mit der Brühe bedekken. Verschließen, in Wasser gleicher Temperatur setzen und einkochen.
5. Bei Bedarf aus der Brühe eine cremige Suppe oder Sauce kochen und den Spargel darin erhitzen.
6. Spargelenden und Petersilienwurzeln mit dem Stabmixer pürieren und anschließend durch ein Sieb streichen, um harte Fasern zu entfernen.
7. Das Püree in Dosen füllen und einfrieren. Oder in Gläser füllen, verschließen, in kaltem Wasser aufsetzen, langsam erhitzen und 1 Stunde einkochen.
8. Später für Suppen und Saucen verwenden. Beispielsweise mit 100 g brauner Butter mischen und zu Pellkartoffeln servieren. Oder 200 g Sahne auf die Hälfte einkochen, mit 200 g Spargelpüree erhitzen und mit Salz und Pfeffer würzen. Garnelen, Schollenfilet oder Lachs in ½ cm große Stücke schneiden, zum Spargelpüree geben und 2 Minuten ziehen lassen – nicht kochen. Auf Bandnudeln anrichten und grünen Salat dazu reichen.

SPARGEL EINFRIEREN

5 × 400 g für je 2 Portionen
Für Abschnitte 2 Dosen je 750 ml
Einfrieren: 10 Monate bei –18 °C

3 kg weißer oder grüner Spargel

1. Spargel naß schälen. Zum Beispiel die Sorte Schneekopf, weil sie blendend weiße Köpfe hat, die sehr zart sind und beim Einkochen zu weich werden.

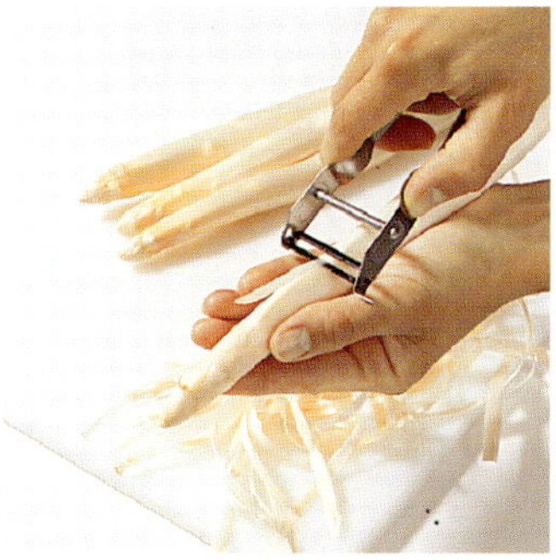

Spargel ist leichter zu schälen, wenn er vorher 30 Minuten in kaltem Wasser liegt.

Grünen Spargel nur an der unteren Hälfte schälen.

2. Stangen gleicher Dicke in 5 Portionen teilen, bündeln und auf einem Brett auf gleiche Länge schneiden. In Gefrierbeutel stekken und die Luft absaugen. Verschließen und einfrieren.
3. Abschnitte in dünne Scheiben schneiden, soweit sie nicht holzig sind. Endstücke und Schalen in 1 l Wasser 10 Minuten kochen.
4. Die Spargelbrühe durch ein feines Sieb laufen lassen, in die 2 Dosen füllen und die Spargelscheiben hineingeben. Verschließen, gut kühlen, einfrieren und für Suppen und helle Ragouts verwenden.

SPARGEL IN GLÄSERN

Für Stangen 5 Gläser je 750 ml
Für Abschnitte 2 Gläser je 750 ml
Einkochen: 2 Stunden bei 98 °C
Lagern: 12 Monate bei 1–20 °C

4 kg weißer oder grüner Spargel
50 g Salz
etwas Zucker

1. Spargel naß schälen. Die Stangen nach Dicke sortieren und kürzen, damit sie aufrecht in die Gläser passen. Die Abschnitte bündeln und auf einem Brett in ½ cm dicke Scheiben schneiden, soweit sie nicht holzig sind.
2. 2,5 l Wasser, Salz, Schalen und Endstücke langsam zum Kochen bringen. 10 Minuten sprudelnd kochen, Brühe durch ein Tuch laufen lassen und mit soviel Zukker abschmecken, daß der Aufguß nicht bitter schmeckt. Abkühlen lassen.
3. Spargelstangen dicht aneinander und mit den Köpfen nach oben in die 5 Gläser stellen. Mit dem kalten Aufguß bedecken und verschließen. Die Abschnitte in 2 Gläser füllen, mit kaltem Aufguß bedecken und verschließen. Gläser in kaltes Wasser setzen und bei mittlerer Hitze erwärmen. Perlend einkochen und dabei die Hitzezufuhr entsprechend senken.
4. Wenn weißer Spargel hell bleiben soll, etwas Zitronensaft in den Aufguß geben. Die Spitzen unbedeckt lassen, wenn sie sich verfärben dürfen und ein bißchen fest sein sollen.

WICHTIG & NÜTZLICH

Am sichersten läßt sich Spargel einmachen, der bei warmem Wetter schnell gewachsen ist. Nasses Wetter, strenger Geruch und angelaufene Schnittstellen mit bläulichem Schimmel sind warnende Hinweise auf Qualität, die zum Einkochen nicht geeignet ist.
Spargel roh probieren, ob er bitter schmeckt. Wenn ja, mit kochendem Wasser bedecken und nach 10 Minuten abgießen. Wieder kontrollieren und nur einmachen, wenn er einwandfrei ist. Das gleiche gilt für den Aufguß.
In Einkochgläsern findet das Garen unter Ausschluß von Luft statt. Das Gemüse bleibt beim Einkochen im Wasserbad unter dem Siedepunkt und wird selbst bei langen Einkochzeiten nicht zu weich.
Für Suppen können Sie Spargel in dünne Scheiben schneiden, in restlicher Spargelbrühe 5 Minuten kochen, kochendheiß und randvoll in Twist-Off-Gläser füllen, zuschrauben und auf den Deckeln stehend abkühlen lassen. Bei Temperaturen bis 18 °C lagern und die Brühe bei Bedarf in eine Mehlschwitze rühren, 10 Minuten kochen, mit Sahne verfeinern und mit Salz, Pfeffer, etwas Zitronensaft und Zucker abschmecken. Spargelstücke hineingeben, erhitzen, nicht kochen.

SPARGELAPERITIF

4 Twist-Off-Gläser je 500 ml
Lagern: 12 Monate bei 1–18 °C

5 kg Spargelabfälle

1. Saftmachen aus Schalen und Abschnitten lohnt, wenn größere Mengen anfallen. Diese waschen, tropfnaß in den Siebkorb des Dampfentsafters geben und 75 Minuten über sprudelndem Wasser entsaften.
2. Spargelsaft bei großer Hitze ohne Abdeckung auf 2 l reduzieren, in heiße Gläser füllen, verschließen und auf den Deckeln stehend abkühlen lassen. Vor dem Essen genießen.
3. Spargelsaft regt den Appetit an und fördert die Verdauung.

GRÜNER SPARGEL IM KRÄUTERBAD
(zum Foto oben)

6 Dosen je 750 ml
Einfrieren: 10 Monate bei –18 °C

4 kg grüner Spargel
1 EL Salz
250 ml Weißwein (Silvaner)
250 g Frühlingszwiebeln
100 g glatte Petersilie
1 Bund Basilikum
4 Stengel Estragon
2 Dillzweige

1. Spargel waschen, die Stangen am unteren Ende schälen. Danach jeweils mehrere Stangen zusammenfassen und 4 cm lang schneiden, solange sie zart sind und sich leicht durchschneiden lassen.
2. Holzige Endstücke und Schalen mit 500 ml Wasser bei geringer Hitze zum Kochen bringen. 15 Minuten schwach sieden lassen. In ein Sieb schütten und passieren.
3. Brühe, Salz und Weißwein bei starker Hitze aufkochen. Den Spargel darin portionsweise in etwa 10 Minuten bißfest kochen. Nur soviele Stangen auf einmal, daß sie von der Brühe bedeckt sind. Mit der Drahtkelle entnehmen und in Dosen füllen.
4. Zwiebeln und die verlesenen Kräuter schälen bzw. waschen, grob zerschneiden und im Mixer pürieren. In die Spargelbrühe geben, einmal aufkochen, beiseite stellen und kalt werden lassen.
5. Die Brühe in ein Tuch geben und fest auswringen. Je 150 ml der Brühe zum Spargel geben. Verschließen und einfrieren.
6. Bei Bedarf gefroren erhitzen, den Spargel mit einer Drahtkelle entnehmen und in einem heißen Geschirr anrichten. Inzwischen 250 g Sahne auf die Hälfte einkochen, mit der Spargelbrühe verschlagen, cremig kochen, abschmecken und über den Spargel schöpfen. Nach Belieben mit frisch gehackten Kräutern ergänzen und garnieren. Dazu schmecken Kartoffeln und milder Katenschinken oder wachsweiche Eier.

SPARGEL EXKLUSIV

Heißen grünen Spargel mit halb Gouda und halb Parmesan bestreuen, großzügig mit heißer Butter übergießen und zu Pellkartoffeln essen.
Schwarzen Pfeffer im Mörser zerreiben, trocken anrösten und mit Butter aufschäumen lassen. So über heißen Spargel löffeln und mit viel gehackter Petersilie bestreuen.
Spargelspitzen in kleinen Gläsern einmachen und für erlesene Salate und Vorspeisen reservieren.

ARTISCHOCKEN

Sie gedeihen rund ums Mittelmeer und erfreuen Feinschmecker ab Mai bis in den Frühsommer, dann noch einmal im Herbst. Die kurze Saison rechtfertigt Reserven. Artischocken eignen sich gut zum Einfrieren, nachdem sie blanchiert worden sind. Aber sie sind sperrig, nehmen viel Platz in Anspruch und brauchen Energie und Zeit zum Auftauen oder Garen. Einkochen ist eine gute Alternative, weil die Artischocken dabei gleichzeitig garen. Das gilt auch für Genüsse, die fertig zubereitet sind und direkt aus dem Glas angerichtet werden können.

Artischocke auf ein Brett legen. Den Stiel behutsam abbiegen und mit den Fasern abbrechen.

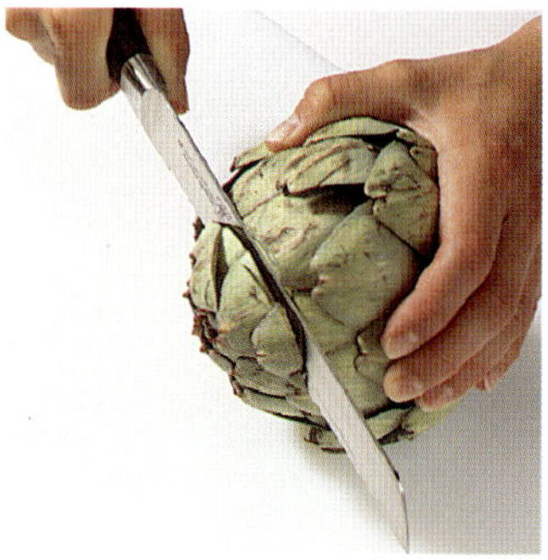

Die Spitze der Artischocke mit dem Sägemesser etwa 3 cm abschneiden.

Die unteren kleinen Blätter abschneiden. Dabei den ersten Kranz der Blätter mitnehmen.

Die Seitenblätter mit der Schere kürzen. Das Gemüse in saurem Wasser hell halten.

ARTISCHOCKEN IM GANZEN

7 Einkoch-Gläser je 1 l
Einkochen: 90 Minuten bei 98 °C
Lagern: 12 Monate bei 1–20 °C

14 große Artischocken
4 Zitronen
3 EL Salz

1. Artischocken auf eine Unterlage legen und den Kopf um die eigene Achse drehen. Den Stiel nach und nach lösen, bis er nach einer Runde abbricht.
2. Untere kleine Blätter entfernen und Blattreste abschneiden.
3. Die Spitze der Artischocken mit dem Sägemesser um ⅓ kürzen. Die Spitzen der seitlichen Blätter mit einer Schere ebenso um ⅓ kürzen.
4. 5 l Wasser mit dem Saft von 2 Zitronen über starker Hitze zum Kochen bringen. Artischocken sofort nach dem Beschneiden hineingeben, damit die Schnittflächen hell bleiben.
5. Artischocken 5 Minuten sprudelnd kochen, mit der Drahtkelle entnehmen, mit kaltem Wasser abschrecken und zum Abtropfen auf die Spitze stellen.
6. 4 l Wasser und Salz aufkochen und abkühlen lassen. Je 2 Artischocken in die Gläser geben. 2 Zitronen in Scheiben schneiden und auf die Oberfläche legen. Mit Salzwasser bedecken.
7. Die Gläser verschließen, in kaltem Wasser aufsetzen, über mittlerer Hitze zum Perlen bringen und einkochen.
8. Artischocken beispielsweise kalt mit einer leichten Mayonnaise servieren, die kurz vor dem Servieren mit Tomatenpüree leicht gerötet, mit Schlagsahne gelockert und mit Knoblauch aromatisiert wird. Oder Artischocken mit den Spitzen nach unten im Siebkorb über Dampf etwa 15 Minuten erhitzen – im Schnellkochtopf nur 5 Minuten. So schmecken sie beispielsweise mit Sauce hollandaise oder Choron. Zum Füllen den Mittelteil herausdrehen und das Heu zur Seite biegen, um es nach und nach vom Boden zu lösen.

ARTISCHOCKEN-BÖDEN IM WEINSUD

3 Einkoch-Gläser je 250 ml
Einkochen: 60 Minuten bei 98 °C
Lagern: 12 Monate bei 1–20 °C

2 Petersilienwurzeln
12 große Artischocken
4 EL Zitronensaft
250 ml Weißwein
2 Lorbeerblätter
1 TL Salz

1. Petersilienwurzeln waschen, schälen, in winzige Würfel schneiden und in 250 ml Wasser über geringer Hitze 20 Minuten kochen.
2. Zitronensaft, Weißwein, Lorbeerblätter und Salz zum Wasser mit den Petersilienwurzeln geben. Auf Mittelhitze schalten.
3. Artischocken so entstielen und beschneiden, wie es links beschrieben und gezeigt wird. Restliche Blätter über dem Boden abschälen, das Heu mit ovalem Kartoffelausstecher oder gezahntem Grapefruitlöffel vom Boden abschaben. Die Böden sofort in den Weinsud geben und 2 Minuten sprudelnd kochen.
4. Böden abschrecken, im Sieb sammeln und abtropfen lassen. Mit der Mulde nach unten in Gläser geben und mit dem Sud übergießen, bis sie 1 cm hoch bedeckt sind. Verschließen und einkochen.
5. Bei Bedarf in Olivenöl oder Butter erwärmen und mit einer Füllung servieren. Junge Erbsen passen gut, aber auch mit Knoblauch gedünstete Tomatenwürfel.

ARTISCHOCKEN MIT FÜLLGEMÜSE

6 Twist-Off-Gläser je 250 ml
Lagern: 10 Monate bei 1–18 °C

250 ml Weißweinessig
1 EL weiße Pfefferkörner
5 Wacholderbeeren
50 g Zucker
1 TL Salz
500 g Tomaten
200 g Knollensellerie
500 g Champignons
8 EL Olivenöl
24 Artischockenböden

1. 250 ml Wasser, Essig, Pfefferkörner und Wacholderbeeren aufkochen. Mit Zucker und Salz abschmecken.
2. Tomaten in dem Sud brühen, entnehmen, abschrecken, abziehen, vierteln, entkernen und in Würfel schneiden. Sellerie schälen und in 3 mm große Würfel schneiden.
3. Pilze putzen, wenn nötig, waschen und in 3 mm große Stücke schneiden. In Olivenöl andünsten, bis sie nach etwa 2 Minuten glasig aussehen. Ins Sieb geben. Sellerie im abgetropften Pilzsaft glasig dünsten. Zu den Pilzen geben, abgetropft mit den Tomaten mischen.
4. Artischockenböden wie im nebenstehenden Rezept vorbereiten, portionsweise in den kochenden Essigsud geben und sprudelnd garen, bis sie sich ohne wachsenden Widerstand durchstechen lassen. Nur soviel auf einmal hineingeben, wie im Sud untertauchen können. Im Sieb sammeln.
5. Artischocken und das andere Gemüse in Gläser schichten. Den aufgefangenen Saft und den Essigsud mischen, aufkochen und abschmecken. Bis zum Rand in die Gläser gießen. Sofort zuschrauben, umdrehen und abkühlen lassen.
6. Zum Anrichten abgießen und die Böden mit Gemüse füllen. Als Vorspeise genießen oder als Garnitur auf Kalte Platten setzen. Das Gemüse auch mit gerösteten Brotwürfeln ziehen lassen, die mit Knoblauchöl getränkt wurden. Den Aufguß können Sie auch gut als Basis für Salatsaucen nutzen.

FENCHEL

Er besteht aus gewölbten Schalen, die sich zu einer dicken Knolle auswachsen. Fenchel ist auch bei uns heimisch geworden. Frisch und knackig ist er fabelhaft zum Eintauchen in Saucen und als Rohkost zu genießen. Als gekochtes Gemüse hat er einen süßlichen, aber gleichzeitig auch leicht herben Geschmack. Blanchiert eignet er sich gut zum Einkochen, Einfrieren und als Sauergemüse.

FENCHELGEMÜSE MIT PERNOD

(zum Foto oben)

7 Einkoch-Gläser je 750 ml
Einkochen: 60 Minuten bei 98 °C
Lagern: 12 Monate bei 1–20 °C

4 kg Fenchel
50 g Salz
Saft von 2 Zitronen
100 g Meerrettich (Stange)
140 ml Pernod

1. Fenchel mit dem Sparschäler abziehen, wo er trocken und fleckig aussieht. Boden und Spitzen abschneiden, so daß die Schnittflächen hell und feucht glänzen.
2. Inzwischen 5 l Wasser, Salz und Zitronensaft bei starker Hitze aufkochen. Fenchel in 1 cm breite Streifen schneiden und pfundweise ins sprudelnde Wasser geben. 2 Minuten kochen, in kaltem Wasser abschrecken und im Sieb abtropfen lassen.
3. Meerrettich schälen und in Scheiben hobeln. Mit den Fenchelstreifen in Gläser schichten. Pernod mit 1,5 l Wasser aufkochen und das Gemüse damit bedecken.
4. Die Gläser verschließen und in ein Wasserbad setzen, das die gleiche Temperatur hat. Bei mittlerer Hitze erwärmen und einkochen.
5. Das Gemüse zum Servieren abtropfen lassen und in einer Sauce aus dem Aufguß erhitzen. Diesen beispielsweise auf die Hälfte einkochen, auf Wunsch mit Saucenbinder leicht andicken, mit 125 g Sahne verfeinern, mit 30 g Butter verschlagen und mit Salz und einer Prise Cayennepfeffer würzig abschmecken.

FENCHELSALAT

7 Einkoch-Gläser je 500 ml
Einkochen: 20 Minuten bei 90 °C
Lagern: 12 Monate bei 1–20 °C

2,5 kg Fenchel
350 g Staudensellerie
175 g Schalotten
2 TL Koriander
1 EL Pfeffer
6 EL Olivenöl
150 ml Zitronensaft (5 Stück)
Salz
3½ Lorbeerblätter

1. Fenchel und Sellerie mit dem Sparschäler abziehen, wo sie fleckig und angetrocknet sind. Unten und oben so weit stutzen, wie sie holzig sind. Das zarte Fenchelgrün fein schneiden. Knollen in 1 cm breite Streifen schneiden.
2. 5 l Wasser aufkochen, Fenchel pfundweise hineingeben, 2 Minuten blanchieren, abschrecken und im Sieb abtropfen lassen. Sellerie in winzige Würfel schneiden. Schalotten abziehen und fein hacken.
3. Koriander und Pfeffer im Mörser zerreiben und in einer Pfanne trocken anrösten. Öl, Sellerie und Schalotten dazugeben. 5 Minuten dünsten, mit 900 ml Wasser auffüllen und aufkochen. Zitronensaft hinzufügen und mit Salz abschmecken. In ein Sieb gießen.
4. Alles Gemüse und das Fenchelkraut mischen, in die Gläser füllen und mit der Marinade bedecken. In jedes Glas ½ Lorbeerblatt stecken. (Das Kraut separat einpacken, einfrieren und beim Anrichten hinzufügen, wenn Wert auf die frische grüne Farbe gelegt wird.) Die Gläser verschließen und einkochen.
5. Bei Bedarf in wenig Marinade anrichten und mit etwas Olivenöl beträufeln. Zimmerwarm als Vorspeise oder Imbiß genießen. Beispielsweise zu knusprigem Röstbrot und Bündner Fleisch oder Salami.

ERBSEN & ZUCKERSCHOTEN

Junge Erbsen und Zuckerschoten sind süß, saftig und knackig. Frisch oder gefroren dürfen sie erst kurz vor dem Essen gekocht oder aufgewärmt werden, wenn sie ihre frische Farbe behalten sollen. Tiefgekühlte Erbsen werden gelegentlich verdächtigt, sie seien gefärbt. Einfrierer wissen längst, daß Gemüse durch die Wechselbäder beim Blanchieren an Farbe gewinnt. Die Haut ist danach durchsichtiger und das Gemüse sieht farbenfroher aus als vorher. Auch nach dem Einfrieren sind Erbsen knackig, süß saftig und beliebt – der Absatz tiefgekühlter Erbsen beweist es.
Wer Erbsen zart und etwas mehlig lieber mag, kann sie in Gläsern einkochen. Das ist auch empfehlenswert, wenn der Erntesegen für das Gefriergerät zu groß und das Gemüse anstelle von getrockneten Erbsen für Suppen verwendet werden soll, die leicht bekömmlich erwünscht sind. Sie können frische Erbsen platzsparend als Püree einkochen und später in Kürze zu einer Suppe verlängern.

ERBSEN FÜR SCHNELLE SUPPEN

7 Einkoch-Gläser je 750 ml
Einkochen: 2 Stunden bei 98 °C
Lagern: 12 Monate bei 1–20 °C

2,5 kg Erbsen (netto)
3 Petersilienwurzeln mit Kraut
350 g Zwiebeln
100 g Butter
2 EL Salz
2 EL Zucker

1. Erbsen palen und dabei mit 60% Abfall rechnen. Waschen und im Sieb abtropfen lassen.
2. Petersilienwurzeln und Zwiebeln schälen, in winzige Würfel schneiden und in Butter dünsten, bis sie das Fett aufgesaugt haben.
3. Das Petersilienkraut waschen, bündeln und grob zerschneiden. Mit den Erbsen mischen und durch den Fleischwolf drehen oder im Mixer pürieren. Mit Salz und Zucker mischen und in die Gläser verteilen. Mit den gedünsteten Zutaten bedecken – bis 2 cm unter den Rand füllen.
4. Die Gläser verschließen, in kaltem Wasser aufsetzen und einkochen.
5. Den Inhalt kurz vor dem Essen mit kräftiger Brühe zu einer schlanken Creme verlängern und aufkochen, mit Sahne verfeinern und mit Kräutersalz geschmacklich abrunden.
6. Gehaltvollere Varianten mit kleinen Garnelen oder Lachs in dünnen Streifen erhitzen, aber nicht kochen.
7. Für deftige Erbsensuppe Pökelfleisch und Kochwurst mit Wasser bedeckt garen, in den letzten 10 Minuten mit Würfeln von Möhren und Sellerie. Kurz vor dem Servieren dünne Ringe Porree und die Erbsen aus dem Glas hinzufügen.

ZUCKERSCHOTEN MIT KRÄUTERBUTTER

10 Kochbeutel je 200 g
Einfrieren: 8 Monate bei –18 °C

1 kg Zuckerschoten
2 EL Salz
1 TL Zucker
2 Bund glatte Petersilie
2 Knoblauchzehen
250 g Butter
1 EL Zitronensaft

1. Die Spitzen der Zuckerschoten abschneiden. Dabei mit nicht zu scharfem Messer arbeiten, die Fäden ertasten und abziehen – außen vom Stiel und innen von der Spitze aus.
2. 2 l Wasser, Salz und Zucker über starker Hitze aufkochen. Zuckerschoten in Portionen je 200 g hineingeben und 4 Minuten sprudelnd kochen. Glasig und bißfest entnehmen. Das Wasser jedes Mal auf die ursprüngliche Menge ergänzen.
3. Zuckerschoten schnell in Eiswasser abschrecken, im Sieb abtropfen lassen und noch warm auf Tüchern ausbreiten, damit sie schnell trocken werden.
4. Petersilie waschen, in ein Küchentuch rollen, trocken bündeln, klein schneiden und fein hacken. Knoblauch pellen und durch die Presse drücken. Beides mit Butter verkneten, mit Salz und Zitronensaft abschmecken. In 10 Portionen teilen.
5. Zuckerschoten und Butter in Gefrierkochbeutel füllen. Die Luft herausstreichen, die Beutel verschließen und einfrieren.
6. Etwa 10 Minuten vor dem Essen in kochendes Wasser legen, erhitzen und dabei wenden, damit sich die Butter gut verteilt. Das Gemüse zum Servieren direkt in eine Schüssel entleeren.

Runde Palerbsen eignen sich zum Einkochen, eckige Markerbsen zum Einfrieren.

Zuckerschoten abfädeln – sie sind samt Schale zart und zum Einfrieren bestens geeignet.

WICHTIG & NÜTZLICH

Erbsen reifen nach dem Pflücken. Dabei welken die Hülsen und aus dem Zucker wird Stärke – sie werden mehlig und bitter. Nur tagfrisch ist die Qualität überzeugend, und nur dann lassen sie sich leicht aus den knackigen Schalen brechen.
Markerbsen sind runzlig und eckig, sie sitzen in flachen Hülsen und machen ihr unscheinbares Aussehen durch frischen Geschmack wett. Sie sind zum Einfrieren gut geeignet. Aber nicht zum Einkochen, weil sie in einer Kochzeit über 15 Minuten hart werden.
Zum Einkochen eignen sich Palerbsen, die beim Garen zuerst hart, aber dann wieder weich werden. Nach dem Palen waschen, roh einfüllen und im Glas etwas Platz zum Aufquellen lassen. Wasser pro Liter mit 2 EL Zukker zum Sprudeln bringen und kochendheiß über die Erbsen gießen. Verschließen und 2 Stunden bei 98 °C einkochen.

ERBSEN MIT SPARGEL UND KERBEL

4 Dosen je 500 ml
Einfrieren: 3–6 Monate bei –18 °C

1 kg Erbsen
500 g Spargelspitzen
Salz
2 Schalotten
50 g magerer, geräucherter Speck
1 EL Butter
250 ml Fleischbrühe
4 EL Crème fraîche
50 g Kerbel
weißer Pfeffer
Zitronensaft

1. Frische Erbsen auspalen und verlesen. Portionsweise in sprudelnd kochendem Salzwasser je nach Größe 3–5 Minuten blanchieren. Mit einer Schaumkelle herausnehmen, kalt abschrecken und gut abtropfen lassen.
2. Die Spargelspitzen vorsichtig schälen. Ebenfalls portionsweise in Salzwasser 2 Minuten blanchieren. Herausnehmen, kalt abschrecken und abtropfen lassen.
3. Schalotten abziehen und fein hacken. Vom Speck die Schwarte entfernen. Speck in kleine Würfel schneiden.
4. Speckwürfel in einem breiten Topf unter Rühren auslassen. Würfel mit einer Schaumkelle herausnehmen und beiseite stellen. Die Butter zum Speckfett geben. Schalotten darin hellgelb werden lassen.
5. Mit heißer Fleischbrühe aufgießen, aufkochen und 5 Minuten leicht kochen lassen. Crème fraîche unterrühren. Zu einer sämigen Sauce einkochen.
6. Kerbel verlesen, unter fließendem Wasser kurz abspülen. Trockentupfen und die Blättchen von den Stengeln zupfen. Grob hacken.
7. Kerbel (bis auf 2 EL) in die Sauce geben, kurz mitköcheln. Die Sauce pürieren.
8. Erbsen, Spargelspitzen, Speckwürfel und die restlichen Kerbelblättchen in die Sauce geben. Zusammen noch kurz erhitzen. Mit Salz, Pfeffer und Zitronensaft abschmecken. Abkühlen lassen.
9. Das Gemüse in Gefrierdosen füllen und einfrieren.
10. Paßt gut zu kurzgebratenem Fleisch wie Steaks, Koteletts und Schnitzel.

ERBSENGEMÜSE
(zum Foto oben)

10 Gefrierbeutel je 300 g
Einfrieren: 8 Monate bei –18 °C

2 kg Erbsen (netto)
750 g grüne Paprikaschoten
3 EL Salz
1 EL Zucker
600 g Fleischtomaten

1. Erbsen aus den Schalen brechen und dabei 60% Abfall einkalkulieren. Paprikaschoten halbieren, entstielen, entkernen, in 1 cm große Stücke schneiden.
2. 5 l Wasser, Salz und Zucker bei starker Hitze aufkochen. Gemüse pfundweise hineingeben, 2 Minuten sprudelnd kochen, entnehmen, abschrecken und abtropfen lassen.
3. Tomaten kurz in sprudelndes Wasser tauchen, kalt spülen, abziehen, vierteln, entkernen und in kleine Würfel schneiden.
4. Erbsen, Paprika und Tomaten mischen und in Gefrierbeutel geben, je 150 g für eine Person. Verschließen und einfrieren.
5. Für 4 Personen 1 Zwiebel und 1 Knoblauchzehe pellen und in 1 EL Olivenöl andünsten. 600 g Erbsengemüse gefroren dazugeben, zudecken und bei mittlerer Hitze 10 Minuten dünsten. 100 g Kochschinken in Streifen schneiden und nach 5 Minuten ins Gemüse schwenken. Mit Salz und Pfeffer abschmecken. So zu Kartoffelgratin genießen.
6. Oder 350 g Bandnudeln kochen, das heiße Gemüse mit 125 g Sahne mischen, in die Nudeln schwenken und mit 50 g Parmesankäse bestreuen. Mit mehr geriebenem Käse servieren.

ERBSENSUPPE MIT MINZE

2 Dosen je 500 ml
Einfrieren: 8 Monate bei –18 °C

750 g frische Erbsen
2 Schalotten
1 Stück Sellerie
1 kleine Möhre
1 EL Butter
1 TL Zucker
1 l Fleischbrühe
100 ml Schlagsahne
Salz, Pfeffer
3–4 Stengel Minze
geröstete Brotwürfel

1. Frische Erbsen auspalen, waschen und abtropfen lassen.
2. Schalotten abziehen und sehr fein hacken. Sellerie und Möhre schälen, waschen und möglichst klein würfeln.
3. Die Butter in einem breiten Topf zerlassen, das Wurzelgemüse darin ein paar Minuten unter Rühren andünsten. Erbsen zufügen und kurz mitdünsten. Den Zucker untermischen.
4. Mit Fleischbrühe ablöschen und zugedeckt so lange köcheln lassen, bis die Erbsen gerade gar sind, sie dürfen aber nicht zu weich werden. Das dauert je nach Größe 5–8 Minuten.
5. Sahne unterrühren, einmal aufkochen lassen. Mit Salz und Pfeffer abschmecken. Abkühlen lassen.
6. In Gefrierdosen verteilen und einfrieren.
7. Die Minze unter fließendem kaltem Wasser abspülen und mit Küchenpapier trockentupfen. Die Blättchen von den Stengeln zupfen. In Beutel oder Gläser füllen und ebenfalls einfrieren.
8. Zum Servieren die Suppe auftauen und einmal kurz aufkochen lassen. Nach Belieben Minzeblättchen unterrühren. Abschmecken. Mit gerösteten Brotwürfeln bestreuen.

KOHLRABI

Er ist ein Abkömmling vom Wildkohl, und seine Knollen sind verdickte Stengel, die bei Trockenheit zum Holzigwerden neigen. Neue Züchtungen wie Butterkohlrabi werden auf feuchten, fruchtbaren Böden manchmal so groß wie Fußbälle und bleiben dennoch zart. Die alte Regel, daß nur kleine Kohlrabi zart sind, kann also nicht mehr generell gelten.
Kohlrabi aus dem Freiland gibt es von Mai bis November. Er soll ohne Risse sein und frische Blätter haben, die noch gesünder als die Knollen sind. Die schlauen Berliner haben sie beispielsweise schon immer mitverwendet. Ob die Knollen sich blauviolett oder hellgrün präsentieren, spielt für die Qualität keine Rolle. Wer großen Wert auf Bißfestigkeit legt, ist mit der Methode des Einfrierens am besten bedient. Vorkochen ist als Vorbereitung auch beim Einkochen notwendig.

KOHLRABI FÜR SALATE

6 Gefrierbeutel je 250 g
Einfrieren: 6 Monate bei –18 °C

2 kg Kohlrabi mit Blättern
5 EL weißer Essig

1. Zarte Blätter aus der Mitte abschneiden, kalt spülen, im Tuch abtrocknen, bündeln, fein schneiden und fein hacken. Knollen unten beschneiden und nach oben hin abziehen. Anschließend streichholzfein schneiden. Vielleicht nur den oberen, zarten Teil der Knollen, wenn der feste Teil für Schnitzel verarbeitet werden soll.
2. 2 l Wasser und Essig aufkochen. 500 g Kohlrabi im Siebkorb untertauchen, sofort entnehmen und kalt abspülen. Weitere Portionen ebenso behandeln. Das noch warme Gemüse abtropfen lassen, bis es sich kalt und trocken anfühlt.
3. Kohlrabi mit den gehackten Blättern mischen, in Gefrierbeutel geben und die Luft herausdrücken. Zu flachen Päckchen formen, verschließen und einfrieren.
4. Später gefroren in Salatsaucen geben und darin auftauen lassen. Zwischendurch mischen, damit der Salat gleichmäßig durchzieht. Beispielsweise in Mayonnaise mit Sahne oder Joghurt, geriebener Schalotte und Apfel.
5. Noch schneller geht es in einer heißen Marinade aus in Öl gedünsteter Zwiebel, Gemüsebrühe, Estragonessig und etwas Senf. So schmeckt der Salat mit frischer Kresse, gehackten Erdnüssen und weichem Ei als Vorspeise.

KOHLRABI FÜR SCHNITZEL

7 Einkoch-Gläser je 500 ml
Einkochen: 90 Minuten bei 98 °C
Lagern: 12 Monate bei 1–20 °C

7 große Kohlrabi
3 EL Zitronensaft
Salz

1. Kohlrabi entblättern, schälen und unten beschneiden, soweit er faserig ist. Die Knollen in etwa 1 cm dicke Scheiben schneiden und kreisrund ausstechen oder schneiden. 8 Scheiben sollen genau in ein Glas passen und bis 1 cm unter den Rand reichen. (Was übrig bleibt, anders einmachen.)
2. 3 l Wasser und Zitronensaft aufkochen, mit Salz würzen. Je 8 Scheiben Kohlrabi hineingeben, 2 Minuten kochen, abschrecken und abtropfen lassen.
3. Kohlrabi in die Gläser schichten. Mit kochendheißem Salzwasser bedecken. Verschließen, in Wasser gleicher Temperatur aufsetzen, erhitzen und einkochen.
4. Die Scheiben später panieren und in Fett knusprig braten. Beispielsweise in Mehl, verquirltem Ei und einer Mischung aus Semmelbrösel und Sesam wenden und in neutralem Öl sowie ein bißchen würzigem Sesamöl goldbraun braten. Auch mit je einer Scheibe Kochschinken und Käse füllen. Dazu schmecken Bouillonkartoffeln und erfrischend Säuerliches wie Kürbis süß-sauer.

Kohlrabi ist frisch, wenn seine Stiele leicht brechen.

Kohlrabi schälen oder von unten nach oben abziehen.

Mit einem Hobel Kohlrabi in gleich dicke Scheiben schneiden.

WICHTIG & NÜTZLICH

Kohlrabi erst roh probieren, ob er scharf und streng schmeckt. Dann ein paar Minuten in sprudelnd kochendem Wasser blanchieren.
Beim portionsweisen Vorkochen das Wasser auswechseln, wenn es unangenehm schmeckt und riecht.
Das Wasser vom Vorkochen für den Aufguß nutzen, wenn es angenehm schmeckt und duftet. Trüben Aufguß durch Filterpapier laufen lassen.
Die ersten Zentimeter unter den Blättern können besonders zart sein. Sie sind am besten für Salate geeignet, der feste Teil besser für Schnitzel und Gemüse.

KOHLRABI IN SCHEIBEN

(zum Foto rechts)

7 Einkoch-Gläser je 1 l
Einkochen: 90 Minuten bei 98 °C
Lagern: 12 Monate bei 1–20 °C

10–12 Kohlrabi (netto 4,5 kg)
5 EL Estragonessig
Salz

1. Die Stiele der Knollen nach unten biegen und abziehen. Hellgrüne Blätter aus der Mitte von den Rippen schneiden, aufeinanderlegen, aufrollen und in 3 mm dünne Streifen schneiden.
2. Die Knollen unten soweit beschneiden, wie sie hart oder faserig sind. Kohlrabi je nach Größe eventuell vierteln oder halbieren und in dünne Scheiben hobeln.
3. 5 l Wasser, Essig und 3 EL Salz über starker Hitze aufkochen. Kohlrabi pfundweise hineingeben, einige Sekunden sprudeln lassen, entnehmen, kalt spülen und im Sieb abtropfen lassen. Die Blätter auf die gleiche Art vorkochen.
4. Kohlrabigrün in die Gläser verteilen, die Scheiben darüber einschichten. 2½ l Wasser aufkochen, leicht salzen und über das Gemüse gießen, bis es bedeckt ist.
5. Die Gläser verschließen, in ebenso warmes Wasser setzen und einkochen.
6. Den Aufguß später für helle Saucen verwenden. Das Gemüse darin erhitzen, mit Pfeffer und Muskat abschmecken.
7. Oder Kohlrabischeiben zum Überbacken abgießen, in eine gebutterte Form schichten, in den Ofen schieben und 180 °C einschalten. 250 g Gorgonzola oder einen anderen Edelpilzkäse mit einer Gabel zerdrücken und mit 200 g Sahne cremig rühren. Mit etwas Zitronensaft, Muskat und Pfeffer abschmecken. Den Kohlrabi damit bedecken und überbacken, bis er duftet und goldgelbe Flecken hat. So beispielsweise zu Stampfkartoffeln servieren und beim Anrichten mit Kerbel oder Petersilie bestreuen. Saftige Steaks von Huhn, Pute und Lamm schmecken gut dazu.

BLUMENKOHL, BROCCOLI & ROMANESCO

Ihre rundlichen Rosetten sind verdickte Knospen und zeigen ihre gemeinsame Herkunft. Cremeweiß leuchtet Blumenkohl, dunkelgrün zeigt sich Broccoli und lindgrün schimmert der Neuling Romanesco.
Stark gedüngte Ware riecht streng beim Kochen. Da hilft nur zweimaliges Vorkochen in viel Wasser, das jedes Mal durch frisches ersetzt und beim zweiten Mal leicht gesäuert wird – so können Sie normale Nitratwerte und einen guten Geschmack erreichen. Die Gärtnerstadt Erfurt mit ihrer hundertjährigen Erfahrung im Anbau liefert Blumenkohl, der beim Kochen angenehm duftet und mild schmeckt. Das ist auch zu erwarten bei Ware von anderen Erzeugern, die naturnah wirtschaften.

BLUMENKOHL FÜR CREMESUPPEN

7 Einkoch-Gläser je 500 ml
Einkochen: 90 Minuten bei 98 °C
Lagern: 12 Monate bei 1–20 °C

3 Köpfe Blumenkohl
1 EL Zitronensaft
2 EL Salz
350 g Zwiebeln
3 Knoblauchzehen
2 Petersilienwurzeln mit Kraut
1 EL Muskatblüten

1. Blumenkohl vierteln und die Röschen 2 cm lang abschneiden. Strunk und Stiele in kleine Stücke schneiden, dabei harte Teile entfernen.
2. 2 l Wasser, Zitronensaft und Salz bei starker Hitze aufkochen. Röschen in Portionen je 200 g hineingeben, 2 Minuten sprudeln lassen, im Sieb kalt duschen und abtropfen lassen.
3. Zwiebeln, Knoblauch und Petersilienwurzeln schälen, in dünne Scheiben schneiden und in einen Kochtopf geben. Die Stiele des Blumenkohls, Petersilienkraut und Muskatblüten beifügen, alles mit Wasser bedecken und weich kochen. Anschließend pürieren und durch ein Sieb streichen.
4. Die Röschen in Gläser verteilen, mit dem Püree bedecken und mit Blumenkohlbrühe auffüllen. Die Gläser verschließen, in kaltem Wasser aufsetzen und einkochen.
5. Den Inhalt bei Bedarf schnell erhitzen, mit Brühe oder Milch verlängern, mit Salz und Pfeffer abschmecken und mit gerösteten Brotwürfeln bestreuen. Auch mal eine Handvoll weiche Linsen und frischen Porree in feinen Streifen hineingeben und mit Senf und Essig säuerlich abschmecken.

BROCCOLI UND ROMANESCO IM WEINSUD
(zum Foto rechts)

4 Einkoch-Gläser je 500 ml
Einkochen: 30 Minuten bei 85 °C
Lagern: 12 Monate bei 1–20 °C

2 Romanesco (700 g netto)
2 Broccoli (600 g netto)
2 EL Salz
2 Zitronen
4 Knoblauchzehen
700 ml Weißwein (Gewürztraminer)
schwarzer Pfeffer
4 Lorbeerblätter
4 Zweige Thymian

1. Rosetten 3 cm lang abschneiden. Die Stiele abziehen und schräg in ½ cm dicke Scheiben schneiden. 3 l Wasser, Salz und den Saft einer Zitrone aufkochen. Das Gemüse in Portionen je 300 g hineingeben, in 5 Minuten glasig kochen, entnehmen, kalt spülen und abtropfen lassen.
2. Knoblauch abziehen, halbieren, mit Wein und dem Saft einer Zitrone aufkochen. Mit Salz und Pfeffer abschmecken.
3. Das Gemüse platzsparend in Gläser schichten, dazwischen je 1 Knoblauchzehe, 1 Lorbeerblatt und 1 Zweig Thymian. Mit dem kochendheißen Sud bedecken, verschließen und in Wasser gleicher Wärme aufsetzen. Nach der Einkochzeit entnehmen und abkühlen lassen.
4. Bei Bedarf auf einer Platte anrichten, mit schwarzen Oliven garnieren und mit Olivenöl beträufeln. Den Sud einkochen, bis er konzentriert und würzig ist. Über das Gemüse löffeln und dieses lauwarm servieren. Es schmeckt wunderbar ohne oder mit Fleisch in durchsichtigen Scheiben: Bündner, Parma, frisches Rinderfilet. Auch gekochte Eier passen gut dazu.

BROCCOLI GEMÜSE UND PÜREE

8–9 Gefrierbeutel je 300 g
Einfrieren: 6 Monate bei –18 °C

3 kg Broccoli
2 unbehandelte Zitronen
3 EL Salz

1. Die Knospen 3 cm lang abschneiden und längs halbieren, wenn die Stiele dicker als 5 mm sind. Die anderen Stiele abziehen, holzige Teile entfernen. Anschließend in dünne Scheiben schneiden.
2. 3 l Wasser, 1 Stück gelbe Zitronenschale und den Saft der Zitronen bei starker Hitze aufkochen. Die Knospen in Portionen je 300 g hineingeben, in einer Minute bißfest kochen, entnehmen, mit kaltem Wasser abschrecken und noch warm auf Tüchern ausbreiten, damit sie schnell trocken werden.
3. 3 l Wasser und Salz bei starker Hitze aufkochen. Die Stiele in Portionen je 300 g hineingeben und 2 Minuten kochen. Im Sieb kalt duschen und abtropfen lassen. Anschließend in den laufenden Mixer geben und pürieren.
4. Knospen und Püree getrennt portionieren, verpacken und einfrieren.
5. Beispielsweise für eine Lasagne nacheinander in eine rechteckige Form schichten: Nudeln, Broccoliknospen, weiße Sauce, Nudeln, Broccolipüree, Allgäuer Emmentaler, Nudeln und weiße Sauce. Mit einer Mischung aus Mandeln, Semmelbröseln und Parmesan zu gleichen Teilen bestreuen und backen.
6. Das Püree paßt auch gut zu saftigem Filet und fritierten Kartoffeln, wenn Sie es mit Butter aufwärmen, cremig rühren und mit Muskat würzen.
7. Für 3 × 300 g Röschen zum Beispiel je 120 g Butter und gesalzene, gehackte Erdnüsse hell bräunen, mit 1 EL Curry mischen und mit 1 TL Worcestersauce würzen. Mit den Röschen in Kochbeuteln einfrieren und bei Bedarf im Wasserbad schnell erwärmen.

WICHTIG & NÜTZLICH

Eine Rarität ist Blumenkohl mit rötlichen Köpfen. Er bekommt in Salaten durch Säure einen frischeren Farbton. Beim Kochen wechselt er die Farbe und wird grün.
Blumenkohl, Broccoli und ihre Brüder wachsen in einem Kranz von Blättern, an dem sich ihre Frische messen läßt. Sind sie welk oder nicht mehr vorhanden, handelt es sich um alte Ware, die fischig schmecken kann.
Die Blätter können Sie wie Weißkohl verarbeiten, solange sie knackfrisch sind und beim Schneiden zeigen, daß sie weder hart noch faserig sind.
Für Appetithappen je 50 g Knoblauch und Petersilie fein hacken, mit 1 EL Salz in Olivenöl glasig dünsten und mit Olivenöl auf 800 ml auffüllen. Kochendheiß über 1,5 kg gare, trockene Röschen einer beliebigen Sorte geben. Sofort verschließen und bis 8 Monate bei 1–18 °C lagern. Mit knusprigem Weißbrot genießen.

Broccoliknospen 3 cm lang abschneiden und längs halbieren, wenn die Stiele dicker als 5 mm sind.

Stiele dünn aufschneiden, harte Haut abziehen. Scheiben und Knospen zusammen oder getrennt vorkochen.

ESSIGGEMÜSE CHOW-CHOW

10 Twist-Off-Gläser je 370 ml
Lagern: 12 Monate bei 1–18 °C

1 Blumenkohl (netto 600 g)
600 g Weißkohl
300 g Knollensellerie
100 g Schalotten
350 g Kirschtomaten
200 g fingerlange Gurken
je 2 EL Senfkörner und Senfmehl
1 TL Nelkenpulver
1 EL Kurkuma
2 EL Dijonsenf
700 ml bis 1,3 l weißer Essig

1. Die Blumenkohlröschen 2 cm lang abschneiden und am Stiel kreuzweise einschneiden. Die übrigen Stiele schälen und in ½ cm dicke Scheiben schneiden. Weißkohl in 1 cm große Blättchen schneiden, dabei die Rippen entfernen. Sellerie schälen und streichholzfein schneiden. Schalotten abziehen. Gurken und Tomaten waschen.

2. 5 l Wasser bei starker Hitze aufkochen. Das Gemüse sortenweise hineingeben und brausend kochen, bis es glasig aussieht und gar ist. Im Sieb abtropfen lassen und in einer großen Schüssel sammeln.

3. Die Gewürze mischen, mit 700 ml Essig verrühren, und erhitzen. Mit 600 ml Flüssigkeit auffüllen – Essig und Wasser nach eigenem Geschmack. Das Gemüse beifügen, aufkochen, kochendheiß in Gläser füllen und verschließen.

4. Chow-Chow beispielsweise zu Reispfannkuchen, Raclette und Käsefondue anrichten.

SÜSS-SCHARFES GEMÜSE

3 Twist-Off-Gläser je 500 ml
Lagern: 12 Monate bei 1–18 °C

500 g Blumenkohl (netto)
1 Zucchino (250 g)
1 Aubergine (250 g)
2 EL Salz
100 g Ingwer in Sirup
2 rote Pfefferschoten
250 g Schalotten
3 Lorbeerblätter
3 Nelken
1 Streifen unbehandelte Zitronenschale
6 EL Sojaöl
4 EL Curry
1 TL Koriander
300 g Zucker
375 ml Rotweinessig

1. Blumenkohlröschen 2 cm lang abschneiden, am Stiel über Kreuz einschneiden. Zucchino und Aubergine längs halbieren und in 2 cm dicke Scheiben schneiden. Die Endstücke wegwerfen.

2. 2 l Wasser und Salz bei starker Hitze aufkochen. Das Gemüse sortenweise glasig kochen: Blumenkohl 5 Minuten, Zucchino und Aubergine 3 Minuten. Anschließend kurz in kaltes Wasser tauchen, in einem Sieb sammeln und abtropfen lassen.

3. Ingwer in dünne Scheiben schneiden. Pfefferschoten entstielen, entkernen und in dünne Ringe schneiden. Schalotten pellen und in Scheiben hobeln. Alles mit dem Gemüse mischen und in Gläser füllen. Je 1 Nelke und 1 Lorbeerblatt hineingeben.

4. Gelbe Zitronenschale in dünne Streifen schneiden, in Öl andünsten, von der Kochplatte stellen und mit Curry und Koriander verrühren. Zucker und Essig hineinrühren, aufkochen und abschmecken. Kochendheiß über das Gemüse schöpfen, die Gläser verschließen und auf den Deckeln stehend abkühlen lassen. Für bessere Haltbarkeit 20 Minuten bei 85 °C einkochen.

5. Süß-scharfes Gemüse paßt prima zu Gulasch und Steaks aus Fisch und Fleisch.

GELBE & GRÜNE BOHNEN

Moderne Bohnen geben sich pflegeleicht, weil sie keine Fäden mehr haben. Trotzdem wachsen sie immer noch an Sträuchern heran, reifen nacheinander und sind unterschiedlich dick und groß. Auch wenn sie in allen Stadien für die verschiedenen Methoden geeignet sind, werden sie zum Einmachen am besten handverlesen: Spindeldürre Böhnchen für den Kälteschlaf im Gefriergerät, mittelgroße zum Einkochen in Gläsern und gewölbte mit dicken Kernen im Bauch für Salate. Breite und flache Bohnen überzeugen durch ein intensives Aroma und sind sehr stabil – sie eignen sich gut zum Schnippeln und für milchsaures Gemüse, solange die Kerne winzig sind. Frische Bohnen sind ohne braune Flecken, glatt und fest – sie zerbrechen knackend.
Bei Hitze und Trockenheit gedeihen Bohnen mit hoher Nährstoffdichte. Dabei schützen sie sich selbst mit einer dünnen Schicht Wachs, die beim Kochen nur teilweise abgeht und den Anblick trübt. Dagegen steht, daß sie sehr fest und schmackhaft sind.

RELISH AUS WACHSBOHNEN

9 Twist-Off-Gläser je 250 ml
Lagern: 12 Monate bei 1–18 °C

1 kg Wachsbohnen
2 EL Salz
1 Bund Bohnenkraut
750 g Zwiebeln
500 ml Kräuteressig
1 EL Stärkemehl
2 EL Curry
4 EL scharfer Senf
4 EL Zucker

1. Die Spitzen der Bohnen abschneiden. 2 l Wasser, Salz und Bohnenkraut über starker Hitze aufkochen. Die Bohnen in 5 Portionen nacheinander 7 Minuten sprudelnd garen, entnehmen, abschrecken und abtropfen lassen. Bohnenkraut entfernen.
2. Zwiebeln abziehen, in winzige Würfel schneiden und in 250 ml Essig glasig kochen.
3. Stärkemehl, Curry, Senf und Zucker mischen, mit 250 ml Essig glattrühren. Zu den Zwiebeln geben und klar kochen.
4. Inzwischen die Bohnen bündeln und in 3 mm kleine Stücke schneiden. Auf einmal in die Sauce geben und ohne Pause rühren, bis sie aufkochen und in der Sauce gebunden sind.
5. Relish kochendheiß in Gläser füllen, bis sie randvoll sind. Mit den Deckeln zuschrauben, umdrehen und abkühlen lassen.
6. Beispielsweise mit Steaks und Fleisch vom Grill genießen, dazu Pommes frites, Bratkartoffeln oder Kartoffelgratin.

SCHNEIDEBOHNEN MIT MÖHREN

5 Twist-Off-Gläser je 500 ml
Lagern: 12 Monate bei 1–18 °C

1 kg Schnittbohnen
750 g Möhren
2 Stangen Zimt
1 TL Gewürznelken
1 TL weiße Pfefferkörner
150 g Zucker
750 ml Weißweinessig
Salz

1. Die Spitzen abschneiden, die Bohnen auf einem Brett bündeln und in ½–1 cm große Stücke schneiden. Möhren sparschälen und so klein wie die Bohnen schneiden.
2. 3 l Wasser bei starker Hitze zum Kochen bringen. Das Gemüse in Portionen je 300 g hineingeben, 1 Minute kochen, im Sieb abschrecken und abtropfen lassen.
3. Zimt, Nelken und Pfeffer im Mörser fein zerreiben. Mit Zucker und Essig aufkochen. Zuerst die Möhren darin 15 Minuten leise sieden lassen, anschließend die Bohnen glasig kochen. Mit einer Drahtkelle entnehmen und im Sieb sammeln.
4. Bohnen und Möhren mischen und heiß in Gläser geben. Den Sud aufkochen, mit Salz abschmecken und über das Gemüse schöpfen, bis es bedeckt ist. Die Gläser sofort verschließen.
5. Den süß-sauren Inhalt bei Bedarf als Salat zu Bauernwurst, gekochtem Rindfleisch und Meerrettich oder geschmortem Fleisch in brauner Sauce servieren.

Spitzen abschneiden und die Bohnen schräg in Stücke schneiden.

Zarte Prinzeßbohnen oder »Haricot verts« lediglich am Stielansatz abschneiden.

SCHNEIDEBOHNEN MIT KRÄUTERN

7 Einkoch-Gläser je 1 l
Einkochen: 1 Stunde bei 98 °C
Lagern: 12 Monate bei 1–20 °C

5 kg Schnittbohnen
100 g Petersilie
20 g Bohnenkraut
bis 70 g Salz
eventuell Zucker

1. Bohnen lauwarm waschen, die Spitzen abschneiden und die Stangen durch eine Schnitzelmaschine drehen. Oder bündeln und schräg in sehr dünne Scheiben schneiden.
2. Petersilie und Bohnenkraut waschen, von den Stengeln pflücken und fein hacken. Die Stengel bündeln, in kleinste Stücke schneiden.
3. 3 l Wasser aufkochen. 3 EL Salz dazugeben. Je 300 g Bohnen in ein Mulltuch geben und im sprudelnden Wasser versenken. Dabei die Zipfel über den Rand hängen. Das Gemüse 2 Minuten aufwallen lassen, entnehmen, in ein Sieb schütten, kalt duschen und abtropfen lassen. In einem Gefäß sammeln und kühlen.
4. Das Kochwasser abschmecken und filtern, wenn es gut schmeckt. Wenn der Geschmack streng ist, frisches Wasser nehmen. Die gehackten Kräuter in 1,75 l aufkochen, mit Salz würzen und abkühlen lassen.
5. Am nächsten Tag die Bohnen in Gläser verteilen und mit dem Kräuteraufguß auffüllen. Verschließen, in kaltem Wasser aufsetzen, bei mittlerer Hitze erwärmen und einkochen.
6. Bei Bedarf Bohnen aufwärmen, Sud nach Wunsch andicken, mit Pfeffer würzen und mit Sahne und Butter verfeinern. So beispielsweise zu Matjes und Pellkartoffeln genießen.
7. Für milchsaures Gemüse Bohnen nach dem Schneiden mit 70 g Salz und 60 g Zucker mischen. Mit ungeschnittenen Kräutern in einen Steintopf schichten. Zusammenpressen, mit ausgekochtem Tuch bedecken und beschweren. Bei 18 °C zum Gären kommen lassen. Dann 8–10 Tage lang täglich abschäumen und mit frisch ausgekochtem Tuch bedecken. Anschließend mit klarer Lake bedeckt bei 0–10 °C lagern oder bei 85 °C 30 Minuten einkochen.
8. Bei Bedarf ausdrücken, als Salat zubereiten oder als Gemüse kochen und in einer hellen Sauce servieren.

WICHTIG & NÜTZLICH

Alte Sorten haben noch Fäden, die Sie beim Abnippeln mit einem nicht zu scharfen Küchenmesser spüren und abziehen müssen.
Brechbohnen zum Einkochen mit etwas Salz vorkochen. Wasser für den Aufguß ohne Salz aufkochen. Bohnen und Aufguß kalt in Gläser füllen und 1½ Stunden einkochen. Oder 24 Stunden warten und nur 1 Stunde einkochen. Jeweils bei 98 °C.
Gelbe Wachsbohnen eignen sich am besten für Salate und kalte Speisen. Aber sie sind wie alle anderen Bohnen nur gekocht genießbar. In rohen Bohnen steckt nämlich ein bißchen Blausäure, die bei 100 °C bereits nach 2–3 Minuten zerstört ist.
Kleine dünne Bohnen nur an den Enden abschneiden, dann 3–5 Minuten blanchieren, in Eiswasser abkühlen, trocken verpacken und einfrieren. Bei –18 °C nicht länger als 6 Monate lagern, wenn die Qualität frischen Bohnen entsprechen soll.

PICCALILLI-BOHNEN

6 Twist-Off-Gläser je 370 ml
Lagern: 12 Monate bei 1–18 °C

2 kg Wachsbohnen
700 g gelbe Paprikaschoten
150 g Salz
1 EL Kurkuma
1 EL Curry
1 EL Koriander
4 EL Senfpulver
175 g Zucker
1,25 l Weißweinessig
300 g Zwiebeln
100 g Meerrettichstange
25 g Stärkemehl

1. Die Spitzen der Bohnen abschneiden. Paprikaschoten vierteln, entkernen und entstielen. Bohnen 3 cm lang schneiden, Paprika so breit und dick wie die Bohnen. Mit dem Salz mischen, mit Wasser bedecken, zudecken und kühlen.
2. Am nächsten Tag gründlich spülen und abtropfen lassen. Gewürze und Zucker mischen, mit Essig verrühren und das Gemüse hineingeben. Schnell aufkochen und so weich wie erwünscht kochen. Ins Sieb schütten, abtropfen lassen und heiß in Gläser geben. Den Sud auffangen und erhitzen.
3. Inzwischen Zwiebeln und Meerrettich schälen. Zwiebeln winzig würfeln. Meerrettich in kleine Stücke schneiden, in den Mixer geben und in wenigen Intervallen fein zerhacken.
4. 2 EL Wasser und Stärkemehl verquirlen, in den heißen Sud rühren und aufkochen. Zwiebeln und Meerrettich hinzufügen. Die Sauce abschmecken, kochendheiß über das Gemüse füllen. Die Gläser zuschrauben, umdrehen und abkühlen lassen.
5. Das pikante Gemüse schmeckt zu knusprigen Bratkartoffeln und ist in schmucken Gläsern ein passendes Mitbringsel.

WAS AROMEN LOCKT

Bohnen entfalten ihren vollen Geschmack mit wenig Fett, wenn Sie das eingemachte Gemüse tischfertig zubereiten. Ausgebratener Räucherspeck, Butter, Sahne, Olivenöl und Nußöl sind dafür am besten geeignet. Bohnenkraut und Petersilie unterstützen den Eigengeschmack der Bohnen. Mit Basilikum, Thymian und Knoblauch erreichen Sie interessante Abwandlungen.

SCHARFER BOHNEN-SALAT

(zum Foto oben)

7 Einkoch-Gläser je 500 ml
Einkochen: 30 Minuten bei 85 °C
Lagern: 12 Monate bei 1–20 °C

3 kg grüne Bohnen
5 Schalotten
5 Knoblauchzehen
1 EL Salz
1 EL Zucker
500 ml Weißweinessig
2 TL Cayennepfeffer
7 Dillkronen

1. 5 l Wasser bei starker Hitze zum Kochen bringen. Die Spitzen der Bohnen abschneiden. Je 300 g Gemüse ins wallende Wasser geben, 2 Minuten kochen, entnehmen, abschrecken und abtropfen lassen. 500 ml Bohnenbrühe filtern.
2. Schalotten und Knoblauch pellen und in winzige Würfel schneiden. Mit Bohnenbrühe und Salz 5 Minuten kochen. Zucker, Essig und Cayennepfeffer dazugeben und aufkochen. Abschmekken und nachsüßen, wenn der Geschmack lieblicher sein soll. Nach Belieben fein geschnittenes Dillgrün in die Marinade geben.
3. Bohnen bündeln, 4 cm lang schneiden und in Gläser geben. Je 1 Dillkrone hineingeben. Bohnen mit der Marinade bedecken, Gläser verschließen, in Wasser mit gleichem Wärmegrad aufsetzen und einkochen.
4. Scharfe Bohnen werden im Essig sehr knackig, sie schmecken zu Roastbeef und Bratkartoffeln, zu Brathähnchen und Kartoffelgratin, zu Gulasch oder Rouladen und Salzkartoffeln.
5. Beim Anrichten können Sie die Bohnen mit frisch gehackten Kräutern bestreuen, weil sie im Essigbad erblassen und durch frisches Grün appetitanregender duften und aussehen: Nehmen Sie dafür viel Petersilie, Schnittlauch oder Basilikum, aber nur wenig Dill, Bohnenkraut oder Thymian.

BOHNENKERNE

Die altertümliche Ackerbohne heißt liebevoll dicke Bohne, solange sie als unreifes Gemüse auftritt. Die grüne Bohne beschert uns nach der Reife weiche Kerne, wenn die Schote trocken und brüchig geworden ist. Ihre weißen, bunten, roten und schwarzen Kerne werden auch nach dem Trocknen beim Garen knapp unter dem Siedepunkt butterweich, während Ackerbohnen eine ledrige Haut behalten. Deshalb verschwanden sie von unserem Speisezettel und wurden Futter für das Vieh – die Attribute »Sau« und »Pferd« stehen dafür. Frische Bohnen beider Arten müssen zum Einmachen vorgekocht werden.

DICKE BOHNEN
(zum Foto oben)

7 Einkoch-Gläser je 750 ml
Einkochen: 90 Minuten bei 98 °C
Lagern: 12 Monate bei 1–20 °C

3 kg dicke Bohnen
(ohne Schalen)
1 Bund Salbei
1 Bund Petersilie

1. Die weichen Schalen der Bohnen an einer straffen Stelle der Spitze oder zwischen den Hügeln genau auf der Naht eindrücken, bis sie aufspringen. Oder die Schoten spalten und die Kerne aus den Hülsen palen.
2. 3 l Wasser bei starker Hitze aufkochen. Je 300 g große Bohnen hineingeben und 2 Minuten sprudelnd kochen, kalt duschen und abtropfen lassen.
3. In 2,5 l Wasser Salbei und Petersilie 10 Minuten kochen. Kräuter ausdrücken und wegwerfen.
4. Bohnen in Gläser füllen und mit dem kochendheißen Aufguß bedecken. Verschließen, in ebenso warmes Wasser setzen und bei mittlerer Hitze einkochen.
5. Bei Bedarf zum Beispiel 2 gepellte Zwiebeln, 4 Blätter Salbei und eine Handvoll Petersilie fein hacken. 100 g Räucherspeck in winzige Würfel schneiden, ausbraten, das Gehackte hinzufügen und glasig dünsten. Bohnen beifügen und heiß schwenken. Dabei salzen, pfeffern und mit Fleischextrakt würzen. In Streifen geschnittenen Römischen Salat unterheben. Wie im Bild mit frischem Salbei schmücken.

WEISSE BOHNEN

7 Einkoch-Gläser je 500 ml
Einkochen: 60 Minuten bei 98 °C
Lagern: 12 Monate bei 1–20 °C

2,2 kg weiße Bohnenkerne
250 g Petersilienwurzel mit Kraut
50 g Bohnenkraut
2 Knoblauchzehen und mehr

1. Bohnenkerne verlesen und waschen. Mit kaltem Wasser bedecken. Petersilien- und Bohnenkraut spülen und auf die Bohnen legen. Bei schwacher Hitze aufsetzen, erwärmen und 2 Minuten kochen. Ins Sieb schütten und abtropfen lassen. Kräuter darüber ausdrücken und wegwerfen.
2. Petersilienwurzel und Knoblauch schälen und in winzige Würfel schneiden. Wer Knoblauch liebt, nimmt eine ganze Zwiebel. Die Würfel mit Wasser bedecken und 2 Minuten kochen.
3. Würfel und Bohnen mischen und in Gläser füllen, dabei den Sud gleichmäßig verteilen. Er soll in allen Gläsern auf gleicher Höhe stehen. Verschließen, in kaltem Wasser aufsetzen, bei mäßiger Hitze zum Perlen bringen und einkochen.
4. Die weichen Bohnen erst nach dem Öffnen salzen und für Gemüse, Suppen und kalte Speisen nutzen.
5. Italiener lieben die Bohnen lauwarm mit Olivenöl und feingehackter Zwiebel oder Petersilie, grobem Pfeffer oder gebratener Hühnerleber als Antipasti, also als kleine Vorspeise. Sie können Bohnenkerne auch in Tomatensaft einkochen, wenn sie für Eintöpfe wie »Chili con carne« bestimmt sind.

KALTE KÜCHE

Bohnenkerne schmecken zimmerwarm am besten.
Für einfachen Salat Bohnenkerne mit Olivenöl, einem Spritzer Balsamessig, gehackten Pfefferschoten und Zwiebeln mischen.
Für sättigenden Salat auf Nizzaer Art mit Thunfisch, Kartoffeln, grünen Bohnen, Tomaten und Ei kombinieren.
Für »Crostini« Brot in dünnen Scheiben knusprig rösten. Als Belag etwas Salbei in Olivenöl erhitzen, zerdrücken und mit zermusten Bohnen mischen. Auch getrocknete Bohnen dafür einweichen, garen und ohne Aufguß einkochen.

MAIS

Maisfelder bedecken riesige Flächen der Republik. Aber was da ins Kraut schießt, ist für Tiere bestimmt, schmeckt mehlig und lohnt nicht das Wildern in fremden Revieren. Zuckermais beziehen Sie besser aus einer vertrauenswürdigen Quelle. Die Suche nach dem süßen Gold könnte an einem Tag zwischen August und Oktober erfolgreich sein – es verbirgt sich in hellgrünen Blättern mit einem Schopf silbriger Fäden. Weiche Blätter und glänzende Fäden deuten auf die notwendige Frische. Schon wenige Tage nach der Ernte wird Mais mehlig. Denn Zucker verwandelt sich in Stärke – Süße und Saftigkeit wären dahin. Die Spitzen großer Kolben sollen noch cremefarben sein.

MAISKOLBEN

Einfrieren: 6 Monate bei –18 °C

Einkoch-Gläser je 1 l für 4 Stück
Einkochen: 60 Minuten bei 98 °C
Lagern: 12 Monate bei 1–20 °C

Frische, große Maiskolben
Salz
Zucker

1. Maiskolben an beiden Enden um ein kleines Stück kürzen, Blätter und Fäden entfernen. Wasser pro Liter mit 1 TL Salz und 1 TL Zucker über starker Hitze zum Kochen bringen.
2. Die Kolben ins sprudelnde Wasser geben und 3 Minuten kochen. Mit einer Zange entnehmen, 5 Minuten in kaltem Wasser abkühlen und auf einem Tuch ausbreiten.
3. Zum Einfrieren trocken in Gefrierbeutel stecken, die Luft hinausstreichen und die Beutel verschließen. Später gefroren in Salzwasser mit etwas Zucker 15 Minuten schwach sprudelnd garen.
4. Zum Einkochen in passende Gläser stecken. Das Blanchierwasser filtern und kochendheiß über das Gemüse geben. Verschließen, in Wasser gleicher Wärme aufsetzen und einkochen. Später im Aufguß erhitzen, aber nicht kochen.
5. Zum Servieren Anfasser in die Maiskolben stecken und das süße Gold genüßlich abbeißen. Es schmeckt schlicht mit Salzbutter und Reibkäse sowie würzigen Mischungen aus 150 g Butter und 3 TL Paprika edelsüß, 3 EL Tomatenmark, 1 EL Tomatenketchup und Salz. Oder mit 1 TL gelber, geriebener Zitronenschale, 1 TL Kräutersalz und 8 EL gehackter Petersilie.
6. Zum Grillen der Länge nach halbieren, einkochen oder einfrieren. Bei Bedarf mit den Schnittflächen auf einen Rost legen, 10 cm unter den glühenden Stangen erhitzen und dabei einige Male mit flüssiger Butter bestreichen. Dann mit Messer und Gabel servieren.

MAISSALAT

5 Einkoch-Gläser je 500 ml
Einkochen: 15 Minuten bei 90 °C
Lagern: 12 Monate bei 1–20 °C

18–20 frische, große Maiskolben
3 gelbe Paprikaschoten
200 g Zwiebeln in Würfel
400 g Zucker
3 EL Selleriesamen
4 EL Senfpulver
2 l Apfelessig

1. Maiskolben aus ihrer Umhüllung befreien, mit der Spitze auf ein Brett stellen und die Körner abschneiden. Dabei genau am Stamm entlang zielen und drehen, bis der Kolben nackt ist.
2. Paprikaschoten halbieren, entkernen und in winzige Würfel schneiden. Mit allen anderen Zutaten mischen, in einen weiten Topf füllen und 15 Minuten schwach sieden lassen, bis das Gemüse bißfest ist.
3. Kochendheiß und randvoll in Gläser füllen. Verschließen, in ebenso heißes Wasser setzen und einkochen.
4. So haben Sie tischfertigen Salat, der gut zu Fleisch aus der Pfanne paßt: Frikadellen, Steaks und Bratwurst. Darüber hinaus können Sie ihn mit frischem Gemüse ergänzen: mit roten Paprikaschoten, Eisbergsalat, Salatgurke und Tomaten.

Zum Einlegen fingerdicke Maiskölbchen salzen und zugedeckt in den Kühlschrank stellen. Nach 24 Stunden im Sieb spülen.

Mais aufrecht in Gläser geben, dazu die Gewürze. Mit Sud bedeckt einkochen.

MAISKÖLBCHEN IN ESSIGMARINADE

5 Twist-Off-Gläser je 250 ml
Lagern: 12 Monate bei 1–18 °C

800 g fingerdicke Maiskölbchen
100 g Salz
1 EL weiße Pfefferkörner
5 Triebspitzen Estragon
15 Blättchen Basilikum
100 g Meerrettich in Scheiben
250 ml Weißweinessig
50 ml Balsamessig
1 EL Zucker

1. Mais aus dem Laub lösen und knapp unter den Körnern abschneiden. In eine große Schüssel geben, gründlich mit dem Salz mischen, zudecken und 24 Stunden in den Kühlschrank stellen.
2. Die Kölbchen abspülen, abtropfen lassen und in einem fusselfreien Tuch abtrocknen. In Gläser stecken, dazwischen Pfefferkörner, Estragon, Basilikum und Meerrettich.
3. Beide Sorten Essig, Zucker und 200 ml Wasser aufkochen. Kochendheiß in die Gläser gießen, bis die Kölbchen bedeckt sind. Sofort verschließen und wegstellen.
4. Maiskölbchen auch zusammen mit scharfen Pfefferschoten oder milden Paprikaschoten einlegen. So oder so sind sie köstlich zu gekochtem Rindfleisch, Gulasch und Kartoffelgratin mit Käse. Sie schmücken kalte Platten und schmecken vor dem Essen mit luftgetrocknetem Schinken, der so dünn wie Papier aufgeschnitten sein muß.

WICHTIG & NÜTZLICH

Maiskörner zum Einfrieren trokken in Dosen streuen, bis 4 Monate einfrieren und später in 10 Minuten garen. Mit Butter, Zwiebel und vielleicht jungen Erbsen dünsten oder in Suppe ziehen lassen. Für längere Haltbarkeit einkochen. Dann 2 Minuten in Salzwasser mit Zucker vorkochen und ohne Aufguß 60 Minuten bei 98 °C einkochen. Beispielsweise für Pfannkuchen in den Teig geben und in Speckfett oder Butter braten. Oder für Salat mit winzigen Würfeln frischer Zwiebeln und Pfefferschoten mischen. Oder warmes Gemüse mit Bohnenkernen, Möhren oder Paprikaschoten zubereiten. Es wäre aber nicht ratsam, buntes Gemüse zusammen einzukochen, denn Sorten mit leuchtenden Farben würden helle Arten verfärben, so daß sie weniger appetitlich aussehen.
»Succotash« heißt eine Lieblingsspeise der Indianer. Sie besteht zur Hälfte aus Maiskörnern und Bohnenkernen oder grünen Bohnen, wird auf gepökeltem Fleisch gekocht und mit Salz, Pfeffer und etwas Butter abgeschmeckt.
Tomatensaft eignet sich gut als Aufguß. So eingekocht können Sie das Gemüse beispielsweise für Suppen wie italienische Minestrone benutzen. Auch schnelle Salate können Sie daraus zaubern: mit frischen Paprikaschoten, eingekochten Bohnenkernen, gebrühtem Weißkraut und Tiefkühlerbsen.

GURKEN

Saure Gurkenzeit ist, wenn Sommerferien sind und es den Zeitungen an Stoff mangelt. In der Natur geht es eher üppig zu. Im Garten und auf dem Feld werden aus gelben Blüten in wenigen Wochen grüne Riesen. Die Ernte beginnt mit fingerlangen Gurken, weil die Kriechpflanzen viele Früchte ansetzen, aber nicht alle bis zur Reife tragen können. Mit zunehmender Größe und bei Störungen des Wachstums können Gurken bitter werden. Es ist im Handel nur bei Mengen bis 2 % erlaubt. Da es an der Nahtstelle zur Pflanze beginnt, sollten Sie beim Schälen dicker Gurken an der Spitze ansetzen und Bitteres wegwerfen, weil es alles bitter machen würde. Die Stiele sollen stramm stehen und nicht schlapp hängen.

Cornichons nach dem Salzen mit Essigsud begießen.

Cornichons und vorbereitete Gewürze in die Gläser schichten.

CORNICHONS
(zum Foto rechts)

5 Twist-Off-Gläser je 500 ml
Lagern: 12 Monate bei 1–18 °C

1,5 kg kleine, fingerdicke Gurken
3 EL Salz
1 l Gurkenessig
3 Knoblauchzehen
12 Schalotten
je 1 Bund Thymian und Estragon
2 Lorbeerblätter

1. Gurken waschen, entstielen und in eine Schüssel schichten. Salz in 1 l kaltem Wasser auflösen und über die Gurken gießen. Nach 48 Stunden abgießen.
2. Gurkenessig aufkochen und über die Cornichons gießen. 24 Stunden einwirken lassen.
3. Knoblauch und Schalotten pellen und in Scheiben schneiden. Blättchen von Thymian und Estragon abstreifen. Lorbeerblätter zerbröseln. Alles mischen.
4. Cornichons entnehmen. Den Gurkenessig aufkochen, Cornichons wieder hineingeben und einmal aufbrausen lassen. In die Siebschüssel geben.
5. Gurken und Gewürze in Gläser schichten. Je 500 ml Wasser, 1 TL Salz und ca. 250 ml Essig mischen, aufkochen und über die Cornichons gießen. Zuschrauben und erst nach 4 Wochen öffnen.

GURKEN MIT INGWER

7 Einkoch-Gläser je 500 ml
Einkochen: 30 Minuten bei 90 °C
Lagern: 12 Monate bei 1–20 °C

2 kg gelbe Einmachgurken (netto)
250 g Ingwer in Sirup
700 ml Weißwein (Riesling)
350 ml Weinessig
1 TL Salz
Zucker oder Honig

1. Gurken von der Spitze zum Stiel hin schälen, längs vierteln, entkernen und 2 cm dick schneiden. Ingwer in Scheiben schneiden. Ingwersirup, Essig, Wein und Salz aufkochen. Mit Zucker oder Honig abschmecken.
2. Gurken und Ingwer in Gläser schichten, mit dem Sud bedecken und verschließen. In Wasser gleicher Wärme aufsetzen und einkochen.
3. Die leicht scharfen Gurken für Currygerichte mit Reis verwenden. Oder als Beilage zum Sauerbraten mit Rosenkohl oder zu Pökelfleisch wie Kasseler mit Salzkartoffeln servieren.

FRISCHE GURKEN

6 Dosen je 750 ml
Einfrieren: 10 Monate bei –18 °C

3 kg grüne Schmorgurken (netto)
6 Bund Dill
je 1 EL Salz und Essig

1. Gurken von der Spitze zum Stiel schälen, längs vierteln, entkernen und 1 cm dick schneiden. Dillzweige von den Stengeln zupfen.
2. 5 l Wasser mit gebündelten Dillstengeln, Salz und Essig bei starker Hitze aufkochen. Die Gurken pfundweise hineingeben und 2 Minuten sprudelnd kochen. Mit der Drahtkelle entnehmen, kalt duschen, kurz abtropfen lassen und zum Trocknen auf Tüchern ausbreiten.
3. Die Gurken fest in die Dosen schichten. Den zarten Dill fein schneiden und in 6 Blättchen aus Klarsichtfolie drehen. Auf die Gurken legen. Verschließen und einfrieren.
4. Später beispielsweise gefroren in angeschwitzte Zwiebeln geben und mit Gemüsebrühe gar dünsten. Mit Salz und Pfeffer würzen. Dill beim Anrichten hineinstreuen.

GURKENSALAT

7 Einkoch-Gläser je 500 ml
Einkochen: 30 Minuten bei 90 °C
Lagern: 12 Monate bei 1–20 °C

1,75 kg Salatgurken
4 Zwiebeln
400 ml Kräuteressig
1 EL Salz
2 EL Zucker
1 EL weiße Pfefferkörner

1. Gurken im Tuch abreiben und in 2 mm dicke Scheiben schneiden, Zwiebeln pellen und in dünne Streifen schneiden.
2. 800 ml Wasser mit Zwiebeln, Essig, Salz, Zucker und Pfeffer aufkochen und abschmecken. Abkühlen lassen.
3. Gurken fest in Gläser schichten, mit dem kalten Aufguß bedecken und verschließen. In kaltem Wasser aufsetzen und einkochen.
4. Gurken mit einer Sauce aus etwas Aufguß, der mit Sahne, Joghurt und Öl aus Nüssen verquirlt ist, anrichten. Kräuter wie Dill, Borretsch und Pimpinelle passen sehr gut dazu.

GURKEN IN SENF

10 Twist-Off-Gläser je 370 ml
Lagern: 12 Monate bei 1–18 °C

2,5 kg Einmachgurken (netto)
300 g Zwiebeln
3 Bund Dill
500 ml Weinessig
750 g mittelscharfer Senf
2 Lorbeerblätter
1 EL Pfefferkörner
100–200 g Zucker oder Süßstoff

1. Fingerlange bis gelbe, reife Gurken verwenden. Kleine Gurken entstielen. Große Gurken an der Spitze beginnend mit dem Sparschäler abziehen, längs vierteln, entkernen und 2–3 cm groß schneiden.
2. Zwiebeln abziehen und in Würfel schneiden. Dill waschen, ausschütteln und fein schneiden. Beides mit Essig, Senf, Lorbeerblättern und Pfefferkörnern aufkochen und nach eigenem Geschmack süßen.
3. Die Gurken auf einmal in den Senfsud geben, behutsam umrühren und einige Male aufwallen lassen. Beiseite stellen, kochendheiß in Gläser füllen und sofort zuschrauben.
4. Die Gurken sind wundervoll zu Fleischfondue, Braten von Rind und Schwein, zu Salzkartoffeln oder Pellkartoffeln aus der Bratpfanne oder in einer hellen Sauce.

WICHTIG & NÜTZLICH

Das Einsalzen entzieht den Gurken Saft. Bei Winzlingen mit Schale hält es sich noch in vertretbaren Grenzen, aber bei geschnittenen Gurken ist es Unsinn. Es würde alles verloren gehen, was sie gesund und bekömmlich macht. Das gilt besonders bei rohen Gurken, die für Salate immer noch ausgepreßt werden und deshalb so manchem Zeitgenossen bitter aufstoßen. Die Gefahr droht nicht bei eingelegten Gurken, weil die Säure beim Verdauen hilft.
500 ml Aufguß ist die richtige Menge für 1 kg Gurken. Für gute Haltbarkeit beim Einlegen sind rund 50% Essig notwendig, beim Einkochen darf es weniger sein. Je mehr Essig Sie nehmen, um so knackiger geraten die Gurken.

KÜRBIS

Welches Gemüse wäre besser geeignet, den Herbst zu symbolisieren, als er? Prall, üppig und bunt leuchtend lockt uns die heimische Ernte. Von September bis in den November hinein präsentiert sich die Kürbisfamilie als außerordentlich buntscheckiger Clan – in Form und Farbe. Die Reife zeigen sie an ihren Stielen, die verfärbt und verkorkt sind. Ins Winterlager sollen sie mitsamt ihrem Stiel geschafft werden, wo sie an einem trockenen und kühlen Platz bis zum Frühling haltbar sind. So können Sie das Einmachen gelassen in Angriff nehmen und auf die nächsten Monate verteilen.
Von den vielen Sorten werden meistens nur vier verwendet: der gelbfleischige Riesen- oder Gartenkürbis, der Muskatkürbis mit seinem orangefarbenen Fruchtfleisch, der abgeflachte Squash- oder Melonenkürbis und der ovale, gelbe Spaghettikürbis. Reife Kerne können Sie trocknen und in einer Kaffeemühle mahlen, um sie als gesunde Zutat ins Brot zu backen und aufs Müsli zu streuen.

KÜRBIS MIT INGWER

7 Einkoch-Gläser je 1 l
Einkochen: 30 Minuten bei 90 °C
Lagern: 12 Monate bei 1–20 °C

500 g frischer Ingwer
2 unbehandelte Zitronen
20 weiße Pfefferkörner
1 Stange Zimt
1 EL Salz
6 kg fester Kürbis (netto)
2 l Weißweinessig
3 kg Zucker

1. Ingwer schälen und in Scheiben schneiden. Zitronen heiß waschen und in dünne Scheiben schneiden. Pfeffer, Zimt und Salz im Mörser zerreiben.
2. 1 l Wasser mit Ingwer, Zitronenscheiben und Gewürzen bei schwacher Hitze aufsetzen. Erhitzen und 30 Minuten schwach sieden lassen. Kürbis in 1 cm große Würfel schneiden.
3. Den würzigen Auszug durch ein Sieb gießen, um die ausgekochten Zutaten zu entfernen. Zurück in den gereinigten Topf geben, dazu Essig und Zucker. Bei starker Hitze zum Kochen bringen.
4. Je 2 kg Kürbiswürfel hineingeben und brausend kochen, bis er glasig ist. Im großen Sieb an kühler Luft schnell ausdampfen lassen, damit er nicht nachgart. Kalt in die Gläser geben.
5. Den Aufguß lebhaft kochen, bis 2,5 l übrig sind. Den Sirup abschmecken und den Kürbis damit bedecken. Die Gläser verschließen. In Wasser gleicher Wärme aufsetzen, bei mittlerer Hitze erhitzen und bei gedrosselter Hitze einkochen.

APRIKOSEN-KÜRBIS

6 Twist-Off-Gläser je 370 ml
Lagern: 12 Monate bei 1–18 °C

1,2 kg fester Kürbis (netto)
1 TL Salz
2 TL Zucker
150 g getrocknete Aprikosen
50 g helle Sultaninen
150 g abgezogene Mandeln
500 ml Most oder Apfelwein
500 ml Apfelessig
3 Stangen Zimt

1. Kürbis in 3 cm große Würfel schneiden, mit Salz und Zucker mischen. Aprikosen, Sultaninen und Mandeln heiß spülen. Kürbis dazugeben und einige Stunden Saft ziehen lassen. In der Zwischenzeit ab und zu mischen.
2. Most oder Wein mit Essig und Zimt erhitzen. Die Früchte in ein Sieb schütten und abtropfen lassen. Den Saft zum Sud geben und aufkochen.
3. Starke Hitze einschalten. Die Früchte in 3 Portionen nacheinander in den Sud geben und sprudelnd kochen, bis der Kürbis glasig aussieht. In einer Siebschüssel abtropfen lassen. Das Tropfwasser zum Sud geben, kurz kochen und abschmecken.
4. Kürbis und Zimtstangen in Gläser verteilen, mit dem kochendheißen Sud bedecken und zuschrauben.
5. Für besondere Gelegenheiten reservieren. Denn Kürbis mit Aprikosen ist eine süß-scharfe Delikatesse zu Braten von Geflügel und Wild.

SENF-KÜRBIS

10 Einkoch-Gläser je 370 ml
Einkochen: 30 Minuten bei 90 °C
Lagern: 12 Monate bei 1–20 °C

2,5 kg Kürbis (netto)
700 ml Weißweinessig
700 ml Apfelsaft
200 g Meerrettichstange
10 Stengel Estragon
10 Dillkronen
1 EL weißer Pfeffer
75 g helles Senfmehl
Salz und Zucker

1. Kürbis in 2 cm große Würfel schneiden. Essig und Apfelsaft bei starker Hitze aufkochen. Je 500 g Kürbis hineingeben und lebhaft kochen, bis er sich nach wenigen Minuten ohne Widerstand durchstechen läßt. Im Sieb sammeln und abkühlen lassen.
2. Meerrettich schälen und in dünne Scheiben hobeln. Mit Kürbis in Gläser schichten. Estragon und Dill hinzufügen.
3. Pfeffer und Senfmehl mit dem kalten Tropfsaft glattrühren. Den Kochsud dazugeben, mit Salz und Zucker abschmecken. Kürbis damit bedecken.
4. Die Gläser schließen, in Wasser gleicher Wärme aufsetzen und einkochen.
5. Kürbis später beispielsweise zu Rouladen, Broccoli und Salzkartoffeln servieren.

KÜRBISSENF

10 Twist-Off-Gläser je 150 ml
Lagern: 12 Monate bei 1–18 °C

3 unbehandelte Zitronen
1 kg weicher Kürbis (netto)
1 kg Gelierzucker 1 + 1
100 g Senfmehl
100 g Dijonsenf
½ TL Salz

1. 1 EL Zitronenschale fein abreiben. Mit 100 ml Wasser und dem Saft der Zitronen 20 Minuten kochen. Abkühlen lassen.
2. Kürbis grob raspeln und mit dem Zucker mischen. Bei mittlerer Hitze rühren und 4 Minuten sprudelnd kochen.
3. Senfmehl, Dijonsenf und Salz in den Zitronensud geben und zu einer glatten Creme verrühren. Zum Kürbis geben, ohne Pause rühren und 1 Minute lebhaft kochen. Abschmecken.
4. Randvoll in Gläser füllen, zuschrauben und auf den Deckeln stehend kalt werden lassen.
5. Er schmeckt beispielsweise mit Bratwurst, gebratener Leber, Aufschnitt von Geflügelbrust und Wildbraten. Aber auch panierte, knusprige Schnitzel und Fleischfondue schmecken prima mit der süß-scharfen Paste, die Sie auch aus anderen Früchten wie Äpfeln, Orangen, Melonen, Stachelbeeren, Reineclauden und Aprikosen zubereiten können.

ORANGEN-KÜRBIS

8 Twist-Off-Gläser je 370 ml
Lagern: 12 Monate bei 1–18 °C

2 kg Kürbis (netto)
4 unbehandelte Orangen
1 EL Nelken
300 ml Apfelessig
bis 500 g Zucker

1. Kürbis fingerdick und 3 cm lang schneiden.
2. 2 Orangen hauchdünn abziehen, die Schalen mit Nelken, Essig und 250 g Zucker klar kochen. Mit dem Saft der Orangen mischen, durch ein Sieb laufen lassen und mit Zucker abschmecken.
3. Den Aufguß wieder aufkochen. Kürbis in 3 Portionen hineingeben und in jeweils etwa 6 Minuten glasig kochen. In einer Siebschüssel sammeln und ausdampfen lassen.
4. Kürbis in Gläser schichten. Den abgetropften Saft und Aufguß 5 Minuten kochen. Kochendheiß über den Kürbis schöpfen, bis er bedeckt ist. Die Gläser zuschrauben.
5. Orangenkürbis schmeckt im Obstsalat, zu Käsebrot und Käsetoast, zu Brathähnchen und gekochtem Pökelfleisch.

KÜRBIS VORBEREITEN

Kürbis waschen, abtrocknen und mit einem großen Messer spalten. Den faserigen Pelz mit den Kernen herauspflücken und Weiches mit einem Löffel abschälen. Handliche Sicheln abschneiden und schälen.
Zarte Teile für Konfitüren, Chutney und Früchtesenf nutzen und das festere Fruchtfleisch zum Einlegen und Einkochen in 1–3 cm große Stücke schneiden. Kürbis nach dem Anschneiden in Kürze verarbeiten.

KÜRBISMUS

8 Twist-Off-Gläser je 500 g
Lagern: 12 Monate bei 1–18 °C

9 kg gelagerter Kürbis (netto)
2 kg Zucker
1 Vanilleschote
1 unbehandelte Orange

1. Kürbis aus dem Winterlager in den ersten Monaten des Jahres in schmale Sicheln schneiden und auf das tiefe Backblech legen. Auf die mittlere Schiene des Backofens schieben und 200 °C einschalten. Sobald der Kürbis heiß ist, auf 150 °C zurückschalten und die Tür einen Spalt öffnen. 4–5 Stunden trocknen lassen, bis er auf knapp die Hälfte geschrumpft ist und nur noch 4 kg wiegt.
2. Kürbis zerdrücken und mit dem Zucker in einen Topf geben. Vanille spalten und Orangenschale abreiben. Beides hinzufügen.
3. Das Mus bei schwacher Hitze rühren, bis sich der Zucker aufgelöst hat. Bei mittlerer Hitze lebhaft kochen und rühren, bis das Mus orangebraun ist und beim Rühren Spuren zieht.
4. Die Vanilleschote entfernen. Das Mus randvoll in Gläser füllen und in den Ofen stellen. Auf dem Rost und im belüfteten Ofen bei 100 °C stehen lassen, bis an der Oberfläche eine Haut entstanden ist.
5. Die Gläser entnehmen und kalt werden lassen. Mit trockenen Deckeln zuschrauben, die nach einem Bad in kochendem Essigwasser innen unberührt geblieben sind.
6. Das Mus ist ein vorzüglicher Brotaufstrich und eine patente Lösung, wenn viel Kürbis mit geringem Aufwand verarbeitet und in konzentrierter Form wenig Platz in Anspruch nehmen soll.

KÜRBISKONFITÜRE
(zum Foto oben)

6 Twist-Off-Gläser je 370 ml
Lagern: 12 Monate bei 1–18 °C

5 unbehandelte Zitronen
1,5 kg Kürbis (netto)
150 ml weißer Portwein
1,25 kg Gelierzucker 1 + 2

1. Die Zitronen 2 Minuten in Wasser kochen, abgießen und kalt werden lassen. Kürbis in winzige Würfel schneiden. Die Zitronen in sehr dünne Scheiben schneiden, entkernen und in kleine Schnipsel schneiden.
2. Kürbis, Zitronen und Portwein mischen und im offenen Topf 30 Minuten schwach perlend kochen. Beiseite stellen und abkühlen lassen.
3. Gelierzucker mit den Früchten mischen und schmelzen lassen. Bei mittlerer Hitze unter Rühren erhitzen und kochen, bis Tropfen bei der Probe nur noch wenig verlaufen. Sofort randvoll in Gläser füllen. Zuschrauben und auf den Deckeln stehend abkühlen lassen.

SPANISCHE KÜRBISMARMELADE

6 Twist-Off-Gläser je 450 g
Lagern: 12 Monate bei 1–20 °C

1,5 kg gelagerter Kürbis
1,5 kg Zucker
1 unbehandelte Zitrone
1 Stange Zimt

1. Kürbis in Stücke schneiden. In 1,5 l Wasser bei mäßiger Hitze im geschlossenen Topf 30 Minuten kochen.
2. Kürbis ins Sieb geben und ausdampfen lassen.
3. Das Kochwasser mit Zucker, der in Scheiben geschnittenen Zitrone und Zimt 20 Minuten kochen. Die Gewürze entnehmen und den Kürbis hinzufügen.
4. Die Marmelade bei mittlerer Hitze rühren und kochen, bis nach etwa 30 Minuten bei der Probe auf einem kalten Teller Tropfen stehen bleiben. Dann kochendheiß in Gläser füllen und zuschrauben.

ZUCCHINI

Zucchini haben sich unter ihrem italienischen Namen durchgesetzt, während das französische Courgettes nur selten zu vernehmen ist. Sie sind bei uns heimisch geworden und erfreuen gleichzeitig mit gelben Blüten und grünen Früchten, die von Juli bis Oktober geerntet werden können.
Am besten sind Zucchini halbreif, wenn in ihrer Mitte noch kaum zu erkennen ist, daß Kerne für ihre Fortpflanzung heranwachsen. Der ideale Zucchino ist etwa 15 cm lang, bringt etwa 200 g auf die Waage und hat noch eine weiche Schale, die dem zarten Fruchtfleisch beim Garen Halt gibt und deshalb nicht entfernt werden soll.
Die großen Früchte sind dickfelliger und brauchen viel Säure, damit das mit zunehmender Reife weicher werdende Fruchtfleisch nicht zerfällt. Es sei denn, Sie machen aus der Not eine Tugend und aus größeren Zucchini lieber Saft, Marmelade und Püree.

ZUCCHINI IN WEIN

7 Einkoch-Gläser je 500 ml
Einkochen: 30 Minuten bei 90 °C
Lagern: 12 Monate bei 1–20 °C

100 g glatte Petersilie
1 Bund Thymian
750 ml Weißwein
10 Knoblauchzehen
2,5 kg Zucchini (je 200 g)
Salz, Pfeffer, Zucker

1. Petersilie und Thymian waschen, trockenschütteln und die Blättchen von den Stielen pflükken. Die Stengel mit 500 ml Wasser und Wein 5 Minuten kochen. Ausdrücken und wegwerfen.
2. Knoblauch abziehen und in winzige Würfel schneiden. In den Sud geben und einmal aufkochen. Beiseite stellen.
3. Zucchini waschen und in einem Tuch trockenreiben. Anschließend in 1 cm dicke Scheiben schneiden. Grüne Kappen entfernen. Petersilie und Thymian fein hacken.
4. Zucchini mit den Kräutern in die Gläser schichten. Den warmen Sud sparsam mit Salz, Pfeffer und Zucker abschmecken – dabei mild halten. Zucchini damit bedecken. Die Gläser verschließen, in Wasser gleicher Wärme setzen, bei mäßiger Hitze erwärmen und einkochen.
5. Bei Bedarf abtropfen lassen. Den Sud auf die Hälfte einkochen und mit 4 EL Olivenöl verrühren. Zucchini darin schwenken, abschmecken und lauwarm anrichten. Vielleicht zu gebackenem Camembert und selbstgemachter Preiselbeersauce.

MITTELMEERGEMÜSE RATATOUILLE

8 Einkoch-Gläser je 500 ml
Einkochen: 45 Minuten bei 90 °C
Lagern: 12 Monate bei 1–20 °C

1,5 kg Tomaten
1 kg Zucchini (je 15–20 cm lang)
1 kg Auberginen
etwas Mehl
12 EL Olivenöl
1 kg grüne Paprikaschoten
1 kg Zwiebeln
1 Knoblauchzwiebel
je 1 Bund Thymian, Petersilie und Basilikum
Salz, Pfeffer

1. Tomaten brühen, abziehen, vierteln, entkernen und in einem Sieb abtropfen lassen.
2. Zucchini und Auberginen waschen, abtrocknen und in 1 cm dicke Scheiben schneiden, die Schnittflächen in Mehl tauchen und abschütteln. Das Gemüse getrennt in je 3 EL Öl glasig braten, in eine Siebschüssel geben und abtropfen lassen.
3. Paprikaschoten waschen, entkernen und 1 cm breit und 3 cm lang schneiden. In 3 EL heißes Öl geben und oft wenden, bis sie glasig sind. Zum Gemüse geben.
4. Zwiebeln und Knoblauch abziehen und winzig würfeln. Die Kräuter waschen, trockenschütteln und die Blätter von den Stengeln pflücken. Auf dem Brett bündeln und fein hacken.
5. 3 EL Olivenöl und das abgetropfte Bratfett mit Zwiebeln, Knoblauch, Kräutern und Tomaten zu einer dicken Sauce eindämpfen. Salzen und pfeffern.
6. Das Gemüse mit der Sauce vermischen, in Gläser füllen und verschließen. In Wasser gleicher Wärme langsam erhitzen und einkochen.

Zucchini mit Schale 1 cm dick schneiden – so behalten sie ihre gute Form.

Für Ratatouille Auberginenscheiben mit Mehl bestäuben und über guter Mittelhitze von beiden Seiten hell bräunen.

7. Ratatouille bei Bedarf kalt servieren oder im Glas etwas erwärmen. Es schmeckt als Vorspeise mit Baguette. Das Aroma ist am intensivsten, wenn Sie das Gemüse lauwarm genießen.

ZUCCHINI FÜR CREMESUPPEN

7 Einkoch-Gläser je 500 ml
Einkochen: 30 Minuten bei 90 °C
Lagern: 12 Monate bei 1–20 °C

3,5 kg Zucchini (pro Stück bis 400 g)
100 ml halbtrockener Sherry
10 Knoblauchzehen
250 g Schalotten
100 ml grünes Kürbiskernöl

1. Zucchini waschen, abtropfen lassen und klein schneiden. Nach und nach durch den Lochdeckel in einen laufenden Mixer geben und pürieren. Dabei soviel Sherry hinzugießen, daß die Maschine es schafft. Das Püree in einer Schüssel sammeln und mit dem übrigen Sherry mischen.
2. Knoblauchzehen und Schalotten schälen und in winzige Würfel schneiden. Anschließend bei schwacher Hitze im Öl dünsten, bis das Öl aufgesaugt ist. Dabei oft wenden. In die Gläser verteilen.
3. Zucchinipüree bis 2 cm unter den Rand einfüllen. Die Gläser verschließen, in kaltem Wasser aufsetzen, bei mäßiger Wärme erhitzen und einkochen.
4. Später den Inhalt eines Glases mit 400 ml kräftiger Hühnerbrühe und 100 g Sahne erhitzen. Cremig schlagen und mit Salz, Pfeffer und Muskat abschmecken. Bei Tisch mit knusprigen Brotwürfeln bestreuen.

ZUCCHINIRELISH

10 Twist-Off-Gläser je 150 ml
Lagern: 12 Monate bei 1–18 °C

1 kg Zucchini (je 300–400 g)
250 g Zwiebeln
250 g Äpfel
200 g Zucker
1 TL Salz
50 ml Sherry
250 ml Weinessig
100 g Meerrettich
6 Knoblauchzehen
1 EL grüner Pfeffer
2 Lorbeerblätter

1. Zucchini, Zwiebeln und Äpfel schälen, in winzige Würfel schneiden. Mit Zucker, Salz und Sherry mischen. Zudecken.
2. Am nächsten Tag in ein Sieb geben. Den Saft auffangen und im weiten Topf auf die Hälfte einkochen. Essig und die Zutaten aus dem Sieb beifügen. Einkochen, bis keine wäßrige Flüssigkeit mehr zu sehen ist.
3. Meerrettich schälen, in kleine Stücke schneiden und im Mixer fein zerschlagen. Knoblauch pellen, zusammen mit Pfeffer und Lorbeerblättern im Mörser zerreiben. Alles zum Relish geben.
4. Relish noch 1 Minute wallend kochen, sofort in Gläser füllen, zuschrauben und auf den Deckeln stehend abkühlen lassen.
5. Es wird kalt serviert und schmeckt zu Würsten vom Grill, Rinderbraten, Fleischfondue und Koteletts vom Lamm – eine bekömmliche Beilage zu Fleisch.

GEBACKENE ZUCCHINI
(zum Foto oben)

16 Portionen je 125 g
Einfrieren: 6 Monate bei –18 °C

2 kg Zucchini (je 200 g)
500 ml Olivenöl

1. Zucchini waschen, abtrocknen und in ½ cm dicke Scheiben schneiden. Nebeneinander auf ein Tuch legen und mit einem Tuch bedecken, damit die Schnittflächen trocken werden und beim Fritieren nicht spritzen. Die Endstücke wegwerfen.
2. Das Öl in einem engen Topf bei mittlerer Hitze auf 180 °C erhitzen. Der Hitzegrad ist erreicht, wenn an einem hineingetauchten Holzstäbchen lebhaft Blasen aufsteigen.
3. Die Scheiben portionsweise hineingeben und knusprig backen. Immer soviel auf einmal, wie nebeneinander Platz haben. Dabei einmal wenden und mit der Drahtkelle entnehmen, wenn sie auf beiden Seiten hellbraun geworden sind.
4. Die gebackenen Scheiben nebeneinander auf Küchenkrepp legen und nach einer Minute wenden, um sie abzufetten. Am besten zu zweit arbeiten, weil das Ausbacken Aufsicht und das Abfetten Zeit erfordert.
5. Zucchini kalt werden lassen und dicht nebeneinander in Gefrierdosen legen. Klarsichtfolie auf jede Schicht legen, damit die Schnittflächen sich nicht direkt berühren. In gebräuchlichen Portionen einpacken und einfrieren.
6. Zum Servieren 3 Stunden vorher entnehmen und in einem flachen Geschirr so anordnen, daß sich die Scheiben etwas überlappen. Für je 2 Portionen eine Knoblauchzehe und eine winzige Pfefferschote in dünne Scheiben schneiden und darüber verteilen. Mit etwas Salz und schwarzem Pfeffer bestreuen, mit 1 TL Balsamessig »Aceto balsamico« und 2 EL Olivenöl gleichmäßig beträufeln. Zudecken, zimmerwarm werden lassen und in der Form mit frischem Weißbrot servieren. Wie im Bild mit einigen Blättchen Zitronenmelisse schmücken oder statt dessen Petersilie nehmen.

ZUCCHINIMARMELADE

4 Twist-Off-Gläser je 450 g
Lagern: 12 Monate bei 1–18 °C

1 kg Zucchini (beliebig groß)
2 unbehandelte Zitronen
2 reife Birnen
1 kg Gelierzucker 2 + 1
100 g Walnußkerne (neue Ernte)

1. Zucchini schälen, längs halbieren und die Mitte ausschaben, falls sie weich und voller Kerne ist. Das Fruchtfleisch in winzige Würfel schneiden.
2. Zitronen und Birnen warm waschen, in Scheiben schneiden, mit Wasser bedecken und bei schwacher Hitze 30 Minuten ziehen lassen. Ins Sieb geben und durchrühren.
3. Zucker in den Sud geben, auflösen und bei mittlerer Hitze aufkochen. Zucchini hineingeben, umrühren und kochen, bis sie zerfallen sind.
4. Walnußkerne, die frisch und weich sind, grob hacken und in die Marmelade rühren. Kurz kochen und einen Tropfen auf eine kalte Unterlage geben. Sobald er nicht zerläuft, die Marmelade kochendheiß und randvoll in Gläser füllen. Zuschrauben und auf den Deckeln stehend beiseite stellen.

AUBERGINEN

In der Literatur der Vergangenheit ist von Eierfrüchten die Rede, wenn Auberginen gemeint sind. Der Name erinnert an die unkultivierte Pflanze mit ihren gelben oder weißen Früchten, die so aussehen, als hätte ein Huhn sie ins Nest gelegt. Sie ist mit der Tomate verwandt, die in der Küche die Nähe der Aubergine ausgesprochen gut verträgt und wie sie selbst gut mit reifem Käse wie Gouda und Parmesan harmoniert. Ihr Geschmack ist so mild, daß sie auch nach gehaltvollen Kräutern und Gewürzen verlangt.
Die Aubergine der Neuzeit gedeiht sogar in deutschen Landen, wo der Wein reift. Sie trägt, von seltenen Raritäten ausgenommen, ihre Haut tiefviolett zu Markte und scheint auf Hochglanz poliert.
Beste Qualität versprechen pralle Auberginen im Kleinformat, weil sie durchgehend fest sind. Große Auberginen sind weicher und im Innern ein bißchen bräunlich, wo die Kerne stecken. Sie sind roh ungenießbar und enthalten Bitterstoffe, die beim Garen verschwinden und beim Einsalzen in den Tropfsaft entfliehen.

Für Auberginenpüree das Gemüse zum Backen vorbereiten: längs halbieren und gleichmäßig mit Salz bestreuen.

Auberginen mit der Schnittfläche auf Pergament oder Backpapier legen und im Ofen butterweich backen.

AUBERGINENPÜREE

7 Einkoch-Gläser je 250 ml
Einkochen: 20 Minuten bei 90 °C
Lagern: 12 Monate bei 1–20 °C

2,5 kg Auberginen, beliebig groß
2 EL Salz
3 EL Zitronensaft

1. Auberginen längs halbieren, die Schnittflächen mit etwas Salz einreiben und auf ein Backblech legen, das mit Backtrennpapier belegt ist. Bei 175 °C in den Ofen schieben und 1 Stunde backen.
2. Das Fruchtfleisch aus den Schalen lösen, mit Zitronensaft verrühren und fest in kleine Gläser drücken. Es sollen keine Luftblasen entstehen.
3. Die Gläser verschließen, in kaltem Wasser über mäßiger Hitze erwärmen und einkochen.
4. Zum Servieren frische Zutaten hinzufügen: 1 zerdrückte Knoblauchzehe, 1 geriebene Schalotte, 3 EL Olivenöl, 1 EL Sesampaste »Tahini« und ¼ TL schwarzen Pfeffer. Mit Zitronensaft, Salz und Zucker geschmacklich abrunden, vielleicht durch etwas Joghurt aufhellen. In flacher Schale anrichten und mit gehackter Petersilie und schwarzen Oliven garnieren. Mit Weißbrot ist das Püree eine feine Vorspeise.

WICHTIG & NÜTZLICH

Auberginen haben ein weißes Fleisch, das an der Luft schnell grau wird. Salz und Zitronensaft helfen es vermeiden.
Zum Einfrieren das Gemüse mit der Haut in Würfel schneiden, in Wasser mit Zitronensaft 2 Minuten brausend kochen, abschrekken, trocken in Gefrierbeutel füllen und bei −18 °C bis 6 Monate lagern. Später gefroren in Olivenöl braten und mit einer scharfen, selbst eingemachten Tomatensauce und frisch geriebenem Parmesan servieren.

AUBERGINEN IN WÜRZIGEM ÖL

6 Twist-Off-Gläser je 500 ml
Lagern: 6 Monate bei 1–18 °C

2,5 kg Auberginen (je 300 g)
1 l farbloser Essig
1 EL Salz
2 Knoblauchzehen
1 Pfefferschote
1 Zweig Rosmarin (ca. 20 cm)
ca. 500 ml Olivenöl

1. Auberginen einzeln in kochendes Wasser tauchen, sofort wieder entnehmen und in eiskaltem Wasser abschrecken, damit sich die Haut lockert. Mit spitzem Messer lösen und abziehen.
2. Das Fruchtfleisch 4 cm lang und fingerdick schneiden. Essig und Salz rechtzeitig bei starker Hitze zum Kochen bringen, damit das Gemüse sofort nach dem Schneiden hineinkommt und seine helle Farbe behält.
3. Auberginen portionsweise in den sprudelnden Essig geben, einmal aufkochen, mit einer Drahtkelle entnehmen. Im Sieb sammeln und abtropfen lassen. Anschließend auf einem fusselfreien Tuch ausbreiten, darin einschlagen und eine halbe Stunde ruhen lassen.
4. Knoblauch abziehen, die Pfefferschote entstielen, spalten, entkernen und beide in winzige Würfel schneiden.
5. Auberginen, Knoblauch und Pfefferschoten mischen und in die Gläser geben. Dabei behutsam zusammendrücken und in jedes Glas einen Stengel Rosmarin stecken. Statt Rosmarin können Sie auch andere Mittelmeerkräuter hinzufügen: Oregano, Thymian, Majoran, Basilikum oder schlicht Petersilie.
6. Das Öl nach und nach hinzufügen, damit es in alle Zwischenräume gelangt. Das Gemüse mit Öl bedecken, verschließen.
7. Nach 4 Wochen erstmals probieren. Vielleicht zu Eiern mit Anchovis und knusprig geröstetem Brot.

AUBERGINEN IN TOMATENSAUCE

7 Einkoch-Gläser je 250 ml
Einkochen: 30 Minuten bei 90 °C
Lagern: 12 Monate bei 1–20 °C

2 kg kleine Auberginen
1 EL Salz
1 kg Tomaten
1 TL Zucker
1 Zwiebel
1 Petersilienwurzel mit Kraut
3 Knoblauchzehen
½ TL Basilikum (getrocknet)
Cayennepfeffer
500 ml Olivenöl

1. Auberginen an beiden Enden abschneiden. Die Früchte längs vierteln und von der Hautseite bis zur Mitte einschneiden. Anschließend so schneiden, daß die Viertel aufrecht ins Glas passen. Auberginen mit dem Salz gründlich mischen, beschweren und 30 Minuten Saft ziehen lassen.
2. Tomaten in Stücke schneiden, über mäßiger Hitze aufsetzen, mit Zucker bestreuen und 10 Minuten offen kochen, ohne umzurühren. Entstandene Flüssigkeit abgießen und die Tomaten noch kurz kochen, bis ein Löffel Straßen ziehen kann.
3. Zwiebel, Petersilienwurzel und 2 Knoblauchzehen schälen und winzig würfeln. Das Petersilienkraut fein hacken. Alles mit Basilikum in 2 EL Öl butterweich dünsten.
4. Tomaten und das gedünstete Gemüse durch ein Sieb rühren, bis die Rückstände trocken sind. Die Sauce mit Salz und Cayennepfeffer abschmecken. Darüber 1 Knoblauchzehe durch die Presse drücken. Verrühren.
5. Auberginen einzeln in ein Tuch geben und behutsam ausdrücken. Öl bei mittlerer Hitze auf 175 °C erhitzen. Je 2 Auberginenviertel hineingeben und fritieren, bis sie gar, aber noch fest sind. Auf Küchenkrepp abfetten und sammeln.
6. Auberginen noch warm in Gläser geben und mit Tomatensauce bedecken. Verschließen und in ein ebenso temperiertes Wasserbad setzen, einkochen.
7. Später als kleine Vorspeise anrichten, dazu sehr dünne Scheiben geröstetes Brot, das sparsam mit Olivenöl und frisch zerdrücktem Knoblauch bestrichen wird.

PAPRIKASCHOTEN

Diese Vitaminbomben verdanken wir Kolumbus, der sie aus Mittelamerika nach Spanien brachte. Ungarn, das neben Spanien, Italien, Bulgarien der Hauptlieferant ist, hat die Früchte erfolgreich kultiviert und verarbeitet sie zu mildem bis scharfem Pulver. Gemüsepaprika gibt es in verschiedenen Farben – grün, rot, gelb, orange. Er schmeckt würzig-mild bis fruchtig, aber nie scharf. Der runde, tiefrote Tomatenpaprika schmeckt am fruchtigsten.

Zu milden Paprikasorten hat sich eine orangefarbene Neuheit gesellt. Schlank und sandgelb ist eine andere Variante.

PAPRIKAGELEE

4 Twist-Off-Gläser je 450 g
Lagern: 12 Monate bei 1–18 °C

500 g rote Paprikaschoten
1 rote Pfefferschote
100 g Zwiebeln
750 g Tomaten
50 ml Rotwein
1 TL Salz
Saft von 2 Zitronen
1 kg Gelierzucker 2 + 1

1. Das Gemüse waschen. Die Stiele der Schoten herausbrechen, das Fruchtfleisch mitsamt der Innereien in kleine Stücke schneiden. Zwiebeln pellen und in Würfel schneiden. Tomaten vierteln.
2. Rotwein mit Salz erhitzen und das Gemüse darin bei mäßiger Hitze im geschlossenen Topf in 30 Minuten weich dünsten. In ein Sieb geben und durchpassieren, bis nur noch Schalen und Kerne übrig sind.
3. Zitronensaft zum roten Saft seihen. Gelierzucker hinzufügen und bei mittlerer Hitze rühren. Einige Minuten kochen, bis ein Tropfen davon auf einer kalten Unterlage wie eine platte Kugel aussieht.
4. Das Gelee kochendheiß und randvoll in Sturzgläser füllen und verschließen.
5. Zum Garnieren kalter Speisen in glitzernde Würfel oder Streifen schneiden. Beispielsweise zu Geflügel mit Waldorfsalat aus Sellerie, Walnüssen, Ananas, Äpfeln und Sahne mit Mayonnaise.

PAPRIKASCHOTEN UNGARISCH

7 Twist-Off-Gläser je 250 ml
Lagern: 12 Monate bei 1–18 °C

1,5 kg rote Paprikaschoten
250 ml Olivenöl
250 ml Rotweinessig
2 TL Salz
2 EL Zucker
50 g Meerrettich (Würfel)

1. Paprikaschoten putzen und im Tuch abtrocknen. Öl bei Mittelhitze in einer weiten Pfanne erwärmen. Die ganzen Schoten portionsweise hineingeben und oft wenden, bis sie glasig sind. Immer nur soviel, wie nebeneinander Platz haben.
2. Das Gemüse im Sieb sammeln. Den Tropfsaft auffangen, mit den übrigen Zutaten aufkochen und abschmecken.
3. Das Gemüse warm in Gläser schichten, mit kochendheißem Sud bedecken und verschließen.

PAPRIKAKRAUT

7 Einkoch-Gläser je 500 ml
Einkochen: 30 Minuten bei 90 °C
Lagern: 12 Monate bei 1–20 °C

3,5 kg Paprikaschoten
250 g Zwiebeln
3 EL Salz
250 ml Weinessig
3 Lorbeerblätter
Zucker

1. Rote, gelbe oder grüne Paprikaschoten entstielen, vierteln und entkernen. Die Viertel mit der Haut auf ein Brett legen und in dünne Streifen schneiden. Zwiebeln pellen, längs halbieren und in Halbringe schneiden.
2. 5 l Wasser und Salz bei starker Hitze aufkochen. Je 500 g Gemüse hineingeben, 2 Minuten sprudeln lassen, im Sieb abschrecken und abtropfen lassen.
3. Für den Aufguß 850 ml Paprikabrühe mit Essig und zerbröselten Lorbeerblättern 5 Minuten kochen. Durch Filterpapier laufen lassen, mit Salz und Zucker abschmecken und kalt werden lassen. (Den Aufguß ohne Essig zubereiten, oder Tomatensaft nehmen, wenn Sie es lieber mögen.)
4. Das Gemüse fest in Gläser pressen und mit Aufguß bedekken. Verschließen, bei mäßiger Hitze erwärmen und einkochen.
5. Bei Bedarf abgießen und in Salate mischen oder als Beilage servieren. Es schmeckt beispielsweise zu gebratenem Fischfilet mit Kartoffelsalat und zu Hackfleischwürstchen »Cevapcici« mit Fladenbrot.

PAPRIKASCHOTEN IN ÖL

6 Twist-Off-Gläser je 150 ml
Lagern: 6 Monate bei 1–18 °C

2 kg rote Paprikaschoten
6 Knoblauchzehen
2 Bund glatte Petersilie
1 EL Salz
1 EL schwarzer Pfeffer
etwa 500 ml Olivenöl

1. Paprikaschoten im ganzen grillen oder im Ofen bei 200 °C backen, bis die Haut runzlig ist und schwarze Flecken hat. Zwischendurch einmal wenden. Anschließend auf ein nasses Tuch legen, darin einschlagen und 10 Minuten ruhen lassen.
2. Knoblauch pellen und in winzige Würfel schneiden. Petersilie waschen, im Tuch trocknen, bündeln, fein schneiden und noch feiner hacken. Mit Knoblauch, Salz und Pfeffer mischen.
3. Die Paprikahäute mit spitzem Messer lösen und abziehen. Stiele herausziehen, die Schoten halbieren und restlos entkernen. Das rote Fleisch in 4 cm große Rauten schneiden.
4. Paprika fest in Gläser schichten, dabei mit der Gewürzmischung bestreuen und mit Öl tränken. Einige Stunden ziehen lassen, bis Öl und Gewürze aufgesaugt und restliche Luftblasen entwichen sind. Das Gemüse mit Öl bedecken, die Gläser mit Deckeln zudrehen.
5. Paprikaschoten schmecken so hinreißend – selbst ohne Knoblauch. Sie schmecken als Antipasto vor dem Essen, beispielsweise mit gehobeltem Parmesan oder hauchdünnem Parmaschinken. Ein bißchen von dem Öl gibt Salaten und Gemüse den letzten Pfiff.

WICHTIG & NÜTZLICH

Einer von 5 Menschen hat mit Paprikaschoten Probleme, weil sie ihm nach dem Essen aufstoßen. Das Übel kann meistens durch Vorkochen beseitigt werden. Noch wirksamer ist das Entfernen der Haut (siehe Rezept Paprikaschoten in Öl).
Die Schärfe der Schoten steckt hauptsächlich in den Trennwenden und Kernen – sie können in einem Aufguß ausgekocht werden.
Eine Abart der Paprikaschoten sind Chilies oder Pfefferschoten (Pulver daraus ist Cayennepfeffer). Sie haben eine bis zu 20fache Schärfe und sind anregende Scharfmacher. Eigene Reserven sind sinnvoll, weil sie nicht überall zu haben sind: Dafür von frischen Pfefferschoten die Stiele herausbrechen. Die Schoten auf Papier ausbreiten und einen Tag trocknen lassen. Dann in ein Glas schichten, mit Olivenöl bedecken und dunkel aufbewahren. Sie können die Schoten anstelle frischer verwenden und das Öl für Salate und südländische Kost nutzen.
Beim Einfrieren behalten rote, grüne und gelbe Schoten ihre frische Farbe. Dafür vorkochen und bei – 18 °C bis 6 Monate lagern.

TOMATEN

Ohne die liebliche Tomate würden wir heute schwer auskommen. Lange stand sie als Paradiesapfel und Liebesbote auf dem Fensterbrett, bevor ihre roten Früchte in die Küchen einkehrten und in unserem Jahrhundert zur Nahrung für das Volk wurden.
Der Glaube an die Giftigkeit der Nachtschattengewächse hielt sich hartnäckig und nicht ohne Grund. Grasgrüne Tomaten enthalten giftiges Solanin, solange sie kleiner als Walnüsse sind. Wenn die letzten Tomaten im Herbst nicht mehr rot werden wollen, können Sie also grüne Früchte bedenkenlos verwerten, wenn sie groß genug sind.
Die besten Tomaten wachsen im Freiland und werden reif gepflückt. Sie schmecken süß, würzig und nicht säuerlich. Erfüllen sie diesen Anspruch nicht, taugen sie dennoch zum Einmachen, denn Mängel lassen sich beim Abschmecken beseitigen.

TOMATENPÜREE

Einkoch-Gläser je 100 oder 200 ml
Einkochen: 20 Minuten bei 90°C
Lagern: 12 Monate bei 1–20°C

Reife Tomaten

1. Die Tomaten waschen, klein schneiden und bei starker Hitze im geschlossenen Topf aufkochen. Dabei beaufsichtigen, aber nicht rühren.
2. Die Hitze zurückschalten und die Tomaten weich kochen. Anschließend in ein gespanntes Tuch schütten. Den klaren Saft ablaufen lassen und für Suppen einfrieren.
3. Die Tomaten durch ein Sieb streichen. Das Püree bis 1 cm unter dem Rand in Gläschen füllen, verschließen, in kaltem Wasser langsam erwärmen und einkochen. Oder bei –18°C einfrieren und bis 12 Monate lagern.

KALTE TOMATEN-SAUCE

6 Twist-Off-Flaschen je 500 ml
Lagern: 8 Monate bei 1–18°C

5 kg Tomaten
3 kg gelbe Paprikaschoten
250 g Zwiebeln (5 Stück)
250 ml Weinessig
1 EL Nelken
1 EL Zucker
1 TL Salz
Cayennepfeffer

1. Tomaten und Paprikaschoten putzen und grob zerschneiden. Zwiebeln pellen und in Scheiben hobeln. Im großen Topf mischen, zudecken und bei starker Hitze aufkochen.
2. Das Gemüse bei reduzierter Hitze schwach kochen, bis alle wäßrige Flüssigkeit verdampft ist. Durch ein Sieb drücken, mit Essig und Gewürzen mischen und weiter eindämpfen, bis die Sauce dickflüssig ist.
3. Die Sauce wieder passieren. Anschließend abschmecken und kochendheiß in Flaschen trichtern. Bis zum Rand füllen, sofort zuschrauben.

BRAUNE TOMATEN-SAUCE

6 Twist-Off-Flaschen je 500 ml
Lagern: 12 Monate bei 1–20°C

4 kg grüne Tomaten
2 Zwiebeln
50 g grüne Pfefferschoten
2 EL schwarze Pfefferkörner
4 EL Senfkörner
4 Wacholderbeeren
10 Nelken
2 Lorbeerblätter
2 Bund Thymian
2 EL Salz
500 g brauner Zucker
400 ml Rotweinessig

1. Tomaten ab Walnußgröße waschen und vierteln. Zwiebeln pellen und grob zerschneiden. Pfefferschoten in Ringe schneiden. Alles in einen weiten Topf geben, zudecken und bei schwacher Hitze zum Kochen bringen.
2. Gewürze und Salz hinzufügen. Die Sauce auf dem Herd oder im belüfteten Ofen bei 150°C im offenen Topf so lange eindämpfen, bis die Flüssigkeit verdampft ist. Es dauert ein paar Stunden und bedarf einer halbstündigen Kontrolle.
3. In der letzten Phase ständig beaufsichtigen. Dann den Zucker in einem großen Topf bei mäßiger Hitze rühren, bis er goldbraun ist. Mit Essig ablöschen und aufkochen.
4. Die Tomaten passieren, zum Essig geben und auf 3 l einkochen. Abschmecken, kochendheiß in Flaschen trichtern und verschließen.

TOMATEN IM EIGENEN SAFT

7 Einkoch-Gläser je 500 ml
Einkochen: 20 Minuten bei 90°C
Lagern: 10 Monate bei 1–18°C

6 kg Tomaten
4 Zwiebeln
2 Lorbeerblätter
2 Bund Thymian
1 EL Salz
Saft von 2 Zitronen
50 g Basilikum (frische Blätter)

1. Feste Tomaten einritzen, brühen, abziehen, entkernen und in Würfel schneiden. In einem Sieb sammeln. Es sollen 3 kg sein.
2. Schalen, Kerne und abgetropften Saft in einen weiten Topf geben und bei Mittelhitze aufkochen. Die Zwiebeln pellen, grob zerschneiden und dazugeben. Ebenso die Gewürze und den Zitronensaft. 30 Minuten schwach kochen, durch ein Sieb passieren und abschmecken.
3. Tomaten und Basilikum in Gläser schichten, mit Sauce füllen, verschließen und im kalten Wasserbad aufsetzen. Nach der Einkochzeit die Gläser erst entnehmen, wenn das Wasser abgekühlt ist.
4. Tomaten im eigenen Saft eignen sich für Pasta und Pizza, für Suppen und Saucen sowie immer dann, wenn Tomaten zum Kochen gebraucht werden.

TOMATENKETCHUP

4 Flaschen je 500 ml
Lagern: 12 Monate bei 1–18°C

3 kg reife Tomaten
2 Knoblauchzehen
je 1 EL Nelken und Piment
je 1 TL Zimt und Ingwerpulver
je 2 EL Salz und weißer Pfeffer
3 Lorbeerblätter
50 g Zucker
750 ml Weinessig

1. Tomaten zerschneiden, in einen weiten Topf geben, dazu geschälten Knoblauch, Gewürze und Zucker. Bei schwacher Hitze dämpfen, bis kein Wasser mehr auf dem Boden steht. Anschließend durch ein Sieb streichen.
2. Die Sauce mit dem Essig verrühren und weiter eindämpfen, bis sie 2 l mißt und dickflüssig ist. Abschmecken, kochendheiß in Flaschen abfüllen, verschließen.
3. Das Ketchup auch mit Curry abschmecken, oder ohne Gewürze zubereiten und zusätzlich mit 300 g Zwiebeln, 375 ml Essig, Zukker und Salz kochen.

SALATTOMATEN

(zum Foto rechts)

7 Einkoch-Gläser je 1 l
Einkochen: 20 Minuten bei 90°C
Lagern: 12 Monate bei 1–20°C

4 kg feste Tomaten
14 Knoblauchzehen
7 grüne Pfefferschoten
21 Lorbeerblätter
7 EL Senfkörner
200 g Zucker
4 EL Salz
3 l Weißweinessig

1. Rote oder grüne Tomaten (ab Walnußgröße) waschen und abtrocknen. Die Stielansätze als spitzen Keil herausschneiden. Knoblauch abziehen. Beides gleichmäßig in die Gläser verteilen. Ebenso Pfefferschoten, Lorbeerblätter und Senfkörner.
2. Zucker und Salz bei mäßiger Hitze rühren, bis eine gelbe Flüssigkeit entstanden ist. Mit etwas Essig klar kochen. Von der Hitze nehmen und mit dem übrigen Essig auffüllen.
3. Die Tomaten mit dem Essig bedecken. Die Gläser verschließen, in kaltes Wasser setzen, bei mäßiger Hitze erwärmen und einkochen.
4. Die Tomaten schmücken kalte und warme Speisen. Sie passen immer dann, wenn Speisen milde sind und einer sauren Auffrischung bedürfen.

SAFT IM HERBST

Für Überschüsse aus dem Garten bietet ein Dampfentsafter die Chance der schnellen Verwertung. Aus viel Tomaten mit Petersilienwurzeln samt Kraut, Sellerie, Porree und Möhren gewinnen Sie in einer Stunde 3–4 l schmackhaften und gesunden Saft.

WEISSKOHL & WIRSING

Der liebe Kohl hat Geduld bewiesen. Nachdem er lange die tragende Rolle spielen mußte, war man ihn leid und wollte kaum noch etwas von ihm wissen. Erst als man ihn in den vornehmen Freßtempeln in Miniportionen elegant auf Teller plazierte, wurde Kohl wieder salonfähig. Niemand stört sich mehr daran, daß Kohl billig ist. Er wird gerne gekauft oder selbst geerntet, weil er gesund, schmackhaft und vielseitig ist: Er hat viele große Blätter für Kohlrouladen, viele kleine Blätter für Gemüse und ein Herz für Salate. Früher Kohl ist locker, zerbrechlich und zart, während die Sorten ab September fest, schwer und stabil sind. Die Dichte ihrer Köpfe macht sie bei Temperaturen nahe 0°C monatelang lagerfähig. In der modernen Küche kann das tropfnasse Gemüse in nassen Tüchern mit Mikrowellen blanchiert werden. Aber nur Vorkochen in viel Wasser entzieht dem Kohl blähende Stoffe, die empfindlichen Mägen zu schaffen machen. Dabei verschwinden auch Schmutz und Überschüsse an Nitraten, die sich durch strengen Geruch bemerkbar machen und mit dem Kochwasser weggeschüttet werden.

BLÄTTER UND KOHLROULADEN

Je 8 Blätter für 4 Portionen
Einfrieren: 6 bzw. 12 Monate bei –18°C

Großer Weißkohl oder Wirsing

1. Harte und beschädigte Blätter von Wirsing oder Weißkohl entfernen. Weitere Blätter vorsichtig nach außen abrollen und abschneiden, soweit das möglich ist.
2. 5 l Wasser bei starker Hitze zum Kochen bringen. Die Blätter hineingeben und vorkochen, bis sie elastisch sind. Den Kopf unten kürzen und den Strunk keilförmig herausschneiden. In das sprudelnde Wasser versenken und kochen. Dabei nach und nach mit zwei Gabeln entblättern, solange die Blätter glatt und groß genug sind.
3. Die vorgekochten Blätter in kaltem Wasser abkühlen, in Tüchern einschlagen und abtrocknen. Die Rippen flach abschneiden, damit sie so biegsam wie die Blätter sind.
4. Blätter zum Einfrieren abwechselnd mit Folie stapeln. In Gefrierbeutel packen und bis 12 Monate einfrieren. Bei Bedarf entnehmen und auftauen lassen, während die Füllung entsteht.
5. Für Rouladen vorgekochte Blätter nach Rezept (siehe rechts) füllen, anbraten und mit etwas Rinderbrühe schmoren – wenn es viele sind, im tiefen Blech des Ofens bei 175°C. Anschließend abkühlen lassen, zu viert in Dosen legen – dazwischen ein Stück Folie, damit sie beim Auftauen schneller voneinander getrennt werden können.
6. Den Fond mit Wasser oder Brühe lösen, portionieren, kurz einfrieren und als Eisblock auf die Rouladen legen. Verschließen und bis 6 Monate einfrieren.
7. Bei Bedarf den Fond gefroren in Mehlschwitze aus je 40 g Butter und Mehl geben, zu einer gebundenen Sauce kochen und abschmecken. Die Rouladen hineingeben und in etwa 20 Minuten heiß werden lassen.

FÜR JE 16 KOHLROULADEN

250 g Langkornreis in Salzwasser 15 Minuten kochen, dann in ein Sieb schütten. Je 2 Zwiebeln und Knoblauchzehen in 4 EL Öl glasig dünsten. Mit 80 g Rosinen, 120 g Cashewkernen, Reis und 2 EL Koriander mischen und abschmecken. Die Sauce mit Sahne und gehackten Pfefferschoten kurz aufkochen.

50 g getrocknete Pilze in 1 l Wasser aufquellen lassen, ausdrücken und fein hacken. Mischen mit 1 kg Rinderhackfleisch, 200 g Zwiebelwürfeln, 2 Eiern, 100 g Semmelbröseln und soviel Pilzeinweichwasser, daß eine geschmeidige Farce entsteht. Mit Salz und Pfeffer abschmecken. Mit Pilzbrühe schmoren. Die Sauce mit Sahne, gehackter Petersilie und Pfeffer vollenden.

300 g Grünkern in 500 ml Gemüsebrühe 40 Minuten garen. 200 g Zwiebelwürfel und 2 Bund gehackte Petersilie in 4 EL Butter glasig dünsten, mit Grünkern und 2 Eiern mischen, mit Salz und Pfeffer würzen. Die Sauce mit Tomatenpüree zubereiten und mit Pfefferschotenöl ein bißchen schärfen.

Für einen bunten Krautsalat das Gemüse winzig oder streichholzfein schneiden.

Gemüse in Essigwasser vorkochen: mit hellem Gemüse beginnen, mit dunklem aufhören.

Kochbrühe für den Sud zum Klären filtern, mit mehr Essig und Gewürzen mischen.

Sud und Gemüse kalt mischen und einkochen. Oder aufkochen und heiß abfüllen.

BUNTER KRAUTSALAT

7 Twist-Off-Gläser je 500 ml
Lagern: 12 Monate bei 1–18°C

300 g Blumenkohl
400 g Salatgurke
600 g Weißkohl aus der Mitte
300 g Zwiebeln
300 g Möhren
1 grüne Paprikaschote
1 rote Paprikaschote
2 rote Pfefferschoten
600 ml Weißweinessig
2 EL Kurkuma
2 EL Ingwerpulver
4 EL Senfpulver
6 EL Zucker
1 EL Salz

1. Gemüse putzen und waschen. Blumenkohl in Röschen teilen. Gurken halbieren, entkernen und quer in Streifen schneiden. Das andere Gemüse streichholzfein schneiden.
2. 500 ml Wasser und 300 ml Essig bei starker Hitze aufkochen. Jede Sorte einzeln hineingeben, 2 Minuten sprudeln lassen, entnehmen, abschrecken, im Sieb abtropfen lassen und in einer Schüssel sammeln. Mit dem hellsten Gemüse beginnen und mit roten Schoten beenden.
3. Die Kochbrühe durch ein Tuch filtern und so klären. Die Gewürze mit 50 ml Essig verquirlen. In die Brühe rühren, mit 250 ml Essig aufkochen und abschmecken.
4. Das Gemüse gründlich mischen, in die Brühe geben, einmal aufkochen und abschmecken. Kochendheiß in Gläser füllen und mit den Deckeln zuschrauben. Umdrehen und abkühlen lassen. Oder beides kalt mischen, einfüllen und bei 85°C 20 Minuten einkochen.
5. Bunten Krautsalat frühestens 1 Woche später auftischen. Er schmeckt mit Bratwurst oder Frikadellen zu Brot oder Kartoffelpüree und zu Gulasch oder Schweinebraten mit Knödeln.

WICHTIG & NÜTZLICH

Kohl für warmes Gemüse zum Einfrieren und Einkochen 2 Minuten vorkochen. Zarten Frühkohl bis 12 Monate bei –18 °C einfrieren. Bei Bedarf gefroren in etwas Butter oder Brühe geben und fertig zubereiten.
Fester Winterkohl wird beim Einkochen gleichzeitig gegart. In Gläser pressen, mit kochendem Salzwasser auffüllen und 2 Stunden bei 98 °C einkochen. Bei Bedarf nur erhitzen, beispielsweise in schnellen Eintöpfen mit Wurst, in russischem Borschtsch oder ohne Aufguß in Sahne mit etwas Salz, Pfeffer und viel gehackter Petersilie – ein feines Gemüse zu Beefsteak und Salzkartoffeln.
Für Sauerkraut festen Winterkohl nach der Beschreibung auf Seite 23 zubereiten. Auch Blätter im ganzen für Kohlrouladen milchsauer einlegen. Dann auf ungarische Art zubereiten. Für die Füllung 600 g Hackfleisch vom Schwein mit 300 g gekochtem Reis und 2 Eiern vermischen, mit Salz, Pfeffer und Paprika abschmecken. Die Kohlblätter mit der Farce füllen und auf Sauerkraut in 2 Stunden butterweich schmoren, mit saurer Sahne und Paprika edelsüß vollenden.

WEISSER KRAUTSALAT

5 Twist-Off-Gläser je 370 ml
Lagern: 12 Monate bei 1–18 °C

1 kg Weißkohl aus der Mitte
3 EL Salz
500 g Äpfel
350 ml Apfelessig
350 ml Apfelsaft
2 EL scharfer Senf
1 EL Zucker
1 EL schwarze Pfefferkörner
3 Dillkronen

1. Die Mitte eines Kohlkopfes vierteln und in dünne Streifen hobeln. Mit dem Salz mischen und mit einem Holzstößel oder Kartoffelstampfer bearbeiten, bis das Kraut saftig und weich ist. Zudecken und 12 Stunden ruhen lassen.
2. Das Kraut in den Händen fest ausdrücken. Die Äpfel schälen, bis zum Kernhaus abreiben, mit dem Kohl mischen und bis 1 cm unter den Rand fest in Gläser schichten.
3. Essig und Apfelsaft mit Senf, Zucker, Pfeffer und Dillkronen 15 Minuten kochen. Durchseihen, abschmecken und kochendheiß über den Kohl schöpfen, bis er bedeckt und die Gläser bis an den Rand gefüllt sind. Zuschrauben und umgedreht abkühlen lassen.
4. Beispielsweise zu Bratwurst und Kartoffelpüree, zu Schweinebraten und Kartoffelklößen, zu Sülze, Remoulade und Bratkartoffeln oder anderen herzhaften Gerichten servieren.

KRAUT FÜR CHINAGERICHTE
(zum Foto oben)

5 Beutel je 800 g
Einfrieren: 6 Monate bei –18 °C

3,5 kg Weißkohl aus der Mitte
1,3 kg Porree

1. Weißkohl zerlegen, dicke Rippen flach schneiden. Abfälle entfernen. Porree beschneiden, bis die Ringe sichtbar sind. Das dunkle Grün entfernen. Die Stangen bis zur Mitte aufschlitzen, aufblättern und gründlich spülen.
2. 5 l Wasser über starker Hitze aufkochen. Das Gemüse pfundweise hineingeben, sprudelnd kochen, entnehmen, kalt spülen, abtropfen lassen und auf Tüchern ausbreiten. Kohl 2 Minuten garen, Porree nur einmal aufkochen.
3. Das Gemüse in die Tücher einschlagen, darin abtrocknen und mischen. In Gefrierbeutel geben, zu flachen Päckchen formen, verschließen und einfrieren.
4. Zum schnellen Auftauen in kaltes Wasser legen und nach Rezept verarbeiten. Zum Beispiel 400 g Schweinefleisch in feine Streifen schneiden und in 2 EL Erdnußöl anbraten. Mit 150 ml Fleischbrühe ablöschen und 15 Minuten schmoren lassen. 1 TL Zucker, 3 EL Sojasauce, 1 zerdrückte Knoblauchzehe, ½ TL Ingwer und 1 Prise Cayennepfeffer dazugeben. Das Gemüse in 1 EL Öl flott wendend anbraten, bis es glasig ist und duftet. Mit dem Fleisch mischen. Das Gericht mit Salz und Pfeffer abschmecken und mit Reis anrichten.

ROTKOHL

Der Stammvater aller Kohlarten treibt bis 60 cm lange Stengel mit riesigen Blättern, die stark verkleinert Eichenblättern gleichen. Mit ein bißchen Glück können Sie den wilden Meerkohl auf angeschwemmtem Land entdecken. Er siedelt vor den Deichen als Pionier auf Böden, die zu fruchtbarem Ackerland heranreifen. Beispielsweise in Dithmarschen, wo die kultivierten Arten sich zu gewaltigen Köpfen runden. Rotkohlfelder schimmern silbrig, da die Köpfe noch ein blaugraues Blätterkleid tragen. So unberührt und groß sind sie nur direkt vom Erzeuger zu haben. Beste Ware ist oval, sehr fest und glänzt rotviolett wie feuriger Wein.

ROTKOHL MIT ROTWEIN

(zum Foto rechts)

7 Twist-Off-Gläser je 750 ml
Lagern: 12 Monate bei 1–18 °C

3 kg Rotkohl (netto)
750 g Äpfel (Boskop)
60 ml Zitronensaft
250 ml Rotweinessig
100 g Zucker
2 EL Salz
500 g Zwiebeln
700 ml Rotwein (Spätburgunder)
3 Stangen Zimt
1 Lorbeerblatt
1 Nelke

1. Rotkohl putzen, waschen und vierteln. Den Strunk keilförmig herausschneiden und die Viertel in Streifen schneiden. Mit Zitronensaft, Essig, 50 g Zucker und Salz mischen. Zudecken, beschweren und kühl stellen.
2. Am nächsten Tag die Äpfel waschen, vierteln, entkernen und in große Stücke schneiden. Zwiebeln pellen, halbieren und in Scheiben schneiden. 50 g Zucker erwärmen und rühren, bis er goldgelb ist. Die Zwiebeln hineingeben und glasig schwitzen.
3. Zwiebeln, Rotwein und Rotkohl gründlich mischen. Mit Äpfeln und Gewürzen im geschlossenen Topf bei mäßiger Hitze kochen, bis der Kohl nach etwa 60 Minuten weich ist.
4. Rotkohl abschmecken und kochendheiß in Gläser füllen, zuschrauben und umgedreht abkühlen lassen.
5. Oder schon in Einkochgläser füllen, wenn der Kohl gerade zusammengefallen ist. Verschließen, in heißes Wasser setzen und bei 98 °C in 2 Stunden gleichzeitig einkochen und garen.
6. Zum Servieren in etwas Öl oder Gänseschmalz erhitzen. Beispielsweise zu gebratenem Fleisch wie Rouladen, Geflügel und Wild servieren.

Rotkohl großzügig putzen. Den Strunk und dicke Rippen entfernen, damit das Gemüse schnell gar wird.

Kohlviertel auf die Schnittfläche legen und dünne Scheiben abschneiden. Blätter dazu aufrollen und pressen.

ROTKRAUTSALAT

9 Twist-Off-Gläser je 500 ml
Lagern: 12 Monate bei 1–18 °C

3 kg Rotkohl (netto)
150 g Salz
700 ml Apfelsaft
1 EL Muskatblüten
1 EL Piment
1 EL Nelken
1 EL schwarze Pfefferkörner
700 ml Rotweinessig
100 g Rapshonig

1. Rotkohl putzen, waschen, vierteln und den Strunk großzügig abschneiden. Das Gemüse in dünne Streifen schneiden, mit dem Salz mischen und kneten. Fest in ein Gefäß schichten und zusammendrücken. Mit Teller und Gewicht beschweren.
2. Am nächsten Tag ins Sieb geben und den Saft auffangen. Rotkohl portionsweise in die Hände nehmen, auspressen und wieder in das Gefäß schichten.
3. Apfelsaft und Gewürze 15 Minuten kochen, durchseihen. Den Sud mit Essig aufkochen, mit Honig und etwas aufgefangenem Kohlsaft abschmecken. Den Kohl hineingeben, gründlich mischen und einmal aufkochen. Kochendheiß in Gläser füllen, verschließen, auf die Deckel stellen und abkühlen lassen.
4. Rotkrautsalat zum Servieren mit etwas neutralem Öl mischen und vielleicht einen Apfel hineinreiben. So beispielsweise zu Sülzkotelett mit Mayonnaise und Bratkartoffeln servieren.

WICHTIG & NÜTZLICH

An einem frostfreien Platz bleibt Rotkohl lange frisch, am besten bei Temperaturen um 0 °C. Große Köpfe können in Etappen verarbeitet werden. Je länger die Abstände, um so größer ist der Abfall, weil die Schnittflächen beim nächsten Mal großzügig beschnitten werden müssen.
Zum Einfrieren Rotkohl in Streifen schneiden und pfundweise in 4,5 l Wasser mit 500 ml Apfelessig 5 Minuten vorkochen. Im Sieb kalt werden lassen und bei –18 °C bis 12 Monate einfrieren. Für Salat in heißer Marinade auftauen, für Gemüse wie frischen Kohl zubereiten.

MILCHSAURES ROTKRAUT

9 Twist-Off-Gläser je 500 ml
Lagern: 6 Monate bei 1–10 °C

3 kg Rotkohl (netto)
300 g Zwiebeln
60 g Meersalz
200 g Meerrettichstange
3 Äpfel (Ontario oder Gloster)
3 Lorbeerblätter
6 EL Molke

1. Rotkraut putzen und waschen, vierteln. Den Strunk schräg abschneiden und Zwiebeln pellen. Kraut und Zwiebeln in Streifen schneiden, mit 30 g Meersalz mischen und kneten, bis das Gemüse saftig ist.
2. Meerrettich und Äpfel schälen, reiben und zum Kraut geben. Mit Lorbeerblättern und Molke mischen und fest in Gläser schichten. Bis 5 cm unter den Rand.
3. 2 l Wasser und 30 g Salz aufkochen, lauwarm über das Kraut geben, bis es 2 cm hoch bedeckt ist. Die Gläser luftdicht verschließen und bei 24 °C stehen lassen. Dann ist die Gärung nach 3 Wochen abgeschlossen. Bei 21 °C dauert es schon 4 Wochen, bei 18 °C etwa 5 Wochen und bei 16 °C rund 6 Wochen. Höhere Temperaturen können zum Verderben führen.
4. Milchsaures Rotkraut kühl lagern. Wo das nicht möglich ist, besser auf traditionelle Art im Steinkrug gären lassen, anschließend in Gläser füllen und 20 Minuten bei 98 °C einkochen. Das ist sicherer und empfehlenswert, wenn der Vorrat bis in den Sommer reichen soll.
5. Milchsaures Rotkraut ist ein erfrischender und gesunder Salat. Sie können das Kraut mit frischem Obst wie Birne, Ananas und Apfel kombinieren und als Vorspeise genießen.

GRÜNKOHL & ROSENKOHL

Beide schmecken lieblicher, wenn sie einige Nächte bei klirrendem Frost ausgeharrt haben. Beide überstehen Eis und Schnee an dem Ort, wo sie gewachsen sind. Die hohen Pflanzen mit ihren wuscheligen Köpfen sind auf den nackten Feldern weithin sichtbar. Wo Erzeuger ihre Produkte direkt an den Verbraucher weitergeben und sich ihrem Urteil aussetzen, verdienen sie Respekt und Vertrauen. Von dort können Sie ganze Pflanzen mitnehmen, mit dem Kopf nach unten an einem überdachten Platz im Freien aufhängen und frisch erhalten, bis die Temperaturen wieder weit über 0°C steigen. Trotzdem stellt sich die Frage, wieviel Aufwand im Augenblick sinnvoll ist, um Abfall und Zeit zu sparen. Das Einkochglas bietet sich für Rosenkohl und Grünkohl an, die blitzschnell tischfertig sein sollen. Als Tresor für optimale Frische und Farbe steht das Gefriergerät, wenn der Sommer fern ist.

GRÜNKOHL FÜR SUPPEN

6 Beutel je 300 g
Einfrieren: 6 Monate bei –18°C

2,5 kg Grünkohl (netto)
250 g Zwiebeln (5 Stück)

1. Grünkohl von den Rippen streifen oder schneiden. Mehrfach in lauwarmem Wasser waschen, bis sich kein Sand mehr absetzt.
2. 5 l Wasser im 8-l-Topf bei starker Hitze aufkochen. Grünkohl auf einmal hineingeben, aufkochen und im Sieb abtropfen lassen. 1× wiederholen. Anschließend kurz in kaltem Wasser abkühlen und in den Händen fest ausdrücken.
3. Grünkohl auf einem Brett fein schneiden und fein hacken. Zwiebeln pellen, in winzige Würfel schneiden und in wenig Wasser weich dünsten.
4. Zwiebeln und Grünkohl mischen und portionieren. In die Gefrierbeutel füllen, zu flachen Päckchen ausstreichen und dabei die Luft hinausdrücken. Verschließen und einfrieren.
5. Für Suppe zum Beispiel 2 EL mittelscharfen Senf in 40 g Butter anschwitzen, mit 600 ml Rinderbrühe aufkochen. Den Grünkohl gefroren hineingeben und 3 Minuten sprudelnd kochen. Die Suppe mit Salz, Pfeffer, Muskat und einer Prise Zucker abschmecken, mit 1 Eigelb und 100 g Sahne binden – nicht mehr kochen.
6. Schinkenwurst in Scheiben oder Klößchen als Einlage hineingeben. Zum Beispiel aus 150 g Brandteig und 150 g Entenbrust oder Kasseler, die ohne Fett im Mixer zu einer feinen Farce zerhackt wurden. (Es zahlt sich auch aus, mehr fertige Klöße auf einmal zu machen und einzufrieren, damit sie bei Bedarf in kleinen Mengen zur Verfügung stehen.) Mit nassem Teelöffel oval abstechen und 10 Minuten in siedendem Salzwasser gar ziehen lassen, bevor sie gut abgetropft verpackt werden.

HOLSTEINER GRÜNKOHL

5 Dosen je 750 ml
Einfrieren: 6 Monate bei –18°C

2,5 kg Grünkohl (netto)

1. Grünkohl von den Rippen streifen oder schneiden. Mehrfach in lauwarmem Wasser waschen, bis es klar bleibt.
2. 5 l Wasser bei starker Hitze aufkochen. Grünkohl pfundweise hineingeben. 10 Minuten kochen, entnehmen, kurz in kaltem Wasser schwenken und im Sieb abtropfen lassen.
3. Grünkohl in den Händen fest ausdrücken, in Dosen pressen, verschließen und einfrieren. Auf energiesparende Art über Nacht im Kühlschrank auftauen lassen.
4. Geräucherte Schweinebacke und Kochwürste mit Wasser bedecken und über geringer Hitze 1 Stunde garen. Grünkohl hinzufügen und weitere 30 Minuten garen. Mit Salz, Pfeffer und etwas Zucker abschmecken und mit winzigen Pellkartoffeln einer festkochenden Sorte servieren, die im ganzen in Butter gebraten werden – manchmal süß und glänzend durch Zucker.

Grünkohl von den Rippen streifen – denn bis sie gar wären, würden die Blätter weich und matschig werden.

Rosenkohl unten über Kreuz einstechen, damit er innen gart, bevor die Außenblätter zerfallen.

ROSENKOHL GANZ UND PÜRIERT
(zum Foto rechts)

6 Beutel je 300 g
Einfrieren: 6 Monate bei –18°C

2 kg Rosenkohl
5 EL Salz
1 EL Zucker

1. Frischer Rosenkohl wird geputzt angeboten. Er glänzt wie Samt und zeigt feuchte Stiele. Diese abschneiden, wenn sie bräunlich aussehen. Dabei schlappe und schadhafte Blättchen entfernen. Die Stiele über Kreuz einschneiden, damit sie und die Blätter zur gleichen Zeit gar sind.
2. 5 l Wasser und Salz bei starker Hitze zum Kochen bringen und je 500 g Rosenkohl hineingeben. Brausend kochen, bis er gar ist. Je nach Größe der Köpfe dauert es 5–7 Minuten. Zur Probe den größten Kopf durchschneiden – er soll durchgehend glasig aussehen. Rosenkohl schnell in kaltem Wasser abkühlen und im Sieb abtropfen lassen.
3. Zum Einfrieren im ganzen pro Portion 150 g Köpfe kalt und trocken in Gefrierkochbeutel packen und verschließen. Bei Bedarf in kochendes Wasser legen, 10 Minuten erhitzen und im geöffneten Beutel mit etwas Butter oder Petersilie mischen.
4. Für Püree gekochten Rosenkohl durch den Fleischwolf treiben, mit Zucker mischen, portionieren und in Gefrierkochbeutel geben. Zu flachen Päckchen ausstreichen, verschließen und einfrieren. Bei Bedarf im verschlossenen Beutel in heißem Wasser auftauen oder das gefrorene Püree in etwas Butter erhitzen, mit Sahne, Muskatblüte und gehackter Petersilie verschlagen und abschmecken. So schmeckt es fabelhaft zu Steaks vom Wild, glasierten Kastanien und Birnen mit Preiselbeeren.
5. Für den Flan das Püree nicht ganz aufgetaut in den Mixer geben und mit 1 EL Butter zerschlagen. Mit 100 ml Sahne und 2 Eiern mischen, mit Salz und Cayennepfeffer abschmecken und in eine gefettete Ringform geben. Im Backofen in ein heißes Wasserbad setzen und bei 200°C etwa 30 Minuten garen. Zum Servieren stürzen, mit Sahne-Champignons füllen, mit Petersilie und gehackten Haselnüssen bestreuen.

WICHTIG & NÜTZLICH

Rosenkohl nach Größen sortieren, damit die verschiedenen Portionen gleiche Garzeiten haben. Mindestens 2–3 Minuten vorkochen. Spitzenqualität roh in Einkochgläser füllen, mit kochendem Salzwasser bedecken und 2 Stunden bei 98°C einkochen.
Grünkohl zum Einkochen vorkochen, kalt spülen, fest ausdrücken und in Einkochgläser pressen. Ohne Aufguß 2 Stunden bei 98°C einkochen und gleichzeitig garen.
Grünkohl und Rosenkohl harmonieren mit Kastanien. Dafür Zukker hellgelb karamelisieren, mit Butter zu Sirup kochen, die Kastanien darin glänzend schwenken und zu gleichen Teilen in eines der beiden Gemüse mischen.

MÖHREN

Auf dem Markt sieht man sie inzwischen nicht nur während der Saison, sondern das ganze Jahr über. Mit dem Lenz kommen ab Mai die ersten Bundmöhren. Als feines und zartes Gemüse, mit dem typischen, leicht süßlichen Geschmack. Ihr junges Grün kann man mitverwenden. Ab dem Sommer und im Herbst sehen die Möhren weitaus kräftiger aus, sie haben einen kernigen Geschmack, viel rotes Fruchtfleisch und wenig Mark. Spätmöhren strotzen vor Kraft, enthalten jede Menge Carotin und Ballaststoffe. Der optimalste Erntezeitpunkt ist da, wenn das Kraut sich gelblich oder rötlich zu verfärben beginnt, aber noch nicht verwelkt ist. Alle Spätsorten eignen sich besonders gut für den Vorrat.

Die Gewürze bei mäßiger Hitze zum Duften bringen.

Den Sud bei starker Hitze aufkochen. Möhren beifügen.

Frühlingszwiebeln garen – wie Möhren abtropfen lassen.

MÖHREN SÜSS-SAUER
(zum Foto rechts)

7 Twist-Off-Gläser je 500 ml
Einkochen: 60 Minuten bei 98 °C
Lagern: 12 Monate bei 1–20 °C

1,8 kg schlanke Möhren
400 g Frühlingszwiebeln mit Lauch
50 g Pfefferschoten
6 Knoblauchzehen
8 EL Olivenöl
1 TL Salz
2 Lorbeerblätter
je 700 ml Apfelessig und Apfelsaft
125 g brauner Zucker
1 großer Zweig Rosmarin

1. Möhren sparschälen und längs vierteln. Zwiebeln putzen, die Knollen vierteln und Grünes in Ringe schneiden.

2. Pfefferschoten entstielen, entkernen und in Ringe schneiden. Die Knoblauchzehen schälen und längs halbieren. Beide mit Olivenöl, Salz und Lorbeerblättern andünsten, bis sie duften. Mit Apfelessig, Apfelsaft und Zucker aufkochen.

3. Die Möhren in den Sud geben und 10 Minuten schwach kochen. Entnehmen und in einer Siebschüssel abtropfen lassen. Zwiebeln 1 Minute im Sud kochen. Dann das Zwiebelgrün hinzufügen und einmal aufkochen. Ins Sieb schütten.

4. Das Gemüse platzsparend in Gläser schichten, je 1 Stengel Rosmarin beifügen. Den Sud aufkochen und abschmecken. Das Gemüse damit bedecken. Die Gläser verschließen, in ein heißes Wasserbad setzen, erhitzen und einkochen.

5. Später beispielsweise allein als Vorspeise oder zu gekochtem Fleisch, Bouillonkartoffeln und scharfer Meerrettichsauce servieren. Salatsaucen mit etwas Aufguß zubereiten und würzen.

KRAUTRELISH MIT MÖHREN

1 Steinkrug (8 l)
Lagern: Oktober – April bei 4–15 °C

2 kg Weißkohl (netto)
1,5 kg Möhren
300 g Zwiebeln
2 rote Paprikaschoten
75 g Salz
750 g Zucker
2 EL Senfkörner
1 EL Selleriesamen
1 l Weißweinessig

1. Kohl vierteln und den Strunk abschneiden. Möhren schälen. Paprikaschoten entstielen und entkernen. Alles Gemüse durch das Schnitzelwerk der Küchenmaschine laufen lassen. Gründlich mit Salz kneten, bis es sich aufgelöst hat. In ein Sieb geben, abtropfen lassen.

2. Am nächsten Tag mit den übrigen Zutaten mischen und fest in den Steintopf pressen – alles soll mit Essig bedeckt sein.

3. Krautrelish schmeckt in milden Saucen aus Joghurt, Sahne oder Mayonnaise. Zum Beispiel zu Frikadellen und Kartoffelpüree oder zu Schinkenwurst und Bratkartoffeln.

MÖHREN MIT GRÜNEN BOHNEN

5 Twist-Off-Gläser je 500 ml
Lagern: 12 Monate bei 1–18 °C

1 kg Möhren
750 g grüne Bohnen
750 ml Weinessig
1 TL Salz
1 TL Nelken
2 Stück getrockneter Ingwer
1 EL weiße Pfefferkörner
bis 500 g Zucker

1. Möhren schälen und in ½ cm große Würfel schneiden. Bohnen bündeln, 1 cm lang schneiden, die Spitzen entfernen.

2. 2,5 l Wasser bei starker Hitze aufkochen. Je 250 g Gemüse hineingeben, 2 Minuten sprudelnd kochen, entnehmen, kalt duschen und im Sieb abtropfen lassen.

3. Essig, Gewürze und 350 g Zucker 5 Minuten kochen, süß-sauer abschmecken. Das Gemüse darin je 15 Minuten kochen. Zuerst die Möhren, dann die Bohnen.

4. Möhren und Bohnen im Sieb sammeln, mischen und in Gläser schichten, solange sie warm sind. Mit kochendheißem Sud bedecken, verschließen und auf den Deckeln stehend abkühlen lassen.

5. Bei Bedarf zu Sauerbraten oder Schmorbraten und Kartoffelklößen reichen. Kalte Fleischplatten mit dem Gemüse garnieren und den Sud für süß-saure Chinagerichte reservieren.

WICHTIG & NÜTZLICH

Je jünger die Möhre, um so leichter kann sie austrocknen und weich wie Gummi werden. Für kurze Zeit bleiben Möhren im Gemüsefach des Kühlschranks knakkig, wenn sie in atmender Folie stecken. Möhren mit Erdresten sind haltbarer als gewaschene Ware.

Späte Möhren sind haltbare Möhren, die zwischen plus und minus 1 °C bis 6 Monate frisch bleiben, wenn sie ungewaschen in Sand gelagert werden. Oder draußen auf einem Bett aus Stroh unter 20 cm Erde.

Gelagerte Möhren sind reich an Ballaststoffen. Ihr Mangel an Süße läßt sich beim Würzen leicht ausgleichen.

Frisch aus der Erde sind Möhren süß, saftig, besonders schmackhaft und bekömmlich – auch Möhren aus dem Kälteschlaf: dafür schälen, beliebig schneiden, bißfest kochen und bis 6 Monate bei –18 °C einfrieren.

Zum Einkochen Möhren 5 Minuten vorkochen. Für den Aufguß Wasser mit Salz und vielleicht etwas Zucker aufkochen. Bei 98 °C einkochen – im ganzen 2 Stunden, geschnitten 90 Minuten.

Für Saft Möhren und vielleicht einen Anteil Äpfel durch die Zentrifuge treiben. Den Saft mit etwas Zitronensaft mischen und durch ein Tuch filtern. Flaschen damit nicht ganz füllen, im Wasserbad auf 80 °C erhitzen, bis zum Rand füllen, verschließen und 25 Minuten die Temperatur halten.

MÖHRENCHUTNEY MIT APRIKOSEN

9 Twist-Off-Gläser je 150 ml
Lagern: 12 Monate bei 1–18 °C

500 g getrocknete Aprikosen
2 kg Möhren
600 g Zwiebeln
1 Knoblauchzwiebel
500 g Zucker
1 TL Salz
2 TL Cayennepfeffer
1,2 l Weißweinessig
200 ml Aceto Balsamico

1. Aprikosen in 500 ml warmes Wasser legen und über Nacht aufquellen lassen. Möhren, Zwiebeln und Knoblauch schälen und in Scheiben hobeln. Zucker bei mäßiger Hitze rühren, bis er gelb zerfließt. Abseits mit Gewürzen, Essig und Gemüse mischen.
2. Aprikosensaft zum Gemüse gießen, die Früchte kleinschneiden und beifügen. Die Sauce schwach kochen und oft rühren, bis sie andickt und 1,35 l mißt.
3. Das Chutney abschmecken, randvoll in Gläser füllen und verschließen.
4. Immer in kleinen Mengen zu den Speisen genießen. Beispielsweise zu Kochfisch mit Blattspinat in Sahne oder zu pochierter Lammkeule mit grünen Bohnen und Kartoffeln in einer kräftigen Brühe.

FEINES FRÜHLINGS-GEMÜSE

7 Beutel je 600 g
Einfrieren: 8 Monate bei –18 °C

1,5 kg Spargel (12 cm lang)
1,5 kg schlanke Möhren
1,5 kg Zuckerschoten
2 EL Salz

1. Spargel und Möhren schälen, Möhren längs in ½ cm breite Streifen schneiden. Die Spitzen der Zuckerschoten abschneiden und Fäden abziehen. Alles auf gleiche Länge schneiden.
2. 3 l Wasser und Salz bei starker Hitze aufkochen. Zuerst Spargel, dann Möhren und zuletzt Zuckerschoten in Portionen je 300 g kochen. Nach 3 Minuten entnehmen, abschrecken und abtropfen lassen.
3. Das Gemüse trocken in Gefrierbeutel geben: je 200 g Spargel, Möhren und Zuckerschoten. Luft hinausstreichen, die Beutel verschließen und einfrieren.
4. Frühlingsgemüse gefroren in Wasser geben, das den Boden ½ cm hoch bedeckt. Leicht salzen, zudecken, bei mittlerer Hitze auftauen und 3 Minuten garen. Dann in Butter schwenken oder in einer Sahnesauce mit Basilikum zu Filetsteak und Kartoffeln servieren. Oder lauwarm in einer Marinade mit Sherry zu Pfannkuchen mit Kräutern genießen.

MÖHRENKONFITÜRE

5 Twist-Off-Gläser je 250 ml
Lagern: 12 Monate bei 1–18 °C

1 kg Möhren
2 Birnen (300 g netto)
1 kg Gelierzucker 1 + 1
80 ml Zitronensaft
1 Vanilleschote
2 Zimtstangen

1. Möhren schälen und fein schneiden. Birnen schälen, vierteln, entkernen und in Scheiben schneiden, mit 100 g Gelierzucker mischen, in den Mixer geben und fein zerschlagen.
2. Alle Zutaten mischen und ruhen lassen, bis sie im eigenen Saft liegen. In einen weiten Topf geben und bei Mittelhitze rühren, bis die Möhren weich und glasig sind. Vanille- und Zimtstangen entfernen.
3. Konfitüre kochendheiß und randvoll in Gläser füllen. Verschließen und auf den Deckeln stehend abkühlen lassen.

SCHWARZWURZELN & RÜBEN

Trotz aller Anstrengungen von Seiten der Züchter werden die Erdbewohner dünn bis dick, rund bis lang, zart bis fest und klein bis groß ans Tageslicht befördert. Derart große Unterschiede müssen bei der Zubereitung berücksichtigt werden. Doch bei Mengen über den augenblicklichen Bedarf hinaus können Sie das Gemüse so aufteilen, daß einzelne Portionen gleichwertig sind. Wieder ein stichhaltiges Argument für das Einmachen.
Zierliche Formate sind zart, während dicke Rüben holzige Teile haben können, die entfernt werden müssen. Rein äußerlich geizen alle Rüben mit ihren Reizen, aber Wurzeln und Knollen sind nahrhafter als oberirdisches Gemüse und entfalten sich bei liebevoller Zubereitung zu den reinsten Geschmackswundern.

SCHWARZWURZELN EINKOCHEN

7 Einkoch-Gläser je 1 l
Einkochen: 2 Stunden bei 98 °C
Lagern: 12 Monate bei 1–20 °C

5 kg Schwarzwurzeln
weißer Essig
1 unbehandelte Zitrone
1 EL Salz

1. Die Schwarzwurzeln waschen, schälen und in Essigwasser legen. Dünne Stangen so lang schneiden, daß sie stehend in die Gläser passen. Abschnitte in 1 cm dicke Scheiben schneiden. Dicke Wurzeln längs vierteln und 5 cm lang schneiden. In Schüsseln mit Essigwasser sammeln.
2. 3 l Wasser, Saft einer Zitrone und Salz aufkochen und abkühlen lassen. Schwarzwurzeln sortiert und platzsparend in die Gläser geben und sofort mit Aufguß bedecken. Je 1 Stück gelbe Zitronenschale hineingeben.
3. Die Gläser verschließen, in kaltem Wasser aufsetzen und bei Mittelhitze zum Perlen bringen. Nach der Einkochzeit entnehmen und abkühlen lassen.
4. Stangen zum Servieren im Aufguß erhitzen, mit einer Drahtkelle entnehmen und beim Anrichten mit brauner Butter oder Sauce hollandaise überziehen. Aus dem Aufguß mittelgroßer Stücke eine helle Sauce kochen und das Gemüse darin erhitzen. Kleine Scheiben in einer leichten Mayonnaise mit etwas Aufguß schwenken und zu Ei und Schinken genießen. Oder eine Suppe daraus zubereiten, die mit Sahne, Eigelb, Salz und Pfeffer vollendet und beim Anrichten mit Petersilie oder Dill bestreut wird.

SCHWARZWURZELN EINFRIEREN

7 Beutel je 600 g
Einfrieren: 6 Monate bei –18 °C

5 kg Schwarzwurzeln
250 ml Weißweinessig
1 TL Salz

1. Die Schwarzwurzeln waschen, schälen, 6 cm lang schneiden und in Essigwasser hell halten.
2. 3 l Wasser und Essig bei starker Hitze aufkochen. Wurzeln gleicher Dicke hineingeben und sprudelnd kochen. Dünne 10 Minuten, dicke 15 Minuten. Entnehmen, wenn sie im Kern noch hart sind, und in eiskaltem Wasser abschrecken.
3. Die Schwarzwurzeln abtropfen lassen, auf Tüchern ausbreiten, darin abtrocknen, luftdicht verpacken und einfrieren.
4. Für ein Gemüse zum Beispiel 250 ml Kalbsfond aufkochen, die Wurzeln gefroren hineingeben, 10 Minuten schwach kochen, entnehmen und heiß halten. Die gelbe Schale einer Zitrone 5 Minuten in Wasser kochen, in Streifen schneiden und in den Fond streuen. 5 Minuten kochen, vom Herd nehmen und mit 150 g kalten Butterflocken verschlagen. Mit 1 EL Zitronensaft, Salz, Pfeffer und Muskat würzen. Über die Wurzeln schöpfen und das Gemüse bis zum Servieren gut durchziehen lassen. Als Beilage zu Kalbsfilet, Rinderbraten oder gegrilltem Fisch reichen. Oder als Hauptgericht mit Naturreis oder neuen Kartoffeln servieren.
5. Zum Dünsten Schwarzwurzeln auf schnelle Art mit Mikrowellen oder in kaltem Wasser auftauen, bis sie nicht mehr hart sind. Tropfnaß in 40 g Butter geben, mit ½ TL Kräutersalz würzen und 10 Minuten bei mäßiger Hitze dünsten. Beim Anrichten mit viel gehackter Petersilie bestreuen.

Schwarzwurzeln mit dem Sparschäler abziehen. In Essigwasser sammeln, damit sie hell bleiben.

TELTOWER RÜBCHEN

7 Einkoch-Gläser je 1 l
Einkochen: 2 Stunden bei 98 °C
Lagern: 12 Monate bei 1–20 °C

5 kg Teltower Rübchen
1 unbehandelte Zitrone
1 EL Salz
2 EL Zucker

1. Die Rübchen waschen und mit dem Sparschäler abziehen. Oben rund schälen, bis grüne Teile entfernt sind. Wurzeln abschneiden. Kleine Rüben ganz lassen. Mittelgroße und große Rüben längs vierteln. Nach Größen sortieren.
2. 5 l Wasser bei starker Hitze aufkochen. Rüben wie sortiert pfundweise hineingeben, 2 Minuten sprudeln lassen, in kaltem Wasser abschrecken und in Sieben abtropfen lassen.
3. Rüben platzsparend in Gläser schichten. Zitrone in Scheiben schneiden, mit 3 l Gemüsewasser und Salz aufkochen. Filtern, mit Zucker abschmecken und abkühlen lassen. In die Gläser gießen, bis die Rüben bedeckt sind.
4. Gläser verschließen, in kaltes Wasser stellen und bei Mittelhitze zum Sieden bringen, einkochen.
5. Bei Bedarf die Teltower Rübchen abgetropft in Butter und Zucker schwenken, bis sie heiß sind und golden glänzen. Beispielsweise zu Lammkoteletts und Kartoffelgratin genießen.

ZU SCHWARZWURZELN

Schwarzwurzeln in lauwarmem Essigwasser mit einer Bürste reinigen.
Roh schälen: Die sauberen Wurzeln in frisches Wasser legen, einzeln entnehmen und mit dem Sparschäler abziehen. Dabei Handschuhe aus Folie anziehen, weil die Wurzeln eine klebrige Milch absondern und die Finger so hartnäckig verschmutzen, daß sie schwer wieder sauber werden.
Gar schälen: Die sauberen Wurzeln in reichlich Wasser mit etwas Essig bißfest kochen. Entnehmen, eiskalt spülen und abgekühlt in kaltes Wasser legen. Die gelockerte Haut abstreifen, anschließend mit dem Küchenmesser die restliche Haut abschaben, aber schwarze Pünktchen als Erkennungszeichen an den Wurzeln lassen.
Zum Einkochen kühlen, am nächsten Tag in Gläser füllen, mit Aufguß bedecken. Verschließen und 60 Minuten bei 98 °C einkochen.

ZU WEISSEN RÜBEN

Die ersten der Saison geben sich innerlich und äußerlich rahmweiß und mit süßlichem Geschmack. So groß wie ein Hühnerei sind sie roh ein feines Salatgemüse und kommen zum Einmachen nicht in Frage.
Von den späten Sorten sind Teltower Rübchen die feinsten. Andere Arten wie Mairüben und Pastinaken können Sie ebenso einkochen. Sie schmecken roh zwar schärfer, sind aber in der Vorratsküche am rechten Platz, weil Vorkochen ihnen das Strenge nimmt. Gekochtes Püree aus weißen Rüben einfrieren oder ohne Aufguß bis 2 cm unter den Rand in Gläser füllen und einkochen. Beispielsweise 800 g davon mit 2 EL Mehl, 2 Eiern, 100 g flüssiger Butter und 150 ml Milch glatt verrühren, mit 125 g gehackten Walnüssen mischen, mit Salz und Pfeffer abschmecken und in Öl zu Küchlein braten. Auf Tomatengemüse und saftigem Blattspinat sind sie so ansehnlich wie schmackhaft.

ROTE BETE MIT MEERRETTICH

7 Einkoch-Gläser je 500 ml
Einkochen: 30 Minuten bei 98 °C
Lagern: 12 Monate bei 1–20 °C

3 kg Rote Bete
500 ml Weinessig
2 EL Salz
2 EL Zucker
20 cm Meerrettichstange
3½ Lorbeerblätter

1. Rote Bete waschen, im Topf mit Wasser bedecken, aufkochen und über geringer Hitze pro cm Dicke 7 Minuten garen. Anschließend in kaltem Wasser enthäuten und sofort danach entnehmen. Stengel und Wurzeln abschneiden.
2. 1 l Wasser, Essig, Salz und Zukker aufkochen. Die Lösung abschmecken und erkalten lassen.
3. Rüben nach Größe sortieren. Mittlere Knollen längs halbieren, große vierteln. Quer 5 mm dick schneiden.
4. Meerrettich schälen und in dünne Scheiben schneiden. Mit den Rüben in Gläser schichten, je ½ Lorbeerblatt hineinstecken. Mit Essiglösung bedecken, die Gläser verschließen, in kaltem Wasser aufsetzen und einkochen.
5. Rote Bete später zu Bratkartoffeln, Sülze und Mayonnaise genießen, zu gekochtem Rind oder Lamm mit Bouillonkartoffeln, zu Frikadellen und Bechamelkartoffeln.
6. In Norddeutschland legt man Rote Bete mit Kümmel und Zwiebel süß-sauer ein und ißt sie zu Kartoffelbrei und gekochtem Pökelfleisch mit Brühe. Dazu gehören Spiegelei, Bismarckhering und saure Gurke.

ROTE-BETE-SALAT

7 Einkoch-Gläser je 250 ml
Einkochen: 30 Minuten bei 98 °C
Lagern: 12 Monate bei 1–20 °C

1,5 kg Rote Bete
250 g Schalotten
1 EL Salz
2 EL Zucker
125 ml Apfelessig
50 ml kräftiger Rotwein
2 EL Koriander

1. Rote Bete schälen, 2 mm dick schneiden. Jeweils einige Scheiben aufeinanderlegen und 2 mm breit schneiden, so daß streichholzfeine Streifen entstehen.

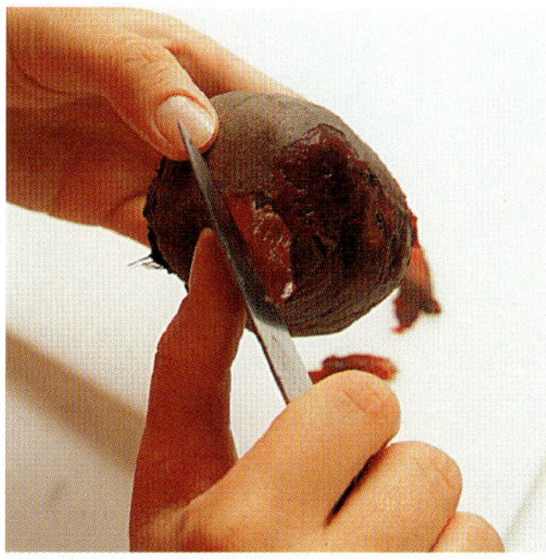

Rote Bete in der Schale garen, damit sie nicht ausbluten. Erst dann enthäuten.

2. Schalotten pellen und in dünne Scheiben hobeln. Mit den Gemüsestreifen, Salz, Zucker, Essig und Wein mischen und stampfen, bis das Gemüse etwas weicher ist und Saft abgegeben hat.
3. Koriander im Mörser zerreiben und dazugeben. Den Salat abschmecken, in Gläser füllen, verschließen, in kaltem Wasser aufsetzen und einkochen.
4. Später beispielsweise in den russischen Eintopf »Borschtsch« und in roten Heringssalat geben. Oder zu gebackenen Kartoffeln mit Schnittlauchquark genießen. Reiben Sie frische Äpfel hinein, um den Salat abzuwandeln.

ZU ROTE BETE

Wenn sie betont erdig schmecken sollen, im Ofen bei 175 °C backen, bis sie sich spätestens nach 60 Minuten ohne wachsenden Widerstand mit einem Stäbchen durchbohren lassen. Unter Wasser abkühlen lassen, die Haut mit Folienhandschuhen abstreifen.
Zum Einfrieren gegarte Rüben schneiden und in Einheiten je 150 g pro Person bei −18 °C bis 12 Monate lagern. Beispielsweise 1 cm dicke Scheiben gleicher Größe panieren oder in Teig tauchen, in Butter braten. Oder mit der gleichen Menge geriebenem Meerrettich mischen, mit Zitronensaft, Salz und Zucker würzen.
Zum Einkochen gegarte Rüben in Gläser füllen, mit leicht gesäuertem und gesalzenem Wasser bedecken und 30 Minuten bei 98 °C einkochen. Zum Beispiel unförmige Abschnitte in Würfeln für Suppen und Salate.
Zum Entsaften Rote Bete mit Äpfeln mischen, um seine blutbildende Kraft auf schmackhafte Art zu nutzen. Saft roh gewinnen, filtern, aufkochen, kochendheiß abfüllen und verschließen.

STECKRÜBEN WÜRFEL UND NUDELN

7 Einkoch-Gläser je 750 ml
Einkochen: 60 Minuten bei 98 °C
Lagern: 12 Monate bei 1–20 °C

4 kg Steckrüben
2 Petersilienwurzeln
15 g Meersalz
3 Knoblauchzehen

1. Steckrüben vom Schopf befreien und längs halbieren. Großzügig schälen, damit alle holzigen Stellen entfernt werden. Waschen.
2. Die oberen Hälften in 1 cm dicke Stäbchen oder Würfel schneiden. Die festeren unteren Hälften in bandnudeldünne Scheiben schneiden, mehrfach aufeinander legen und in 1 cm breite Streifen schneiden.
3. Petersilienwurzeln waschen, schälen, in Stücke schneiden und im Mixer pürieren. Mit Meersalz mischen, mit 1,5 l Wasser 10 Minuten kochen und anschließend durch ein Tuch filtern.
4. 4 l Wasser aufkochen. Die Rüben hineingeben und sprudelnd vorkochen: Stäbchen oder Würfel 2 Minuten, Nudeln 1 Minute. Beide Portionen mit der Drahtkelle entnehmen, in kaltem Wasser spülen und im Sieb abtropfen lassen.
5. Nudeln in 3 und Stücke in 4 Gläser geben. Mit dem Petersilienaufguß auffüllen. Je 1 Knoblauchzehe zu den Nudeln stekken. Die Gläser verschließen und kühlen.
6. Nach 24 Stunden in kaltes Wasser setzen, bei mittlerer Hitze erwärmen und einkochen.
7. Für Gemüse beispielsweise den Aufguß bis auf 100 ml einkochen. Mit 100 ml Sahne und Saucenbinder zu einer leicht gebundenen Sauce kochen. Würfel oder Nudeln darin erhitzen, mit viel gehackter Petersilie mischen und mit weißem Pfeffer würzen. So als feines Gemüse zu Steaks vom Rind und Salzkartoffeln servieren.
8. Für Pasta 250 g grüne Bandnudeln bißfest kochen. 250 g Sahne etwas einkochen, mit Knoblauchaufguß würzen. Nudeln, Rübenbänder und gehackte Petersilie darin schwenken, bei Tisch mit Parmesan oder altem Gouda bestreuen.

Neue Steckrüben sind klein und ab August reif. Zum Schälen auf ein Brett legen.

ZU STECKRÜBEN

Zum Einfrieren in Wasser mit Salz gar, aber noch bißfest kochen. Abschrecken und abtropfen lassen, auf Tüchern ausbreiten und abtrocknen. Für Gemüse pro Person 150 g in Gefrierbeutel geben, behutsam glätten und vor dem Verschließen die Luft hinausdrücken. Beispielsweise mit Blattspinat kombinieren, in Butter schwenkend erhitzen und eine Handvoll Cashewkerne hineinstreuen.
Für Bratlinge 750 g Kartoffeln einer mehlig kochenden Sorte garen. Steckrüben aus einem 750-ml-Glas und die trockenen Kartoffeln zermusen oder durch eine Presse geben. Mit 1 Ei und etwas Aufguß verkneten, mit Salz, Pfeffer und Muskat abschmecken. In nassen Händen zu Bällen rollen, flachdrücken, in Semmelbröseln wenden und bei mittlerer Hitze in nußbrauner Butter von beiden Seiten knusprig braten. So beispielsweise zu Hasenfilet und Rosenkohl servieren.

PORREE

Im Süden des Landes nennt man ihn Lauch, und überall verströmt er seinen erfrischenden und starken Duft, ohne, wie die verwandten Zwiebeln, Tränen in die Augen zu treiben. Der Herbst ist Einmachzeit für Poree, weil er dann preiswert und fester als im Sommer ist. Gartenfreunde können ihre eigene Ernte total verarbeiten oder küchennah in Erde einschlagen, wo der Porree an einem geschützten Platz lagert.

BLEICHER PORREE IN TOMATENSAUCE
(zum Foto oben)

7 Einkoch-Gläser je 750 ml
Einkochen: 60 Minuten bei 98°C
Lagern: 12 Monate bei 1–20°C

3,5 kg heller Porree
5 Knoblauchzehen
4 Zwiebeln
4 EL Olivenöl
1 kg frisches Tomatenpüree
3 EL Weinessig
Salz
Pfeffer
Zucker

1. Porree putzen und den Wurzelansatz abschneiden. Die Stangen so lang schneiden, wie die Gläser hoch sind. Das obere Drittel bis zur Mitte aufschlitzen. Waschen und dabei etwas aufblättern, um Erdreste abzuspülen. Die Stangen mit Wasser bedekken, 2 Minuten kochen, abschrekken und abtropfen lassen.
2. Knoblauch und Zwiebeln abziehen, winzig würfeln und in Öl weich dünsten. Mit Tomatenpüree und Essig verrühren, mit Salz, Pfeffer und Zucker abschmecken.
3. Stangen gleicher Stärke dicht aneinander in Gläser stellen. Mit Tomatensauce bedecken. Die Gläser verschließen, in kaltem Wasser aufsetzen und einkochen.
4. Porree auf diese Art entstammt der französischen Küche. Er schmeckt am besten zimmerwarm mit Bauernbrot. Eier, Salami und Schinken passen dazu.

WICHTIG & NÜTZLICH

Zum Einkochen weiße bis hellgrüne Stangen so lang schneiden, daß sie in den Gläsern bis 2 cm unter dem Rand stehen. Die Porreestangen in einen Topf geben, mit kaltem Wasser bedecken, aufkochen und abkühlen lassen. Aufrecht in die Gläser stellen. Das Wasser filtern, mit Salz und etwas Zitronensaft würzen, das Gemüse damit bedecken, verschließen und 60 Minuten bei 98°C einkochen. Beispielsweise für Gemüse in einer hellen Sauce aus dem Aufguß. Oder mit Reibkäse und Semmelbrösel in Öl oder Butter überbacken.
Zum Einlegen je 300 ml Wasser und Weinessig mit 1 TL Selleriesalz, 3 Lorbeerblättern, 3 EL weißen Pfefferkörnern und 8 Nelken, 1 Stengel Thymian und 2 EL Zucker aufkochen. Vorgekochten Porree beifügen und in 12–15 Minuten bißfest garen. Trocken in Twist-Off-Gläser pressen. Den Sud aufkochen, abschmecken und das Gemüse damit bedecken. Etwas Öl hinzufügen – es muß die Oberfläche gut bedecken. Die Gläser zuschrauben und Porree auf diese Art beispielsweise zu Fleisch garnieren oder in einen Kartoffelsalat mischen.

GRÜNEN PORREE EINFRIEREN

8 Dosen je 250 g
Einfrieren: 8 Monate bei –18°C

2 kg grüner Porree
2 EL Salz

1. Porree bis zur Mitte längs aufschneiden und gründlich waschen. Das dunkle Grün bündeln und in dünne Scheiben schneiden. Das helle Grün 4 cm lang schneiden, aufblättern, übereinanderlegen und in feine Streifen schneiden.
2. Etwa 3 l Wasser salzen und über starker Hitze aufkochen. Das Gemüse getrennt in 300-g-Portionen hineingeben und 1 Minute sprudelnd kochen. Schnell herausfischen, mit kaltem Wasser abschrecken und abtropfen lassen.
3. Porree trocken in Gefrierdosen geben und einfrieren.
4. Hellen Porree später gefroren in Suppen und Saucen geben und nur einmal aufkochen. Das dunkle Grün für Pfannengerührtes auf chinesische Art wenige Sekunden in heißem Öl braten.

ZWIEBELN

»Es hat sieben Häute und beißt alle Leute« ist ein Rätsel für die Zwiebel, die ein Schweizer Pfarrer und Kräuterkenner »Dr. h. c. Bolle« taufte. Die Erfahrung lehrte ihn, was der finnische Nobelpreisträger und Professor Dr. Virtanen 1955 nachwies: In der Knolle stecken Antibiotika – sie dienen ihrer eigenen Abwehr, aber sie beschützen auch die Menschen.
Da trifft es sich gut, daß die Zwiebel in kaum einem Kochrezept fehlt und folgerichtig oft gebraucht wird. Ab August verspricht die neue Ernte feste Knollen mit raschelnder Schale.

SCHALOTTEN IN ROTWEIN

10 Twist-Off-Gläser je 250 ml
Lagern: 12 Monate bei 1–18°C

1,5 kg Schalotten
1 TL Salz
250 ml Rotweinessig
150 g Zucker
3 Zimtstangen
1 EL Pfefferkörner
1 TL Nelken
1 unbehandelte Zitrone
500 ml Rotwein (Spätburgunder)
150 g Rosinen

1. Schalotten vorsichtig abziehen, den Wurzelansatz nicht wegschneiden.
2. Alle anderen Zutaten in einem genügend großen Topf aufkochen. Die Schalotten hineingeben und zugedeckt bei milder Hitze etwa 20 Minuten köcheln lassen. Die Zwiebeln sollen gerade gar sein.
3. Herausheben und in vorbereitete Gläser füllen. Mit kochendheißem Sud bedecken und zuschrauben.
4. Beispielsweise zu Steaks und Kartoffelgratin anrichten.

ANTIPASTI-ZWIEBELN

8 Twist-Off-Gläser je 250 ml
Lagern: 12 Monate bei 1–18°C

1 kg kleine Zwiebeln
500 ml Weißweinessig
50 g Zucker
1 EL Salz
2 EL weiße Pfefferkörner
2 Lorbeerblätter
500 ml Olivenöl

1. Die Zwiebeln in kochendes Wasser geben, einmal aufkochen, abgießen und in kaltem Wasser abziehen. Unten glatt schneiden und die Spitzen über Kreuz einschneiden.
2. Essig, Zucker, Salz, Pfeffer und Lorbeerblätter aufkochen. Zwiebeln und Olivenöl hinzufügen. Zudecken und bei schwacher Hitze 15 Minuten ziehen lassen. Zugedeckt beiseite stellen.
3. Am nächsten Tag die Zwiebeln mit der Drahtkelle entnehmen und in die Gläser verteilen. Den Sud kurz kochen, abschmecken und über die Zwiebeln gießen. Die Gläser zuschrauben.
4. Die Zwiebeln später mit anderem wenig saurem Gemüse als Vorspeise anrichten und zu frischem Brot essen.

ZWIEBELN IN TOMATENSAUCE

7 Einkoch-Gläser je 500 ml
Einkochen: 30 Minuten bei 90°C
Lagern: 12 Monate bei 1–20°C

2,2 kg kleine Zwiebeln
1,5 kg Tomaten
4 EL Olivenöl
60 g Zucker
1 TL Salz
2 Lorbeerblätter
1 EL Pfefferkörner
500 ml Weißweinessig

1. Zwiebeln in Wasser aufkochen, abgießen, in kaltem Wasser abkühlen und abziehen. Unten glatt schneiden und oben 1 cm tief einschneiden.
2. Tomaten waschen, kleinschneiden und bei schwacher Hitze erwärmen. Von der abgesonderten Flüssigkeit 500 ml wegschütten. Die Gewürze zu den Tomaten geben. 30 Minuten offen kochen. Essig dazugießen und aufkochen. Die Sauce durch ein Sieb streichen und abschmecken.
3. Zwiebeln in Gläser schichten und mit Tomatensauce bedecken. Verschließen, erhitzen und einkochen.
4. Später beispielsweise zu Siedfleisch und Bouillonkartoffeln, Leber und Kartoffelbrei oder Toast mit heißem Emmentaler Käse essen. Auf Büffets stehen sie nah an den Fleischplatten goldrichtig.

MEHRZWECK-ZWIEBELN

7 Einkoch-Gläser je 500 ml
Einkochen: 60 Minuten bei 98°C
Lagern: 12 Monate bei 1–20°C

3 kg mittlere bis große Zwiebeln
500 ml Weißwein
je 2 EL Salz und Zucker

1. Zwiebeln pellen und längs halbieren. Auf die Schnittflächen legen und in Halbringe schneiden, soweit es möglich ist. Die Endstücke sammeln und für Würfel reservieren.
2. Wein, Salz und Zucker aufkochen. Zwiebelringe hineingeben und einmal aufkochen. Beiseite stellen und abkühlen lassen.
3. Endstücke der Zwiebeln in kleine Würfel schneiden. Mit etwas Weinsud aufkochen, zudekken und an die Seite stellen.
4. Am nächsten Tag die Zwiebeln getrennt nach Art in Gläser geben und mit dem Sud bedecken. Verschließen, bei mittlerer Hitze erwärmen und einkochen.
5. So für badischen Zwiebelkuchen, Pariser Zwiebelsuppe, italienische Pizza, ungarisches Gulasch, westfälischen Potthast, fixe Pfannkuchen, schnelle Nudeln, flinke Chinakost und für alles verwenden, was durch Zwiebeln saftig und schmackhaft geraten soll.

ZWIEBELRELISH

7 Twist-Off-Gläser je 150 ml
Einkochen: 10 Minuten bei 90°C
Lagern: 12 Monate bei 1–18°C

1 kg Zwiebeln
375 g rote Paprikaschoten
2 EL Öl
250 ml Weißwein
6 EL heller Weinessig
3 TL Salz
2 EL Zucker
2 EL grüner Pfeffer
1 EL Paprika edelsüß

1. Zwiebeln pellen und in Würfel schneiden. Paprikaschoten vierteln, entkernen, waschen und in Würfel schneiden. Beides mit dem Öl glasig dünsten. Dabei ab und zu umrühren.
2. Wein, Essig und Gewürze dazugeben. Bei schwacher Hitze einkochen, bis die Flüssigkeit andickt. Abschmecken.
3. Relish kochendheiß in Gläser füllen, verschließen. Bis 4 Wochen im Kühlschrank aufheben. Für längere Lagerung einkochen.

WICHTIG & NÜTZLICH

Die normale Zwiebel ist gelbbraun wie Weinbrand, mittelgroß und schön scharf. Als junge Pflanze ist sie eine milde Frühlingszwiebel mit grünen Röhren. Riesige Zwiebeln sind pflegeleicht, mild und ergiebig. Schalotten sind kleine Zwiebeln mit vollem Aroma.
Zwischen –3°C und 0°C sind Zwiebeln bis 6 Monate haltbar. Wärme und Licht treiben sie zum Keimen an – es sprießt eine grüne Röhre und rundum beginnt die Fäule. Solche Zwiebeln fühlen sich weich an und taugen nur noch für den sofortigen Gebrauch, nachdem sie großzügig geputzt und gründlich gewaschen wurden.
Zwiebeln unter Wasser sind gezähmte Zwiebeln, die nicht zu Tränen reizen. Die spröden und brüchigen Schalen werden darin schnell so weich, daß sie sich in einem Stück über die Knolle ziehen lassen.
Beim Schneiden vieler Zwiebeln lassen sich Tränen verhindern, wenn bei leichter Zugluft und an einem geöffneten Fenster gearbeitet wird. Dabei sollen die Knollen im Wasser bleiben und Fertiges schleunigst unter einem Deckel verstaut werden.
Zwiebeln nicht länger als notwendig an der Luft liegen lasen, weil sie schon nach kurzer Zeit muffig riechen und an Wohlgeschmack verlieren können.
Zum Einfrieren Frühlingszwiebeln und ausgewachsene Zwiebeln 1–2 Minuten vorkochen und bei –18°C bis 6 Monate einfrieren. Beispielsweise eine beliebte Mischung aus Gemüsezwiebeln mit Paprika und Tomaten, die so gut zu Rührei und Kartoffelpüree paßt, mit Fleischklößen einen Reisring füllt, mit Wurst zum schnellen Eintopf gerät und sich gut auf Pfannkuchen macht.

SELLERIE & SUPPENGEMÜSE

In seiner schlanken Gestalt mit den fleischigen Stielen und dem hellen Laub ist das Gemüse als Staudensellerie bekannt und beliebt geworden. Obwohl es strenggenommen keine Staude ist und die Stange als Vorname korrekter wäre. Beim anderen Sellerie ist alles klar. Ohne Rufname ist rahmweißer Sellerie gemeint, der seine Figur nur zuweilen als Knolle im Namen führt – mal hinten und mal vorn.

Beide Sorten erscheinen roh in Salaten und haben eine leichte Strenge, die nur bei Soloauftritten zu stark zum Vorschein kommt und durch Vorkochen auf ein angenehmes Maß gesenkt wird.

Als Suppenwürze wird Sellerie mit großem Beifall bedacht, sobald weitere Akteure auf der Bühne erscheinen: Möhren und Porree, aber auch Petersilienwurzeln, die gut mit ihm zusammenspielen und auch mal in seine Rolle schlüpfen können.

SELLERIE FÜR SCHNITZEL

Sturzgläser zum Einkochen
Einkochen: 2 Stunden bei 98 °C
Lagern: 12 Monate bei 1–15 °C

Einfrieren: 6 Monate bei –18 °C

Feste, mittelgroße Knollen
Salz, Zitronensaft

1. Die Knollen unten beschneiden, soweit sich Erde in den Spalten befindet. Das Kraut abschneiden, aber einen Schopf der Stengel stehen lassen.
2. Wenige Knollen in Wasser oder im Schnellkochtopf garen, viele nebeneinander im Ofen bei 180 °C backen. Zur Probe mit einem Stäbchen durchstechen. Ist kein wachsender Widerstand zu spüren, ist der Sellerie gar.
3. Das Garen durch ein eiskaltes Bad stoppen. Sellerie schälen und schneiden, solange er heiß ist. Die Haut unter Wasser abstreifen. Abschneiden, was nicht rahmweiß ist.
4. Zum Einkochen passend für die Gläser in Scheiben schneiden und einschichten. Wasser mit etwas Salz und Zitronensaft aufkochen, Sellerie damit bedecken. Die Gläser verschließen und einkochen.
5. Zum Einfrieren in beliebige Scheiben schneiden, mit Zitronensaft einreiben und zwischen Folie einpacken. So sind sie einzeln verfügbar und tauen schnell soweit auf, daß sie nicht mehr steinhart sind und die Panierung haftet.
6. Zum Panieren mit Salz und Muskat würzen, in Mehl wenden, durch verquirltes Ei ziehen und in Bröseln umdrehen: aus Brot, aber auch Schrot und Korn wie Sesam, die nußartig schmecken und gut mit Sellerie harmonieren. In Öl oder Butter bei Mittelhitze braten, bis sie goldbraun und heiß sind. Beispielsweise mit grünem Salat und Käsesauce servieren.
7. Zum Dünsten gefroren in zerlassene Butter geben, bei schwacher Hitze auftauen und erhitzen. Mit Zitronensaft beträufeln und wenden. Dick mit geriebenem Parmesan bestreuen und servieren, sobald der Käse geschmolzen ist.

Knollensellerie mit frischem Kraut, das Sie trocknen und in Öl einlegen können. Als Würze für dunkle Speisen.

Staudensellerie paßt in jedes Suppengemüse. Aus dem hellen Kraut können Sie Würze für helle Speisen machen.

SELLERIE FÜR SALATE

10 Twist-Off-Gläser je 150 ml
Lagern: 6 Monate bei 1–18 °C

1,5 kg weißer, fester Sellerie
500 ml Weißweinessig
150 g Zucker
1 EL Salz
10 EL Sonnenblumenöl

1. 1 l Wasser mit 1 EL Essig leicht säuern. Sellerie streichholzfein schneiden und hineingeben, damit er hell bleibt.
2. Essig aufkochen. Je 500 g Sellerie hineingeben, 2 Minuten kochen, mit der Siebkelle entnehmen und im Sieb ausdampfen lassen. 325 ml vom Essig abmessen und mit Zucker und Salz aufkochen.
3. Sellerie noch heiß in die Gläser pressen. Je 4 EL süß-sauren Sud kochendheiß darüber füllen. Mit dem restlichen Essig auffüllen, wenn das Gemüse noch nicht bedeckt sein sollte.
4. Je 1 EL Öl auf das Gemüse löffeln und die Gläser verschließen.
5. Sellerie zum Gebrauch abgießen und nach Rezept zubereiten. Den Aufguß als Ansatz für die Sauce oder zum Abschmecken verwenden. Für Salat Waldorf Sellerie mit Äpfeln, Walnüssen und leichter Mayonnaise kombinieren. Oder Salat aus Reis mit Hühnerbrust, Pfirsichen, Birnen, knackigem Eisbergsalat und Sellerie mischen. In rosa Cocktailsauce aus Mayonnaise mit Sahne, Tomatenmark, Zitronensaft und Cayennepfeffer anmachen.

STAUDENSELLERIE IN WEINSUD

5,25 l · 7 Einkoch-Gläser je 750 ml
Einkochen: 90 Minuten bei 98 °C
Lagern: 12 Monate bei 1–20 °C

3,5 kg Staudensellerie
500 g hellgrüner Porree
500 g Möhren
500 g Zwiebeln
5 Knoblauchzehen
1 Bund Thymian
700 ml Weißwein
Salz
Zucker

1. Sellerie entlauben, in Stiele zerlegen und mit dem Sparschäler abziehen, wo er faserig aussieht und fleckig ist. Die Stangen bündeln und schräg in etwa 5 cm lange Stücke schneiden. Trockene Endstücke wegwerfen.
2. Sellerie mit kaltem Wasser bedecken, bei starker Hitze aufkochen, ins Sieb schütten und ausdampfen lassen.
3. Porree waschen und in kleine Stücke schneiden. Möhren, Zwiebeln und Knoblauch schälen und kleinschneiden. Das Gemüse mit 700 ml Wasser und Thymian 60 Minuten schwach kochen. In ein Tuch geben und auswringen, sobald es sich anfassen läßt.
4. Die Gemüsebrühe mit Weißwein 5 Minuten kochen, mit Salz und Zucker abschmecken. Sellerie in die Gläser verteilen, mit dem Aufguß bedecken, verschließen und einkochen.
5. Später beispielsweise zimmerwarm mit gekochtem Ei, Anchovis und Röstbrot kombinieren. Oder mit dem Aufguß eine Sauce kochen, mit Sahne verfeinern und das Gemüse darin heiß schwenken. Staudensellerie kann auch in einer lieblichen Tomatensauce eingekocht werden.

SELLERIE FÜR PÜREE

7 Einkoch-Gläser je 500 ml
Einkochen: 90 Minuten bei 98 °C
Lagern: 12 Monate bei 1–20 °C

2 kg Sellerie (auch Abschnitte)
2 kg mehlige Kartoffeln
28 g Salz

1. Sellerie schälen, in kleine Stücke schneiden, mit Wasser bedecken und kochen, bis er ganz weich ist.
2. Kartoffeln schälen, mit Wasser bedecken, kochen, abgießen und abdampfen lassen.
3. Sellerie durch ein Sieb rühren. Kartoffeln durch eine Presse geben. Beides mischen, aber nicht rühren. Fest in die Gläser pressen und 2 cm unter dem Rand glätten. Je 4 g Salz gleichmäßig auf die Oberfläche streuen und mit Kochwasser befeuchten.
4. Die Gläser verschließen, in kaltes Wasser setzen, bei schwacher Hitze erwärmen und einkochen.
5. Bei Bedarf 50 g Butter hell bräunen, das Püree beifügen, mit Sahne aufschlagen und mit Muskatblüte würzen. Oder mit 2 Eiern mischen und in der Pfanne zu Küchlein backen.

WICHTIG & NÜTZLICH

Für Selleriesalat die Knollen roh in 1 cm große Würfel schneiden und in Essigwasser leicht glasig kochen. Mit Aufguß aus halb Essig und halb Wasser 90 Minuten bei 98 °C einkochen. Auf verschiedene Art und für unterschiedliche Zwecke beliebig würzen. So ist der Salat schon im Glas tischfertig.
Zartes Kraut von Sellerie fein hakken und trocknen, bis es streufähig ist. In Gläser pressen und Öl zugießen, bis es über dem Kraut steht: für Salate, Suppen, Gemüse. Grünes Kraut, das zum Wegwerfen zu schade ist, kann getrocknet werden, bis es raschelt und zwischen den Fingern zu Pulver wird. Es eignet sich zum Würzen dunkler Speisen.

VIELZWECKGEMÜSE GANZ FEIN

2 kg · Portionen je 100–200 g
Einfrieren: 6 Monate bei –18 °C

500 g Sellerie
800 g Möhren
700 g hellgrüner Porree
2 EL Salz

1. Sellerie waschen, schälen und unten beschneiden, bis alle Wurzeln entfernt sind und die Schnittfläche glatt ist. Möhren waschen, sparschälen und abschneiden, soweit sie grün sind. Längs halbieren und den Stamm entfernen, wenn er holzig ist.
2. Möhren und Sellerie auf die Schnittfläche legen und in 2 mm dünne Scheiben bzw. Streifen schneiden. Diese mehrfach aufeinanderlegen und streichholzfein schneiden. Die Streifen bündeln und auf gleiche Länge 2–4 cm (Julienne), kürzere Streifen in winzige Würfel (Brunoise) schneiden.
3. Porree der Länge nach spalten, spülen und wie das andere Gemüse in Julienne und Brunoise schneiden.
4. 2 l Wasser und Salz bei starker Hitze aufkochen. Das Gemüse in Portionen je 200 g in einen Siebkorb geben, ins sprudelnde Wasser hängen und wallend kochen. Sellerie und Möhren je 1 Minute, Porree 5 Sekunden.
5. Nach dem heißen Bad sofort in Wasser mit Eiswürfeln geben und so blitzschnell abkühlen. In den Händen abschütteln, auf fusselfreien Tüchern ausbreiten und darin abtrocknen.

Für »Julienne« das Gemüse streichholzfein und 2–4 cm lang schneiden. Meistens Sellerie, Möhren und Porree.

Für »Brunoise« die streichholzfeinen Gemüsestreifen auf dem Brett bündeln und in winzige Würfel schneiden.

6. Das Gemüse mischen und in den Mengen portionieren, die später gebraucht werden. Trokken in Gefrierbeutel geben, zu flachen Päckchen ausstreichen und dabei die Luft hinausschieben. Die Beutel verschließen und einfrieren.
7. Bei Bedarf das Gemüse in Suppen und Saucen streuen, darin auftauen und erhitzen, aber nicht mehr kochen. Oder in zerlassener Butter schwenken und beispielsweise über Nudeln streuen. Fisch auf Julienne schonend dünsten und das Gemüse vor allem in Reserve halten, wenn feine Küche Vorrang hat und entsprechende Rezepte auf rationelle Art verwirklicht werden sollen.

GEMÜSE FÜR MINESTRONE

7 Einkoch-Gläser je 1 l
Einkochen: 90 Minuten bei 98 °C
Lagern: 12 Monate bei 1–20 °C

500 g kleine Zucchini
2 EL Essig
Salz
1 kg Tomaten
7 kleine Knoblauchzehen
1,5 kg Weißkohl oder Wirsing
500 g Möhren
500 g Kartoffeln
500 g Staudensellerie
500 g Porree
3½ Lorbeerblätter

1. Zucchini waschen und in 1 cm große Würfel schneiden. Mit Essig und 1 TL Salz mischen, mit Wasser bedecken, schnell aufkochen und im Sieb abkühlen lassen. Sud wegschütten.
2. Tomaten einritzen, brühen, abziehen, vierteln, entkernen und auf Küchenkrepp abtropfen lassen. Knoblauch abziehen.
3. Das andere Gemüse so behandeln, wie es bei den Schritten 4–7 steht. Dabei saubere Abschnitte und frisches Kraut reservieren. Die Sorten einzeln und in der genannten Reihenfolge in 5 l sprudelndem Wasser blanchieren. Sofort danach abschrecken und abtropfen lassen.
4. Kohl putzen, vierteln und den Strunk entfernen. Die Blätter ohne dicke Rippen 2 cm lang und ½ cm breit schneiden. Vorkochen, bis sie glasig sind.
5. Möhren und Kartoffeln schälen und in 1 cm große Würfel schneiden. Getrennt 3 Minuten vorkochen.
6. Staudensellerie an beiden Enden stutzen und schälen, wo er trocken und fleckig aussieht. Die Fasern am unteren Ende erfassen und mit Küchenmesser oder Sparschäler abziehen. Die Stangen bündeln und in 1 cm dicke Halbringe schneiden. 3 Minuten vorkochen.
7. Porree putzen, bis zur Mitte aufschlitzen, gründlich waschen und in winzige Würfel schneiden. Einmal aufkochen.
8. 3 l Gemüsebrühe mit sauberen Abschnitten und hellem Kraut 20 Minuten kochen. Durch Filterpapier laufen lassen.
9. Zucchini, Tomaten, Knoblauch, das blanchierte Gemüse und je ½ Lorbeerblatt in die Gläser geben. Mit Gemüsebrühe bedecken. Die Gläser verschließen und einkochen.
10. Für die italienische Gemüsesuppe beispielsweise die Würfel einer Zwiebel in 20 g Butter andünsten. Mit dem Aufguß und Fleischbrühe auf 1 l auffüllen. 100 g Reis 15 Minuten kochen. 300 g weiche Bohnenkerne und das Gemüse darin erhitzen. Mit Salz, Knoblauch und Pfeffer abschmecken. Mit beliebig viel gehackter Petersilie anrichten und bei Tisch mit geriebenem Parmesan bestreuen.

FÜR SUPPEN & BRATEN

Für Suppen 1,4 kg Sellerie, 1,8 kg Porree, 2 kg Möhren und 1,1 kg Petersilienwurzeln in 21 Gläser je 500 ml füllen. Im Einkochtopf einkochen: pro Runde 7 Gläser in 3 Etagen (90 Minuten bei 98 °C).
Für Suppen aus frischem Fleisch, französischen »Pot au feu« und italienischen »Bollito misto« Gemüse eigener Wahl einfrieren oder einkochen – mit Erbsen und Bohnenkernen dauert die Einkochzeit 2 Stunden.
Der Aufguß ist gutes Kochwasser und ergänzt Brühen. Das Gemüse ist zarte Einlage oder nur Würze: Butterweich und im Tuch ausgedrückt, würzt es Brühe, die klar bleiben soll. Fast zerkocht und durch ein Sieb gedrückt, würzt und bindet es gleichzeitig.
Für Braten Mischungen wie für Suppen einkochen. Nach Lieblingsgerichten oder ausgewählten Rezepten, beispielsweise ergänzt durch Tomaten, Zwiebeln, Knoblauch und Kräuter. Bei Bedarf neben dem Fleisch braun anbraten und mit dem Aufguß ablöschen. Fond samt gelöster Krusten und Gemüse durch ein Sieb rühren, damit die Sauce gut wird.

PILZE

Obwohl sie nur auf einem Bein aus dem Erdreich schießen, sind sie kleine Kraftpakete mit viel Würze. Sie vermögen nicht nur den Geschmack von Fleisch zu steigern, sie können es sogar entbehrlich machen. Sammler holen ihre Lieblinge zuweilen von verschwiegenen Plätzen. Bei anderen Liebhabern sprießen Austernpilze, Braunkappen, Champignons und Shiitake im eigenen Garten auf Stroh und Holz. Auf bequemste Art lassen sich die wilden und kultivierten Gesellen selbstverständlich vom Markt und aus dem Laden holen.

Kundige Sammler knicken die Findlinge behutsam ab, um den Nachwuchs zu sichern. Sie reiben die Hüte sanft ab und durchschneiden jeden Pilz von Kopf bis Fuß, um Maden samt ihrer Schleichwege zu entfernen. Sie entfernen unschöne Stellen an den Köpfen und trennen sich von dunklen Lamellen, weil sie durch Schwermetalle belastet sein können. So tragen sie trocken und luftig im Korb nur das heim, was verwertbar und küchenfertig ist.

Austernpilze und Champignons mit dem Pinsel reinigen.

Pilze unten beschneiden, soweit die Stiele braun sind.

FARCE AUS PILZEN

1 kg · Portionen je 100–250 g
Einfrieren: 3 Monate bei –18 °C

1,5 kg junge Pilze
½ EL Salz
250 g Schalotten
30 g Butter
125 ml Schlagsahne
Pfeffer

1. Pilze putzen, grob zerschneiden und mit dem Salz mischen. Zugedeckt erhitzen, bis sie im eigenen Saft liegen. Ins Sieb schütten und durch den Fleischwolf drehen.
2. Schalotten abziehen, winzig würfeln und in Butter weich dünsten. Pilzbrühe und Sahne dazugeben, fast verkochen. Pilze daruntermischen, abkühlen lassen, verpacken und einfrieren.
3. Die Farce später in Ragouts, Gulasch und Hackfleischsauce auftauen. Filet Wellington, Hackfleischteig und Cremesuppe damit zubereiten. Pfannkuchen und Taschen aus Blätterteig mit der Farce füllen.

WALD- UND WIESEN-PILZE

7 Einkoch-Gläser je 250 ml
Einkochen: 90 Minuten bei 98 °C
Lagern: 12 Monate bei 1–20 °C

1 kg junge Röhrenpilze und andere Sorten, die jung und makellos sind: Austernpilze, Champignons, Hallimasch, Krause Glucken, Reifpilze, Rothäuptchen
Salz nach Geschmack

1. Pilze verlesen und nur kurz in kaltem Wasser schwenken, um Erdreste zu entfernen. Kleine Pilze längs halbieren, um Madengänge zu entfernen. Große Pilze blättrig schneiden.
2. Den Boden eines Topfes mit Wasser bedecken, bei starker Hitze zum Kochen bringen. Pilze hineingeben und offen dünsten, bis sie nach wenigen Minuten zusammenfallen und glasig aussehen. Dabei schwenken.
3. Die Pilze im Sieb abtropfen lassen. Die Brühe durch ein nasses Tuch abgießen, um Schmutz und Schleim zu entfernen. Die Pilze heiß in Gläser geben und nur leicht zusammendrücken.
4. Die Brühe kurz einkochen und mit Salz abschmecken. Die Pilze damit bedecken, die Gläser verschließen und in Wasser setzen, das die gleiche Temperatur hat. Bei mäßiger Hitze zum Perlen bringen und einkochen.
5. Bei Bedarf im Sieb abtropfen lassen, den Aufguß mit Sahne zu sämiger Sauce kochen, salzen, pfeffern und die Pilze darin erhitzen. Mit gehackter Petersilie bestreuen und zu Brot oder Semmelknödeln genießen.

KNOBLAUCH-CHAMPIGNONS
(zum Foto rechts)

7 Einkoch-Gläser je 500 ml
Einkochen: 20 Minuten bei 90 °C
Lagern: 8 Monate bei 1–20 °C

2 kg kleine Champignons
7 Knoblauchknollen
700 ml Weinessig
7 × 2 EL Senfkörner
125 g Zucker
2 EL Salz
1 Bund Dill
7 Lorbeerblätter

1. Champignons mit einem Pinsel reinigen. Die Stiele abschneiden, soweit sie bräunlich sind. Die Abschnitte in 400 ml Wasser 10 Minuten auskochen.
2. Die Brühe durch ein Sieb gießen und bei starker Hitze aufkochen. Die Champignons dazugeben und im geschlossenen Topf 5 Minuten kochen. Ins Sieb schütten und abtropfen lassen.
3. Knoblauch in Zehen zerlegen, abziehen und in die Pilzbrühe geben. 1 Minute kochen, zu den Pilzen ins Sieb schütten.
4. 700 ml Pilzbrühe mit Essig, Senfkörnern, Zucker und Salz aufkochen und abschmecken. Dill waschen, ausschütteln und im Tuch abtrocknen.
5. Pilze, Knoblauch, je ein Lorbeerblatt und Dill in die Gläser geben und mit dem Sud bedekken. Die Gläser verschließen, in ebenso warmes Wasser setzen, erhitzen und einkochen.
6. Oder Twist-Off-Gläser mit den kochendheißen Zutaten füllen, mit Öl bedecken, zuschrauben und in den nächsten 4 Monaten kühl lagern.
7. Die Champignons schmecken zimmerwarm zu knusprigem Weißbrot, das noch warm mit Butter bestrichen ist und mit Kräutern wie Kresse oder Schnittlauchröllchen bedeckt ist.

WICHTIG & NÜTZLICH

Zum Einfrieren junge, zarte und makellose Pilze wie Pfifferlinge, Hallimasch, Röhrlinge, Rothäuptchen, Braunkappen und Shitake mit hartem Pinsel säubern, auch zwischen den Lamellen. Harte und braune Teile der Stiele entfernen und die Pilze längs halbieren.
1 TL Öl in einer Pfanne bei Mittelhitze heiß werden lassen. Je 200 g Pilze hineingeben und 2 Minuten unter Wenden braten, dabei die Säfte verdampfen lassen. Die Pilze anschließend flach ausbreiten, schnell abkühlen lassen und in Gefrierbeuteln einfrieren. Bis 12 Monate bei –18 °C lagern. Später gefroren in die heiße Pfanne geben, kurz braten, salzen, pfeffern und zu Wild servieren. Oder in fertigen Speisen wie Suppen, Saucen, Risotto auftauen. Aber nicht kochen.
Steinpilze besser roh in Scheiben schneiden, offen gefrieren, danach einpacken und bis 4 Monate einfrieren. Auch andere feste Pilze wie Austernpilze, graublättrige Schwefelköpfe, Maronen, schwarzfüßige und violette Ritterlinge, Rotkappen, Samtfußrüblinge und Frostschnecklinge. Später wie frische Pilze zubereiten und zum Beispiel kurz in haselnußbrauner Butter schwenken und würzen.
Zum Einkochen junge Pilze ohne Makel auswählen, die keinen Schleim absondern. Pilze mit bitterem Geschmack in viel sprudelndes Wasser geben und 2 Minuten vorkochen. Trocken in Gläser geben und mit abgekochtem Salzwasser einkochen.
Zum Trocknen für Pulver gute Abschnitte aussuchen und für Scheiben ausgewachsene Pilze. Wie beides gemacht wird, steht auf Seite 16. Bei Bedarf erweisen sich kleinste Mengen als Riesen, wenn man ihnen ein kurzes Bad in kaltem Wasser gewährt. Sie beginnen in der nächsten halben Stunde zu ihrer Höchstform aufzulaufen. Sie sind deshalb eine ideale Würze für frische Pilze.
Reste, die anders verwertet werden sollen, können Sie zu einer flüssigen Pilzwürze auslaugen. Rezept auf Seite 100.

Dill treibt schnell Dolden, Basilikum leidet bei schlechtem Wetter und Petersilie macht erst schlapp, wenn Väterchen Frost sie erwischt hat. Unter Glas wird das Klima auf solche Empfindlichkeiten eingestellt, so daß Kräuter im Treibhaus allzeit sprießen und verkauft werden können. Ernte im eigenen Garten ist immer dann, wenn die Pflanzen kräftig sind und Blüten ansetzen. Folgesaaten und das Wetter lassen unterschiedliche Zeiten zu, bescheren das würzige Grün noch im Herbst und wecken die Lust auf Vorräte. Vielleicht – wie im Bild – auf Himbeeressig und Öl mit Pfefferschoten oder mit Kräutern.

Nach den Anweisungen auf den nächsten Seiten können Sie Kräuter auf verschiedene Art einmachen – einzeln oder gemischt. Mindestens sieben verschiedene Sorten für die Frankfurter Grüne Sauce, die so gut zu Roastbeef, Fisch und wachsweichen Eiern schmeckt. Petersilie, Basilikum und Thymian für italienische Salsa verde, die zum Kochfleisch Bollito misto gehört. Basilikum, Majoran und Rosmarin für Hackfleischsauce zu Pasta. Alles über das Trocknen von Kräutern finden Sie auf Seite 16.

Würziges ergänzt die Vorratsküche. Im Gefriergerät ruht gereifter Käse, den Sie direkt aus der Eiseskälte reiben können. Haltbare Saucen und Gewürzmischungen stehen sichtbar im Regal und wecken Ideen. Rosmarinöl fordert zum Grillen auf, und Pizzatomaten erinnern daran, daß auch Pizzaböden eingefroren sind. Currypaste weckt Lust auf Huhn mit Ananas, das so gut zu Reis und grünem Salat schmeckt. Kräuteressig macht Appetit auf Salate, Apfelchutney regt dazu an, mal wieder gebratene Leber aufzutischen. Von Apfelschmalz bis Pommernkaviar können Sie Aufstriche horten, die schlichtes Brot begehrt machen. Mit Kräuterbutter und Basilikumpaste, Öl mit Pilzen, Sardellen und Knoblauch können Sie am Nudeltag beweisen, daß Einfaches und Schnelles ein großer Genuß sein kann.

KRÄUTER

Die ersten recken sich aus dem letzten Schnee und die letzten erfrieren im Eis. Die Saison der frischen Kräuter ist lang und die Pause im Winter nur kurz. Dennoch können kulinarische Träume mit Kräutern selbst mitten im Sommer wie Seifenblasen platzen. Eiserne Reserven sind viel einfacher und zuverlässiger, um spontane Lust auf Kräuter zu erfüllen. Mit allen Kräutern, die Ihnen lieb und wert sind, und in Mischungen, die Ihren eigenen Wünschen entsprechen. Nachdem der Tau getrocknet ist und die Pflanzen kurz vor der Blüte stehen, haben sie in der Regel am meisten Aroma – und Wirkstoffe, die Sie beispielsweise beim Dampfentsaften entlocken können, um die Säfte später schluckweise als Arznei oder als Würze zu nutzen.

SALATKRÄUTER

Dunkle Twist-Off-Gläser je 200 ml
Lagern: 12 Monate bei 1–20°C

Basilikum, Borretsch, Dill, Estragon, Pfefferminze, Pimpinelle, Tripmadam, Thymian
100 ml Weinessig für 200 g

1. Kräuter verlesen, waschen, im Tuch abtrocknen, Blättchen von den Stengeln pflücken und fein hacken. Abwiegen und die nötige Menge Essig abmessen.
2. Essig und Kräuter mischen, mit Teller und Gewicht beschweren und ruhen lassen. In Gläser füllen, sobald sich die Kräuter vollgesaugt haben.
3. Soviel Essig auf die Oberfläche gießen, daß die Kräuter ganz bedeckt sind. Die Gläser verschließen. Später teelöffelweise in Salatsaucen geben und nach dem Öffnen im Kühlschrank aufbewahren.

KRÄUTER IM KÄLTESCHLAF

Gläser je 50 ml · Folienschlauch
Einfrieren: 6 Monate bei –20°C

Basilikum, Bohnenkraut, Borretsch, Dill, Estragon, Fenchel, Kerbel, Liebstöckel, Petersilie, Pfefferminze, Pimpinelle, Sauerampfer, helles Selleriekraut, Zitronenmelisse

1. Kräuter waschen, auf das Abtropfbrett geben, verlesen und Blättchen von den harten Stengeln pflücken. Auf einem Tuch ausbreiten und darin abtrocknen.
2. Wenn sie streufähig sein sollen, auf dem Brett fein wiegen, locker in kleine Gläschen (zum Beispiel von Kaviar) geben, verschließen und einfrieren.
3. Wenn die Kräuter grob gebraucht werden, diese im ganzen im Gefrierbeutel einfrieren und zum Zerkleinern mit dem Nudelholz überfahren.
4. Oder durch den Fleischwolf treiben – gleich durch die Wurströhre in einen Folienschlauch stopfen. Portionen abbinden, wie Sie sie später benötigen.
5. Für Eiswürfel im Mixer pürieren und dabei soviel Wasser wie nötig hinzufügen, um ein feines Püree zu gewinnen. In den Eiswürfelbehälter füllen, gefrieren, in Beutel umquartieren und einfrieren. In warmen Salatsaucen und heißen Speisen auftauen.

KRÄUTER IM GRÜNEN SAFT

Einkoch-Gläser je 100 ml
Einkochen: 15 Minuten bei 90°C
Lagern: 12 Monate bei 1–20°C

Bohnenkraut, Dill, Estragon, Fenchel, Kerbel, Liebstöckel
1 g Salz für 50 g Kräuter

1. Kräuter waschen, in ein Tuch einrollen und abtrocknen. Zarte Spitzen und junge Triebe abzupfen, ganz lassen oder fein wiegen und in die Gläser füllen.
2. Die Reste grob zerschneiden und im Mixer pürieren, dabei soviel Wasser wie notwendig hinzufügen. Anschließend aufkochen, durch ein Sieb laufen lassen und mit Salz würzen.
3. Aufguß kalt über die Kräuter gießen. Die Gläser verschließen, in kaltem Wasser aufsetzen und einkochen.
4. Fisch auf den Kräutern dünsten oder kalte und warme Saucen mit dem Saft würzen.

Kräuter für alle Zwecke in einem Tuch abtrocknen.

Die trockenen Kräuter auf einem Brett fein wiegen oder hacken.

Auf Küchenkrepp legen, bis die Feuchtigkeit abgezogen ist.

KRÄUTER IN ÖL

Dunkle Twist-Off-Gläser je 100 ml
Lagern: 12 Monate bei 1–20°C

Basilikum, Borretsch, Dill, Estragon, Pimpinelle
ca. 40 ml Öl pro Glas

1. Kräuter waschen und verlesen, Blätter von den Stengeln pflücken und in Tüchern gründlich abtrocknen. Fein hacken und in Gläser pressen, bis sie ¾ voll sind. Nach und nach mit Öl tränken, bis die Kräuter unter dem Ölspiegel liegen.
2. Oder Kräuter mit etwas Öl im Mixer pürieren, abfüllen und mit mehr Öl bedecken. Zuschrauben.

KRÄUTER IN SALZ

Dunkle Twist-Off-Gläser je 100 ml
Lagern: trocken 12 Monate

Basilikum, Borretsch, Dill, Kerbel, Liebstöckel, Petersilie, Pimpinelle, Portulak, Schnittlauch, Zitronenmelisse
30 g Salz für 100 g Kräuter

1. Die Kräuter waschen, verlesen und Blättchen von den Stengeln schneiden. In ein Tuch einrollen und trocken auf ein Brett geben. Fein wiegen oder hacken und auf Küchenpapier streuen. Ruhen lassen, bis alle Feuchtigkeit abgezogen ist und das Gehackte durch die Finger rieselt.
2. Die nötigen Mengen abwiegen. Kräuter mit ⅔ des Salzes mischen und in Gläser füllen. Mit dem übrigen Salz bestreuen und verschließen. Vor dem Öffnen schütteln.
3. Anstelle von Salz verwenden, wo die Kräuter passen.

BELIEBTE MISCHUNGEN

Für Hülsenfruchtgerichte Kräuter trocknen: 1 Teil Bohnenkraut, 3 Teile Thymian, 2 Teile Majoran. Mit Gummiringen bündeln und aufhängen, wo es zieht, schattig und trocken ist. Oder mit Mikrowellen bei kleiner Leistung. Raschelnd von den Stengeln streifen, in Gläschen pressen und verschließen.
Für gekochtes Gemüse aller Art »fines herbes« einfrieren: viel Petersilie, etwas Kerbel und wenig Estragon. Bei Bedarf mit frischem Schnittlauch ergänzen.
Für Frankfurter Grüne Sauce mindestens 7 Kräuter einfrieren: je 2 EL Borretsch, Kresse oder Kerbel, Petersilie, Pimpinelle, Sauerampfer oder Spinat (vorgekocht), je 1 TL Dill, Estragon, Liebstöckel, Sellerie und Zitronenmelisse.
Für Suppen und Saucen im ganzen einkochen: beispielsweise Liebstöckel, glatte Petersilie, Sellerie und Lauch von jungen Zwiebeln. Später im Tuch auspressen und nur den Saft verwenden.
Für Mixmilch pürieren und einfrieren: 6 Teile Petersilie, je 1 Teil Borretsch, Dill, Estragon, Kerbel und Zitronenmelisse.

ÖL

Samen, Nüsse und Keime beherbergen die Quelle neuen Lebens. Sie sind das Ei der Pflanzen und bieten Kraftreserven, die werdendem Leben über die ersten Runden helfen. In der Hauptsache ist es flüssiges Fett. Aber es sind auch überlebenswichtige Begleitstoffe, die durch sanftes Pressen erhalten bleiben, aber bei raffiniertem Öl verloren sind. Der Handel präsentiert uns eine neue Vielfalt, die zum Testen einlädt, darunter auch fertige Würzöle.
Nehmen Sie die Rezepte an dieser Stelle auch als Herausforderung, Salatmuffel zu bekehren. Naß, kalt und sauer heißen ihre berechtigten Einwände gegen Salat. Wenig Sauce, zimmerwarm bis lauwarm und mild sind die besten Argumente für Salat. 1 Teil Essig für den Ansatz der Sauce und dazu 4 Teile aromatisiertes Öl – so könnte die Freundschaft für ein ganzes Leben beginnen.

Rote und grüne Pfefferschoten für ein würziges Öl längs halbieren und entkernen.

Die Schoten winzig würfeln und auf Küchenkrepp streuen. Alles Feuchte abtupfen.

ÖL MIT PFEFFERSCHOTEN

3 Twist-Off-Gläser je 250 ml
Lagern: 8 Monate bei 1–20°C

250 g scharfe Pfefferschoten
ca. 350 ml Sonnenblumenöl

1. Pfefferschoten waschen, entstielen, aufschlitzen, entkernen und in winzige Würfel schneiden. Auf Küchenkrepp oder Tuch ausbreiten und trocknen, bis sie nicht mehr feucht sind. In die Gläser verteilen.
2. Das Öl erhitzen, bis im Gegenlicht zarte Rauchschwaden aufsteigen. Über die Schoten löffeln, damit das Gemüse es langsam aufnimmt und die Gläser nicht platzen. Verschließen.
3. Pfefferschotenöl eignet sich gut zum Dünsten, Kochen, Abschmecken und Nachwürzen bei Tisch. Sie können darin Nudeln schwenken und mit Parmesan servieren oder dem gewohnten Kartoffelsalat eine angenehme Schärfe vermitteln.

Pfefferschoten in den Gläsern mit heißem Öl auffüllen. Mit und ohne Würfel verwenden.

WICHTIG & NÜTZLICH

Für Wildgerichte 10 Lorbeerblätter, je 50 g Wacholderbeeren und schwarze Pfefferkörner zerreiben, in etwas Öl anrösten, in eine 250 ml-Flasche geben und mit Öl auffüllen. Fleisch von Reh, Hase, Hirsch und Wildschwein vor der Zubereitung damit einreiben.
Für Sardellenöl Salzsardellen aus der Lake nehmen, in Küchenkrepp abtrocknen, durch ein Sieb streichen und mit der doppelten Menge Olivenöl glatt verrühren. Fleischteige und helle oder braune Saucen damit abschmecken, für Pizza und Nudelgerichte reichlich verwenden.

ÖL MIT PILZEN

2 weithalsige Flaschen je 700 ml
Lagern: 8 Monate bei 1–20°C

250 g getrocknete Pilze
ca. 1 l Sonnenblumenöl

1. Die vielleicht auf ausländischen Märkten als Schnäppchen entdeckten Pilze in die Flaschen geben. In den nächsten Stunden nach und nach mit Öl füllen. Verschließen.
2. Die Pilze bei Bedarf ausdrükken, waschen und spülen, solange sie sandig sind. In wenig Wasser kochen, anschließend fein hakken. Die Brühe zum Entsanden durch Filterpapier laufen lassen. Pilze und Brühe eignen sich für Pilzrisotto, Gulasch und Bratensauce.
3. Das Öl bei Bedarf durch ein Teesieb laufen lassen. Nudeln darin schwenken und mit geriebenem Käse bestreuen. Salate und Gratins aus Kartoffeln damit zubereiten. Beispielsweise rohe Kartoffeln in Scheiben schneiden, waschen, im Tuch abtrocknen, mit Pilzöl, Salz und Pfeffer mischen. Im Ofen 20 Minuten bedeckt, dann 20 Minuten offen bei 200°C backen.

ÖL MIT KNOBLAUCH

1 weithalsige Flasche · 700 ml
Lagern: 8 Monate bei 1–20°C

1 Zweig Rosmarin
3 Zweige Thymian
1 Bund Salbei
2 Lorbeerblätter
ca. 550 ml Olivenöl
3 Knoblauchknollen

1. Kräuter waschen, Blätter von den Stengeln pflücken, in ein Tuch einrollen und abtrocknen. Salbei und Lorbeerblätter in etwas Öl anrösten, bis sie duften und zerbröseln. Rosmarin und Thymian mitrösten, bis sie voll Fett sind.
2. Knoblauchknollen zerlegen und die Zehen abziehen. Mit den Kräutern in die Flasche geben. Öl bis zum Rand nachfüllen. Verschließen.
3. Frühestens nach 7 Tagen verwenden. Toast und Brotwürfel für Suppen mit dem Öl tränken oder Salatschüsseln damit ausreiben und Mayonnaise damit rühren, die für Kartoffelsalat bestimmt ist. Knoblauchzehen wie frisch verwenden.

ROSMARINÖL

1 Twist-Off-Flasche · 750 ml
Lagern: 8 Monate bei 1–20°C

2 Zweige Rosmarin je 20 cm
750 ml Sonnenblumenöl

1. Rosmarin waschen, trocken schütteln, zusammenbinden und 2 Tage trocknen, wo es zieht, trokken und schattig ist. Mit den Stielen voran in die Flasche stecken, mit Öl auffüllen, verschließen und ziehen lassen.
2. Nach 3 Wochen in ein Sieb entleeren. Rosmarin ausdrücken und wegwerfen. Das Öl in die Flasche trichtern, verschließen.
3. Fleisch von Rind, Lamm, Kalb und Pute mit dem Öl einreiben, wenige Stunden bis einige Tage marinieren, später grillen oder braten.
4. Farce aus Hackfleisch damit abschmecken und winzige Kartoffeln in der Schale damit braten. Speisen aus Pilzen und Tomaten, Fleischsalat und grüne Salate damit würzen.

KRÄUTER FÜR SALATE

2 dunkle Twist-Off-Gläser je 150 ml
Lagern: 4 Monate bei 1–20°C

4 Blätter Borretsch
2 Zweige Dill
1 Stengel Estragon
1 Triebspitze Liebstöckel
1 Bund Petersilie
2 Zweige Pimpinelle
1 Triebspitze Rosmarin
10 Röhren Schnittlauch
1 Zweig Zitronenmelisse
ca. 250 ml Distelöl

1. Die Kräuter waschen, abtropfen lassen, Blätter von den Stielen pflücken und in ein Tuch einrollen. Auf ein frisches Tuch streuen und trocknen, aber nicht welk werden lassen.
2. Anschließend fein hacken, mit Öl mischen und stehen lassen, bis das Öl aufgesaugt ist.
3. Die Kräuter in die Gläser verteilen, mit Öl auffüllen und verschließen.
4. Öl und Kräuter für Salatsaucen aller Art verwenden. Vor allem für Blattsalate, Kartoffelspeisen und Kombinationen aus frischem Gemüse nutzen. Nach dem Öffnen im Kühlschrank aufbewahren.

ESSIG

Beeren und Kräuter sind zum Überwintern in Essig gut aufgehoben. Manche entfalten erst in Verbindung mit Säure ihr ganzes Aroma, andere entwickeln einen ganz netten Charme. Essig enthält in der Regel 5% Säure und wirkt konservierend genug, solange er nicht verwässert wird. Nach dieser Grundregel können Sie beliebige Experimente wagen. Statt Himbeeren dürfen es Johannisbeeren und andere Früchte sein.
Reine Auszüge sind verlockend aus Basilikum, Borretsch, Dill, Estragon, Kapuzinerkresse, Liebstöckel, Pfefferminze, Thymian, Tripmadam, Weinraute und Zitronenmelisse, aber auch aus verblichenen Blüten von duftenden Veilchen und Rosen – sie übergeben dem Essig in wenigen Wochen ihre ganze Kraft. Die ausgelaugten und farblosen Zutaten sollten Sie ausdrücken und, wo möglich, als Kompost verwerten.

KRÄUTERESSIG

7 Flaschen je 700 ml
Lagern: fast unbegrenzt bei 1–20°C

je 200 ml Basilikum, Borretsch, Dill, Estragon, Pfefferminze Pimpinelle, Tripmadam
je 100 ml Kerbel, Rosmarin, Thymian
1 EL weiße Pfefferkörner
100 g Zwiebeln in Würfeln
5 l Apfelessig
2 EL Meersalz

1. 200 ml Wasser in einen tiefen Teller oder eine Tasse geben, um das richtige Maß zu haben. Die Kräuter von den harten Stengeln pflücken und in dem Gefäß abmessen.
2. Die Kräuter waschen, auf Tüchern ausbreiten und darin einrollen. Mit frischen Tüchern wiederholen, bis sie trocken bleiben. Die Kräuter in ein 6-l-Gefäß aus Glas geben und zusammendrükken. Pfeffer und Zwiebeln hinzufügen.
3. Essig aufkochen und lauwarm über die Kräuter gießen. Mit Teller und Stein beschweren, bis die Kräuter sich vollgesaugt haben und nicht mehr an die Oberfläche steigen.
4. Das Gefäß mit Folie und Bindfaden verschließen und auf eine sonnige Fensterbank stellen.
5. Nach 2 Wochen das Salz bei mäßiger Hitze gelb rösten und in den Essig streuen.
6. Nach 4 Wochen ein feines Leinentuch in Wasser aufkochen, so heiß wie möglich auswringen und in ein Sieb legen. Essig samt Kräuter hineingeben und ablaufen lassen. Im Tuch ausdrücken, bis die Rückstände trocken sind.
7. Kräuteressig in sterile Flaschen trichtern und verschließen.
8. Salatsaucen für Blattsalat, Gemüse und Fisch damit anrühren. Brühe damit säuern, damit Fisch, Fleisch und Gemüse beim Garen hell und fest geraten. Mayonnaise und helle Saucen damit abschmecken.

HIMBEERESSIG

3 Flaschen je 350 ml
Lagern: bis zur nächsten Ernte

300 g Himbeeren, reif und fest
800 ml Weißweinessig

1. Die Himbeeren verlesen und in eine Kanne oder eine Flasche aus hellem Glas geben, die 1,5 l faßt. Essig über die Beeren gießen und das Gefäß verschließen. Auf ein sonniges Fensterbrett stellen und in Abständen von einigen Tagen schütteln.
2. Nach 4–6 Wochen ist der Essig fertig – er leuchtet rosarot. Durch feines Leinen, das in Wasser aufgekocht wurde, laufen lassen und die Himbeeren fest auswringen.
3. Den Himbeeressig in Flaschen trichtern, verschließen und dunkel lagern, damit die frische Farbe erhalten bleibt.
4. Für Salatmarinaden und Saucen zu Wild verwenden, aber auch zum Abschmecken feiner Desserts aus Beeren und für spritzige Getränke verwenden.

LORBEERESSIG

2 Flaschen je 500 ml
Lagern: fast unbegrenzt bei 1–20°C

3 scharfe Pfefferschoten
16 Lorbeerblätter
1 Zweig Rosmarin
2 EL Koriander
6 Knoblauchzehen
1 l Weißweinessig

1. Pfefferschoten in kleine Stükke schneiden und an warmer Luft liegen lassen, bis sie sich trocken anfühlen. Mit den übrigen Zutaten in die Flaschen verteilen. Mit Essig auffüllen, verschließen und mindestens 14 Tage durchziehen lassen.
2. Lorbeeressig eignet sich gut für Rotkohl und süß-saure Gerichte auf chinesische Art. Sie können Marinaden für Sauerbraten damit zubereiten, Fischsud leicht säuern und saure Nieren damit auf raffinierte Art würzen.

WICHTIG & NÜTZLICH

Für Apfelessig reife Früchte zerschneiden, in einen Glasbehälter mit senkrechten Wänden geben und mit der doppelten Menge kochendem Wasser übergießen. Bis 5 cm unter den Rand füllen, verschließen und bei Zimmerwärme gären lassen. Nach 8–10 Tagen durch ein Tuch filtern, mit etwas Essig mischen und offen stehen lassen, bis aus dem Most Essig geworden ist. Wieder filtern und in Flaschen füllen.
Obstessig entsteht hauptsächlich aus Äpfeln. Er enthält viel Kalium und regt den Stoffwechsel an. Nach dem Rat weiser Heilkundler beginnt den Tag froh, wer 3 EL Obstessig und 1 TL Honig in 150 ml warmes Wasser gibt und morgens nüchtern trinkt.
Für Knoblauchessig 500 ml Rotweinessig mit den abgezogenen Zehen einer ganzen Knolle mischen.
Für Zitronenessig 500 ml Apfelessig mit 200 ml Zitronensaft und gelber Schale von 2 Zitronen ziehen lassen und nach 2 Wochen filtern.
Für Sherryessig schweren Rotwein, halbtrockenen Sherry und Rotweinessig zu gleichen Teilen mischen.
Essig aus Branntwein, Tafelessig und Essigessenz haben eine spitze Säure, die durch Beeren, Kräuter und Gewürze entschärft wird.

ESSIG FÜR SALATE

(zum Foto rechts)

2 Flaschen je 700 ml
Lagern: 8 Monate bei 1–20°C

4 EL Zucker
1 EL Salz
1,25 l Tafelessig
200 g kleine Schalotten
5 Knoblauchzehen
4 Zweige Rosmarin
4 Zweige Estragon
2 rote Pfefferschoten

1. Zucker und Salz bei mäßiger Hitze rühren, bis sie gelb und flüssig werden. Mit Essig ablöschen und klar kochen. Schalotten und Knoblauch abziehen. Ganz lassen oder in kleine Würfel schneiden. In den Essig geben und einmal aufkochen.
2. Rosmarin, Estragon und Pfefferschoten waschen, im Tuch abtrocknen und in weithalsige Flaschen stecken. Essig samt Inhalt beifügen. Verschließen und im Halbschatten reifen lassen.
3. Nach 7 Tagen zum ersten Mal probieren. Beispielsweise für Salat aus weißen Bohnen mit Paprikaschoten und Tomaten: 1 EL Essig plus 4 EL »Öl mit Pfefferschoten« (Rezept Seite 97).

WACHOLDERESSIG

2 Flaschen je 500 ml
Lagern: fast unbegrenzt bei 1–20°C

1 Bund Pimpinelle
2 Stengel Estragon
2 EL Wacholderbeeren
1 l Weißweinessig

1. Kräuter waschen, abtrocknen und in die Flaschen stecken. Wacholder zerdrücken und hinzufügen. Mit Essig auffüllen und verschließen. Mindestens 4 Wochen ruhen lassen.
2. Wacholderessig für den Ansatz einer Sauce hollandaise verwenden und Wild damit einreiben, das noch einige Tage reifen soll. Fischfonds und Fleischsalate damit würzen.

WÜRZEN & SAUCEN

Die Kunst, verschiedenste Würzmittel in der feinen Küche einzusetzen, war schon im Altertum bekannt. Küchenmeistern, die diese Kunst perfekt beherrschten, wurde damals ebensoviel Ehre zuteil wie Künstlern und Wissenschaftlern. In jenen Zeiten entstanden weltweit etliche Würzen, die heute zu den unumstrittenen Klassikern gehören. In Asien wurde vor rund 2500 Jahren die Sojasauce kreiert. Vor etwa 150 Jahren Tabasco, die scharfe Würze aus der gleichnamigen mexikanischen Küstenregion. In einer englischen Grafschaft ersannen 1831 zwei Apotheker die schier unaussprechliche Worcestershiresauce nach einem indischen Rezept. Aus der Schweiz kam dann ab 1886 der Würzklassiker Maggi auf den Markt – erfunden von Julius Maggi. Heute ist die Palette der fertigen Würzsaucen fast schon unüberschaubar. Und trotzdem oder deswegen werden Neugier und Lust geweckt, in der eigenen Küche Würzen und Saucen herzustellen, um kleine Geschmackswunder an Suppen, Fleisch, Salaten und anderen Köstlichkeiten zu bewirken.

MEERRETTICH

Gewürzgläser je 50–100 ml
Lagern: November–August bei 1–15°C

Einfrieren: 12 Monate bei –18°C

1 EL Zitronensaft für
100 g Meerrettichstange
je 1 Prise Salz und Zucker

1. Meerrettich im späten Herbst verwenden, wenn er seine volle Schärfe hat. Mit dem Sparschäler abziehen, waschen und 1 cm lang schneiden. Je 100 g in den Mixer geben und fein zerschlagen. Mit 1 EL Zitronensaft mischen.
2. Meerrettich in dunkle Gläser pressen. Salz und Zucker mischen und gleichmäßig darüberstreuen. Mit Klarsichtfolie bedecken, verschließen und kühl lagern.
3. Zum Einfrieren in Gläser füllen, die sich nach oben weiten. Ein bißchen Platz zum Aufgehen lassen.
4. Gekochte und geriebene Kartoffeln einer festkochenden Sorte mit der gleichen Menge Meerrettich mischen, solange die Kartoffeln warm sind. Mit Salz, Essig und Öl abschmecken und zu Siedfleisch servieren.
5. Auf englische Art: 1 Eigelb, 1 TL Senfmehl, ½ TL Salz und 3 EL Öl cremig rühren, mit 2 EL Meerrettich mischen, mit Essig und Zucker würzen. So zu rosigem Roastbeef kosten. Oder im Wasserbad unter Rühren erhitzen und zu Fisch genießen.

FLÜSSIGE PILZWÜRZE

4 Flaschen je 250 ml
Lagern: fast unbegrenzt

2 kg Champignons
3 EL Salz
250 ml Weißwein (Gewürztraminer)
1 TL Nelken
1 EL schwarze Pfefferkörner
4 Pimentkörner
1 TL Muskatblüte (Pulver)

1. Champignons oder sandfreie Abschnitte von Waldpilzen mit dem Salz mischen und in einen Steintopf geben. Mit Brett und Stein beschweren und 3 Tage an einen kühlen Platz stellen. Täglich umrühren.
2. Ein Tuch aus feinem Leinen in Wasser kochen, auswringen und in ein Sieb legen. Je 1 Kelle Pilze hineingeben. Die Zipfel des Tuches zusammenfassen und den Saft der Pilze auswringen.
3. Pilzsaft, Wein, Nelken, Pfeffer- und Pimentkörner 15 Minuten kochen. Mit Muskat würzen, wieder durch ein Tuch geben und in die Flaschen trichtern. Verschlossen lagern.
4. Pilzwürze zu Steaks und kaltem Fleisch sparsam dosieren. Saucen damit geschmacklich abrunden. Für eine Sauce zu Fondue und dunklem Fleisch feine Streifen einer Orangenschale, 1 EL Senfkörner, 1 EL Johannisbeergelee, 250 ml Portwein und 250 ml Pilzwürze 20 Minuten kochen und kalt servieren.

Für Selleriesalz das Gemüse zerkleinern, mit Meersalz mischen und ruhen lassen.

Die Mischung im Bräter oder auf dem Backblech bei 150 °C trocknen, bis sie hart ist.

Kaltes Salz fein wiegen – noch feiner wird's im Mixer.

SELLERIESALZ

6 Gewürzgläser je 100 ml
Lagern: trocken bei 15–20°C

250 g Stauden- oder Knollensellerie
700 g Meersalz

1. Sellerie putzen, waschen und in winzige Stücke schneiden oder hacken. Auf ein Tuch streuen und darin abtrocknen.
2. Salz und Sellerie in eine Schüssel geben, gründlich mischen, zudecken und 2 Tage stehen lassen.
3. Anschließend im Bräter flach ausbreiten und in den Ofen schieben. Bei 150°C trocknen lassen, bis die Masse hart ist.
4. Selleriesalz abkühlen lassen und aus der Form brechen. Kleine Portionen mit dem Wiegemesser zerkleinern oder in den Mixer geben und zerschlagen. In Gläser füllen und verschließen.
5. Als Würze für Suppen, Saucen und Salate verwenden.

ZWIEBELWÜRZE

2 Flaschen je 500 ml
Lagern: 6 Monate bei 1–20°C

500 g Zwiebelwürfel
2 EL Salz
2 EL Pfefferkörner
1 EL Wacholderbeeren
2 Lorbeerblätter
1 TL Nelken
2 Zweige Rosmarin
2 Zweige Thymian
700 ml Weißwein
4 EL Rotweinessig

1. Zwiebeln und Salz mischen. Die Gewürze im Mörser zerreiben und dazugeben. Mit Teller und Stein beschweren.
2. Nach einer Stunde Wein und Essig dazugeben. Zudecken und kühlen.
3. Nach 3 Tagen ein Tuch in Wasser aufkochen, auswringen und in ein Sieb legen. Die Zwiebeln hineinschütten und das Tuch fest auswringen. Sud in die Flaschen füllen und verschließen.

PFEFFERSCHOTEN-PASTE

3 Twist-Off-Gläser je 50 ml
Lagern: 12 Monate bei 1–20°C

300 g rote Pfefferschoten

1. Pfefferschoten entstielen, spalten, entkernen und auf einem Rost in den Ofen schieben. Bei 150°C 30 Minuten backen. An die Luft stellen und stehen lassen, bis die Schoten sich nicht mehr feucht anfühlen.
2. Die Schoten im Mixer zerkleinern. Fest in Gläschen pressen und verschließen.
3. Die Paste nicht nur zum Schärfen von Suppen, Saucen und Gemüsegerichten verwenden, sondern auch mal mit etwas Erdbeerkonfitüre mischen und frische Erdbeeren darin ziehen lassen.

Sardellen für Paste köpfen, ausnehmen und zweimal wässern.

Zum Einsalzen die Gewürze im Mörser fein zerkleinern.

Die Paste zuletzt passieren, damit sie fein und glatt wird.

SARDELLENPASTE

20 Gewürzgläser je 50 ml
Lagern: 12 Monate bei 1–20°C

1,5 kg Sardellen
3 Nelken
3 Lorbeerblätter
1 EL schwarze Pfefferkörner
300 g Meersalz

1. Die Fische köpfen, am Bauch aufschlitzen und ausnehmen. Zweimal in kaltes Wasser geben, nach 5 Minuten entnehmen und auf Küchenkrepp abtrocknen.
2. Nelken, Lorbeerblätter und Pfefferkörner im Mörser fein zerreiben und mit dem Salz mischen.
3. Sardellen und Salz abwechselnd in ein großes Glas schichten, mit Salz abschließen. Mit Brett und Stein beschweren und an einen kühlen Platz stellen. Reifen lassen.
4. Sardellen nach 6 Tagen aus der Lake fischen und abtropfen lassen. Die Lake auffangen und ruhig stehen lassen. Die Fische durch den Fleischwolf drehen oder im Mixer fein zerschlagen. Anschließend durch ein Sieb streichen. Die Paste fest in Gläser pressen und glätten.
5. Die Lake abfetten. Je einen Spiegel der Salzlösung auf die Paste geben. Gläser verschließen.
6. Auch Sardinen und Sprotten so zubereiten.
7. Die Paste ist eine feine Würze für Mayonnaisen und Saucen, Fleischteige, für die italienische Sauce »Bagno cauda« zu rohem Gemüse. Sowie für ein Tatar aus 3 Eiern mit 125 g Thunfisch und einigen Kapern.

FRANZÖSISCHER SENF

5 Twist-Off-Gläser je 150 ml
Lagern: 10 Monate bei 1–20°C

je 2 g Estragon, Kerbel, Petersilie, Sellerie (Blättchen)
50 g Sardellenpaste
500 g gelbes Senfmehl
40 g Honig
ca. 500 ml Weißweinessig

1. Kräuter waschen und im Tuch abtrocknen. Fein hacken, mit Sardellenpaste (siehe Rezept), Senfmehl und Honig mischen. (Statt Sardellenpaste 6 salzgare Sardellen und 20 g Salz mischen und durch ein Trommelsieb streichen.)
2. Essig aufkochen, nach und nach in die Mischung gießen und verrühren, bis eine geschmeidige Creme entstanden ist. Abschmekken, in die Gläser füllen und verschließen.
3. Nach eigenen Vorstellungen abwandeln, beispielsweise mit mehr Estragon oder viel Dill.
4. Für süßen Senf 50 g Zwiebelwürfel, 2 zerstoßene Nelken, 500 ml Weinessig und 250 ml Wasser 10 Minuten kochen. 140 g Zucker, 140 g gelbes und 70 g grünes Senfmehl mischen. Essig nach und nach beifügen und mit dem Wetzstahl verrühren, der auf dem Herd zum Glühen gebracht wurde.

FRÜCHTESENF

7 Twist-Off-Gläser je 150 ml
Lagern: 12 Monate bei 1–20°C

375 g Äpfel
375 g Birnen
2 unbehandelte Zitronen
250 ml Weißwein (Gewürztraminer)
2 Stangen Zimt
300 g helle Weintrauben
200 g Dijonsenf (hell und scharf)

1. Äpfel und Birnen schälen, vierteln und entkernen. Schalen und Kerngehäuse mit den gelben Zitronenschalen, Wein und Zimt 10 Minuten kochen.
2. Äpfel und Birnen in winzige Würfel schneiden, im Saft der Zitronen wenden. Weintrauben waschen, halbieren, entkernen, fein hacken und hinzufügen.
3. Den Weinsud durch ein Sieb gießen. Die Früchte hineingeben und 10 Minuten kochen. Mit Senf aufkochen, abschmecken und bis zum Rand in Gläser füllen. Zuschrauben und auf den Deckeln stehend abkühlen lassen.
4. Den Früchtesenf zu Fleischaufschnitt von Geflügel, Wild und Schwein servieren.

MILDER KNOBLAUCH IN ÖL

Dunkle Twist-Off-Gläser bis 100 ml
Lagern: 8 Monate bei 1–20°C

4 Knoblauchknollen
1 EL Salz
etwa 250 ml Sonnenblumenöl

1. Knoblauch in Zehen zerlegen, pellen und mit dem Salz mischen. In einen kleinen Topf geben, mit Wasser bedecken, aufkochen, ins Sieb schütten und trocken werden lassen.
2. Die Zehen mit Öl bedecken und über schwacher Hitze erwärmen. Weich dünsten, aber nicht braten. In Gläser geben und mit mehr Öl bedecken. Zuschrauben und auf den Deckeln stehend abkühlen lassen.
3. Knoblauch bei Bedarf entnehmen, zerdrücken und großzügig dosieren. Heiße Speisen in letzter Minute damit würzen. Kalte Speisen wie Salate und Saucen damit durchziehen lassen. Ganze Zehen mit etwas Öl auf dünnes Röstbrot streichen, leicht salzen, mit viel gehackter Petersilie bestreuen und so genießen.

KNOBLAUCHSALZ

Dunkle Twist-Off-Gläser bis 100 ml
Lagern: trocken bei 1–20°C

je 100 g Knoblauch (netto)
30 g und etwas mehr Salz

1. Knoblauch in Zehen zerlegen, abziehen, abwiegen und in winzige Würfel schneiden. Je 100 g mit 30 g Salz mischen und fest in Gläser pressen. Mit einer dünnen Schicht Salz bestreuen.
2. Die Gläser verschließen und wegstellen.
3. Knoblauchsalz immer dann verwenden, wenn beides gebraucht wird. Soll das frische Aroma vorherrschen, die Speisen zu Beginn nur sparsam salzen und kurz vor dem Servieren mit Knoblauchsalz abschmecken. Einmal geöffnete Gläser wieder verschließen und im Kühlschrank aufbewahren.

WICHTIG & NÜTZLICH

Nach dem Rezept für Selleriesalz auch Petersilienwurzeln, Pfefferschoten, Porree, Zwiebeln und Kräuter verarbeiten.
Für Meerrettich zum Einfrieren auch je 400 g mit 250 g Sahne und 4 EL Zitronensaft mischen. So bei Bedarf unter steife Schlagsahne ziehen, in helle Saucen geben oder mit frisch geriebenen Äpfeln oder roten Beten mischen und als Vorspeise genießen.
Für Suppenwürze je 50 g Petersilie, Petersilienwurzel, Sellerie, Porree und Zwiebeln, je 10 g Majoran, Salbei, Liebstöckel, Basilikum und Knoblauch, 500 g Pilze und 2 kg Tomaten kleinschneiden. 20 Minuten kochen, im Tuch auspressen und den Saft in Flaschen einkochen: 15 Minuten bei 98°C.
Für »Cremolata« 3 Teile Petersilie, je 1 Teil Knoblauch und unbehandelte Zitronenschale sehr fein wiegen und mischen. Einfrieren und bei Bedarf sparsam auf geschmortes Fleisch streuen, vorzugsweise auf Haxen vom Kalb (Osso buco).

APFELCHUTNEY

5 Twist-Off-Gläser je 500 ml
Lagern: 12 Monate bei 1–20°C

2 Pfefferschoten
200 g frischer Ingwer
800 ml Weißweinessig
1,5 kg Äpfel
40 g Knoblauch
100 g Zwiebeln
2 EL Salz
125 g kernlose Rosinen
80 g mittelscharfer Senf

1. Pfefferschoten und Ingwer zerschneiden und im Essig 3 Tage ziehen lassen. In ein Tuch geben und auspressen.
2. Äpfel waschen, abtrocknen und mit ihrer Schale in den Essig reiben. Knoblauch und Zwiebeln pellen und winzig würfeln.
3. Alle Zutaten im weiten Topf über Mittelhitze 10 Minuten rührend kochen, dann abschmecken. Randvoll in Gläser geben, zuschrauben und auf den Deckeln stehend abkühlen lassen.
4. Beispielsweise zu Leber und Putenschnitzeln servieren.

APFELMEERRETTICH

6 Twist-Off-Gläser je 250 ml
Lagern: 6 Monate bei 1–20°C

1 kg Äpfel (Holsteiner Cox)
125 ml Weißweinessig
Meerrettich und Zucker nach Geschmack

1. Die Äpfel schälen, vierteln, entkernen und klein schneiden. Mit dem Essig mischen, schnell aufkochen und bei schwacher Hitze weich werden lassen.
2. Meerrettich waschen, schälen, nußgroß schneiden und im Mixer fein zerschlagen.
3. Äpfel mit Meerrettich und Zukker mischen, bis sie scharf und erfrischend süß-sauer sind. Kochendheiß und bis zum Rand in Gläser füllen, verschließen und auf den Deckeln stehend abkühlen lassen.
4. Auf österreichische Art zu gekochtem Rindfleisch, aber auch zu kaltem Fleisch reichen.

SARDELLENSAUCE

4 Twist-Off-Gläser je 250 ml
Lagern: 12 Monate bei 1–20°C

1 kg Sardellen
200 g grobes Salz
500 g Meersalz
250 g Schalotten in Würfeln
60 g geriebener Meerrettich
1 Zitrone in Scheiben
1 l Weißwein
500 ml Rotwein
1 TL Muskatblüten
12 Nelken
2 EL schwarze Pfefferkörner

1. Sardellen (auch Sardinen oder Sprotten) köpfen, am Bauch aufschlitzen, ausnehmen, waschen, mit Salz mischen und 24 Stunden ziehen lassen.
2. Die Fische abtropfen lassen und abwechselnd mit Meersalz in ein Gefäß mit senkrechten Wänden schichten. Mit Meersalz beginnen und beenden. Beschweren und 7 Tage an einen kühlen Platz stellen.
3. Sardellen im Sieb abtropfen lassen, mit Haut und Gräten fein hacken. Mit ¼ l Salzlake und allen anderen Zutaten kochen, bis 1 l Flüssigkeit übrig ist.
4. Die Sauce durch ein Sieb laufen lassen, in Gläser geben und verschließen.
5. Für Sardellenbutter 1 EL Sauce mit 250 g Butter mischen. Saucen für Fisch, Geflügel und Kalbfleisch damit abschmecken.

WICHTIG & NÜTZLICH

Saucen aus frischen Zutaten eignen sich gut zum Einfrieren bis 3 Monate, bevor sie gebunden werden. Rohe Zwiebeln und rohen Knoblauch erst kurz vor dem Servieren hinzufügen. Sie können den Geschmack im Tiefkühlschlaf ungünstig verändern.
Je konzentrierter die Saucen, um so besser ist ihre Haltbarkeit. Mit 0,8 % Säure sind Saucen gut haltbar – sie sind dann beispielsweise so säuerlich wie fertig gekaufte Gewürzgurken.

PASTE FÜR ROUILLE

Gläser je 50 ml pro Portion
Lagern: 6 Monate bei 1–10 °C

4 rote Paprikaschoten
4 rote Pfefferschoten
4 Knoblauchzehen
100 ml weißer Essig
ca. 100 ml Olivenöl

1. Die Schoten waschen, entstielen und entkernen. Knoblauch pellen. Beides würfeln, in kochenden Essig geben und 2 Minuten sprudeln lassen. Ins Sieb schütten und abtropfen lassen.
2. Das Gemüse pürieren, mit Öl cremig rühren. In dunkle Gläser füllen, glätten, mit Öl bedecken, verschließen und kühl lagern. Ohne Öl einfrieren.
3. Bei Bedarf mit Semmelbröseln zu einer festen Paste aufquellen lassen, mit heißer Brühe cremig rühren und mit Knoblauch auffrischen. Fließend über Mittelmeergemüse geben oder dick auf Brot streichen und mit Käse überbacken. Und zur Fischsuppe »Bouillabaisse« reichen.

CURRYPASTE

2 Twist-Off-Gläser je 130 ml
Lagern: 6 Monate bei 1–20 °C

4 EL Kurkuma
4 EL Kardamom
4 EL Koriander
1 EL Muskatblüte
2 EL Kreuzkümmel
1 TL Zimt
2 EL schwarzer Pfeffer
2 EL Cayennepfeffer
100 g getrocknete Aprikosen
50 g Ingwer in Sirup

1. Die Gewürze möglichst frisch mahlen. Aprikosen und Ingwer in kleine Würfel schneiden und im Mixer zu einer Paste zerschlagen. Mit den Gewürzen und etwas Sirup zu einer festen Paste verkneten.
2. Abschmecken und in Gläsern für alle süß-scharfen Currysaucen verwahren.

Für Basilikumpaste Kräuter, Pinienkerne und Knoblauch im Mörser zerstoßen.

BASILIKUMPASTE
(zum Foto links)

Gläser je 50 ml pro Portion
Lagern: 6 Monate bei 1–20 °C

100 g frische Basilikumblätter
50 g Knoblauch
100 g Parmesan
Olivenöl
evtl. 50–100 g Nüsse (neue Ernte)

1. Frisches Basilikum waschen, im Tuch trockentupfen, bündeln und in Streifen schneiden. Ersatzweise glatte Petersilie und 2 EL getrocknetes Basilikum verwenden und fein hacken.
2. Knoblauch pellen und winzig würfeln. Mit den Kräutern im Mörser oder unter einem breiten Messer zu einer glatten Paste zerreiben.
3. Käse fein reiben und mit der Paste mischen. Auch harten Schafskäse »Pecorino« nehmen, wenn die Sauce sehr ausdrucksvoll erwünscht ist. Öl nach und nach hineinrühren, bis die Creme geschmeidig ist.
4. Für eine mildere Sauce 50 bis 100 g weiche, geriebene Pinienkerne in die Paste mischen. Aber auch Hasel- und Walnüsse aus neuer Ernte, die noch weich sind, eignen sich. Ersatzweise fertig käufliches Mus aus Nüssen oder Mandeln nehmen.
5. Die Paste fast randvoll in Gläser füllen, glätten und mit Öl bedecken. Verschließen.
6. Bei Bedarf mit heißer Brühe zu einer dick fließenden Sauce verlängern und vielleicht mit gekochten, geriebenen Kartoffeln oder Semmelbröseln ergänzen. Für Nudeln und Gemüsesuppen nach eigenen Einfällen oder nach Rezepten aus der Mittelmeerküche, französisch »pistou« und italienisch »pesto alla Genovese, verwenden.

PIZZATOMATEN

4 Einkoch-Gläser je 500 ml
Einkochen: 30 Minuten bei 98 °C
Lagern: 12 Monate bei 1–20 °C

4 kg Tomaten
1 EL Salz
200 g Zwiebeln (4 Stück)
2 Knoblauchzehen
1 EL Oregano (getrocknet)
1 EL Basilikum (getrocknet)
2 Lorbeerblätter
4 EL Olivenöl
200 g Tomatenmark
1 EL Zucker
1–2 TL schwarzer Pfeffer

1. Tomaten einritzen, kurz in kochendes Wasser tauchen und kalt abschrecken. Abziehen, vierteln und entkernen. Das Fruchtfleisch mit dem Salz mischen, in eine Siebschüssel geben, beschweren und abtropfen lassen, bis 1,5 l übrig sind.
2. Zwiebeln und Knoblauch pellen und in winzige Würfel schneiden. Oregano, Basilikum und Lorbeerblätter im Mörser fein zerschlagen. Alles bei geringer Hitze in Olivenöl weichdünsten.
3. Das Gedünstete mit Tomaten, Tomatenmark, Zucker und Pfeffer zu einer dicken Sauce verrühren und abschmecken.
4. Tomaten bis 2 cm unter den Rand in Gläser füllen, verschließen, in kaltem Wasser aufsetzen und einkochen.
5. Zum Gebrauch auf Pizzateig streichen und nach Wunsch oder Rezept belegen.
6. Wenn sich im Glas wäßrige Flüssigkeit abgesetzt hat, diese mit den Tomaten verrühren. Oder abgießen, um ein festeres Mus zu haben.

TOMATENKETCHUP

7 Twist-Off-Flaschen je 500 ml
Einkochen: 30 Minuten bei 98 °C
Lagern: 12 Monate bei 1–20 °C

5 kg Tomaten
100 g Zwiebeln
40 g Salz
35 g schwarze Pfefferkörner
5 g Nelkenpulver
1 TL Cayennepfeffer
50 g Zucker
1 l Weißweinessig

1. Tomaten waschen, abtrocknen, in Scheiben schneiden und über geringer Hitze im eigenen Saft 20 Minuten dünsten. Auch grüne Tomaten, die so groß wie Walnüsse sein müssen, da kleinere Früchte giftiges Solanin enthalten. Tomaten weich ins Sieb schütten und abtropfen lassen. Den Saft auffangen. Die Tomaten durch ein Sieb passieren.
2. Zwiebeln pellen, in winzige Würfel schneiden und mit dem Saft kochen, bis die Flüssigkeit verdampft ist. Gewürze, Essig und die Tomaten dazugeben, aufkochen und abschmecken. Auch mit Zimt, Ingwer und Knoblauch abrunden.
3. Ketchup kochendheiß und randvoll in die Flaschen trichtern, zuschrauben und auf den Deckeln stehend abkühlen lassen.
4. Als Tafelsauce wie gewohnt servieren, aber auch für frische Tomatensaucen verwenden, um sie geschmacklich abzurunden.

TOMATENMARK

Einkoch-Gläser je 100 oder 200 ml
Einkochen: 20 Minuten bei 90 °C
Lagern: 12 Monate bei 1–20 °C

Reife Fleischtomaten
1 TL Salz je 1 kg Fruchtfleisch

1. Wasser bei starker Hitze aufkochen. Tomaten einritzen, einige Sekunden ins sprudelnde Wasser tauchen, entnehmen und mit kaltem Wasser abschrecken.
2. Die Tomaten abziehen, vierteln, entkernen und die Stielansätze entfernen. Das Fruchtfleisch in Würfel schneiden und mit dem Salz mischen. Jeweils 2 kg Fruchtfleisch in ein gespanntes Tuch geben. Abtropfen lassen, das Fruchtfleisch stündlich wenden.
3. Nach 6 Stunden in das tiefe Backblech geben und bei 150 °C in die Mitte des Ofens schieben. Eindämpfen, bis das Mus Straßen zieht.
4. Das Mark bis 1 cm unter den Rand in Gläser füllen, in kaltem Wasser aufsetzen, langsam erhitzen und einkochen.
5. Oder in Gefrierbeutel füllen und bis 12 Monate bei −18 °C einfrieren.

BUTTER, SCHMALZ & ÄHNLICHES

Fette versiegeln Lebensmittel und wirken wie Tresore. Sie saugen Aromen gierig auf und vermehren ihren Geschmack. Es sind bemerkenswerte Tugenden, die grenzüberschreitend genutzt werden und im Kühlschrankzeitalter neue Ideen hervorbringen.
Wenn Kühe auf grünen Weiden grasen, steigt gelbe Sahne auf ihre Milch und die Butter wird weich und schmackhaft. Auf dem Weg zum Gaumen ist immer eine Rast geboten, die mindestens 14 Tage dauern soll. Erst dann hat die gereifte Butter ihren vollen Geschmack.
Herbst und Winter sind die richtigen Jahreszeiten, um Vorräte aus und mit Fett anzulegen. Zudem genießt man die doch eher deftigen und kalorienreichen Reserven nur richtig, wenn es draußen klirrend kalt ist und der Körper »Brennstoff« braucht.

Für Apfelschmalz fetten und mageren Speck in kleine Würfel schneiden. Flomen und Gänsefett vorher wässern.

Alles Fett mit 125 ml Wasser und den Gewürzen bei mäßiger Hitze brutzeln, bis die Grieben gelb sind.

Äpfel und Zwiebeln schälen und würfeln, dazugeben und im Fett weich und gelb schmoren.

APFELSCHMALZ
(zum Foto rechts)

6 Steinguttöpfe je 300 ml
Lagern: 6 Monate bei 1–15°C

500 g Schweinefett (Flomen)
250 g Gänsefett
250 g frischer fetter Schweinespeck
100 g magerer Räucherspeck
4 Wacholderbeeren
4 Zweige Beifuß
2 Zweige Majoran
800 g mürbe Äpfel (Boskop)
200 g Zwiebeln

1. Flomen und Gänsefett wässern, bis das Wasser klar bleibt. Fett und Speck in ½ cm große Würfel schneiden. Mit 125 ml Wasser und den Gewürzen bei mäßiger Hitze brutzeln, bis die Grieben gelb sind.
2. Äpfel und Zwiebeln schälen und ½ cm groß würfeln. In kleinen Portionen zum Fett geben. Zuerst die Zwiebeln, dann die Äpfel. Hell bräunen.
3. Die Gewürze entnehmen, ausdrücken und wegwerfen. Apfelschmalz heiß in Töpfe schöpfen und erkalten lassen. Die Zutaten sollen unter einer Schicht reinem Fett versinken, damit das Schmalz haltbar ist.

BALKANKAVIAR

7 Einkoch-Gläser je 250 ml
Einkochen: 30 Minuten bei 98°C
Lagern: 12 Monate bei 1–20°C

1 kg grüne Paprikaschoten
1,5 kg Auberginen
2 Knoblauchzehen
2 TL Salz
1 EL schwarzer Pfeffer, grob
4 EL Zitronensaft
125 ml Sonnenblumenöl

1. Paprikaschoten und Auberginen auf einen Rost legen, bei 250°C backen und weich entnehmen. Paprikaschoten nach etwa 25 Minuten, Auberginen nach 40–45 Minuten.
2. Sofort nach dem Backen in ein nasses Tuch einschlagen und die Haut nach 10 Minuten abziehen. Paprika vierteln und entkernen. Beide Gemüse in kleine Würfel schneiden.
3. Knoblauch pellen, in winzige Würfel schneiden und mit Salz, Pfeffer und Zitronensaft mischen. Das Gemüse untermischen, danach die Hälfte des Öls.
4. Kaviar abschmecken und bis 2 cm unter den Rand in Gläser füllen. Mit dem restlichen Öl bedecken. Die Gläser schließen, in kaltem Wasser langsam erhitzen und einkochen.
5. Zum Gebrauch umrühren und Knoblauch hineinpressen, wenn sein frisches Aroma erwünscht ist. Beim Anrichten mit gehackter Petersilie bestreuen und mit frischem Pfeffer aus der Mühle übermahlen. Auf oder mit Brot servieren.

POMMERNKAVIAR

8 Gläser je 125 ml
Lagern: 2 Monate bei 1–10°C

Einfrieren: 3 Monate bei –18°C

1 Bund Majoran
1 kg Gänsefett (Flomen)
1 EL Salz

1. Majoran im Dezember waschen, ausschütteln, an die Luft hängen und 2 Tage trocknen, wo es zieht und schattig ist.
2. Das Fett in eiskaltes Wasser legen, an einem kühlen Platz wässern. In Abständen von einigen Stunden abgießen und mit frischem Wasser bedecken, bis es nach einem Tag klar bleibt. Dann in ein Sieb geben und warten, bis alle Feuchtigkeit weg ist.
3. Majoran von den Stielen streifen, in einen Mörser geben und zu feinen Schnipseln zerreiben.
4. Das Gänsefett auf ein Brett schütten, fein wiegen und durch ein Trommelsieb streichen, wenn es Häutchen enthält.
5. Das Gänsefett mit Majoran und Salz verrühren, in Gläser füllen und verschließen. Kühl lagern oder einfrieren.
6. Pommernkaviar auf dunkles Vollkornbrot streichen, mit fein gehackten Zwiebeln bestreuen und mit schwarzem Pfeffer übermahlen. Als Imbiß zu einem gehaltvollen Wein wie Tokayer oder Portwein servieren.
7. Oder Boskop schälen, vom Kernhaus reiben, mit der gleichen Menge Fett mischen und auf nicht säuerliches Vollkornbrot streichen.

KRABBENBUTTER

10 dunkle Gläser je 100 ml
Lagern: 2 Monate bei 1–10°C

Einfrieren: 3 Monate bei –18°C

500 g Butter
500 g Krabbenfleisch (Garnelen)
1 TL Meersalz
1 TL Muskatblüte (Pulver)
¼ TL Cayennepfeffer

1. 200 g Butter klären. Bei schwacher Hitze schmelzen und den Schaum abschöpfen, bis das Fett klar ist. An die Seite stellen und nach wenigen Minuten behutsam von der Molke abgießen.
2. Krabben fein hacken. 300 g Butter zur Molke geben und über Mittelhitze brodeln, bis der Schaum sich legt. Alle Gewürze hineinrühren. Von der Hitze nehmen und das Krabbenfleisch beifügen. Gründlich mischen, abschmecken, fest in Gläser pressen und glätten.
3. Die Krabbenbutter mit geklärter Butter versiegeln – flüssig einfüllen, bis die Oberfläche dick bedeckt ist. Mindestens 6 Stunden kühlen.
4. Beispielsweise wie in England auf knusprige Toastschnittchen streichen und nachmittags zum Tee genießen.

ALLES IN BUTTER

Butter »mit« ist eine Delikatesse auf Brot, zu heißen Kartoffeln, Gemüse und Nudeln. Buttermischungen für die nächsten Wochen bleiben im Kühlschrank griffbereit. Vor Luft und Licht geschützt können sie nicht so schnell ranzig werden.
Für Mischungen nach eigenen Einfällen die festen Zutaten fein hacken oder im Mixer pürieren. Mit Butter verkneten und abschmecken: pro Person: 10–20 g.
Kaviarbutter: 1 TL Zitronensaft, 100 g Dorschkaviar, 250 g Butter, 1 Eigelb, Salz, Pfeffer und 1 Würfelzucker – an Zitronenschale gelb gerieben.
Kressebutter: 100 g blanchierte Brunnen- oder Gartenkresse, 250 g Butter, Salz und 1 TL Aceto Balsamico.
Lachsbutter: 1 EL Tomatenmark, 200 g Räucherlachs, 1 TL Zitronensaft, 250 g Butter, Salz und Rosenpaprika.
Knoblauchbutter: 2 Knoblauchzehen, 1 TL Salz, 1 EL grüner Pfeffer mit 1 TL Lake, 2 EL Zitronensaft, 4 EL Basilikum und 250 g Butter.
Dillbutter: Spitzen von 3 Bund Dill, 1 Eigelb, 2 Spritzer Worcestersauce, 1 TL Zitronensaft, 250 g Butter, Salz und Pfeffer.
Zitronenbutter: 2 EL fein abgeriebene, unbehandelte Zitronenschale, 1 TL Zitronensaft, Pfeffer, 1 EL Petersilie, 250 g Butter.

KRÄUTERBUTTER

1,15 kg · 5 Bogen Wachspapier
Einfrieren: 8 Monate bei –18°C

je 30 g Petersilie und Schnittlauch
je 10 g Basilikum und Dill
je 10 g Estragon und Kerbel
je 10 g Pimpinelle und Sauerampfer
10 g Zitronenmelisse
je 2 g Thymian und Majoran
1 kg weiche Sommerbutter
2 EL Zitronensaft
1 Spritzer Worcestersauce
2 TL Meersalz, etwas Öl

1. Alle Kräuter waschen, Blätter von den Stengeln pflücken, durch Einrollen in ein Tuch vollkommen abtrocknen und auf ein großes Brett geben. Fein wiegen.
2. Butter mit Zitronensaft, Worcestersauce und Salz verrühren. Kräuter untermischen. In 5 Portionen teilen und länglich formen.
3. Wachspapier mit Öl einreiben. Butter auf die Mitte legen, eine Seite des Papiers darüber umschlagen. Eine Palette oder ein Lineal anlegen und sanft an das Päckchen drücken, bis eine 3–4 cm dicke Rolle entstanden ist.
4. Die Päckchen verschließen und im Kühlschrank fest werden lassen. Anschließend in Tagesportionen schneiden, luftdicht verpacken und einfrieren.
5. Kräuterbutter zum schnellen Auftauen in kaltes Wasser legen und auf dekorative Art mit dem Buntmesser (Schneide mit kantigem Wellenschliff) in Scheiben schneiden. Auf Steaks und Fisch garnieren, um sie darauf schmelzend zu verzehren. Junges Gemüse und kleine Pellkartoffeln in Kräuterbutter schwenken sowie Suppen und Saucen damit abschmecken.

STEAKBUTTER

15 Portionen je 50 g
Einfrieren: 6 Monate bei –18°C

2 Knoblauchzehen
200 g Schalotten
250 ml lieblicher Weißwein
1 Bund Petersilie
je 1 TL Basilikum und Estragon
je 1 TL Majoran und Thymian
4 TL Sardellenpaste
1 EL scharfer, heller Dijonsenf
2 EL Zitronensaft
2 Spritzer Worcestersauce
500 g Butter
250 g Sahne
Salz
schwarzer Pfeffer

1. Knoblauch und Schalotten schälen und würfeln. In Wein kochen, bis er verdampft ist. Kräuter waschen, abtrocknen und fein wiegen. Mit Knoblauch, Schalotten, Gewürzen und Butter verkneten.
2. Sahne nach und nach beifügen und verrühren. Mit Salz und Pfeffer abschmecken, wie Kräuterbutter in Portionen länglich formen und einfrieren.
3. Auf Steaks von Lamm und Rind zerlaufen lassen, aber auch auf Brot streichen.
4. Oder ein Partybaguette damit zubereiten. Dafür Stangenweißbrot quer im Abstand von 2 cm bis zur Mitte einschneiden. In die Einschnitte Butterscheiben stekken. Das Brot in Alufolie einschlagen und im vorgeheizten Ofen bei 220°C ca. 20 Minuten backen.

WEICH & FETTARM

Butter mit Öl, Sahne, Quark oder einer gelierenden Kraftbrühe cremig rühren. So kann sie dünn auf Brot gestrichen werden und Fett einsparen helfen. Sie bleibt wochenlang im Kühlschrank frisch und ist weich genug zum Streichen, wenn sie direkt aus der Kälte kommt.

Ungarische Schweine sind dafür bekannt, daß ihr Fleisch Salami zu einer berühmten Spezialität macht. Norddeutsche Schafe fressen würzige Kräuter auf Salzwiesen und bekommen so aromatisches Fleisch. Polnische Gänse schnattern durch weites grünes Land und sind als Braten zum Fest sehr begehrt. Beispiele für Tiere, die naturgemäß leben, langsam wachsen und erstklassiges Fleisch bringen – muskulös, mit kernigem Fett und ideal für die Vorratsküche. Bestellen Sie es beim zuverlässigen Händler zum Einfrieren, Pökeln, Räuchern, Trocknen, Einkochen und Einlegen. Fleisch im Sonderangebot und aus Massenzucht enthält in der Regel mehr Wasser, hat weniger Substanz, verliert beim Zubereiten viel Gewicht und eignet sich nur nach dem Garen zum Einfrieren und Einkochen. Alles Fleisch muß gut abgehangen sein, bevor Sie es verarbeiten.
Eigene Bratwurst können Sie so mager zubereiten, wie die Familie es am liebsten mag. Sauerfleisch kann ohne Fettpolster in mildem Gelee stecken. Die Wacholder-Mettwurst, links im Bild, beweist nach ihrer Reife, wieviel Aroma mit vielen Gewürzen entstehen kann. Rechts im Bild Dillheringe und abgespecktes Grillfleisch im Glas. Knochen und Fleischreste können Sie zu Fonds auskochen und für Suppen und Saucen aufsparen, damit sie perfekt gelingen. Pasteten würzen Sie nach persönlichem Geschmack. Es sind nur einige Beispiele für die handfesten Schätze aus Schlachtfleisch, Geflügel, Wild und Früchten des Meeres, die im Mittelpunkt der Mahlzeit stehen. Je mehr Aufwand Sie in die Vorratsküche stekken, um so größer ist später der Zeitvorteil. Die Freude an allen selbstgemachten Schätzen wird womöglich noch von jener Lust übertroffen, mit der Sie verblüffend schnell Handfestes aus dem Vorrat auftischen.

FLEISCH & FONDS

Fleisch im Einkochglas macht Hausfrauen flexibel, weil es tafelfertig ist und blitzschnelle Mahlzeiten ermöglicht.
Steaks, Rücken und Keulen vom halben Lamm und Rinderviertel sind kostbare Stücke, für die Platz im Gefriergerät reserviert wird. Preiswerte und durchwachsene Stücke kochen Sie von Fett befreit ein. Abschnitte und Knochen geben ihre ganze Kraft an Fonds ab, die derart konzentriert platzsparend gelagert werden können.
Die Rezepte zeigen Ihnen, wie Sie Ihre Lieblingsgerichte auf Vorrat zubereiten können. Die richtige Zeit dafür ist der Herbst, wenn Weideabtrieb gute Qualität verspricht und günstige Preise zu erwarten sind. Nur gut abgehangenes Fleisch ist zart und schmackhaft: Rind braucht rund 4 Wochen, Schwein nur 1 Tag, Kalb und Lamm brauchen 1 Woche.

GULASCHSUPPE

7 Einkoch-Gläser je 500 ml
Einkochen: 1 Stunde bei 98°C
Lagern: 12 Monate bei 1–20°C

1,5 kg Zwiebeln
300 g Schmalz oder 300 ml Öl
1,5 kg Rindfleisch (Bug, Kamm)
½ TL zerriebener Majoran
½ TL gemahlener Kümmel
75 g Paprika edelsüß
4 Knoblauchzehen
2 EL Salz
350 ml Rotwein

1. Zwiebeln in Wasser legen und abziehen, sobald die Haut weich ist. In Würfel schneiden. Schmalz oder Öl bei mittlerer Hitze im weiten Topf mit Sandwichboden zum Dampfen bringen. Die Zwiebeln hineinstreuen – das Brutzeln soll nicht unterbrochen werden. Rühren, bis sie gelb sind.
2. Das Fleisch in 1 cm große Stücke schneiden und mit den Gewürzen mischen. Zu den Zwiebeln geben, verrühren, zudecken und über milder Hitze 1 Stunde schmoren.
3. Knoblauch schälen, mit etwas Salz bestreuen und zerdrücken. Ins Gulasch geben, salzen und mit Rotwein aufkochen.
4. Das Gulasch bis 2 cm unter den Rand in Gläser füllen, abkühlen lassen, locker bedecken und über Nacht kühlen.
5. Die Gläser verschließen, in kaltem Wasser aufsetzen, langsam erhitzen und einkochen.
6. Zum Servieren mit Brühe auf die doppelte Menge verdünnen. Für ungarisches Kesselgulasch 250 g Kartoffeln und 80 g rote Paprikaschote in 500 ml Wasser oder Brühe garen, den Inhalt eines Glases beifügen und heiß werden lassen. Teig aus 1 Ei und 60 g Mehl in kleinen Stücken abzupfen und 10 Minuten im Gulasch ziehen lassen.

FLEISCH IM EIGENEN SAFT

Einkoch-Gläser je 750 ml
für 4 Portionen
Einkochen: 3 Stunden bei 98°C
Lagern: 12 Monate bei 1–20°C

500–600 g Fleisch pro Glas
Gewürze nach Rezept

1. Fleisch passend für die Gläser zurechtschneiden, mit Gewürzen einreiben und im ganzen fest hineindrücken. Zum Beispiel Stücke für Braten. Oder gepökelten und angeräucherten Schweineschinken für Aufschnitt.
2. Für Eintöpfe, Suppen und Ähnliches das Fleisch nach Rezept schneiden, mit Gewürzen mischen und bis zum Rand einfüllen.
3. Die Gläser verschließen, in kaltem Wasser aufsetzen, bei mäßiger Hitze heiß werden lassen und einkochen.
4. Für heiße Gerichte den gelierten Saft vom Fleisch abstreifen und zum Kochen der anderen Zutaten benutzen. Das Fleisch erst kurz vor dem Servieren hinzufügen und erhitzen, aber nicht mehr kochen.

BRAUNER FOND

7 Einkoch-Gläser je 200 ml
Einkochen: 30 Minuten bei 98°C
Lagern: 12 Monate bei 1–20°C

Einfrieren: 12 Monate bei –18°C

2 kg Fleischknochen
4 EL Öl
2 Zwiebeln
2 Knoblauchzehen
1 Petersilienwurzel
1 Bund Suppengemüse
1 EL Tomatenmark
1 TL Zucker
1 Zweig Thymian
1 Lorbeerblatt

1. Knochen von Schwanz, Brust und Bein auswählen, die reichlich Knorpel haben – sie machen den Fond kräftig und bringen Brühe zum Gelieren. In 3 cm große Stücke sägen lassen oder zerschlagen, in heißes Öl geben und bei starker Hitze oft wenden, bis sie dunkelbraun sind. Auch im Bräter im Ofen bei 200°C.
2. Zwiebeln, Knoblauch und Petersilienwurzel schälen. Suppengemüse putzen und waschen. Alles in kleine Würfel schneiden.
3. Das Gemüse zu den Knochen geben und hellbraun werden lassen. Tomatenmark und Zucker zufügen und kurz mitrösten. Mit soviel kaltem Wasser ablöschen, daß alles 2 cm hoch bedeckt ist.
4. Thymian und Lorbeerblatt hinzufügen. Bei mäßiger Hitze aufkochen und 4–5 Stunden leicht perlen lassen. (Auch im Ofen bei 125°C oder im Schnellkochtopf 90 Minuten.)
5. Ein Tuch ins Sieb legen, das in einer tiefen Schüssel hängt. Fond und Festes hineinschöpfen. Knochen abstreifen und entfernen, wenn sie nicht mehr heiß sind. Die Rückstände noch warm auspressen, bis sie keinen Saft mehr abgeben. Fond kühlen. Mit Fett versiegelt kann er ca. 3 Wochen im Kühlschrank aufbewahrt werden. Durch Aufkochen und Kühlen läßt sich die Frist vielfach verlängern.
6. Zum Einfrieren und Einkochen kalt entfetten, umfüllen und die Trübstoffe am Boden zurücklassen. Für Saucen bis auf 1,4 l einkochen.
7. Fond kalt einfrieren. Oder kochendheiß in Gläser füllen, verschließen, in heißes Wasser setzen und einkochen.
8. Immer verwenden, wenn Bratensäfte zu knapp oder nicht kräftig genug sind.

Für braunen Fond kleingehackte Knochen in Öl dunkelbraun anbraten.

Suppengemüse in kleinen Würfeln hinzufügen und hellbraun werden lassen.

Tomatenmark und Zucker mitrösten. Mit Wasser auffüllen, bis es 2 cm darüber steht.

Schaum und Fett immer wieder mit einer Suppenkelle oder einem Schöpflöffel abschöpfen.

SOJAFLEISCH FÜR CHINAKOST

7 Einkoch-Gläser je 500 ml
Einkochen: 60 Minuten bei 98°C
Lagern: 12 Monate bei 1–20°C

3 kg Schweinenacken
1 Knoblauchknolle
3 Stangen Zimt
2 TL Nelken
4 scharfe Pfefferschoten
150 ml helle Sojasauce
200 ml brauner Fond
Salz und Zucker

1. Fleisch mit der Faser 1 cm breit und 4 cm lang schneiden. Fett, Sehnen und Knorpel abschneiden und ausbraten. Mit 1,5 l Wasser, Knoblauch, Zimt, Nelken und Pfefferschoten 2 Stunden kochen. Ins Sieb schütten, die Rückstände auspressen.
2. Die Brühe mit Sojasauce, Fond, Salz und Zucker abschmekken. Das Fleisch darin 10 Minuten kochen, ins Sieb schütten und abtropfen lassen.
3. Fleisch warm in die Gläser geben und leicht zusammendrükken. Die Sauce durch ein feines Tuch filtern, das Fleisch damit bedecken. Locker zudecken und kühlen.
4. Die Gläser am nächsten Tag verschließen, in kaltem Wasser aufsetzen, langsam erhitzen und einkochen.
5. Bei Bedarf das Gemüse nach Rezept anbraten, mit dem Aufguß sämig kochen. Fleisch und Gemüse darin heiß schwenken.

FLEISCH IM KÄLTESCHLAF

Einfrieren macht das Fleisch schmackhafter und leichter verdaulich. Aber nur gut abgehangen wird es noch besser. Frisches Fleisch bleibt zäh.
Mageres Rind können Sie bis 12 Monate einfrieren, Lamm bis 10 Monate, Kalb bis 9 Monate, Schwein bis 8 Monate und Fertiggerichte bis 3 Monate. Fett kann nach 4 Monaten ranzig werden.
Innereien zum Einfrieren vorkochen oder garen, frische Leber püriert für Wurst und Knödel einfrieren. Geschnittenes Fleisch mit Fond bedecken, nicht mit fertigen Saucen, weil sie ihre Bindung verändern können – also lieber kurz vor dem Genuß binden.

SCHWEINEPFEFFER

7 Einkoch-Gläser je 1 l
Einkochen: 60 Minuten bei 98°C
Lagern: 12 Monate bei 1–20°C

5 kg Schweineschulter
650 g Zwiebeln
300 ml Rotwein
300 ml Weinessig
3 EL Wacholderbeeren
15 Nelken
2 EL schwarze Pfefferkörner
80 g Zucker
Salz

1. Das Fleisch in 3 cm große Stücke schneiden. Zwiebeln schälen, in Würfel schneiden und mit Rotwein, Weinessig und 1,5 l Wasser aufkochen. Gewürze in Mull binden und hineingeben. Fleisch hinzufügen und alles 1 Stunde schwach perlend kochen.
2. Das Fleisch mit einer Siebkelle entnehmen und abtropfen lassen. Warm in die Gläser geben und leicht zusammendrücken.
3. Die Brühe zum Klären durch ein Tuch filtern. Mit Zucker und Salz süß-sauer abschmecken, entfetten und über das Fleisch schöpfen. Bedecken und über Nacht kühlen.
4. Die Gläser verschließen, in kaltem Wasser aufsetzen und einkochen.
5. Den Aufguß mit dunkler Mehlschwitze zur gebundenen Sauce kochen, Fleisch darin erhitzen, nicht kochen. 1 EL Butter unterrühren und zu Salzkartoffeln und Bohnen essen.

WICHTIG & NÜTZLICH

Pökelfleisch und mit Fett zugeschmolzenes Sauerfleisch überwintert bei Temperaturen bis 12°C. Sobald es wärmer wird, bis 3 Monate einfrieren. Oder einkochen: Knapp gares Pökelfleisch vom Vortag 1 Stunde bei 98°C einkochen, Sauerfleisch nur 30 Minuten bei 98°C, wenn die Essiglösung mindestens 2 % Säure enthält.

FLEISCH EINKOCHEN

Rohes Fleisch wird in Gläsern gleichzeitig gar und haltbar. Sie können es mit Gewürzen mischen und über mäßiger Hitze im eigenen Saft einkochen. Zum Beispiel für Eintöpfe und kleine Ragouts. Rindfleisch 3 Stunden bei 98°C, Fleisch mit kürzerer Garzeit 1 Stunde. Kalt werden lassen und am nächsten Tag das zweite Mal wie zuvor einkochen.
Kochfleisch wie gepökelte Rinderbrust und Schmorfleisch wie Rouladen und Sauerbraten nach Rezept zubereiten, aber nur knapp garen. Passend für die Gläser in Form schneiden und hineinpressen, solange das Fleisch warm und anschmiegsam ist. Knapp mit kräftigem Fond bedekken, der weder zu salzig noch zu sauer ist. Bis zum nächsten Tag kühlen, dann verschließen, erhitzen und bei 98°C 1 Stunde einkochen.
Beispiel Burgunderbraten: 500 ml Rotwein, 1 Knoblauchzehe, 1 rote Pfefferschote und 1 Lorbeerblatt, 1 Zweig Rosmarin und ¼ TL schwarzen Pfeffer aufkochen. Kalt mit 1,2 kg Hochrippe in einen Folienbeutel geben, verschließen und 2–3 Tage ziehen lassen. Das Fleisch abtrocknen, mit Öl einreiben, scharf anbraten, mit Salz und etwas Senf einreiben, mit Marinade ablöschen und knapp 2 Stunden sanft schmoren.
Fleisch wie Haxen, Rippen und Beinscheiben knapp garen, heiß entbeinen, in Form binden oder zu ansehnlichen Portionen aufrollen und in Gläser pressen. Mit Brühe bedecken, kühlen und am nächsten Tag 1 Stunde bei 98°C einkochen. Immer ohne Knochen, weil sie Luft einschließen und zum Verderb führen können! Heftiges Kochen macht faserig und läßt Fett austreten, das den Verschluß verhindert. Deshalb das Glas am Deckel anheben, sobald der Inhalt kalt ist. Was offen geblieben ist, in den nächsten Tagen verbrauchen. Was sich trotz aller Sorgfalt nach einigen Wochen von selbst öffnet, kann gefährliche Folgen haben, auch wenn es noch so gut riecht. Also zur eigenen Sicherheit: weg damit!

HARZER SCHWÄRCHEN

7 Einkoch-Gläser je 750 ml
Einkochen: 60 Minuten bei 98°C
Lagern: 12 Monate bei 1–20°C

4 kg frische Schweineschwarten
16 Lorbeerblätter
1 EL Salz
160 ml Rotweinessig
8 EL heller Rübensirup
400 ml brauner Fond

1. Die Schwarten abschaben, waschen und passend für einen Topf zurechtschneiden. Mit Wasser bedecken und mit den Lorbeerblättern schwach sieden lassen.
2. Nach 90 Minuten in ein Sieb schütten, kurz in kaltem Wasser schwenken und auf einer Unterlage nebeneinander ausbreiten. Restliche Borsten mit einer Pinzette herausziehen.
3. Die Brühe mit Salz, Essig und Sirup auf 1 l einkochen. Mit dem Fond mischen. Schwarten 4 mm breit und 3 cm lang schneiden. In der Brühe einmal aufkochen und in die Gläser verteilen. Abkühlen lassen, zudecken und kühl stellen.
4. Am nächsten Tag abfetten, die Gläser verschließen, in kaltem Wasser aufsetzen, langsam erhitzen und einkochen.
5. Harzer Schwärchen kurz vor dem Essen erhitzen, Aufguß nach Belieben leicht eindicken, salzen, abschmecken und 1 EL Butter unterrühren. Mit Petersilienkartoffeln und Salat auftischen.

Grillfleisch zwischen den Rippen durchschneiden.

Das Fleisch in wenig Wasser mit den Gewürzen ziehend garen.

ABGESPECKTES GRILLFLEISCH
(zum Foto rechts)

3 Einkoch-Gläser je 1,5 l
Einkochen: 60 Minuten bei 98°C
Lagern: 12 Monate bei 1–20°C

Einfrieren: 3 Monate bei –18°C

3 kg Rippen und Bauchlappen von Lamm, Rind oder Schwein
1 Bund Thymian
1 Petersilienwurzel
2 Knoblauchzehen
2 Lorbeerblätter
1 EL Pfefferkörner
1 EL Salz

1. Das Fleisch zwischen den Rippen in Stücke schneiden. Platzsparend in einen Topf geben, mit Wasser bedecken und mit den Gewürzen bei geringer Hitze garen, bis die Knochen sich herausziehen lassen. Lamm nur etwa 40 Minuten, Schwein 1 Stunde und Rind 90 Minuten garen.
2. Das Fleisch heiß entbeinen, warm zurechtschneiden und in Gläser oder Gefrierdosen geben. Die Brühe an kalter Luft schnell abkühlen lassen. Entfetten und über das Fleisch löffeln, bis sie 2 cm hoch steht. Kühlen.
3. Die restliche Brühe im Kühlschrank aufbewahren und im Laufe der Woche verbrauchen. Oder für später einfrieren und für Eintöpfe etikettieren.
4. Am nächsten Tag die Gläser oder Dosen verschließen und für kurze Lagerung einfrieren. Für längere Haltbarkeit bei mäßiger Hitze erwärmen und einkochen.
5. Bei passender Gelegenheit das Fleisch längs durchschneiden, auf einem Rost mit etwa 10 cm Abstand grillen, bis es knusprig ist. Oft wenden und mit einer Sauce bepinseln.
6. Für Spareribsauce Würfel von 2 Zwiebeln und 2 Knoblauchzehen in 2 EL Öl weich dünsten. Mit 150 g Tomatenmark, 4 EL Essig, 2 EL Honig, 4 EL Worcestersauce oder flüssiger Pilzwürze (Rezept Seite 100), 1 TL Senfpulver, 1 TL Thymian und 125 ml Brühe zu einer sämigen Sauce kochen und mit Salz abschmecken.

MASTOCHSENBRUST UND RINDERFOND

4 Dosen je 750 ml für das Fleisch
Einfrieren: 12 Monate bei –18°C

7 Einkoch-Gläser · je 200 ml Fond
Einkochen: 30 Minuten bei 98°C
Lagern: 12 Monate bei 1–20°C

500 g Schweineschwarten
4 Kalbsfüße (3 cm dicke Scheiben)
1 l Weißwein
4 Lorbeerblätter
3 EL weiße Pfefferkörner
2 Knoblauchzehen
1 Bund Thymian
Salz
2,5 kg Mastochsenbrust
1 Bund Petersilienwurzeln
1 Knolle Sellerie mit Kraut
500 g Möhren
1 kg Porree
500 g Zwiebeln
1 EL Zucker

1. Schwarten und Kalbsfüße mit Wasser bedecken, schnell aufkochen, abgießen, gründlich spülen und in einen Bräter geben, der 8 l faßt. Wein und Wasser zugießen, bis die Zutaten 2 cm hoch bedeckt sind.
2. Lorbeerblätter, Pfeffer, Knoblauch und Thymian hinzufügen. Den Bräter auf die mittlere Schiene des Ofens schieben und bei 250°C erhitzen, bis die Brühe perlt. Auf 150°C herunterschalten und 2 Stunden am Perlen halten. Bei Bedarf heißes Wasser nachfüllen, damit die Zutaten bedeckt bleiben.
3. Die Brühe leicht salzen und das Fleisch hineinlegen. 3–4 Stunden ziehen lassen, bis es sich leicht durchstechen läßt. Entnehmen und putzen, sobald es sich anfassen läßt. Die Abschnitte zurück in die Brühe geben.
4. Das Gemüse samt Kraut putzen, waschen und ganz lassen oder grob schneiden. Petersilienwurzeln, Sellerie und Möhren 30 Minuten in der Brühe garen. Porree 20 Minuten. Gemüse und Fleisch an kühler Luft schnell erkalten lassen.
5. Den Inhalt des Bräters in ein Tuch entleeren, das in ein Sieb gebettet ist. Die Brühe auffangen und entfetten, sobald sie abgekühlt ist.
6. Das Fleisch in ½ cm dicke Scheiben schneiden und in Gefrierdosen geben. Mit Brühe bedecken. Möhren und Porree darüber einfüllen. Verschließen, kühlen und einfrieren.
7. Die restliche Brühe auf 1,4 l kraftvollen Fond einkochen, bis 2 cm unter den Rand in Gläser füllen und kühlen. Am nächsten Tag verschließen, einkochen und für Saucen und zum Dünsten nutzen.
8. Fleisch und Gemüse zum Servieren in der Brühe aufwärmen, aber nicht aufkochen. Beispielsweise beim Anrichten Mastochsenbrust mit einer Mischung aus Schnittlauch und Salz bestreuen und die Brühe für Bouillonkartoffeln verwenden. Dazu paßt gut Apfelmeerrettich, vielleicht selbst eingemacht nach dem Rezept auf Seite 102.

RAGOUT MIT HERZ

2 Twist-Off-Gläser je 750 ml
Lagern: 4 Wochen bei 6–10°C

Einfrieren: 4 Monate bei –18°C

1,5 kg Rinderherz (große Stücke)
1 Bund Suppengemüse
1 Lorbeerblatt
1 Zweig Thymian
1 EL Pfefferkörner
Salz
100 ml Balsamessig

1. Herz wässern, dicht aneinander mit Wasser bedecken und bei geringer Hitze unter dem Siedepunkt 2 Stunden ziehen lassen.
2. Das Gemüse putzen und in kleine Würfel schneiden. Mit den Gewürzen zum Fleisch geben und 1 Stunde garen. Beiseite stellen und kalt werden lassen.
3. Herz in kleine Würfel schneiden. 300 ml Brühe filtern, mit Salz und Essig abschmecken, mit den Würfeln aufkochen. Kochendheiß in Gläser füllen, zuschrauben und kühl aufbewahren. Oder kalt einpacken und einfrieren.
4. Bei Bedarf erhitzen, mit Sahne sämig kochen, Senfgurkenwürfel beifügen und süß-sauer würzen.

FRIKASSEE UND RAGOUT VOM KALB

2 Einkoch-Gläser je 750 ml
Einkochen: 60 Minuten bei 98°C
Lagern: 12 Monate bei 1–20°C

500 g Kalbsbries
600 g Kalbszunge
1 unbehandelte Zitrone
1 Bund Suppengemüse
1 Zwiebel
1 Lorbeerblatt
2 Nelken
1 TL weiße Pfefferkörner
500 g Kalbfleisch aus der Schulter
1 TL Salz

1. Bries und Zunge wässern, bis das Wasser nicht mehr rötlich wird. Zitrone in Scheiben schneiden. Suppengemüse putzen, waschen und kleinschneiden.
2. Zitrone, Gemüse und Gewürze in 1 l Wasser aufkochen. Zuerst die Zunge beifügen, nach 30 Minuten das Kalbfleisch und nach weiteren 30 Minuten das Bries. Leicht perlend garen. Das Fleisch entnehmen und offen an kühler Luft erkalten lassen.
3. Die Zunge abziehen. Das Fleisch putzen. Beides in Würfel schneiden. 1 cm groß für Ragout fin, 2 cm groß für Frikasseé. Das Bries zerpflücken, dabei entfernen, was zwischen den Knöllchen stört.
4. Alles Fleisch bis 2 cm unter den Rand in Gläser geben. Die Brühe auf 500 ml einkochen, durchsieben, mit Salz würzen, das Fleisch damit bedecken und kühl stellen.
5. Am nächsten Tag die Gläser verschließen, in kaltem Wasser aufsetzen, langsam erhitzen und einkochen.
6. Bei Bedarf aus dem Gelee eine Sauce kochen, mit Sahne und Eigelb verfeinern. Das Fleisch darin erhitzen, aber nicht kochen. Wenig Sauce für Ragout fin, mehr Sauce für Spargel und anderes feines Gemüse.

VEREINT KOCHEN & GETRENNT GENIESSEN

Fleischtöpfe bestehen meist aus mehreren Sorten Fleisch, die zusammen gekocht werden und sich dabei gegenseitig beeinflussen. Sie können die Fleischtöpfe nach Rezept zubereiten und das Fleisch unter dem Siedepunkt garen. Bei der Probe mit einem Stäbchen bis ins Zentrum einstechen und den Tropfen begutachten, der kurz danach zum Vorschein kommt. Rosa Tropfen bedeuten, daß die Zufuhr der Hitze gestoppt werden kann, wenn es zarte und wertvolle Stücke sind.
Stücke mit Sehnen und Knorpeln müssen weiter garen. Wenn der Tropfen bei der Probe klar bleibt, ist das Fleisch gut zum Einkochen. Zum Einfrieren soll es weich sein, dann gleitet das Stäbchen leicht hindurch. Auf jeden Fall soll das Fleisch in der Brühe liegend abkühlen. Frühestens lauwarm entnehmen und portionieren.
Zum Einkochen das Fleisch in Gläser stecken, solange es anschmiegsam ist. Zum Einfrieren kalt aufschneiden, weil es leichter geht und die Scheiben glatter geraten.
Die Brühe durch ein Sieb gießen, das Fleisch damit bedecken und kühlen. Kalt verschließen.
Am nächsten Tag einfrieren und bei −18°C lagern. Bis 12 Monate, wenn es mageres Fleisch ist. Nur 3 Monate, wenn es Fettpolster hat. Oder 1 Stunde bei 98°C einkochen und länger als 12 Monate lagern.
Gemüse, das zu den Fleischtöpfen gehört, immer in Brühe garen. Bißfest kochen und frisch servieren oder schnell abkühlen und im Vorrat verstauen: Hautnah in Folie verpacken und bis 6 Monate bei −18°C einfrieren. Oder ohne Aufguß dicht aneinander in Gläser schichten und bis zum nächsten Tag kühl stellen. Verschließen und bei 98°C 1 Stunde einkochen.
Bei Bedarf in der Brühe aufwärmen. Das Fleisch dabei nicht aufkochen – es würde zäh werden!
Für »Bollito misto«: Kalbshaxe, Rindernacken, Kalbskopf, Kalbszunge, Schweinsfuß »Zampone« und italienische Kochwurst »Cotechino« oder »Luganighe«. Die Brühe wird mit Nudeleinlage serviert, das Fleisch mit Kartoffeln, Mixed Pickles und »Salsa verde«, einem grünen Püree aus einer Handvoll frischem Basilikum, 2 Knoblauchzehen, 30 g Pinienkernen, etwas schwarzem Pfeffer und Sardellenpaste sowie 200 ml Olivenöl.
Für französischen »Pot au feu«: Rinderbrust, Suppenhuhn, Haxen von Lamm und Kalb. Später in Gängen oder als einzelne Mahlzeiten genießen: Huhn in Brühe mit Markklößchen, Lamm mit Reis und Tomatensauce, Kalb mit Senfsauce und grünen Bohnen, Rind mit Suppengemüse und Meerrettich. Oder mit grüner Sauce aus je 50 g Mandelmus und püriertem Spinat mit etwas Basilikum, 2 EL Zitronensaft, 100 ml Nußöl, Salz und Pfeffer.
Für spanischen »Cocido Madrileño«: Suppenhuhn, Rinderbrust, geräucherten Schinken, gepökelten Speck und Knoblauchwurst »chorizos«. Daraus wird mit Kichererbsen, Suppengemüse, Kohl und Kartoffeln ein mächtiger Eintopf.
Für Grünkohl auf Holsteiner Art: Schweinenacken, Kasseler, geräucherte Schweinebacke und Mettwürstchen. Grünkohl später in der Brühe kochen, das Fleisch darauf erwärmen.

WURST & SÜLZE

Einst hingen Schinken und Würste am reetgedeckten First, umspielt vom Rauch des offenen Feuers. Wurstmachen ist nur zu Beginn der kalten Jahreszeit ratsam, denn in einer kühlen Umgebung geraten die Vorräte aus Fleisch besser und sind monatelang haltbar. In einem dunklen und trockenen Raum mit Frischluft können Sie Ihre Schätze trocknen, reifen lassen und lagern, wenn die Temperatur zwischen 12 und 15°C liegt. Zum Lagern steckt man sie am besten in ein weites Hemd aus Leinen, weil es sie schützt, wenn das Thermometer wieder höher klettert. Reste von Sülze und Sauerfleisch sollten Sie dann einfrieren und in den nächsten 3 Monaten verbrauchen – Luftgetrocknetes und Kaltgeräuchertes verliert in der künstlichen Kälte allmählich, was Nasen und Gaumen reizt.

SAUERFLEISCH MIT BALSAMESSIG

4 Sturzgläser je 500 ml
Lagern: 6 Monate bei 1–15°C

1 kg Schweinerippen in Stücken
2 zersägte Schweinefüße
1 EL Salz
1 EL Zucker
200 ml Weißweinessig
4 Zwiebeln
2 Lorbeerblätter
1 EL Pfefferkörner
5 EL Aceto Balsamico

1. Rippen und Füße in viel Wasser schnell aufkochen, abgießen, kalt spülen und putzen. Mit Salz, Zucker, Essig in 750 ml Wasser bei mäßiger Hitze aufkochen und abschäumen, bis keine Gerinnsel mehr entstehen.
2. Die ungeschälten Zwiebeln mit Lorbeerblättern und Pfeffer hinzufügen. Schwach perlend sieden lassen.
3. Nach 2 Stunden Rippen und Füße entnehmen, das Fleisch noch heiß von den Knochen streifen. Alles abschneiden, was stört. Abschnitte und Knochen in der Brühe weiter auskochen, um ihnen die Gelierkraft zu entlocken. Sanft siedend auslaugen.
4. Nach 2 Stunden ins Sieb schütten, die Knochen heraussammeln und die Rückstände ausdrücken. Brühe kalt stellen.
5. Fleisch in mundgerechte Stükke schneiden und in die Gläser geben. Die Brühe entfetten, filtern, aufkochen. Mit Balsamessig abschmecken, über das Fleisch löffeln. Kalt werden lassen.
6. Das Fett der Brühe schmelzen, auf die Sülze geben und die Gläser verschließen.
7. Frühestens nach 1 Woche zu Bratkartoffeln und Salat aus Weißkohl, Sahne, Zitrone, Rosinen, Salz, Pfeffer, Zucker und Curry genießen.

RINDERZUNGE IN MADEIRAGELEE

3 Einkoch-Gläser je 500 ml
Einkochen: 60 Minuten bei 98°C
Lagern: 12 Monate bei 1–20°C

1 gepökelte, angeräucherte Zunge
1 Petersilienwurzel
2 Zwiebeln
2 Lorbeerblätter
250 ml Rinderfond (Seite 110)
4 EL Madeira

1. Die Zunge mit möglichst wenig Wasser bedecken und bei mäßiger Hitze kochen. Petersilienwurzel und Zwiebeln schälen, kleinschneiden und mitkochen. Ebenso die Lorbeerblätter.
2. Nach 2 Stunden die Zunge abschrecken, abziehen, in große Stücke schneiden und noch warm platzsparend – mit den schönen Seiten nach außen – in Sturzgläser schichten. Über Nacht abkühlen lassen.
3. 500 ml Zungenbrühe auf die Hälfte einkochen. Mit Rinderfond und Madeira aufkochen und abschmecken. Durch ein feines Tuch laufen und zu Gelee abkühlen lassen, entfetten.
4. Das Gelee erwärmen und über die Zunge schöpfen, bis es 2 cm unter dem Rand steht. Die Gläser verschließen und einkochen.
5. Zunge zum Servieren aus dem Glas stürzen, in dünne Scheiben schneiden und kalt mit etwas Gelee genießen. Beispielsweise auf Butterbrot mit Meerrettich oder Früchtesenf. Oder im Fond erwärmen und mit grünen Bohnen und Bratkartoffeln kombinieren.

Angeräucherte Pökelzunge mit Gewürzen in Wasser aufsetzen und perlend garen.

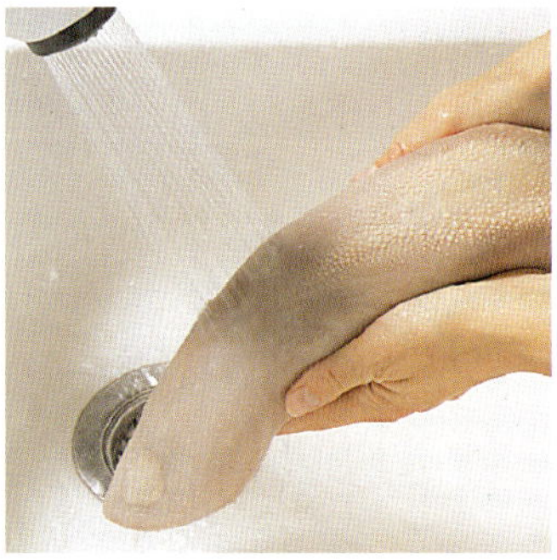

Nach 2 Stunden kalt duschen, damit die Haut sich lockert.

Die Haut an der Spitze lösen und nach hinten abziehen.

GELEE & DURCHBLICK

Für glasklares und glitzerndes Gelee je 100 g weißen Sellerie und Möhren in winzige Würfel schneiden und in 2 EL Öl glasig dünsten. 3 Eiweiß zu weichem Schnee schlagen. Gemüse lauwarm unterheben. Den Schnee sofort in 1 l lauwarme Brühe geben und einmal kräftig aufkochen. Vom Herd nehmen und warten, bis das Eiweiß alle Trübstoffe gebunden hat und an der Oberfläche schwimmt. Die Brühe noch heiß in ein feines Tuch geben und ruhig ablaufen lassen.
Sülze wird durch Einfrieren körnig, wenn sie mit Gelatine gebunden wurde.

SÜLZE AUF HAUSFRAUEN-ART

7 Sturzgläser je 750 ml
Lagern: 3 Monate bei 1–15°C

4 zersägte Schweinepfoten
1,5 kg frisches Eisbein
750 g Rindernacken
1 l Weißweinessig
2 Bund Suppengrün
4 Zwiebeln
4 Lorbeerblätter
2 EL Pfefferkörner
5 Gewürznelken

1. Das Fleisch dicht aneinander in den Suppentopf schichten. Mit Essig und Wasser auffüllen, bis es knapp über dem Fleisch steht. Bei mäßiger Hitze kochen und abschäumen, bis keine grauen Gerinnsel mehr aufsteigen.
2. Suppengrün putzen, waschen und kleinschneiden. Zwiebeln putzen, mit der gelben Schale zerschneiden. Beides mit den Gewürzen zum Fleisch geben. Zudecken und schwach sieden lassen.
3. Nach 2 Stunden das Fleisch mit einer Gabel herausnehmen und etwas abkühlen lassen. Noch warm von den Knochen streifen. Härchen, Adern und Sehnen entfernen. Knochen und Abfälle zurück in die Brühe geben.
4. Weitere 2 Stunden kochen, ins Sieb schütten und abtropfen lassen. Fleisch und Brühe nach dem Abkühlen zudecken und kalt stellen.
5. Das Fett von der gelierten Brühe abheben, diese stürzen und den trüben Bodensatz entfernen. Das klare Gelee aufkochen und kräftig würzen, vielleicht mit etwas Zucker und Aceto Balsamico abrunden.
6. Fleisch kalt in ½ cm dicke Streifen schneiden, in die Brühe geben, 5 Minuten kochen, in die Gläser füllen. Kalt und fest werden lassen. Das Fett der Brühe zerlassen, die Sülze damit bedekken und so versiegeln. Falls kühles Lagern nicht möglich ist, bis 3 cm unter den Rand in Gläser geben und 30 Minuten bei 98°C einkochen.
7. Sülze auch aus Kopffleisch zubereiten. So und so paßt sie gut zu Remoulade und Bratkartoffeln oder Bechamélkartoffeln und frischem Salat oder milchsaurem Gemüse.

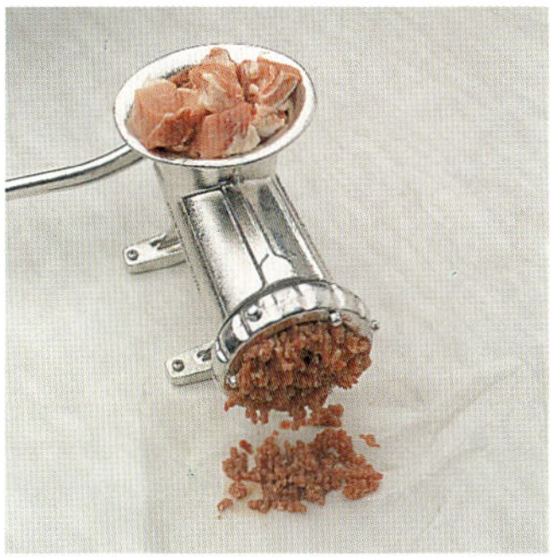

Für Wacholder-Mettwurst das Fleisch durch die großgelochte Scheibe treiben.

Mett durch ein Wurstrohr in den Darm stopfen. Luftblasen durch »Prickeln« entfernen.

Das Fleisch mit den Gewürzen verkneten. Mit Folie und Teller zudecken und 1 Tag kühlen.

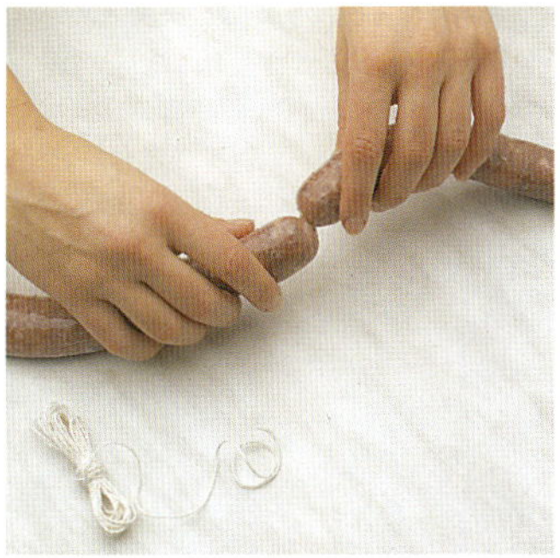

20 cm lange Würste abdrehen. Mit Garn abbinden. Schlaufen zum Aufhängen knoten.

WACHOLDER-METTWURST

3 kg · 6–7 Würste je 20 cm
Trocknen: 6 Tage bei 12–15°C
Räuchern: 3 Wochen
Lagern: 10 Monate bei 12–15°C

500 ml starker Rotwein
12 Schalotten in Scheiben
1 Bund Thymian
2 Bund Petersilie
1 TL geriebene Muskatnuß
2 Lorbeerblätter
6 Nelken
1 kg frischer, fetter Speck
4 kg Schweineschulter
10 Wacholderbeeren
2 EL weiße Pfefferkörner
250 g Meersalz
2 m Naturdarm vom Schwein
2 l Pökellake (Seite 24)

1. Rotwein, Schalotten, Kräuter, Muskat, Lorbeerblätter und Nelken mischen, zudecken und kalt stellen.
2. Nach 3 Tagen den Wein in ein Tuch schütten und abtropfen lassen. Die Rückstände fest auswringen. Speck winzig würfeln, in den Wein geben und kalt stellen.
3. Etwa 24 Stunden später das Fleisch grob zerschneiden und durch den Wolf mit groß gelochter Scheibe treiben. Wacholderbeeren, Pfeffer und etwas Salz im Mörser zerreiben. Mit dem übrigen Salz mischen und ins Fleisch kneten. Fest zusammendrücken, mit Folie und Teller zudecken und kalt stellen.
4. Am nächsten Tag Speck und 250 ml Wein zum Fleisch geben und gründlich verkneten. Fest zusammendrücken, wieder zudekken und kühlen. Wieder einen Tag später den übrigen Wein ins Fleisch kneten.
5. Die Därme lauwarm wässern, bis das Wasser klar bleibt. Auf ein trichterförmiges Wurstrohr ziehen und die Farce mit einem Stößel hineingeben. Die Wurst durch die Hand gleiten lassen und dabei mit einer Nadel einstechen. So Luftblasen entfernen.
6. 20 cm lange Würste abbinden und Schlaufen zum Aufhängen anbringen. In der Pökellake versenken.
7. Nach 3 Tagen an die Luft hängen, wo es zieht und trocken ist. Einige Tage später kalt räuchern (oder räuchern lassen). An trokkener Luft hängend lagern.

METTWURST MIT KARTOFFELN

6 kg · 10 Würste je 50 cm
Räuchern: 3–4 Wochen
Lagern: 6 Monate bei 12–15°C

2,5 kg feste Pellkartoffeln
1,5 l Milch
50 g Zucker
200 g Pökelsalz
50 g weißer Pfeffer
2,5 kg Schweineschulter
2,5 kg Rinderschulter
1,5 kg frischer Schweinebauch
5 m Mettwurstdärme

1. Gekochte Kartoffeln heiß pellen und kalt reiben. Milch aufkochen, mit Zucker, Salz und Pfeffer würzen, kalt mit den Kartoffeln mischen.
2. Fleisch grob zerschneiden, entsehnen und durch den Wolf mit grober Lochscheibe treiben. Zu den Kartoffeln geben und 1 Stunde mit den Händen kneten.
3. Die Därme in Wasser geschmeidig werden lassen. Das Mett durch ein Wurstrohr treiben. Die Wurst in den Händen drehen, kneten und mit einer Nadel einstechen, um alle Luftblasen zu entfernen. Die Würste 50 cm lang abbinden und an beiden Enden Schlaufen anbringen.
4. Einige Tage an die kalte Luft hängen, bis ihre Haut sich wie Pergament anfühlt und ein bißchen schrumpelig ist. Räuchern lassen. Kühl lagern, wöchentlich am anderen Ende aufhängen.

DITHMARSCHER KOCHWURST

1,2 kg · 3 Ringe je 30 cm
Trocknen oder Räuchern: 14 Tage
Lagern: 6 Monate bei 12–15°C

1 Schweinelunge (ca. 500 g)
1 kg Schweinenacken
4 Eier
1 EL Meersalz
1 TL schwarzer Pfeffer
½ TL Nelkenpfeffer
6 Wacholderbeeren
1 m dünner Naturdarm vom Schwein
ca. 1 l Pökellake (Seite 24)

1. Lunge grob zerschneiden und wässern, bis das Wasser sich nicht mehr rosa färbt. Dann in etwas kochendes Wasser geben und ungefähr 10 Minuten dämpfen, bis sie nicht mehr schwammig ist.
2. Schweinenacken und Lunge in Stücke schneiden, dabei Häute, Sehnen und Röhren entfernen. Die Scheibe mit den kleinsten Löchern in den Fleischwolf einsetzen, das Fleisch und die Lunge gemischt zweimal hindurchtreiben.
3. Die Eier verquirlen. Die Gewürze im Mörser fein zerreiben und hinzufügen. Nach und nach zum Fleisch geben und mit der Hand geschmeidig schlagen.
4. Naturdarm lauwarm spülen und umstülpen, bis das Wasser klar bleibt. Auf ein 3 cm dickes Wurstrohr ziehen und am Ende abbinden. Das Fleisch durch den Wolf treiben, die Wurst in der Hand führen und oft mit einer Nadel einstechen, damit eingeschlossene Bläschen entweichen. Zu ellenlangen Würsten abbinden und in die Lake legen.
5. Nach 4 Tagen entnehmen, zu Kränzen binden und 14 Tage über Buchenholz und Wacholder kalt räuchern oder trocknen. Anschließend an kühler Zugluft frisch halten und bis 3 Monate weiter reifen lassen.
6. Bei Bedarf die Wurst für Holsteiner Grünkohl mit Schweinebacke und Pökelfleisch 90 Minuten schwach siedend garen. Mit kleinen Bratkartoffeln auftischen, die original mit Zucker glasiert werden. Schweinebacke in Scheiben schneiden und bei Tisch mit Senf bestreichen. Auch im Eintopf aus Möhren und Kartoffeln und in Erbsensuppe schmeckt die würzige Wurst.

WICHTIG & NÜTZLICH

Festes Fleisch aus langsamer Mast und zuverlässiger Herkunft ist für Wurst ein Muß. Mit steigendem Wassergehalt wächst das Risiko, daß die Wurst in der kritischen Phase der ersten Wochen verdirbt.
Beim Räuchern und beim Trocknen an der Luft dürfen Würste sich nicht berühren. Mit essiggetränktem Lappen reinigen, falls die Pelle schmierig wird und muffig riecht. Bei einem guten Verlauf an trockener Luft bleibt die Wurst trocken. Sie wird immer runzliger und ist schließlich nur noch halb so dick und schwer wie am Anfang. Die Wurst wird würziger, fester und schließlich zur Dauerwurst. Weißer Belag und typischer Duft sind Zeichen der Reife.

Für Mortadella Zunge in Würfel schneiden. In die eiskalte Farce mischen.

Sturzgläser bis 3 cm unter den Rand mit dem Fleischteig füllen.

MORTADELLA MIT PISTAZIEN
(zum Foto rechts)

7 Einkoch-Gläser je 750 ml
Einkochen: 2 Stunden bei 90°C
Lagern: 12 Monate bei 1–20°C

1 gepökelte Schweinezunge
45 g Pökelsalz vom Fleischer
1 EL Zucker
1 EL weißer Pfeffer
½ TL Kardamom
¼ TL Ingwerpulver
1 EL gekörnte Brühe
1,25 kg mageres Rindfleisch
400 g frischer, fetter Speck
150 g grüne Pistazienkerne

1. Die Zunge mit kaltem Wasser bedecken und 1 Stunde kochen. Entnehmen, abschrecken und abziehen. 250 ml Zungenbrühe mit Pökelsalz, Gewürzen und gekörnter Brühe aufkochen. Zunge und Brühe kalt stellen.
2. Fleisch und Speck kleinschneiden, dabei Sehnen entfernen. Beides mischen, in Portionen je 150 g in den Mixer geben und fein zerschlagen. Eiskalt werden lassen.
3. Pökelbrühe nach und nach zum Fleisch geben. Geschmeidig kneten und abschmecken. Die Zunge in ½ cm große Würfel schneiden. Zunge und Pistazien in die Farce kneten.
4. Sturzgläser bis 3 cm unter den Rand mit der Farce füllen. Verschließen, in kaltem Wasser aufsetzen, bei mäßiger Hitze erwärmen und einkochen.
5. Mortadella zum Gebrauch am Rand mit spitzem Messer lösen, aus dem Glas stürzen und in dünne Scheiben schneiden. Auf Butterbrot genießen oder für Füllungen verwenden, die für Teigwaren gebraucht werden.

LEBERWURST MIT KRÄUTERN

14 Einkoch-Gläser je 500 ml
Einkochen: 1 Stunde bei 90°C
Lagern: 12 Monate bei 1–20°C

1 kg Schweineleber im ganzen
1 kg Schweinebauch
150 g Schalotten
4 EL Sonnenblumenöl
je 1 EL Thymian und Majoran
100 g Sardellenpaste
1 EL Salz

1. Die Leber im Siebeinsatz über 250 ml kochendem Wasser 1 Stunde dämpfen. Schweinebauch in Wasser 90 Minuten perlend garen. Leber, Schweinebauch und Brühe kühlen.
2. Am nächsten Tag das weiße Fett von der Brühe trennen. Schalotten pellen, in Würfel schneiden und im Öl weich dünsten.
3. Leber und Schweinebauch kleinschneiden, dabei Häute und Röhren entfernen. Beides in den Fleischwolf geben und durch die Scheibe mit den kleinen Löchern treiben.
4. Thymian, Majoran, Sardellenpaste, Salz und Schalotten unter den Teig mischen. Mit 250 ml Brühe geschmeidig kneten.
5. Die Farce abschmecken und bis 2 cm unter den Rand in Sturzgläser geben. Dabei aufstoßen und zusammendrücken, damit keine Luftblasen im Glas bleiben. Die Oberfläche glätten.
6. Das Fett der Brühe schmelzen und auf die Oberfläche geben. Vielleicht mit Majoran- oder Thymianspitzen schmücken. Die Gläser verschließen, in kaltem Wasser aufsetzen, über mäßiger Hitze erwärmen und einkochen. Oder bis 3 Monate einfrieren.

ROTWURST UND SCHWARZSAUER

7 Sturzgläser je 500 ml
Einkochen: 60 Minuten bei 95°C
Lagern: 12 Monate bei 1–20°C

400 g frische Schweineschwarten
750 g Rinderherz
4 Lorbeerblätter
2 EL schwarze Pfefferkörner
2 TL Pimentkörner
300 g frischer Rückenspeck
250 ml frisches Schweineblut
Nelkenpfeffer
1 EL Salz

1. Schwarten und Herz waschen, in große Stücke schneiden und mit wenig Wasser bedecken. Bei mäßiger Hitze aufkochen und abschäumen. Lorbeerblätter, Pfeffer und Piment dazugeben. Zudekken und schwach perlend garen. Nach 3 Stunden in ein Sieb schütten.
2. Speck in winzige Würfel schneiden und in der Brühe glasig kochen. In ein zweites Sieb schütten. Kalt entnehmen, zudekken und kühlen.
3. 250 ml entfettete Brühe auf 4 EL starken Sud einkochen. Die Schwarten enthaaren, wenn sie noch Stoppeln haben. In Stücke schneiden und im Cutter zerschlagen, solange sie warm und weich sind. Herz in 1 cm große Stücke schneiden, dabei Röhren, Häute und Sehnen entfernen. Zudecken und kühlen.
4. Blut, 4 EL Sud, Schwartenpüree, ½ TL Nelkenpfeffer und Salz verquirlen, in ein kochendes Wasserbad setzen und rühren, bis die Sauce andickt. Abschmecken, beim Abkühlen ab und zu umrühren. Zudecken und kalt stellen.
5. Am nächsten Tag Speck und Herz in die schwarze Sauce geben. Bis 2 cm unter den Rand in Gläser füllen, verschließen, langsam erhitzen und einkochen.
6. Ebenso Schwarzsauer. Dafür Innereien vom Schwein wie oben mit Zwiebel und Suppengrün kochen, Nieren 20 Minuten, Zunge 1 Stunde, Herz und Pfoten 2 Stunden. Putzen und haselnußgroß schneiden. Mit schwarzer Sauce aus 4 Teilen kräftiger Brühe mit 1 Teil Blut. Mit Balsamessig, Backpflaumensaft und etwas Zucker leicht süß-säuerlich würzen und soviel Nelkenpfeffer hinzufügen, daß er den Ton angibt.
7. Zum Servieren nur aufwärmen, nicht kochen. Dazu passen Kartoffelklöße und Kompott aus Backobst.

RINDERBRATWURST

3,15 kg · 52 Würste je 60 g
Einfrieren: 6 Monate bei –18°C

2 kg mageres Rindfleisch
400 g frischer Schweinebauch
60 g Meersalz
7 m Schafsdärme
750 ml Milch
1 TL geriebene Muskatnuß
1 EL weißer Pfeffer

1. Fleisch und Schweinebauch in kleine Würfel schneiden. Durch den Fleischwolf mit kleiner Lochscheibe treiben. Salz dazugeben und gründlich verkneten. Die Farce fest zusammendrücken, zudecken und kühlen.
2. Die Därme mehrfach durchspülen, bis das Wasser klar bleibt. An die kalte Luft hängen und wenden, bis sie nicht mehr naß sind.
3. Am nächsten Tag die Milch mit Muskat und Pfeffer mischen. Nach und nach mit dem Fleisch verkneten. Abschmecken.
4. Därme auf ein dünnes Rohr schieben, das an den Fleischwolf geschraubt ist, und den Fleischteig durch den Wolf treiben. Den gefüllten Darm durch die Handmulde führen und zu etwa 8 cm langen Würstchen abdrehen.
5. Die Wurstschlangen aufhängen, wo es schattig, luftig und trocken ist. Trocknen lassen, bis die Pelle sich wie Pergament anfühlt. 3–4 Tage, am besten bei 12–15°C.
6. Die Würstchen in Portionen teilen, luftdicht einpacken und einfrieren.
7. Zum Braten 30–60 Minuten antauen lassen, mehrfach mit einer Nadel einstechen und bei mittlerer Hitze in wenig Fett braun braten. Zu Bechamélkartoffeln und Blumenkohl oder zu Pommes frites reichen.

MEHR BRATWÜRSTE

Paprikawürstchen: 3 kg mageres Schweinefleisch, je 1 TL Pfeffer und Fenchelsaat, 2 EL Salz, 4 EL Paprika edelsüß.
Knoblauchwurst: 3 kg gut durchwachsenes Schweinefleisch, Blätter von je 2 Bund Petersilie und Thymian, ½ TL Piment, 1 EL Rosenpaprika, 2 TL Pfeffer, 2 EL Salz, Würfel von 2 Zwiebeln und 2 Knoblauchzehen, weich gedünstet.

BAUERNWURST MIT SCHINKEN UND LEBER

14 Einkoch-Gläser je 500 ml
Einkochen: 2 Stunden bei 90°C
Lagern: 12 Monate bei 1–20°C

500 g Schweineleber im ganzen
500 g mageres Rindfleisch
1,5 kg fettes Schweinefleisch
300 ml Rinderfond (Seite 110)
2 Eigelb
2 EL Weinbrand
1 TL geriebene Zitronenschale
2 EL Salz
1 TL Zucker
1 TL gemahlene Muskatblüte
1 EL grüner Pfeffer
1 TL zerriebener Thymian
½ TL Nelkenpfeffer
300 g gekochter Schinken

1. 2 l Wasser aufkochen, die Leber darin versenken und im geschlossenen Topf an die Seite stellen. Nach 10 Minuten entnehmen und abkühlen lassen.

2. Das andere Fleisch kleinschneiden und dabei entsehnen. Durch den Wolf treiben, in den die Scheibe mit den kleinsten Löchern eingesetzt ist. Rinderfond, Eigelbe und alle Würzzutaten mischen. Nach und nach ins Fleisch geben und zu einer geschmeidigen Farce kneten. Abschmecken.

3. Leber und Schinken in ½ cm große Würfel schneiden, dabei Sehnen und Röhren entfernen. Beides zur Farce geben und verkneten. Bis 3 cm unter den Rand in Sturzgläser füllen. Verschließen, in kaltem Wasser aufsetzen, über mäßiger Hitze erwärmen und einkochen.

KALBSSCHNITTEN

12 Portionen je 150 g
Einfrieren: 3 Monate bei –18°C

je 500 g Kalbsbries und -milz
je 100 g Kalbsleber und -schulter
150 g Schweinebauch
250 g rohe Kalbsbratwurst
125 ml heiße Milch
2 Bund glatte gehackte Petersilie
2 Zwiebeln in Würfeln
Salz und Pfeffer
1 Kalbsnetz

1. Bries und Milz einmal durchschneiden und wässern, bis das Wasser klar bleibt. Anschließend in 1 cm große Würfel schneiden. Ebenso das andere Fleisch, dabei Sehnen und Knorpel entfernen.

2. Die Bratwurst aus dem Darm drücken, nach und nach mit der Milch verrühren. Mit Petersilie, Zwiebeln und Fleisch geschmeidig kneten, mit Salz und Pfeffer abschmecken.

3. Das Kalbsnetz mehrfach spülen und einmal zusammenfalten. Den Fleischteig darauf zu einer Rolle formen und darin einschlagen. In ein Leinentuch binden, in kochendes Wasser hängen und zugedeckt 1 Stunde knapp unter dem Siedepunkt garen. Abkühlen lassen.

4. Am nächsten Tag in Scheiben schneiden, zwischen Folie einpacken und einfrieren.

5. Später gefroren oder aufgetaut bei mäßiger Hitze in Butter braten, bis die Kalbsschnitten hellbraun und heiß sind. Kartoffeln in Brühe mit Porree oder viel Schnittlauch passen dazu. Und Frischkost aus Roten Beten mit Äpfeln oder Krautsalat.

FARCEN & TERRINEN

Vom einfachen Hackfleisch bis zum geschmeidigen Püree reicht die Palette der Farcen. Grundmischungen mit neutralem Geschmack nehmen zeitraubende Arbeit vorweg, können beliebig geteilt und gewürzt werden. So füllen sie bald Terrinen, Teigwaren und Gemüse, schwimmen winzig und oval als Einlage auf Suppen oder groß und rund als Klöße in Saucen.

DREIERLEI KLÖSSCHEN

120 Klößchen je 15 g
Einfrieren: 3 Monate bei –18°C

4 Brötchen vom Vortag
500 g Sahne
1 kg mageres Rindfleisch oder Beefsteakhack
4 Eier
4 Zwiebeln
1 EL Salz
1 TL weißer Pfeffer
½ TL Muskatblüte
1 TL Selleriekraut
1 TL Liebstöckel
4 EL glatte Petersilie
2 EL Paprika edelsüß
50 g Tomatenmark

1. Brötchen zerschneiden, mit Sahne bedecken und weich werden lassen. Fleisch durch den Fleischwolf drehen, Eier dazugeben und alles verkneten. Zwiebeln pellen, fein reiben und sofort unter die Farce mischen. Mit Salz und Pfeffer geschmeidig kneten. Die Farce dritteln.
2. Die erste Portion mit Muskatblüte mischen. Für grüne Klößchen Selleriekraut, Liebstöckel und Petersilie pürieren und untermischen. Für rosa Klößchen Paprika und Tomatenmark hineinkneten. Die Farcen abschmecken und in kalten, nassen Händen zu runden Bällchen rollen. Auf nasser Unterlage sammeln.
3. Wasser im weiten Topf bei mäßiger Hitze aufkochen. Die Klößchen in der genannten Reihenfolge hineingeben und in 10 Minuten gar ziehen lassen. Immer soviel auf einmal, wie nebeneinander schwimmen können. Mit der Drahtkelle entnehmen, kurz abtropfen lassen und auf Gittern trocken und kalt werden lassen. Oder mit Mikrowellen trocken garen: mit genug Abstand auf Teller legen und 3 Minuten bei 600 Watt ins Gerät stellen.
4. Die Klößchen zwischen Folie in Gefrierdosen schichten, damit sie in beliebiger Menge entnommen werden können. Zum Servieren in heiße Suppen geben und 10 Minuten ziehen lassen.

Rindfleisch kleinschneiden und durch die feine Lochscheibe des Fleischwolfs treiben.

Hackfleisch, Brot, Eier, Salz und Pfeffer mit den Händen zu einem geschmeidigen Teig kneten.

Klößchen in nassen Händen rund rollen, nachdem je ein Drittel der Farce mit weiteren Zutaten gewürzt wurde.

FARCEN & IDEEN

Gute Mischungen bestehen zu ⅔ aus Fleisch. ⅓ dient der Lockerung. Es kann reiner, fetter Speck sein. Soll eine Sorte den Ton angeben, nehmen Sie zum Beispiel 1 Teil Schweinefleisch und 2 Teile Wild oder Geflügel.
Fisch und Fleisch vor dem Zerkleinern salzen und stark kühlen – auch die anderen Zutaten. Das ist besonders wichtig bei Farcen, die nur aus Fleisch und fettem Speck bestehen.
Brot, Eier, Milch und Sahne binden, lockern und ergeben eine zarte Beschaffenheit. Die Weichmacher können reichlich beigefügt werden und den Anteil des Fleisches auf die Hälfte senken. Der Fleischgeschmack kann durch Trockenpilze, Pilzwürze, Hefe- und Fleischextrakte erhöht werden.
Brandteig macht die Farcen luftig und cremig. 1:5 ist das richtige Verhältnis, mehr Brandteig würde klebrig machen.

LEBERPUDDING UND LEBERKNÖDEL

7 Einkoch-Gläser je 750 ml
Einkochen: 2 Stunden bei 90°C
Lagern: 12 Monate bei 1–20°C

Einfrieren: 3 Monate bei –18°C

500 g Zwiebeln
200 g Butter
2 EL Salz
1,5 kg Schweineleber
400 g Weißbrot
3 EL Mehl
½ TL gemahlene Nelken
½ TL gemahlene Muskatblüte
schwarzer Pfeffer
1 EL Majoran
600 ml Milch
12 Eier

1. Zwiebeln pellen, in Würfel schneiden, in 100 g Butter weich dünsten, mit Salz mischen und abkühlen lassen.
2. Leber in 2 cm große Stücke schneiden, dabei Häute und Röhren entfernen. Mit den Zwiebeln mischen. Nach und nach in den laufenden Mixer geben und pürieren.
3. 125 g trockenes Weißbrot zerkrümeln und in 100 g Butter anrösten. Mit Mehl, Nelken, Muskat und ½ TL Pfeffer mischen. Mit 250 ml Milch, 8 Eiern und 600 ml Leber glattrühren und abschmecken.
4. Sturzgläser einfetten, mit geriebenem Brot ausstreuen und bis 4 cm unter den Rand füllen. Verschließen, in kaltes Wasser setzen, erhitzen und einkochen. – Später für 2–3 Portionen 1 Glas erhitzen. Kartoffeln und helle Sauce mit wenig Senf zum Leberpudding anrichten.
5. Für Leberknödel 275 g Brot mit 350 ml warmer Milch einweichen. Mit Majoran, 4 Eiern und übriger Leber mischen. 16 Knödel formen, in siedendem Salzwasser 20 Minuten garen, auf einem Gitter abkühlen lassen, trocken verpacken und einfrieren. – Zum Servieren in Rinderbrühe erhitzen und mit Schnittlauchröllchen anrichten.

KLÖSSE & PROBE

Von allen Fleischfarcen immer ein Klößchen in Salzwasser gar ziehen lassen. Anschließend Festigkeit und Geschmack überprüfen und korrigieren, bis das Ergebnis den eigenen Ansprüchen entspricht. Gewollte oder ungewollte Reste roher Farce zu Klößchen verarbeiten, einfrieren und für Suppen nutzen.
Zum Abstechen Löffel mit scharfen Kanten benutzen, am besten aus Silber mit festem Griff. Diesen für jeden Kloß in kochendheißes Wasser tauchen, die Farce am Rand einer halbkugelförmigen Schüssel mit dem Löffelrücken glätten. Am Rand in die Farce stechen und den Kloß am Schüsselrand hochrollen.
Klöße einfrieren: trocken, gar und nebeneinander in Beutel geben. Oder zwischen Folie legen. Es ermöglicht das Entnehmen einzelner Klöße.

Bries für Kalbfleischpastete kalt wässern. Das Wasser wechseln, bis es klar bleibt.

Kalbfleisch kleinschneiden und zusammen mit dem Bries garen. Eiskalt verarbeiten.

PASTETEN & GEWÜRZE

Eine Grundmischung vereinfacht das Würzen. Sie besteht aus je 5 g Lorbeerblättern, Nelken, Paprika edelsüß, weißem und schwarzem Pfeffer, je 4 g Basilikum, Ingwer, Muskatblüte, Muskatnuß und Thymian, je 2 g Paprika rosenscharf und Majoran.

Für helles Fleisch paßt eine Mischung aus 10 g Pilzpulver (Seite 16) mit je 6 g Basilikum und Thymian, je 5 g Muskat und weißem Pfeffer, 4 g Lorbeerblättern und je 2,5 g Koriander, Muskatblüte, Nelken und Piment.

Für dunkles Fleisch und Wild eignet sich eine Mischung aus 10 g Pilzpulver mit 5 g Wacholderbeeren, je 2 g Basilikum, Ingwer, Liebstöckel und Lorbeerblättern, Muskatblüte, Muskatnuß, Nelken, schwarzem Pfeffer, Paprika rosenscharf und 1 g Majoran.

Die Gewürze mit etwas Salz im Mörser zerreiben oder in den Mixer geben und pulverfein zerschlagen. Mit Salz auf 1 kg ergänzen und in Gewürzgläser füllen. Gut verschlossen aufheben und 20 g Gewürzsalz für 1 kg Farce verwenden. Auch als Würze für andere Speisen aus dem entsprechenden Fleisch nutzen.

KALBFLEISCHPASTETE

7 Einkoch-Gläser je 500 ml
Einkochen: 1 Stunde bei 90°C
Lagern: 12 Monate bei 1–20°C

300 g Kalbsbries
800 g Kalbfleisch (z. B. Brust)
1 unbehandelte Zitrone
100 g Butter
250 ml Weißwein
1 EL flüssige Pilzwürze (Seite 100)
1 TL Worcestersauce
1 Ei
Salz
weißer Pfeffer
2 Bund glatte Petersilie
Semmelbrösel

1. Kalbsbries wässern, bis nichts Blutiges mehr austritt. Kalbfleisch in 2 cm große Stücke schneiden. 1 TL Zitronenschale fein abreiben.

2. Butter zerlassen, Kalbfleisch darin andünsten, mit Wein ablöschen und 40 Minuten ziehen lassen. Kalbsbries zufügen und 20 Minuten in der Brühe garen. Entnehmen und abkühlen lassen, stark kühlen.

3. Am nächsten Tag Fleisch und Bries in den Mixer geben und pürieren. Jeweils etwas Brühe hinzufügen, bis das Püree cremig ist. 4 Portionen nacheinander pürieren, in einer Schüssel sammeln und kühlen.

4. Übrige Brühe, 50 g weiche Butter, Gewürze und Ei nach und nach dazugeben und zu einer glatten Farce verschlagen. Zum Verfeinern durch ein Trommelsieb streichen. Petersilie von den Stengeln pflücken, waschen, fein hacken und untermischen. Abschmecken.

5. Sturzgläser mit Butter einfetten und mit Bröseln ausstreuen. Die Farce bis 4 cm unter den Rand einfüllen und glätten. Verschließen, in kaltes Wasser setzen, bei mittlerer Hitze erwärmen und einkochen.

6. Kalte, in Scheiben geschnittene Kalbfleischpastete beispielsweise mit Waldorfsalat aus rohem Sellerie mit Äpfeln, Nüssen und leichter Sahnemayonnaise sowie mit einer Sauce aus 1 TL hellem Senf, je 4 EL leicht bitterem Orangengelee und Apfelsaft als festliche Vorspeise anrichten.

ZWEIERLEI FLEISCHPASTETE

1 Terrine · 1–1,5 l Inhalt
Einfrieren: 3 Monate bei –18°C

Einkoch-Gläser je 250–500 ml
Einkochen: 1 Stunde bei 90°C
Lagern: 12 Monate bei 1–18°C

1,25 kg Schweineschulter
1 EL Meersalz
300 g fetter Räucherspeck
2 abgezogene Zwiebeln
125 g Butter
1 Bund glatte Petersilie
1 Bund Thymian
10 Blätter Salbei
2 Eier
125 g Sahne
125 ml Madeira
Salz, Pfeffer
150 g Champignons in Scheiben

1. Fleisch in Streifen schneiden, mit Meersalz verkneten. Speck und Zwiebeln in Würfel schneiden. Zwiebelwürfel in Butter weich dünsten. Kräuter fein hakken, beifügen und dünsten, bis sie dunkelgrün glänzen und duften. Alles stark kühlen.

2. Kräuter, Fleisch und Speck mischen, 2 × durch die feine Scheibe des Fleischwolfes treiben. Eier, Sahne und Madeira beifügen und verkneten, bis die Farce seidig glänzt. Mit Salz und Pfeffer abschmecken.

3. Die Form einfetten und faltenfrei mit Wachspapier auslegen. Mit Farce füllen, dazwischen die Pilze einschichten. Glätten, mit Wachspapier bedecken. Mit Dekkel in den Bräter setzen, 4 cm hoch heißes Wasser hineingeben. Bei 150°C auf der unteren Schiene des Backofens 90 Minuten garen. Kalt aus der Form lösen. Hautnah verpacken und einfrieren. Zum Auftauen über Nacht in den Kühlschrank stellen.

4. Die übrige Farce bis 2 cm unter den Rand in Sturzgläser füllen und glätten. Ohne Gummiringe verschließen, in kaltem Wasser erhitzen und 1 Stunde bei 80°C garen. Entnehmen und kühlen. Am nächsten Tag mit Gummiringen verschließen, erhitzen und einkochen.

5. Zum Servieren in 1 cm dicke Scheiben schneiden. Dazu: Geleewürfel aus 50 ml Wein (Tokaier), 200 ml Rinderfond und Gelatine. Toast, Früchtesenf und Blattsalate passen dazu.

WICHTIG & NÜTZLICH

Fleisch muß im Abstand von 24 Stunden 2 × erhitzt werden, wenn es im Einkochglas haltbar sein soll. Keime, die Verderben auslösen, werden schon beim ersten Mal abgetötet. Aber verbliebene Sporen haben noch die Kraft, wieder auszukeimen. Einen zweiten Hitzeschock nach einer Pause von 24 Stunden überleben sie nicht. Das gilt für alles, was eiweißreich ist und Zucker, Salz und Säure nur in kleinen Mengen enthält, die somit nicht als Konservierungsmittel wirksam sind.

Fleischfarcen geraten fest und sondern Fett sowie gelierenden Saft ab, wenn sie sprudelnd eingekocht werden. Bei sanfter Hitze unter dem Siedepunkt bleibt die einheitliche Beschaffenheit bestehen – Fleischfarcen geraten so saftig und zart.

Pasteten zum Anrichten aus dem Sturzglas lösen, stürzen, glatt beschneiden und in 1 cm dicke Scheiben schneiden. Mit Weingelee in glitzernden Würfeln und Blattsalaten in milder Marinade mit einem Spritzer Balsamessig anrichten. Dazu scharfe bis süße Saucen reichen. Chutneys harmonieren mit Geflügel, Preiselbeersaucen sind zu Wild empfehlenswert und Früchtesenf paßt gut zu rustikalen Pasteten aus Schweinefleisch. Milde Senfsahne mit einer Spur Honig ist fein zu milden und zarten Pasteten, ohne ihnen die Schau zu stehlen.

GEFLÜGEL

Die Beliebtheit von Geflügel aller Art ist groß. Die Pute imponiert mit sieben Sorten Fleisch, Ente und Gans bestechen durch ihren ausgeprägten Eigengeschmack. Das andere Federvieh, ob nun Huhn, Hähnchen oder Poularde, präsentiert sich mit hellem Fleisch, das zart, leicht verdaulich und preisgünstig ist. Gute Qualität durch artgerechte Haltung garantiert ungetrübten Genuß.

Geflügelteile sind mehr und mehr im Angebot und für die Vorratshaltung sehr praktisch. Ganze Vögel können platzsparend eingefroren werden, wenn man sie in kleinere Stücke zerteilt. Dadurch garen sie gleichmäßiger und können auf die vielfältigste Weise zubereitet werden.

GANS GANZ LEICHT

(zum Foto oben)

Einkoch-Gläser je 250–750 ml
Einkochen: 1 Stunde bei 98°C
Lagern: 12 Monate bei 1–20°C

Einfrieren: 4 Monate bei –18°C

ca. 7 kg Gans
(mit Innereien)
Salz
250 g feine Bratwurst (roh)
2 EL Portwein
Pfeffer
2 Bund Suppengemüse
2 Zwiebeln
1 EL Pfefferkörner
4 Lorbeerblätter
1 EL Wacholderbeeren

1. Die Brust mit viel Haut ausbeinen. Die Haut abziehen und das Fett von der Unterseite abschaben. Je ½ Brust in die Haut einrollen, binden, mit Salz einreiben, an die Luft hängen und nach 2 Tagen einfrieren. Später auftauen lassen und als Minibraten zubereiten.
2. Für die Füllung des Gänsehalses Leber, Herz und Magen in Stücke schneiden, dabei entsehnen und enthäuten. In den Mixer geben und fein pürieren. Mit Bratwurstfarce, Portwein, Salz und Pfeffer mischen und abschmekken. Den Hals von Strängen befreien, füllen und an beiden Enden zunähen.
3. Die anderen Teile der Gans mit 5 l Wasser aufkochen und abschäumen, bis nur noch feiner weißer Schaum entsteht. Suppengemüse und Zwiebeln putzen, kleinschneiden, Gewürze und 2 EL Salz dazugeben. Zudecken und leicht perlend garen. Dabei entfetten.
4. Nach 2½ Stunden alle Teile entnehmen. Die Brühe auf einen würzigen Fond einkochen, filtern und kühlen.
5. Den Gänsehals im Gänsefett versenken und einkochen.
6. Gänsekeulen im Form schneiden. Keulen und Hals an die kalte Luft hängen. Das übrige Fleisch warm von den Knochen lösen und kalt in 1 cm große Würfel schneiden.
7. Das Fett wie auf Seite 104 zu Apfelschmalz verarbeiten oder in ein Glas geben und später beispielsweise für Bratkartoffeln nutzen.
8. Am nächsten Tag Keulen, gefüllten Hals und Fleischwürfel getrennt in Gläser geben. Mit Gänsefond auffüllen, verschließen und einkochen.

SCHMALZFLEISCH

Steintöpfe je 1 l
Lagern: 6 Monate bei 1–15°C

7 kg Gans oder Enten
1 TL Thymian
1 Lorbeerblatt
1 Nelke
250 g Salz
125 g Zucker
1 kg Schweineschmalz

1. Das Geflügel vierteln, waschen und an kühler Luft hängend trocken werden lassen.
2. Gewürze im Mörser fein zerreiben und mit Salz und Zucker mischen. Das Fleisch damit einreiben, platzsparend einschichten, kalt stellen und täglich wenden.
3. Nach 3 Tagen abtrocknen und mit Schmalz bedeckt bei mäßiger Hitze weich kochen, bis es von den Knochen fällt. Entbeinen und abschmecken. Das Fleisch fest in Steintöpfe schichten und 2 cm dick mit Fett zuschmelzen.
4. Es paßt kalt auf Brot und gehört in den französischen Bohneneintopf »Cassoulet«, der lange im Ofen weilt und deshalb praktisch für Gäste ist.
5. Auch fettes Schweinefleisch nach diesem Rezept zubereiten.

WILD

Wildfleisch ist feinfaseriger und aromatischer als das von Schlachttieren. Reh, Hirsch, Wildschwein, Kaninchen und Hase sind nicht so häufig im Angebot – da empfiehlt es sich, ein schönes Stück für einen Festtagsschmaus bereitzuhalten. Am begehrtesten sind Rükken, Keulen und Schultern. Die anderen Teile eignen sich gut zum Schmoren und zu Wildpfeffer. Abgehangenes, frisches Fleisch sollte nach dem Kauf nicht länger als 2–3 Tage im Kühlschrank liegen. Am besten möglichst bald zubereiten. Beizen wirkt nicht nur geschmacklich auf das Fleisch, es wird dadurch auch zarter.

HIRSCHRAGOUT

4 Dosen je 250 ml pro Person
Einfrieren: 3 Monate bei –18°C

800 g Hirschschulter
2 Bund Suppengemüse
2 Zwiebeln
1–2 EL Butterschmalz
Salz, Pfeffer
750 ml Wildfond
3–4 EL Crème fraîche
200 g Champignons
1 EL Preiselbeeren

1. Fleisch würfeln, Gemüse und die geschälten Zwiebeln kleinschneiden.
2. Fleisch in Butterschmalz kräftig anbraten, das Gemüse zufügen und kurz mitbraten. Salzen und pfeffern.
3. Mit dem Wildfond aufgießen und zugedeckt 30–40 Minuten sanft schmoren.
4. Crème fraîche und die in Scheiben geschnittenen Pilze zufügen. In 5 Minuten fertig garen.
5. Preiselbeeren untermischen und das Ragout abschmecken.
6. In Gefrierdosen geben, verschließen und einfrieren.

ROTWEINBEIZE

Pro kg Fleisch: 0,6 l kräftiger Rotwein, 1 Möhre, 1 Zwiebel, 8 Wacholderbeeren, 1 TL Pfefferkörner, 1 Gewürznelke, 1 Lorbeerblatt, 1 Stück Orangenschale. Wein, die gewürfelte Möhre und Zwiebel, die zerdrückten Gewürze, Lorbeerblatt und Orangenschale vermischen.
Beize über das Fleisch gießen – es muß ganz davon bedeckt sein. Zugedeckt an einem kühlen Ort 3–5 Tage beizen, dabei täglich wenden.

WILDSUPPE

4 Dosen je 250 ml pro Person
Einfrieren: 3 Monate bei –18°C

1 Stange Porree
2 Möhren
1 Stück Sellerie
1 Bund Petersilie
500 g Wildknochen
4 EL Öl
2 Lorbeerblätter
1 TL Wacholderbeeren
je 1 TL Thymian und Majoran
Salz, Pfeffer
500 g Wildfleisch ohne Knochen
(z. B. Reh, Hirsch oder Hase)
1 EL Tomatenmark
3–4 EL Madeira

1. Porree, Möhren und Sellerie putzen, waschen und kleinschneiden. Petersilie abspülen, Blätter und Stiele grob schneiden. Wildknochen in Stücke zerhacken.
2. Die Hälfte des Öls in einem breiten Topf erhitzen, die Knochen darin rundherum sehr kräftig anbraten. Die Hälfte des Gemüses zugeben und 5 Minuten mitbraten. Mit 1 l heißem Wasser ablöschen. Die Hälfte der Gewürze zufügen und die Brühe 1–1½ Stunden köcheln lassen.
3. Durch ein feines Sieb gießen. Von der Brühe 350 ml abmessen und kräftig abschmecken.
4. Vom Wildfleisch Sehnen und Häute vorsichtig entfernen. Das Fleisch in nicht zu große, mundgerechte Würfel schneiden. Im restlichen Öl unter Wenden sehr kräftig anbraten.
5. Das übrige Gemüse zufügen und ein paar Minuten mitbraten. Tomatenmark und die Gewürze untermischen.
6. Nach und nach die heiße Wildbrühe zugießen. Die Flüssigkeit gut einkochen, bis sie eine dunkle Farbe hat.
7. Danach die restliche Brühe dazugießen und die Suppe kurz köcheln lassen. Mit Madeira, Salz und Pfeffer abschmecken.
8. In Gefrierdosen füllen und einfrieren.

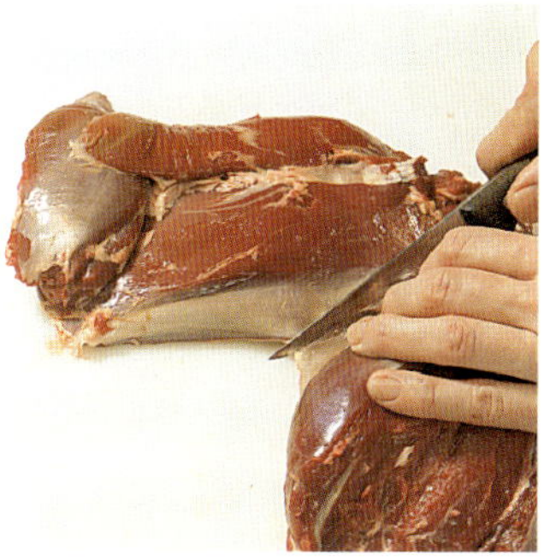

Eine Keule in die einzelnen Muskelpakete zerlegen.

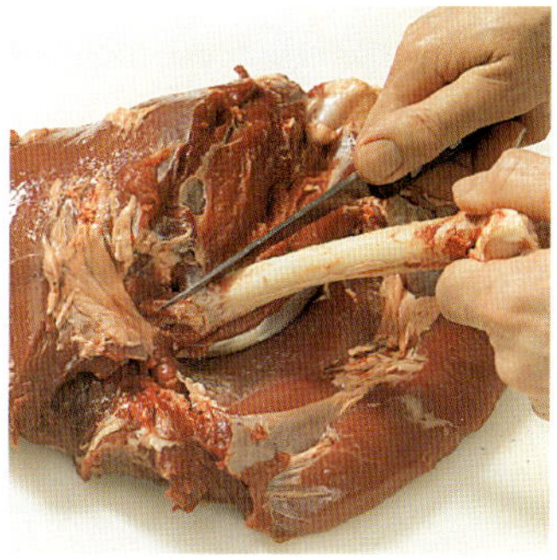

Die Knochen freilegen und die Gelenke durchschneiden.

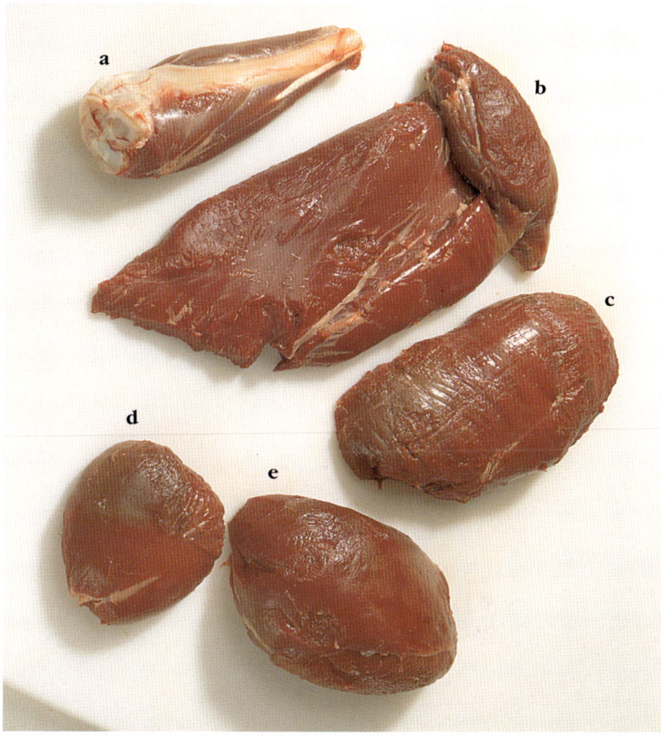

Die Teile einer Keule mit dünner Haut, damit sie beim Braten gut in Form bleiben: a = Haxe, b = Unterschale oder Frikandeau, c = Oberschale, d = kleine Nuß, e = große Nuß.

ZERLEGEN & EINFRIEREN

Bei einer Keule die einzelnen Muskelpakete voneinander trennen. Behutsam einschneiden, damit die Haut heil bleibt. Mit dem Entbeinmesser am Knochen entlangfahren, die Gelenke auseinanderbiegen und mit dem Messer abtrennen. Die einzelnen Muskelpakete in Form schneiden, luftdicht verpacken und bis 12 Monate bei –18°C einfrieren.

WICHTIG & NÜTZLICH

Gefrorene Teile im Kühlschrank langsam auftauen lassen. Silberne Häute vom Rücken mit einem spitzen Messer lösen und abtrennen, solange das Fleisch fest und kühl ist. Dünne Häute um Muskelpakete dranlassen, weil sie die kleinen Braten in Form halten. Mit Speckscheiben umwickeln und festbinden, so bleibt das Fleisch saftig. Wildknochen zerhacken und mit solchen vom Kalb zum braunen Fond kochen. Kräftig anbraten, mit Wein und Gewürzen so lange köcheln, bis eine konzentrierte Brühe entstanden ist. Sonst wie auf Seite 108 vorgehen.

FISCHE & MEERESFRÜCHTE

Frische ist die goldene Regel für Fänge aus Neptuns Reich, die nur so dezent duften dürfen wie eine Brise vom Meer. In zerschlagenes Eis gebettet, behalten sie ihre appetitliche Frische immerhin etliche Tage.
In der Vorratsküche übernehmen Fischfonds eine tragende Rolle, weil sie gelassenes Vorgehen beim Zubereiten frischer Fische ermöglichen. Sie werden für fast alle Saucen benötigt. Aber auch zum Pochieren und Dünsten. Fischfond läßt sich gut in kleinen Portionen einfrieren. Wenn man also einen ganzen Fisch kauft und zubereitet, sollte man aus dem Kopf und den Gräten einen Fond kochen. Der kann entweder sofort verwendet werden oder eingefroren für das nächste Fischessen parat stehen. Wieviel Kraft im Fond von Fischen stecken kann, zeigt sich beim Abkühlen der Brühe, wenn sie zu Gelee erstarrt.

FOND AUS KRUSTENTIEREN

2 × 750 ml Suppe
3 × 250 ml Sauce
Einfrieren: 12 Monate bei –18°C

Einkochen: 30 Minuten bei 98°C
Lagern: 12 Monate bei 1–20°C

1 kg Krustentierschalen
4 EL Öl
2 Zwiebeln
300 g Möhren
300 g Sellerie
300 g Porree
1 Dose Tomaten (850 ml)
1 Dose Tomatenmark (50 g)
1 EL Salz
1 TL Pfeffer
250 ml Wermut (Noilly Prat)

1. Schalen von Garnelen ganz lassen, sperrige von Hummer und Krebsen zerhacken. In heißes Öl geben und über mäßiger Hitze anbraten, bis sie zu duften anfangen. Dabei ab und zu wenden.
2. Zwiebeln, Möhren und Sellerie schälen, in Würfel schneiden. Porree aufschlitzen, spülen und dünn aufschneiden. Zu den Schalen geben, ebenso Tomaten, Tomatenmark, 2,5 l Wasser, Salz und Pfeffer. Etwa 30 Minuten kochen.
3. Den Fond durch ein Sieb laufen lassen und mit dem Wermut 5 Minuten kochen. Für Suppen je 750 ml abfüllen. Für Saucen Fond auf die Hälfte einkochen und je 250 ml abfüllen. Kalt einfrieren oder kühlen und am nächsten Tag einkochen.
4. Für Suppen erhitzen, auch mit Fischfond mischen und mit Sahne mildern. Für Saucen aufkochen und mit kalter Butter aufschlagen. Mit Cayennepfeffer und Zucker abschmecken. Rosa Fleisch von Krustentieren darin erhitzen – nie kochen. Es würde trocken und zäh werden.

THUNFISCH IN ÖL

7 Einkoch-Gläser je 250 ml
Einkochen: 30 Minuten bei 80°C
Lagern: 12 Monate bei 1–20°C

2 kg Thunfischrücken oder Thunfischbauch
2 EL Meersalz
1 TL schwarzer Pfeffer
700 ml Olivenöl
Gemüse und Gewürze nach Wunsch

1. Der Rücken hat festes und mildes Fleisch, der Bauch ist mürber und würziger. Thunfisch mit 1 TL Meersalz bestreuen, mit Wasser bedecken und 2 Tage kalt stellen.
2. Gewürze und Gemüse nach Wunsch vorbereiten: zum Beispiel 1 Zweig Rosmarin, 500 g Tomatenwürfel ohne Haut und Kerne, 4 abgezogene Knoblauchzehen und 2 Bund gehackte Petersilie. Oder 4 Lorbeerblätter und 500 g rote Paprikawürfel.
3. Olivenöl, 1 EL Meersalz und Pfeffer auf 100°C erhitzen. Filet mit oder ohne weitere Zutaten hineinlegen und 100°C heiß werden lassen. Zudecken, abkühlen lassen und 1 Tag kalt stellen.
4. Fisch (und Gemüse) in Sturzgläser verteilen und das Öl bis 3 cm unter den Rand einfüllen. Die Gläser verschließen, in kaltem Wasser aufsetzen, bei mäßiger Hitze erwärmen und einkochen.
5. Thunfisch für Salat mit Kartoffeln, grünen Bohnen, Tomaten, Poree und Knoblauch kombinieren. Für Schnittchen mit Eigelb, Zwiebel, Petersilie und Kapern pürieren, auf Röstbrot streichen und überbacken.

FISCHFOND FÜR SUPPEN UND SAUCEN

2 × 750 ml Suppe
3 × 250 ml Sauce
Einfrieren: 12 Monate bei –18°C

Einkochen: 30 Minuten bei 98°C
Lagern: 12 Monate bei 1–20°C

1,5 kg Köpfe, Gräten und Haut von Dorsch, Forelle, Heilbutt, Kabeljau, Lachs, Seezunge, Steinbutt
1 Möhre
2 Zwiebeln
250 g Petersilienwurzeln
250 g heller Porree
2 EL Öl
2 Lorbeerblätter
1 EL Pfefferkörner
500 ml Weißwein

1. Kiemen mit einer Schere aus den Köpfen schneiden und dunkle Häute entfernen. Fisch mehrfach eiskalt waschen, 10 Minuten im kalten Wasser liegen lassen, wieder spülen und abtropfen lassen.
2. Möhre, Zwiebeln und Petersilienwurzeln schälen, in Scheiben schneiden und in Öl glasig dünsten. Porree längs einschneiden, spülen, kleinschneiden und so lange mitdünsten, bis das Öl aufgesaugt ist.
3. Fisch, Lorbeerblätter und Pfefferkörner auf dem Gemüse verteilen. Mit 3 l Wasser bedecken, über mäßiger Hitze aufkochen und 20 Minuten ziehen lassen. Dabei abschäumen, bis nur noch feiner, weißer Schaum entsteht. Durch ein Tuch laufen lassen und mit dem Weißwein kochen.
4. Auf 3 l eindämpfen, für 2 × Suppe 1,5 l abnehmen. Für 3 × Sauce oder zum Dünsten auf 750 ml eindämpfen. Portionieren und kalt einfrieren.
5. Oder zum Einkochen bis 2 cm unter den Rand in Gläser füllen, zudecken und kühlen. Am nächsten Tag verschließen und einkochen.
6. Für Fischfond, der für eine südländische Fischsuppe bestimmt ist, die Petersilienwurzeln weglassen. Statt dessen 1 kg Tomaten, 1 Fenchelknolle, etwas Staudensellerie und einige Fäden Safran mitkochen.
7. Fonds nach Rezept zu Suppen und Saucen vollenden. Fischfilet roh hineingeben und auf etwa 70°C erwärmen. Es ist dann gar und saftig. Mehr Hitze macht es trocken und faserig.

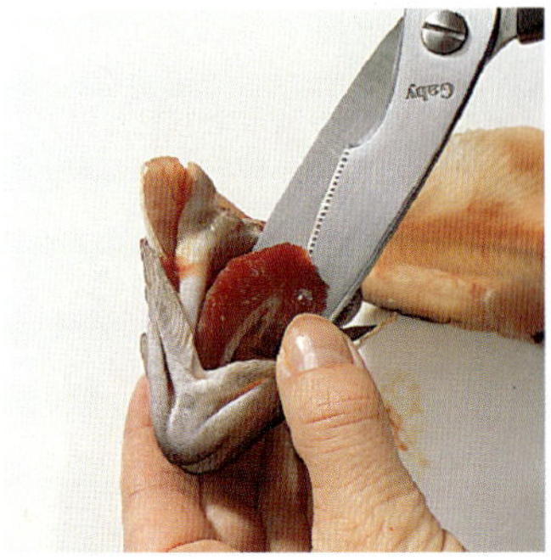

Für Fischfond die Kiemen mit der Schere abschneiden – sie würden den Fond bitter machen.

Fisch, Gewürze und Wasser auf das angedünstete Gemüse geben. 20 Minuten kochen.

Grauen Schaum mit einer Lochkelle oder einem Sieb abheben und entfernen.

RÄUCHERFISCH – GOLD AUF EIS

Lagern: 4 Tage bei 2–3°C
Einfrieren: 4 bzw. 12 Wochen bei –18°C

Räucherfische aller Art

1. Räucherfisch eng verpacken, luftdicht verschließen und tagfrisch einfrieren. Bückling, Karpfen, Lachs und Sprotten höchstens 4 Wochen. Aal, Forellen, Heilbutt, Makrelen, Schillerlocken und Schollen bis 3 Monate.
2. Das braune Gold langsam auftauen und zimmerwarm werden lassen, damit sich das Aroma wieder voll entfaltet. Beispielsweise auf Butterbrot mit Salatblättern und Schnittlauch genießen.
3. Reste und Abschnitte wie für Fischfond auslaugen und für Cremesuppen verwenden. Auf Filets von Räucherfischen schöpfen und mit Schnittlauchröllchen und gehackter Gurke oder Pfefferschote und Dill bestreuen.

KRUSTENTIERE UND FISCHE

Einfrieren bei –18°C:
Aal und Karpfen: 6 Wochen
Hecht und Schlei: 2 Monate
Forelle: 3 Monate
Seefisch und Krustentiere: 5 Monate

1. Je fetter der Fisch, um so kürzer die Lagerzeit. Haut und Schalen schützen vor dem Austrocknen und versiegeln das Aroma. Krustentiere und Muscheln ohne Schale deshalb besser in Fond einfrieren.
2. Ganze Fische ausnehmen und 24 Stunden kühlen, wenn sie fangfrisch sind. Ungewaschen und eng in Folie verpacken und einfrieren.
3. Fisch zum späteren Blaukochen offen einfrieren, in Wasser tauchen und in einen Eismantel gehüllt verpacken, damit die Schleimschicht heil bleibt. Später gefroren in lauwarmen Sud geben, bei mittlerer Hitze zum Perlen bringen, mit 1 Tasse kaltem Wasser abschrecken und pro cm Dicke 5 Minuten garen.
4. Andere Fische wie frischen Fisch zubereiten. Ganze Fische am besten abziehen, sobald sie nicht mehr hart gefroren sind.

Für Krabbengelee die Zutaten mit Eiweiß mischen und den kalten Fischfond einrühren.

BÜSUMER KRABBENGELEE

6 Sturzgläser je 375 ml
Lagern: 6 Wochen bei 4–10°C

700 ml Fischfond
1 kg Krabbenfleisch
150 g Rotbarsch oder Seelachs
1 Bund Suppengemüse
2 Wacholderbeeren
1 Lorbeerblatt
1 TL Salz
1 EL Zucker
1 TL weiße Pfefferkörner
1 Eiweiß
8 Blatt Gelatine
100 ml Aceto Balsamico
600 ml Weißweinessig

1. Fischfond aufkochen und über die Krabben gießen. Nach 5 Minuten in ein Sieb schütten, gut abgetropft entnehmen, zudecken und kühlen. Fond auch kühlen.
2. Fisch im Mixer zerkleinern. Gemüse putzen, waschen und in winzige Würfel schneiden. Fisch, Gemüse und Gewürze sehr gründlich mit dem Eiweiß mischen. Den kalten Fond nach und nach einrühren.
3. Nach 15 Minuten 4 Eiswürfel dazugeben. Bei mittlerer Hitze rühren, bis der Fond kocht. Bei schwacher Hitze 15 Minuten schwach sieden lassen.
4. Ein Sieb mit Mull auslegen und in eine Schüssel hängen. Den Fond hineinschöpfen und ruhig ablaufen lassen – nicht pressen.
5. Gelatine kalt einweichen, ausdrücken, in den heißen Fond geben und auflösen. Mit Essig auffüllen und abschmecken.
6. Das Krabbenfleisch in die Gläser verteilen und nur leicht zusammendrücken, wenn es nötig ist. Mit Essigsud auffüllen, dabei Gläser aufstoßen damit keine Luftblasen bleiben. Gelee im Kühlschrank erstarren lassen, danach verschließen.

Nach 15 Minuten Eiswürfel beifügen. Bei Mittelhitze rühren, bis der Fond kocht.

15 Minuten kochen, durch ein Tuch filtern. Gelatine einweichen, im Fond auflösen.

7. Krabben auch mit Zwiebelwürfeln und etwas Rotweinessig fest in Gläser pressen, mit einer dünnen Schicht Öl bedecken, im Kühlschrank aufheben und in der nächsten Woche verbrauchen.

DILL-HERINGE

4 Gläser je 500 ml
Lagern: 2 Monate bei 4–10°C

750 g kleine Heringe
2 EL Meersalz
2 Lorbeerblätter
1 EL Pfefferkörner
100 g Zwiebelringe
25 g frische Dillspitzen
400 ml Estragonessig

1. Den Bauch der Heringe da mit spitzem Messer aufschlitzen, wo sich am unteren Ende ein kleines Loch befindet. Die Eingeweide herausnehmen und dunkle Häute abstreifen. Heringe mit Salz einreiben, in eine Schüssel schichten, beschweren und kühlen.
2. 400 ml Wasser, Lorbeerblätter, Pfeffer und Zwiebeln 5 Minuten kochen. Dillspitzen und Essig beifügen, aufkochen und abkühlen lassen.
3. Am nächsten Tag die Heringe waschen und abtropfen lassen. Innen und außen mit Küchenkrepp abreiben und abtrocknen. In die Gläser verteilen.
4. Den Sud mit den Gewürzen in die Gläser füllen. Mit Deckeln zuschrauben und frühestens nach 3 Tagen kosten.
5. Rollmöpse auf die gleiche Art zubereiten, aber beim Aufrollen mit Cornichons füllen.

SHERRY-HERINGE

4 Twist-Off-Gläser je 250 ml
Lagern: 2 Monate bei 4–10°C

1 kg Salzheringe
160 ml Rotweinessig
100 ml Sherry
125 g Zucker
2 rote Zwiebeln
1 Möhre (100 g)
50 g Meerrettichstange
50 g frischer Ingwer
2 TL Pimentkörner
2 TL Senfkörner
4 kleine Lorbeerblätter

1. Heringe 12 Stunden wässern. Ohne Kopf und Schwanz in der Rückenlinie einschneiden und mit den Fingern von den Gräten lösen. Enthäuten, abtrocknen und schräg 2 cm breit schneiden.
2. Essig, Sherry und Zucker aufkochen und abkühlen lassen.
3. Zwiebeln, Möhre, Meerrettich und Ingwer schälen und in dünne Scheiben hobeln. Mit Fisch und Gewürzen in Gläser schichten. Mit lauwarmem Sud bedecken, verschließen, kühlen und mindestens 2 Tage marinieren.
4. Die Heringe schmecken mit Butterbrot zum Bier.

FISCHE & FRISTEN

Beim Laichen ziehen Eier Reserven aus dem Fleisch. Es wird trockener und weniger würzig. Also Schonzeiten: für Aale im Februar und März, für Forellen im April, für Steinbutt von Dezember bis Ende Mai, für Schollen von Dezember bis Ende April, für Kabeljau und Dorsch von Mai bis Ende August, für Karpfen im Mai und Juni, für Krustentiere von Februar bis April, für Lachs und Schleie im März und April.

Getreide und Kartoffeln sind die Basis für raffinierte Beilagen. Gelbe Polenta, wie im Bild gezeigt, ist praktisch zum Einfrieren und schnellen Aufbacken, um italienisches Osso buco zu begleiten. In Gläsern quellen beim Einkochen Reis und andere Körner, die für Salate, Suppen oder Müsli sofort verfügbar sind. Aus Lust entstehen weiße und spinatgrüne Nudelnester, die lange haltbar sind. Für Pasten und Saucen, die gut dazu schmecken, finden Sie unter »Servieren & genießen« viele Vorschläge, die schnelle und begehrte Mahlzeiten möglich machen. Rezepte für Ravioli und Huhn in Säckchen sind Beispiele dafür, wie Sie andere Hüllen aus Nudelteig einfrieren und wieder auftauen können. Wir bewundern Könner, die blitzschnell Knödel rollen und bildschöne Klöße abstechen. Etwas Übung gehört dazu, bevor Handgriffe richtig sitzen. Aber mit größeren Mengen klappt es von Mal zu Mal perfekter und schneller. Bald hat man es im Gefühl, wie ein Teig sich anfühlen muß. Das Formen, Füllen und Schneiden fällt leichter mit größeren Mengen. Mit wenig Mehrarbeit können Sie daraus Reserven schaffen, die für etliche Male reichen und insgesamt viel Zeit einsparen. Unter »Pizza & Auflagen« finden Sie viele Einfälle zum Belegen der Fladen aus Hefeteig. Schrötchen mit Kürbiskernen stehen auch für andere Brötchen, die beim Frühstück am Wochenende beglücken. Reserven aus kleinen Klößen, Spätzle und Flädle versetzen Sie in die Lage, jederzeit schnelle Suppen zu zaubern.

KLEINE & GROSSE KLÖSSE

Sie haben sich gesucht und gefunden wie Romeo und Julia. Aber die Geschichte des berühmten Liebespaares nahm ein tragisches Ende, während die Liebe zwischen Kloß und Gefrierkochbeutel zu einer Ehe führt, der ein Glück ohne Ende beschert sein möge. Als köstliche Reserven im Tiefkühlschlaf erweisen sie sich als Lichtblicke, wo Aufgaben kaum lösbar scheinen. Sie helfen Portionen und Gänge zu vermehren, sobald sie Eintöpfe vergrößern, in einer Suppe glänzen, das Hauptgericht verlängern oder in Butter schmurgeln, um in süßer Umgebung ein Mahl zu beschließen.

Eier einzeln in die Grießmasse geben und unterarbeiten.

Klöße mit Eßlöffeln formen.

GRIESSKLÖSSE

40 Klöße je 50 g
Einfrieren: 6 Monate bei –18°C

150 g Butter
1 l Milch
1 TL Salz
400 g Hartweizengrieß
8–10 Eier
(400 g ohne Schale)
Muskat oder
Zitronenschale

1. Butter bei mittlerer Hitze aufschäumen lassen. Mit Milch ablöschen, Salz zufügen.
2. Grieß hineinschütten und mit dem Lochlöffel rühren, bis sich der Teig zusammenballt und der Boden weiß ist. In eine Schüssel umfüllen und die Eier einzeln in die Masse kneten, bis der Teig weich, aber noch formbar ist. Für allerlei Zwecke teilen.
3. Für salzige Speisen mit Muskat würzen, vielleicht gehackte Petersilie untermischen. So für Cremesuppen aus Brühe, püriertem Gemüse und Schlagsahne. Oder mit fein geriebenem Käse mischen und für Blattspinat vorsehen.
4. Für süße Beigaben fein abgeriebene Zitronenschale, vielleicht etwas Süße und Vanille hinzufügen. So passen Klöße zu Kompott aus frischen oder getrocknetem Obst, zu Fruchtsaucen und Kaltschalen.
5. Die Klöße mit einem Eßlöffel abstechen, in siedendes Salzwasser setzen und 20 Minuten garen. Kalt und trocken einpacken und einfrieren. Zum Servieren im Kochbeutel erhitzen und daraus anrichten.

MARKKLÖSSCHEN

100 Klößchen je 10 g
Einfrieren: 3 Monate bei –18°C

16–20 Markknochen
(250 g Mark)
1 Bund glatte Petersilie
350 g Semmelbrösel
½ TL Muskatblüte
1 TL Salz
8–10 Eier (400 g ohne Schale)

1. Die Knochen einige Stunden wässern. Das Mark mit spitzem Messer lösen und herausschaben.
2. Petersilie waschen, trocken schütteln und fein hacken. Mit Bröseln, Muskat und Salz mischen. Mark beifügen und mit einer Gabel zerdrücken. Die Eier einzeln in die Masse kneten, bis ein geschmeidiger Teig entstanden ist. Abschmecken.
3. Den Teig zu Klößchen rollen oder abstechen. Direkt ins siedende Salzwasser setzen und 10 Minuten garen. Entnehmen, kalt und trocken verpacken und einfrieren.

SCHWEMMKLÖSSE

60 Klöße je 40 g
Einfrieren: 6 Monate bei –18°C

1 l Milch
1 EL Salz
200 g Butter
600 g Mehl
12–14 Eier (600 g ohne Schale)
½ TL Muskatblüte

1. Milch, Salz und Butter aufkochen. Mehl auf Pergamentpapier sieben und wie aus einer Schütte auf einmal in die heiße Milch geben. Schnell mit dem Lochlöffel verrühren, bis sich der Teig ballt und der Boden weiß ist.
2. Die Brandmasse umfüllen und auf leichteste Art mit den Knethaken der Küchenmaschine bearbeiten. Die Eier einzeln dazugeben, mit dem nächsten warten, bis das vorige vollkommen eingearbeitet ist.
3. Den seidig glänzenden Teig mit einem Eßlöffel abstechen, in siedendes Salzwasser setzen und 20 Minuten ziehen lassen. Kalt und trocken einfrieren.
4. Bei Bedarf im Kochbeutel erhitzen. Beispielsweise für klare Rinderbrühe mit Gemüse.
5. Nebenbei: Brandmasse ohne und mit Ei bindet Farcen aus Fisch und Fleisch. Aus fertigem Teig und ebensoviel Farce werden feine Klöße. Zum Beispiel grätenreichen Hecht fein hacken, passieren und mit dem Kloßteig mischen.

GEWÖHNLICHE KLÖSSE

ca. 100 Stück je 30 g
Einfrieren: 3 Monate bei –18°C

500 g Pellkartoffeln
6 Eier
1 EL Salz
500 ml Milch
1 kg Mehl
500 g warmes Suppenfett
(ersatzweise Butter)

1. Die Kartoffeln heiß pellen und kalt reiben. Eier, Salz und Milch verschlagen. Nach und nach ins Mehl rühren, anschließend das warme Fett, das einer Gans entlockt wurde oder auf dem Geflügelfond schwamm.
2. Zuletzt die Kartoffeln in den Teig kneten. Vierteln, auf Mehl zu Strängen rollen, in Stücke schneiden und in mehlbestäubten Händen rund rollen.
3. Salzwasser aufkochen, die Klöße hineingeben, 20 Minuten ziehen lassen, mit der Drahtkelle entnehmen und auf einem Gitter abtropfen lassen. Kalt und trocken einpacken und einfrieren.
4. Beispielsweise für Eintopf aus Möhren und Kartoffeln.

START & ZIEL

Mehl und Grieß sind austauschbar. Statt normaler Qualität kann es aus dem ganzen Korn gemahlen sein. Beispielsweise aus Dinkel, Hafer, Hirse und Weizen.
Zum Formen Teig mit Augenmaß abnehmen oder von einer Teigrolle abschneiden. In kalten, nassen Händen zu runden Bällen rollen oder mit einem Löffel abstechen, der scharfe Kanten hat. Den Löffel jedesmal ins Kochwasser tauchen. Oder mit 2 Löffeln formen.
Zum Garen Wasser mit 1 EL Salz pro Liter im weiten Topf aufkochen. Klöße bei leicht geöffnetem Deckel ziehend garen. Immer so viele, wie nebeneinander schwimmen können.
Fertige Klöße mit der Drahtkelle entnehmen und abtropfen lassen. Zum Abkühlen auf einem Tuch ausbreiten. Trocken, in gebräuchlichen Mengen und auf einer Ebene in Gefrierkochbeutel stecken. Luftdicht verschließen und einfrieren.
Bei Bedarf im geschlossenen Beutel in kochendheißes Wasser legen und je nach Größe 10–30 Minuten erhitzen. Direkt aus dem Beutel anrichten: Pro Person 50 g für Suppen, 150 g als Beilage und 300 g zum Sattessen mit Sauce und Salat.

POLENTA

Die echte Polenta, wie man sie in der Lombardei oder in Venetien zubereitet, ist von satter, goldgelber Farbe. Die kommt vom Maisgrieß, der Hauptzutat. Feinen Maisgrieß oder ersatzweise Maismehl bekommt man in italienischen Feinkostgeschäften oder auch in Supermärkten. Am besten gleich eine größere Menge Polenta zubereiten, denn die Kraft, die man zum Rühren des schweren Maisbreies braucht, bleibt gleich groß.

POLENTA MIT UND OHNE KÄSE

(zum Foto oben)

16 Schnitten je 150 g
Einfrieren: 12 Monate bei –18°C

400 g Maisgrieß
20 g Meersalz
100 g Butter
eventuell 100 g Parmesan

1. In einem großen Topf 2 l Wasser mit Salz aufkochen. Maisgrieß unter ständigem Rühren hineinrieseln lassen.
2. Bei milder Hitze 30–45 Minuten köcheln, dabei immer wieder mit einem Holzlöffel umrühren. Ist der Brei zu fest, ein wenig Wasser zufügen.
3. Löst sich der Brei von der Topfwand, ist die Polenta fertig.
4. Butter und nach Belieben Parmesan unterrühren.
5. Auf ein Brett oder eine Platte stürzen und 1,5 cm dick mit einer nassen Palette glattstreichen. Abkühlen und fest werden lassen.
6. Polenta in 16 Stücke schneiden, zwischen Folie in Gefrierbeutel geben, luftdicht verschließen und einfrieren.
7. Bei Bedarf gefroren oder aufgetaut erhitzen. Auf dem Rost im Ofen backen oder grillen, bis die Polenta heiß und knusprig ist. So in Portionen je 150 g vielleicht zu geschmorter Kalbshaxe »Osso buco« servieren, Käsepolenta in Portionen je 300 g mit Spinat oder Tomatensauce.
8. Oder Polenta bei mäßiger Hitze in Butter goldbraun braten.

Unter den Maisgrieß Butter und nach Belieben frisch geriebenen Parmesan gründlich rühren.

Die Polenta auf einer glatten Unterlage mit nasser Palette glätten. Ein Lineal hilft dabei, Stücke gleicher Größe zu schneiden.

POLENTA & PARTNER

Ragouts aus Fleisch, Zunge, Leber, Nieren in brauner Sauce und Buttergemüse wie grüne Bohnen, Fenchel und Zucchini.
Käsefondue und geschmolzener Käse wie Fontina oder Raclette und milchsaures Gemüse, beispielsweise Senfgurken, süß-saurer Kürbis und Antipasti.
Eine Paste aus je 100 g Blauschimmelkäse, Parmesan und Butter auf die heißen Schnitten streichen. Kurz überbacken und zu Tomaten oder Kompottbirnen essen.
Polenta mutig mit Pfeffer schärfen, mit dicken Scheiben Emmentaler in eine Form schichten und backen, bis der Käse mit goldenen Flecken übersät ist.
Für Süßspeisen in Butter braten, vielleicht mit Zimtzucker bestreuen und mit Kompott aus Früchten servieren.

KNÖDEL & KÖRNER

Getreide und Kartoffeln sind elementare Lebensmittel und nahrhafte Kost mit fast allem, was man zum Gesundbleiben braucht. Einsichtige sorgen deshalb für Vorrat, weil sie davon profitieren wollen, wenn knappe Zeit gegen frische Zubereitung spricht.

SERVIETTENKNÖDEL
(zum Foto rechts)

1 kg · 6–8 Portionen
Einfrieren: 6 Monate bei –18°C

8 Brötchen vom Vortag
250 ml lauwarme Milch
100 g Butter
6 Eier
¼ TL Muskatblüte
1 Zwiebel in Würfeln
1 Bund gehackte Petersilie
1 TL Salz

1. Brötchen in 1 cm große Würfel schneiden. Mit warmer Milch übergießen und stehen lassen, bis die Würfel feucht, aber nicht durchgeweicht sind – bei frischen Brötchen und anderem Brot entsprechend weniger Milch nehmen.
2. 80 g Butter sahnig rühren. Mit Eigelben und Muskat cremig rühren. Zwiebel und Petersilie in 20 g Butter andünsten. Beides zum Brot geben und mit dem Teigschaber unterheben, aber nicht kneten. Eiweiße und Salz zu festem Schnee schlagen. Zum Brotteig geben und behutsam unterheben.
3. Inzwischen im weiten Topf mindestens 3 l Salzwasser aufkochen. Eine Serviette hineintauchen und auswringen, sobald es möglich ist.
4. Brotteig zu einem Laib formen, auf die Serviette legen und locker einrollen. Genug Platz zum Aufgehen lassen und beide Seiten verschnüren. Die Rolle mit dem Schlitz nach oben an einen Holzlöffel binden. Ins kochende Wasser hängen, zudecken und schwach siedend garen. Nach 1 Stunde entnehmen.
5. Serviettenknödel beispielsweise sofort zu Pilzen in Sahnesauce genießen. Was übrigbleibt, in 2 cm dicke Scheiben schneiden, zwischen Folie betten, luftdicht verpacken und einfrieren. Später gefroren oder aufgetaut in heißem Fett braten.

Für Serviettenknödel den Teig zum Laib formen und auf ein nasses Tuch legen.

In das Tuch einrollen, an den Seiten binden und am Holzlöffel hängend in Wasser garen.

Heißen Knödel mit Zwirnsfaden in Scheiben teilen, um ihn nicht zu quetschen.

KÖRNER IM GLAS

Einkoch-Gläser je 250 ml pro Portion
Einkochen: 60 Minuten bei 98°C
Lagern: 12 Monate bei 1–20°C

Reis und Getreidekörner

1. Reis oder andere Körner eines Getreides waschen. Für jede Portion 80 ml Getreide und 170 ml Wasser abmessen.
2. Getreide in kaltem Wasser bei mäßiger Hitze aufkochen, nach 5 Minuten an die Seite stellen und abkühlen lassen.
3. Am nächsten Tag in ein Sieb schütten. Das Abtropfwasser auffangen. Getreide gleichmäßig in die Gläser verteilen. Mit dem Kochwasser auffüllen, verschließen, in kaltem Wasser aufsetzen, bei mittlerer Hitze erwärmen und einkochen.
4. Später für schnelle Beilagen nutzen und kurz in etwas Butter erhitzen. Auch kleinere Mengen so einkochen, beispielsweise für Müsli, Salate und Suppen.

KARTOFFELKNÖDEL

24 Knödel je 100 g
Einfrieren: 6 Monate bei –18°C

2 kg Pellkartoffeln
2 Brötchen vom Vortag
300 g fein gemahlener Weizen
2 Eier
1 EL Salz
½ TL Muskatblüte

1. Die Kartoffeln nach dem Garen heiß pellen und durch die Presse drücken. Abkühlen lassen.
2. Brötchen in kleinen Würfeln auf ein Backblech streuen und bei 150°C rösten. Oft wenden, bis sie gelb sind und rascheln.
3. Kartoffeln, Weizenmehl, Eier, Salz und Muskat zu einem glatten Teig kneten. Auf Mehl zu einer 6 cm dicken Rolle formen. Zweifingerdick schneiden. Einige Brotwürfel auf die Scheiben legen und den Teig rund rollen. In kochendem Salzwasser versenken und gar ziehen lassen.
4. Nach 20 Minuten mit der Drahtkelle entnehmen und abkühlen lassen. Pro Person 2 Knödel in Gefrierkochbeutel stecken. Nebeneinander legen, verschließen und einfrieren.
5. Bei Bedarf im geschlossenen Beutel in Wasser auftauen und erhitzen. Das dauert etwa 30 Minuten.

VOLLKORNKNÖDEL

48 Klöße je 50 g
Einfrieren: 6 Monate bei –18°C

300 g Roggenkörner
6 Vollkornbrötchen in Scheiben
500 ml Milch
50 g Butter
100 g Zwiebelwürfel
10 Eier
350 g Vollkornmehl
2 Bund gehackte glatte Petersilie
4 Blätter gehackter Liebstöckel
1 EL Kräutersalz

1. Roggen über Nacht in 500 ml Wasser einweichen. Anschließend bei schwacher Hitze etwa 60 Minuten quellen lassen.
2. Brötchen mit heißer Milch übergießen und quellen lassen, bis sie gleichmäßig feucht sind. Butter zerlassen, die Zwiebeln darin glasig schwitzen.
3. Eier in einer geräumigen Schüssel schaumig schlagen. Brötchen, Mehl, Kräuter und Kräutersalz dazugeben. Einen glatten Teig kneten, abschmecken und mit dem Roggen mischen. Zudecken und etwa 1 Stunde ruhen lassen.
4. Eigroße Stücke vom Teig abstechen und zu runden Klößen rollen. In siedendes Salzwasser setzen und 20 Minuten ziehen lassen. Pro Person 3 Knödel in Gefrierkochbeutel legen, verschließen und einfrieren.
5. Vollkornklöße sind ideal zu geschmorten Tomaten mit Knoblauch, im saftigen Paprikagemüse mit Zwiebeln und auf Kohleintopf mit Lamm.

KNÖDEL & KRUSTEN

Sturzgläser einfetten, mit Semmelbröseln ausstreuen und zum Festwerden kühlen. Einen weichen Knödelteig einfüllen und 3 cm unter dem Rand glätten. Die Gläser verschließen, in kaltes Wasser setzen, bei mittlerer Hitze erwärmen und 90 Minuten bei 98°C einkochen. Den Inhalt bei Bedarf stürzen, in Scheiben schneiden und in der Pfanne braten.

NUDELN & FLÄDLE

Kinderaugen strahlen, wenn Mütter die Lieblingsnudeln auftischen. Leicht wie ein Kinderspiel ist das Selbermachen der Nudeln. Schnell wächst das Gefühl beim Kneten, wie die Konsistenz des Teiges sein muß. Sobald der Teig beherrscht wird und Nudelmachen zu einer lieben Gewohnheit geworden ist, kann über die Anschaffung einer Maschine nachgedacht werden. Mengen bis 1 kg Mehl gehen gut von der Hand und passen in gängige Küchenmaschinen, wenn sie die Arbeit übernehmen sollen.

EIERNUDELN

4 Portionen je 90 g
Lagern: 6 Monate bei 15–20°C

300 g Mehl
1 TL Salz
3 Eier
1–2 EL Öl

1. Mehl sieben und eine Grube formen. Salz, Eier und 1 EL Öl hineingeben. Zunächst mit einer Gabel verrühren, anschließend mit bemehlten Händen wenden und kneten, bis der Teig dehnbar ist und seidig glänzt. Öl oder Wasser eßlöffelweise hinzufügen, falls der Teig noch nicht glatt ist. Zum Ball rollen, mit Öl einreiben und mit Folie umspannen.
2. Frühestens nach 10 Minuten, besser nach 30 Minuten, Teig und Arbeitsplatte durch ein Sieb mit Mehl bestäuben, damit eine möglichst dünne Schicht entsteht – es soll nicht mehr Mehl als nötig in den Teig eindringen. Den Teig mit dem Nudelholz ausrollen und wenden, bis er 1–2 mm dünn ist und lose aufliegt.
3. Den Teig mit der Spitze eines Messers in Streifen gleicher Breite schneiden. Oder ihn kurz liegen lassen, bis er sich trocken anfühlt. Dann locker aufrollen und Stücke gleicher Stärke abschneiden.
4. Die Nudelbänder locker zu kleinen Nestern zusammenfügen und auf einem Tuch ausbreiten. Trocknen, dann gut verschlossen aufheben und nach Rezept zubereiten.
5. Vielleicht 2 EL Mohn und 60 g Mandelblättchen in 40 g Butter andünsten. Die Bandnudeln darin schwenken, salzen und pfeffern.

Für Nudelteig Salz, Eier und Öl in eine Grube aus Mehl geben. Mit einer Gabel zu einem zähen Brei verrühren.

Mit bemehlten Händen wenden und kneten, bis ein glatter Teig entstanden ist. Bei Bedarf etwas Öl oder Wasser hinzufügen.

Den Teig zu einem Ball formen, mit etwas Öl einreiben und mit einer Folie umspannen. 10–30 Minuten ruhen lassen.

CRÊPES UND FLÄDLE

ca. 2 kg · 35 Crêpes
Einfrieren: 6 Monate bei –18°C

225 g Mehl
½ TL Salz
250 ml Milch
6 Eier und 2 Eigelb
Butterschmalz zum Backen

1. Normales Mehl oder feines Vollkornmehl sieben. Salz, Milch und 250 ml Wasser mischen, dazugießen und mit dem Schneebesen glattrühren. Teig 1 Stunde ruhen lassen. Eier und Eigelbe verquirlen, nach und nach zum Teig geben und verschlagen.
2. Butterfett zerlassen und die Pfanne auf Mittelhitze stellen. Etwas Fett hineingeben, die Pfanne schwenken und überschüssiges Fett zurück ins Butterfett gießen.
3. Eine kleine Kelle Teig hineingeben, durch Kippen und Drehen der Pfanne so dünn wie möglich zerlaufen lassen. Sobald die Oberfläche fest ist und sich goldene Ränder kräuseln, wenden. Die andere Seite nur kurz backen. Crêpe aus der Pfanne auf Papier gleiten lassen. Wiederholen, bis der Teig verbraucht ist.
4. Crêpes zwischen Küchenkrepp stapeln. So entfetten und kalt werden lassen.
5. Für Flädle Crêpes fest aufrollen, in Gefrierfolie eindrehen und zubinden. Einfrieren, bei Bedarf noch fest in dünne Streifen schneiden und in Rinderbrühe erhitzen.
6. Oder Crêpes portionieren, glatt zwischen Folie legen, einpacken und einfrieren. Für kleine Desserts beispielsweise 1 Crêpe pro Person in Orangensauce erwärmen und mit Vanille-Eiscreme anrichten. Für größeren Appetit beispielsweise 80 g Butter, 50 g Zucker und 2 Eigelb sahnig rühren. 125 g Sahne, 40 g Semmelbrösel, 60 g Rosinen und festen Schnee von 2 Eiweiß unterheben. Auf 8 oder 12 Crêpes streichen, aufrollen und dicht aneinander in eine Form legen – gefettet und mit Bröseln ausgestreut. 125 ml Sahne und 2 Eigelb verquirlen, darüber löffeln. Bei 175°C in etwa 30 Minuten goldgelb backen.

SPÄTZLE

8 Portionen je 125 g
Einfrieren: 6 Monate bei –18°C

600 g Mehl
1 TL Salz
6 Eier

1. Normales Mehl oder feines Vollkornmehl in eine Schüssel geben und eine Grube formen. Salz, Eier und 200 ml lauwarmes Wasser beifügen und von der Mitte aus verrühren. Dabei mehr Wasser hinzufügen, bis der Teig zähflüssig ist und Blasen wirft.
2. Wasser mit 1 EL Salz pro Liter aufkochen. Den Teig durch ein Sieb oder einen Hobel für Spätzle geben oder vom nassen Brett schaben, das an der kurzen Kante einer Rutsche gleicht. In kleinen Portionen direkt ins siedende, nicht sprudelnde Wasser fallen lassen. Sobald die Spätzle oben schwimmen, mit der Drahtkelle entnehmen und in einer Siebschüssel kalt duschen.
3. Spätzle auf einem Tuch ausbreiten. Kalt und trocken portionieren, in Gefrierbeutel geben, verschließen und einfrieren.
4. Bei Bedarf pro Person 10 g Butter erhitzen, die Spätzle darin schwenkend erhitzen. Oder für Allgäuer Käsespatzen nach Rezept geriebenen Emmentaler Käse unter die Spätzle mischen, mit Pfeffer abschmecken und mit angebratenen Zwiebelringen bedeckt auftragen.

TROCKNEN & KOCHEN

Nudeln bei guter Zimmerwärme in der Nähe einer Heizung trocknen lassen, bis sie hart und zerbrechlich wie die Vorbilder aus dem Laden sind. Auch auf Gittern im Ofen bei 50°C trocknen lassen. In Dosen oder luftdichte Beutel geben, verschließen und trocken lagern.
Zum Kochen für 4 Portionen 4 l Wasser mit 2 EL Salz bei starker Hitze zum Sprudeln bringen. 400 g Nudeln hineingeben, lokkern und im offenen Topf sanft kochen. Einzelne Nudeln fischen und abbeißen. So auf die Probe stellen und entnehmen, wenn sie nicht mehr mehlig, aber noch bißfest sind – al dente. Bei frischen Nudeln ist es in wenigen Minuten soweit, bei getrockneten dauert es etwas länger. 400 g Nudeln reichen für eine Vorspeise für 8 Personen.

MASCHINE & LEISTUNG

Die Nudelmaschine kann den glatten Teig ausrollen und schneiden. Sie hat zwei Walzen, die sich gegeneinander drehen, sobald die Handkurbel kreist. Der Abstand zwischen den Walzen ist verstellbar.
Zum Kneten den Abstand weit halten. Den Teig in Mehl wenden, abschütteln, durchdrehen und zum Ziegel zusammenfalten. Von vorn beginnen und abwechselnd längs und quer durchlassen. 8 bis 10× wiederholen, bis der Teig nicht mehr klebt, matt glänzt, dehnbar ist und schwer reißt. Der fertige Teig soll ein Rechteck mit möglichst geraden Kanten sein.
Zum Ausrollen die Walzen von Mal zu Mal eine Spur enger stellen. Den Teig immer dünner ausrollen, bis er nur noch 1–2 mm dick ist. Nebeneinander auf Tüchern auslegen und warten, bis der Teig sich trocken anfühlt, aber noch elastisch ist.
Zum Schneiden die Walze für schmale oder breite Nudeln benutzen. Am besten vierhändig arbeiten: Den Teig locker aufwickeln, in zwei Händen halten und so über der Maschine abrollen, daß er ins Schneidwerk gleitet. Nudeln am Ziel in den Händen auffangen und locker auf Tüchern ausbreiten, damit sie nicht aneinander kleben.

VIELFALT & FARBE

Hartweizen bindet besonders gut und ergibt Nudeln, die beim Kochen nicht aufweichen. Aus Vollkornmehl werden sie würziger, sättigen schneller und länger. Es geht auch ohne Eier, wenn sie durch Wasser oder eine andere Flüssigkeit ersetzt werden.
Nudeln werden bunt durch Lebensmittel, die viel Farbe enthalten. Gemüse dafür roh oder gar pürieren und in einem Tuch auspressen. Nudeln erröten durch Rote Bete und Tomaten, sie werden grün durch Petersilie und Spinat, würzig und bräunlich durch Sojasauce oder Saft eingeweichter Trockenpilze. Beispiele, die zu eigenen Ideen anregen mögen.

VOLLKORNNUDELN

12 Portionen je 80 g
Lagern: 6 Monate bei 15–20°C

800 g Weizen (frisch gemahlen)
2 EL Sojamehl
2 TL Salz
4 Eier
6 EL Öl

1. Das Mehl durch ein Sieb geben. Zurück bleibt Kleie, die ins Müsli paßt und zum Panieren taugt, aber nicht genug ausquillt, um den Teig zu binden.
2. Das gesiebte Mehl oder feines Weizenmehl bis Type 1200 zu einer Grube formen. Sojamehl, Salz, Eier und Öl zimmerwarm hineingeben und verquirlen. 100 ml heißes Wasser hinzufügen und von der Mitte aus zum festen Teig rühren. Ins übrige Mehl rollen und geschmeidig kneten. Rund formen, mit Öl einreiben und unter eine warme Schüssel legen.
3. Nach 1–2 Stunden auf Mehlstaub zu einem 2 mm dünnen Rechteck ausrollen. Mit Mehl bestäuben und abpinseln. Die langen Seiten zweimal mit soviel Abstand einschlagen, daß sie sich in der Mitte treffen. Entgegengesetzt umschlagen – es entsteht ein breites Band aus 12 Schichten.
4. Den Teig mit scharfem Messer, das eine dünne Klinge hat, schneiden. Dabei festhalten, aber nicht drücken, um das Verkleben zu vermeiden. In Scheiben gleicher Stärke schneiden.
5. Die Nudeln lockern, auf Tüchern ausbreiten, trocknen und verschlossen aufbewahren.

SERVIEREN & GENIESSEN

Für Nudeln mit Sardellensauce 100 g Salzsardellen und Kapern eine Stunde wässern, dann abtrocknen. 100 g schwarze Oliven entkernen, 2 Knoblauchzehen abziehen. Alles mit 125 ml Olivenöl in den Mixer geben und pürieren, mit schwarzem Pfeffer würzen und 6 EL gehackte Petersilie hinzufügen.
Für Nudeln mit Pilzen 40 g Trokkenpilze in 250 ml Wasser einweichen. Ausdrücken und spülen, bis sie sandfrei sind. Das Wasser filtern und bis auf einen Rest einkochen. Pilze gehackt beifügen und mit 250 g Sahne 10 Minuten kochen. Mit Fleischextrakt und etwas Butter abschmecken und einige Löffel steife Sahne unterheben.
Für Nudeln mit Spargelpüree und Lachs oder Garnelen nach dem Rezept auf Seite 54 vorgehen. Weitere Ideen für Nudeln: Seite 103 mit Basilikumpaste, Seite 104 mit Krabbenbutter.

RAVIOLI & ANDERE TEIGTASCHEN

Ihr Aufstieg begann, als immer mehr Menschen das Nudelland Italien besuchten und die zierlichen Ausgaben der vertrauten Maultaschen kennen und lieben lernten. Bald wurden Dosen-Ravioli samt roter Sauce tonnenweise auf Teller gefüllt. Nun ist es um diesen Pionier wieder still geworden. Inzwischen gibt es Besseres, und das Beste entsteht in der eigenen Werkstatt »Küche«. Nach dem Vorbild von Italienern und Chinesen, aber auch nach eigenen Einfällen. Die zurückliegenden Seiten sind ausführlich dem Teig gewidmet, und für Füllungen können Sie Anleihen auf den Seiten 116 und 117 tätigen.

Für Ravioli den Teig auf Mehl dünn ausrollen. 4 cm große Felder markieren, die Füllung auf die Mitte setzen.

Teig über den besetzten Feldern vom Nudelholz abrollen. In den Tälern andrücken, mit dem Teigrädchen trennen.

RAVIOLI MIT PILZEN

(zum Foto rechts)

10 Portionen je 150 g
Einfrieren: 6 Monate bei –18°C

700 g Mehl
1 TL Salz
2 EL Tomatenmark
6 Eier
4 EL Pilzöl (Seite 97)
300 g Schichtkäse
400 g frische Pilze
50 g Emmentaler Käse
2 EL Pilzpulver (Seite 16)
Pfeffer

1. Mehl in eine Schüssel geben und eine Grube formen. Salz, Tomatenmark, Eier und 2 EL Öl in die Mulde geben und mit Mehl dick rühren. In der Grube wenden und kneten, bis alles Mehl gebunden und der Teig dehnbar ist. Rund rollen und mit Folie umspannen. 30 Minuten ruhen lassen.
2. Schichtkäse zerpflücken und abtropfen lassen, bis er trockener ist und 200 g wiegt.
3. Pilze wie Champignons und Austernpilze, Braunkappen und Shitake kurz waschen, kleinschneiden und in 2 EL Öl bei starker Hitze flott wendend braten, bis sie trocken sind.
4. Schichtkäse und Pilze zu einer glatten Farce verarbeiten: In 2 Portionen in den Mixer geben und pürieren. Emmentaler fein reiben. Mit dem Pilzpulver in die Farce mischen, mit Salz und Pfeffer würzen.
5. Den Teig auf Mehlstaub rechteckig und nudeldünn ausrollen. Auf einer Hälfte mit Lineal und Stäbchen 4 cm große Felder markieren. Die Linien mit Wasser einpinseln.
6. Die Füllung haselnußgroß mitten auf die Felder setzen. Die andere Teighälfte auf das Nudelholz wickeln und über den besetzten Feldern abrollen. Zwischen den Hügeln mit der Handkante andrücken. Dort mit dem Teigrädchen entlangfahren oder durchschneiden. Auf Tücher sammeln.
7. Ravioli liegen lassen, bis sie sich trocken anfühlen. Flach einpacken, pro Person 150 g. Verschließen und einfrieren.
8. Später gefroren in siedendes Salzwasser schütten, aufkochen und warten, bis sie nach 5–7 Minuten oben schwimmen. Im Sieb abtropfen lassen, in heißer Butter schwenken, mit Zitronensaft beträufeln und mit frischen Kräutern wie Basilikum oder Petersilie bestreuen. Geriebenen Käse dazu reichen.

HAHN IN SÄCKCHEN

16 Portionen je 100 g
Einfrieren: 6 Monate bei –18°C

400 g Mehl
½ TL Salz
7 EL Öl
300 g Tiefkühl-Spinat (gehackt)
100 g Schalotten
600 g Brust vom Masthähnchen
200 g frische Kokosnuß
250 g Krabbenfleisch (Garnelen)
1 EL Sesamsalz »Gamasio«
6 EL helle Sojasauce
unbehandelte Zitrone
Salz und Pfeffer
Zucker

1. Mehl in eine Schüssel geben und eine Grube formen. Salz, 4 EL Öl und 250 ml warmes Wasser hineingeben und verrühren. Mit dem übrigen Mehl glatt und geschmeidig kneten. Unter einer warmen Schüssel ruhen lassen. Spinat in ein Tuch geben und im Sieb auftauen lassen.
2. Schalotten schälen und wie die Brust in dünne Scheiben schneiden. Restliches Öl bei starker Hitze zum Rauchen bringen. Das Fleisch darin flott wendend braten, bis es weiß geworden ist. Ins Sieb schütten. Den Saft auffangen und die Schalotten darin glasig kochen.
3. Kokosnuß ohne braune Schale fein raspeln. Mit Fleisch, Schalotten und Garnelen mischen. In Portionen je 150 g in den Mixer geben und fein pürieren.
4. Spinat im Tuch fest auswringen und zur Farce geben. Mit Sesamsalz, Sojasauce, 1 EL fein abgeriebener Zitronenschale, Salz und Pfeffer mischen und abschmekken. Mit wenig Zitronensaft und Zucker abrunden – recht würzig, aber nicht säuerlich abschmekken.
5. Den Teig auf Mehlstaub 2 mm dünn ausrollen und so groß wie Fünfmarkstücke ausstechen. Die Plättchen in die Hand nehmen und rundum ausziehen, bis sie 10–12 cm groß sind. Etwa 80 Stück nebeneinander auslegen.
6. Die Farce vierteln und zu Stangen gleicher Stärke rollen. Die Portionen mit Augenmaß abnehmen und auf die Plättchen geben. Rundum mit Wasser befeuchten. Einzeln aufnehmen, den Teig raffen und mitten über der Füllung mit den Fingerspitzen fest zusammendrücken. Auf Tücher setzen.
7. Nach 1 Stunde die Säckchen nebeneinander in einen gelochten Aufsatz aus Metall oder besser Bambus setzen. Auf einen Topf mit sprudelndem Wasser setzen und die Säckchen 5 Minuten unter einem Deckel garen, damit kein Dampf entweicht.
8. Fertige Säckchen behutsam auf Tücher setzen und kalt werden lassen. Trocken auf ein Tablett setzen und ins Gefriergerät stellen, bis sie hart sind. Anschließend so schnell wie möglich portionieren, flach in Gefrierkochbeutel packen, verschließen und einfrieren.
9. Bei passender Gelegenheit im geschlossenen Beutel in Wasser legen und erhitzen. Beispielsweise mit einer chinesischen Pflaumensauce (Seite 40) servieren. Oder 200 ml Hühnerfond mit 2–3 EL Sojasauce abschmecken, mit 1 EL angerührter Speisestärke aufkochen und dazu reichen.

HÜLLE & FÜLLE

Rohe Teigtaschen beliebig füllen und einfrieren. Später aufgetaut oder gefroren in viel sprudelndes Wasser geben, damit sie schnell heiß werden. Die Garzeit beginnt, sobald das Wasser perlt.
Fertige Teigtaschen nach dem Garen mit einer Drahtkelle entnehmen und auf Tüchern ausbreiten. Ausdampfen lassen und vielleicht auf frische Tücher umbetten. Kalt und trocken portionieren, in Gefrierkochbeutel geben, verschließen und einfrieren. Später verschlossen in wenig kochendes Wasser legen und heiß werden lassen.
Für Maultaschen 1 Zwiebel würfeln und in Öl andünsten. Mit 300 g Hackfleisch, trockenem Spinat (siehe Hahn in Säckchen) und 4 EL Sahne verkneten. Mit Salz, Pfeffer und Thymian würzen. Teig aus 400 g Mehl, ½ TL Salz und 4 Eiern verrühren, zu einem Teig verkneten. 2 mm dünn ausrollen und in 12 cm große Felder teilen. Füllen, zum Dreieck falten, am Rand mit Gabelspitzen zusammendrücken. 10–15 Minuten garen. Einzeln in Rinderbrühe mit Schnittlauch geben. Oder für 4 Personen 500 g Zwiebelringe in 250 ml Rinderfond kochen, mutig pfeffern, mit Balsamessig würzen, über alle Maultaschen geben und zu Feldsalat essen.

BROT & PIZZA

Neapel ist die Urheimat der Pizza, die sich in den 40er Jahren zu einem kulinarischen Siegeszug um die halbe Welt und zurück aufmachte. Überall fand sie liebevolle Freunde, die sie in ihren schlichten Formen bewahren oder mit raffinierten Auflagen krönen. »Margherita« steht als leuchtendes Beispiel für alle anderen Pizzen, die uns in den letzten Jahrzehnten lieb und vertraut wurden. Bei Lust auf Pizza können Sie aus Ihrem Vorrat auf Sardellensauce und Tomaten zurückgreifen, die im Glas schlummern. Vom Frühling bis in den Winter wurden allerhand Reserven angelegt, die zu hektischen Zeiten wenig Aufwand und große Vielfalt versprechen. Für Pizza und das tägliche Brot ein Segen!

SONNENBLUMENBROT

2 kg · 100 Schnitten
Lagern: trocken bis 6 Monate

350 g Sonnenblumenkerne
1 kg Weizen
je 2 TL Kümmel, Koriander, Anis und Sesam
1 TL Kräutersalz

1. Kerne, Weizen und Gewürze grob mahlen, mit Kräutersalz mischen und eine Grube formen. 550 ml Wasser aufkochen, lauwarm hineingießen und einen festen Teig rühren. Mit dem übrigen Mehl verkneten. Dabei mit nassen Händen arbeiten, bis der Teig glatt ist. Zum rechteckigen Laib formen, auf ein Gitter legen und bei Zimmerwärme ruhen lassen.
2. Nach 1–2 Stunden in 2–3 mm dünne Scheiben schneiden, nebeneinander auf Gitter legen und trocknen. Im Ofen bei 50°C oder in der Sonne, bis sie so knusprig wie Knäckebrot sind. Kalt in Blechdosen stapeln und luftdicht verschließen.

BROT IM KÄLTESCHLAF

Was eng wie in einem Etui auf Eis gelegt wird, kommt nahezu im gleichen Zustand wieder heraus. Brötchen und Brot aus weißem Mehl müssen backfrisch hinein, damit sie nicht austrocknen. Altbackenes notfalls vor dem Aufbacken mit Wasser besprühen und kurz ruhen lassen.
Brötchen in den nächsten 2 Monaten angetaut, besser noch aufgetaut bei 180°C knusprig backen. Brot in Tagesrationen bis 12 Monate bei –18°C einfrieren – Scheiben gefroren in den Brotröster geben und so im Nu auftauen.

SCHRÖTCHEN MIT KÜRBISKERNEN

ca. 1,5 kg · 30 Schrötchen
Einfrieren: 2 Monate bei –18°C

450 g Roggenschrot
450 g Mehl (Dinkel oder Weizen)
2 TL Salz
2 Würfel Hefe (84 g)
4 EL Honig
150 g Kürbiskerne (weiß oder grün)

1. Mehle und Salz mischen und eine Grube formen. Hefe hineinbröckeln, mit 250 ml lauwarmem Wasser, Honig und etwas Mehl zähflüssig rühren. Bestäuben und zugedeckt bei Zimmerwärme gehen lassen, bis der Vorteig nach 20–30 Minuten aufreißt.
2. 500 ml lauwarmes Wasser dazugießen und von der Mitte aus mit dem Vorteig und mehr Mehl zu einem zähen Teig rühren. Im übrigen Mehl wenden und kneten, bis er dehnbar und nicht mehr klebrig ist. Zudecken und zimmerwarm stehen lassen, bis er doppelt so groß ist.
3. 100 g Kürbiskerne in den Mixer geben, grob zerschlagen und zum Teig geben. Auf Mehlstaub verkneten, armdick rollen und in 30 Scheiben schneiden. Mit mehlbestäubter Hand rund rollen.
4. 2 Backbleche einfetten und mit Mehl bestäuben. Die Teigbälle auf das Blech legen und 15 Minuten gehen lassen. Mit einem Messer über Kreuz einschneiden, mit Wasser einpinseln und mit 50 g Kürbiskernen bestreuen.
5. Nach 15 Minuten auf der zweiten Schiene von unten bei 200°C backen. Dabei eine Tasse Wasser auf den Boden des Ofens stellen. Etwa 15 Minuten backen, bis das Stäbchen bei der Probe trocken bleibt. Brötchen auf einem Gitter abkühlen lassen, lauwarm in Gefrierbeutel stecken, luftdicht verschließen und einfrieren.

Für Schrötchen den Teig zu einem Laib formen. 50-g-Stücke abschneiden. Rund rollen.

Die Teigbälle nach dem Aufgehen einschneiden und mit Kürbiskernen bestreuen.

Nach 15 Minuten die Schrötchen im Backofen bei 200 °C weitere 15 Minuten backen.

6. Bei Bedarf auftauen lassen oder gefroren entnehmen, auf ein Gitter legen und bei 200°C knusprig backen.
7. Statt weißer Kürbiskerne mit harter Schale oder grünen, weicheren Kürbiskernen auch andere Samen und Körner nehmen, zum Beispiel Sesam, Nüsse, Sonnenblumenkerne und Kümmel.

PIZZA & AUFLAGEN

Für rote Margherita: 500 ml Pizzatomaten, 16 frische Blätter Basilikum, 300 g Mozzarella, Salz, Pfeffer und 4 EL Parmesan.
Für weiße Margherita: 4 EL Parmesan, Salz, Pfeffer, 6 frische Blätter Basilikum und 300 g Mozzarella.
Für schlichte Pizza: 450 g Mozzarella in kleinen Würfeln und 2 EL Parmesan. Oder 4 EL Sardellensauce, 300 g Mozzarella, 500 g frische Tomaten und Pfeffer.
Für Sardellenpizza: 500 ml Pizzatomaten, 12 frische Blätter Basilikum, 12 gewässerte Salzsardellen (siehe Sardellenpaste Seite 101), 200 g gelb gedünstete Zwiebelringe, 300 g Mozzarella, Salz und Pfeffer.
Für Knoblauchpizza: winzige Würfel von 4–6 Zehen, 1 EL Oregano, Salz und Pfeffer. Nach Belieben auch Pizzatomaten.
Für Zwiebelpizza: 300 g Zwiebelwürfel, 100 g Hartkäse und schwarzer Pfeffer.
Für maritime Pizza: 200 g gare Meeresfrüchte (Muscheln, Garnelen, Thunfisch oder Ölsardinen), 350 ml Tomatenpüree (Seite 76), 2 Knoblauchzehen, Salz, Cayennepfeffer, 300 g Mozzarella, 2 EL Parmesan.
Für Rahmpizza: 4 EL Sardellensauce, 200 ml dicke, saure Sahne, etwas Salz und Pfeffer.
Für Pilzpizza: 300 g Champignons, 1 Knoblauchzehe, 4 EL Petersilie, Salz und Pfeffer.
Zutaten für Auflagen in kleine Würfel oder dünne Scheiben schneiden, Hartkäse reiben. In der genannten Reihenfolge auf 300 g Teig plazieren. Mit 70 ml Olivenöl beträufeln – am einfachsten durch den winzigen Auslauf eines Gießers. Pizzen bei größtmöglicher Hitze 15–20 Minuten backen – auf der ersten Schiene über dem Boden, damit sie unten knusprig werden.

WICHTIG & NÜTZLICH

Darren und Rösten macht Getreide schmackhafter, beispielsweise Grünkern aus dem Urweizen Dinkel. Selbstversorger können es im eigenen Herd bei 70°C auch mit anderem Getreide wie Hafer, Gerste, Weizen und Roggen testen. Zum Beispiel, wenn die Körner beim Mahlen streiken, weil sie zu feucht sind.
Mühlen für Hobbymüller mahlen bei »grob« fast gleichmäßige Teilchen aus. Einstellung »fein« ergibt Feines und Grobes gemischt. Mahlwerke aus Stein schaffen grobes bis feines Mehl, ohne heiß zu laufen. Stählerne Mahlwerke machen bei »mittelfein« besonders flockiges Mehl und laufen bei »fein« schnell heiß.
Im ganzen Korn sind die empfindlichen Inhaltsstoffe gut geschützt. Bei gemahlenem Getreide kann das im Keim enthaltene Fett ranzig werden und einen Teil der Vitamine zerstören. Darum Getreide nur portionsweise mahlen und so schnell wie möglich verbrauchen.

KLEINE UND GROSSE BÖDEN FÜR PIZZA

(zum Foto rechts)

8 große Pizza-Böden
Einfrieren: 6 Monate bei –18°C

7 Einkoch-Gläser je 500 ml
Einkochen: 30 Minuten bei 98°C
Lagern: 12 Monate bei 1–20°C

900 g Weizenmehl
1 Würfel Hefe (42 g)
1 EL Salz
60 g Butter oder 6 EL Olivenöl

1. Mehl mit beliebigem Ausmahlungsgrad sieben und eine Grube formen. Hefe hineinbröckeln, mit 375 ml lauwarmem Wasser und etwas Mehl verrühren. Mit Mehl bestäuben und zugedeckt zimmerwarm ruhen lassen, bis der Vorteig nach 20–30 Minuten starke Risse zeigt.
2. Salz und flüssiges Fett dazugeben und von der Mitte aus mit mehr Mehl verrühren, bis ein zäher Teig entstanden ist. Im übrigen Mehl wenden und kneten, bis der Teig glatt, dehnbar und nicht mehr klebrig ist. Oder in der Maschine mit den Knethaken auf Stufe 2 bearbeiten, bis er sich vom Rand der Schüssel löst.
3. Den Teig auf Mehlstaub zum Ball rollen und in eine warme Schüssel legen, die er zur Hälfte füllt. Mit einem Tuch bedecken und zimmerwarm stellen, bis der Teig doppelt so groß ist. Zur ursprünglichen Größe zusammenkneten und wieder gehen lassen, bis er doppelt soviel Platz einnimmt. So 2× 15–30 Minuten aufgehen lassen.
4. Für große Böden den fertigen Teig noch einmal kneten. In 8 Portionen teilen, die gut 150 g wiegen. Auf Mehlstaub rund rollen, flachdrücken und eßtellerförmig ausziehen – mit etwa 2 cm breitem Rand, der beim Füllen frei bleibt.
5. Backbleche einfetten, mit den Fladen belegen und bei 250 g in die Mitte des Ofens schieben. Die Fladen nach 10 Minuten anklopfen. Sobald sie hohl klingen und eine helle Kruste haben, aus dem Ofen nehmen. Heiß vom Blech lösen, auf Gitter legen und abkühlen lassen. Lauwarm in Gefrierbeutel stecken, verschließen und einfrieren.
6. Bei Bedarf auftauen lassen, während der Ofen auf starke Hitze steigt und frische Zutaten für den Belag in Arbeit sind. Die Böden noch gefroren belegen, auf gefettetes Blech legen, in den Ofen schieben und backen, bis die Teigränder braun und knusprig sind.
7. Für kleine Pizzen Sturzgläser einfetten und mit Semmelbröseln oder Grieß ausstreuen. Bis zur halben Höhe mit Teig füllen und warten, bis sie voll sind.
8. Mit genug Abstand auf ein kaltes Gitter stellen, in den heißen Ofen schieben und bei 200°C backen, bis das Stäbchen bei der Probe nach etwa 30 Minuten trocken bleibt. Entnehmen und abkühlen lassen. Lauwarm verschließen, in Wasser gleicher Temperatur setzen und einkochen.
9. Bei passender Gelegenheit aus dem Glas stürzen, in Scheiben schneiden und im Brotröster knusprig rösten. Beliebig belegen und im Grill überbacken, bis sie heiß sind und duften.

Am süßen Ende locken begehrte Desserts, schmelzendes Eis und feurige Früchte mit Senf. Im Bild lädt Konfekt mit wenig Zucker zum Naschen ein: Bonbons aus Hagebutten, Gelee aus Fruchtsaft und Datteln mit Marzipan. Rechts Krokant, der für Kuchen und Cremes noch zerkleinert wird. Sonnengelb leuchtet die Sauce aus Ananas im Einkochglas. Gewürze schwimmen mit Kandis in Alkohol, der ein Magentröster werden soll. In diesem Kapitel können Sie verfolgen, wie leicht aus Obst Likör wird. Auf den Seiten »Früchte des Südens« können Sie nachlesen, wie diese am allerbesten schmecken.
Andere Leckereien machen Sie am besten in der entsprechenden Saison. Ab Herbst gibt es Kastanien, die glasiert zur gebratenen Ente schmecken. Kokosnüsse sind um Weihnachten am besten. Sie verlangen eine sichere Hand beim Knacken und Kraft, wenn Sie Milch daraus gewinnen wollen, die Saucen aus der karibischen Küche so angenehm bindet. Strudelteig braucht warme Hände und wenig Zeit, während Blätterteig kühle Hände, niedrige Temperaturen und Wartezeiten verlangt. Haben Sie den Mut, neue Rezepte auszuprobieren, die bisher zu schwierig erschienen. Es wird Ihnen gelingen.

SAUCEN AUS FRÜCHTEN

Ein Thema mit schier unzähligen Variationen. Bei dem großen Angebot von Früchten aus aller Welt ist der Kreativität keine Grenze gesetzt. Beste Qualität und Frische sind Voraussetzung – denn jede Sauce ist so gut wie ihre geringste Zutat. Erst dann entfaltet sich das volle Aroma der Früchte. Mit Cremes, Eis oder Flammeris serviert und liebevoll dekoriert, werden Desserts zum Inbegriff des süßen Glücks.

ORANGENSAUCE

7 Einkoch-Gläser je 250 ml
Einkochen: 20 Minuten bei 80 °C
Lagern: 12 Monate bei 1–20 °C

6 unbehandelte Orangen
(1,2 l Saft)
500 g Gelierzucker
150 ml Orangenlikör

1. Orangen heiß waschen, abtrocknen und hauchdünn schälen. Die Schalen in Wasser aufkochen, ins Sieb geben und abtropfen lassen. Kochwasser wegschütten.
2. Den Saft aller Orangen auspressen und durch ein feines Sieb laufen lassen. Die Rückstände mit 100 ml Wasser aufkochen, durch ein Tuch gießen und auspressen.
3. Die gekochten Schalen nadelfein schneiden, bündeln und winzig würfeln.
4. Schalen, Saft, Orangenwasser und Zucker mischen und 5 Minuten kochen. Mit dem Likör mischen und abschmecken. In Gläser füllen, verschließen, in heißes Wasser setzen und einkochen.
5. Beispielsweise Crêpes darin schwenkend erhitzen, mit Vanille-Eiscreme und Kompottfrüchten wie Pfirsich, Apfel und Birne anrichten. Die kräftig süß-saure Sauce paßt auch gut zu mildem Sahneeis und Nachspeisen, die höchstens eine Spur Zucker enthalten.

Kiwis für Sauce nur kurz pürieren, weil zerschlagene Kerne bitter machen.

Normale und Blutorangen, die dunkelroten Saft haben und nur im Winter erhältlich sind.

KAKISAUCE

1,1 l · je 60–100 ml pro Portion
Einfrieren: 10 Monate bei –18 °C

1 kg weiche Kakifrüchte
125 g Zucker
50 ml Orangenlikör
Saft von 1–2 Zitronen

1. Kakifrüchte waschen, abtrocknen und halbieren. Das Fruchtfleisch aus den Schalen schaben und durch ein Trommelsieb rühren. Mit Zucker und Orangenlikör verrühren und mit Zitronensaft abschmecken.
2. Die Sauce portionieren, verpacken und einfrieren.
3. Zum Beispiel für Eisbecher mit exotischen Früchten, aber auch für bodenständige Mehlspeisen wie Dampfnudeln im Kleinstformat verwenden.

KIWISAUCE

1,3 l · 60–100 ml pro Portion
Einfrieren: 10 Monate bei –18 °C

1 kg reife Kiwis
2 Limetten (grüne Zitronen)
150 ml Ahornsirup

1. Kiwis reifen lassen, solange sie noch fest sind – am schnellsten in der Nähe von Äpfeln oder Birnen. Die braune Haut mit spitzem Messer lösen und abziehen, sobald die Früchte auf Druck etwas nachgeben. Die Früchte kleinschneiden und fein hacken – oder nur kurz in den Mixer geben, weil zerschlagene Kerne bitter machen. Das Püree durch ein Trommelsieb reiben.
2. Die Schalen der Limetten mit 100 ml Wasser 20 Minuten kochen. In ein Tuch geben und auswringen. Den Saft auspressen.
3. Limettensaft und -sud, Kiwipüree und Ahornsirup verrühren und abschmecken. In Dosen füllen, verschließen und einfrieren.
4. Die Sauce nicht roh mit Milchprodukten mixen und an Speisen geben, die durch Gelatine fest werden sollen, denn ein Enzym der Kiwi läßt Milchprodukte bitter, Gelatine nicht fest werden.

SIRUP FÜR SÜSSES

2 Flaschen je 500 ml
Lagern: 12 Monate bei 1–20 °C

2 unbehandelte Zitronen
1 unbehandelte Orange
1,5 kg Zucker

1. Zitronen und Orange heiß waschen und abtrocknen. Zucker in eine flache Schüssel geben. Die Früchte darin reiben, bis der Zukker das Aroma der Schalen aufgenommen hat.
2. Zucker und 250 ml Wasser mischen und klar kochen – nach Wunsch mit dem Saft der Zitrusfrüchte, Vanille, Zimt, Nelken oder anderen Würzen. So oder so in Flaschen füllen und verschließen.
3. Der Sirup ist durch seine große Süße stabil und kann nach dem Öffnen griffbereit in der Küche stehen. Für alles, was schnell süß werden soll.

APRIKOSENSAUCE

1,1 l · je 60–100 ml pro Portion
Einfrieren: 10 Monate bei –18 °C

1 kg reife Aprikosen
2 Zitronen (80 ml Saft)
75 ml Aprikosenlikör
40 ml Weinbrand
Puderzucker nach Geschmack

1. Aprikosen waschen, entsteinen und vierteln. Durch den Lochdeckel in den laufenden Mixer geben, dabei den Zitronensaft hinzufügen. Das Püree mit einer Palette, die eine gerade und scharfe Kante hat, durch ein Trommelsieb streichen.
2. Das Fruchtmark mit Likör und Weinbrand verrühren. Dabei mit Puderzucker abschmecken. Anschließend portionieren, in Dosen füllen, verschließen und einfrieren.
3. Die Sauce hat im Kühlschrank genug Zeit zum langsamen Auftauen, wenn dazu Grießflammeri oder Bayerische Creme gemacht werden. Bei Eile kann sie verschlossen in einem warmen Bad schmelzen.

ANANASSAUCE

7 Einkoch-Gläser je 250 ml
Einkochen: 20 Minuten bei 80 °C
Lagern: 12 Monate bei 1–20 °C

2 große Ananas (gelb und reif)
2 Vanilleschoten
500 g Blütenhonig

1. Von der Ananas Schopf und Stumpf abschneiden. Die Früchte in Segmente schneiden, dick schälen und den Stamm abschneiden. Was nicht hell und makellos ist, samt den Abschnitten mit 400 ml Wasser bedecken. Vanille spalten und beifügen. 20 Minuten sanft sieden lassen.
2. Abgießen und die Rückstände ausdrücken, sobald sie etwas abgekühlt sind. In der Zwischenzeit das Fruchtfleisch in Stücke schneiden. ⅔ in den laufenden Mixer geben. Den Honig hinzufügen und ein feines Püree herstellen. ⅓ Ananas in kleine Stücke schneiden.
3. Saft, Püree und Früchte mischen, abschmecken, in Gläser füllen, verschließen und einkochen.
4. Zum Beispiel zu Pudding, Eis und Cremes genießen, zum Anmachen von Salaten aus Südfrüchten verwenden.

PREISELBEERSAUCE MIT ROTWEIN

(zum Foto oben)

3 Twist-Off-Flaschen je 350 ml
Lagern: 6 Monate bei 1–18 °C

2 unbehandelte Orangen
250 ml Rotwein
250 g Zucker
1 Zimtstange
2 Nelken
500 g Preiselbeeren

1. Eine Orange hauchdünn abschälen. Die Schale mit Wein, Zucker, Zimt und Nelken bei schwacher Hitze 30 Minuten ziehen lassen.

2. Preiselbeeren verlesen und waschen. Im Sieb abtropfen lassen. Den Saft der Orangen auspressen – es sollten 200 ml sein. Beides zum Wein geben, nachdem die Gewürze entfernt wurden.

3. Die Sauce zugedeckt 5 Minuten kochen, mit dem Stabmixer pürieren und durch ein Sieb streichen. Aufkochen und abschmekken. Kochendheiß in Flaschen füllen, mit etwas Zucker bestreuen und verschließen.

4. Die erfrischende Sauce paßt gut zu süßem Auflauf aus Nudeln, zu süßen Pfannkuchen und zu Eisbechern. Sie macht Schlagsahne schmackhaft, die schokoladenbraunen Biskuit füllen soll, der für Torten und Rouladen bestimmt ist. Sie ist aber auch eine feine Beigabe zu Rinderbraten oder Wildgerichten.

SAUCEN IM SPIEL

Mit zunehmender Reife verlieren die Früchte an Säure und enthalten mehr Zucker. Die natürlichen Unterschiede sind zu groß, um das Abschmecken entbehrlich zu machen. Einfach und praktisch ist es mit Zuckerwasser wie »Sirup für Süßes«, der gleichzeitig bindet, die Farben zum Leuchten bringt und das Aroma verstärkt.

Für Saucen zum Einfrieren das Fruchtfleisch pürieren und durch ein Trommelsieb rühren, um Kerne zu entfernen. Nach Neigung und Einfällen zu Saucen vollenden. Himbeeren, Erdbeeren, Blaubeeren, reife Stachelbeeren, Aprikosen, Pfirsiche und Pflaumen, Feigen, Guaven, Mangos, Mangostanen und Passionsfrüchte eignen sich besonders gut.

Für Saucen zum Einkochen die genannten Früchte sowie Holunder, Johannis- und grüne Stachelbeeren und Kirschen verwenden.

Flüssige Würzen für Fruchtsaucen sind Wein, Fruchtsaft, Likör aus Früchten und Nüssen. Sie verdünnen gleichzeitig. Ebenso leicht salziges Mineralwasser, das den Geschmack angenehm abrundet.

Mehr Saucen für Desserts: Rhabarbersauce Seite 28, Erdbeermark Seite 30, Quittenmark Seite 45, Preiselbeer-Orangenmark Seite 46, Hagebuttenmus Seite 49.

SCHARFE FRÜCHTCHEN MIT SENF

Wo die Lombardei im Süden auf den Po stößt, treffen Sie auf die Stadt Cremona mit mindestens zwei glänzenden Seiten. Die eine heißt Stradivari, die andere »mostarda«. Letztere zählt zu den süßen Sünden und leiblichen Genüssen: In allen Farben glitzern Früchte in Sirup mit Senf – höllisch scharf bis brandsüß.
Sie sind herrliche Happen zum Tee, auch in dünnen Scheiben auf Schnittchen – mit und ohne Fleischaufschnitt oder Käse. Bei warmen Mahlzeiten passen sie gut zu gekochtem Rindfleisch, beispielsweise in Verbindung mit Nudeln und Gemüse wie Sellerie, Fenchel und Zucchini.

WÜRZIGE SENFFRÜCHTE

6 Gläser je 500 ml
Lagern: 12 Monate bei 1–20 °C

- **3 EL weiße Pfefferkörner**
- **1 EL Gewürznelken**
- **1 EL Korianderkörner**
- **1 EL Kardamomkapseln**
- **3 Zimtstangen**
- **1,25 kg Zwetschen**
- **1,25 kg Nektarinen**
- **1 l Rotweinessig**
- **250 g Gelierzucker 2 + 1**
- **50 g Meerrettichstange**
- **75 g helles Senfmehl**

1. Die Gewürze bei mittlerer Hitze anrösten, bis ihre Düfte sich verstärken. Mit etwas Wasser knapp bedecken und zugedeckt bei schwacher Hitze 30 Minuten ziehen lassen.
2. Zwetschen und Nektarinen waschen, halbieren und entsteinen. Nektarinen in 1 cm dicke Segmente schneiden.
3. Die Gewürze in ein Sieb geben. Den Sud mit 900 ml Essig und Zucker verrühren und bei mittlerer Hitze aufkochen. Die Früchte in zwei Portionen hineingeben, aufkochen. Sie sollen gar, aber noch fest sein. Beiseite stellen.
4. Meerrettich schälen, waschen und in dünne Scheiben hobeln. Fertige Früchte mit der Drahtkelle entnehmen, im Sieb sammeln und abtropfen lassen. Noch warm mit Meerrettich in Gläser schichten – mit der Haut nach außen.
5. Den Sirup auf 900 ml einkochen. Senfmehl mit 100 ml Essig verquirlen, den heißen Sirup nach und nach dazugeben und verrühren. Abschmecken und die Früchte damit bedecken. Gläser verschließen.
6. Früchte beispielsweise mit gekochter Rinderbrust anrichten, dazu als Kontrast mildes Weißkohlgemüse in Sahne und Kartoffelplätzchen.

SÜSSE SENFBIRNEN

4 Gläser je 750 ml
Lagern: 12 Monate bei 1–20 °C

- **500 ml Weißwein**
- **500 ml Weißweinessig**
- **450 g Zucker**
- **2,5 kg kleine Birnen**
- **100–200 g helles Senfmehl**

1. Wein, Essig und Zucker in einen Topf geben und bei mittlerer Hitze zum Kochen bringen.
2. Die Birnen waschen, sparschälen und halbieren. Die Kernhäuschen mit dem Grapefruitlöffel rund herausschälen.
3. Fertige Birnen sofort in den kochenden Sirup geben und etwa 10 Minuten schwach kochen, bis sie glasig sind. In einer Siebschüssel sammeln und abtropfen lassen.
4. Den abgetropften Saft zum Sirup gießen und bei starker Hitze 10 Minuten kochen. 100 ml abmessen, abkühlen lassen, dann nach und nach ins Senfmehl rühren. Sobald eine glatte Creme entstanden ist, zum übrigen Sirup geben, mit dem Schneebesen verrühren und abschmecken.
5. Die Birnen mit der Rundung nach außen in Gläser schichten, mit dem Sirup bedecken und verschließen.
6. So beispielsweise mit roten Saftkugeln aus Granatäpfeln füllen, zu Rehbraten garnieren und dazu Spätzle und Rosenkohl servieren.

Für italienische Senffrüchte das Obst in Salzwasser hell halten. Die Aprikosen brühen und abziehen.

Bis 3 cm dicke Stücke in Zuckersirup glasig garen. Immer nur eine Sorte mit der Siebkelle befördern.

ITALIENISCHE SENFFRÜCHTE
(zum Foto rechts)

8 Gläser je 370 ml
Lagern: 12 Monate bei 1–20 °C

- **600 g Äpfel (Jonagold)**
- **Salz**
- **600 g Birnen**
- **(Williams Christ)**
- **600 g Aprikosen**
- **600 g Pfirsiche**
- **1,5 kg Zucker**
- **250 ml Weißweinessig**
- **200 g helles Senfmehl**

1. Äpfel und Birnen schälen, vierteln, entkernen und in Salzwasser legen, damit sie hell bleiben. Aprikosen und Pfirsiche kurz in kochendes Wasser tauchen, abschrecken, enthäuten, halbieren und entsteinen.
2. Alle Früchte in Stücke gleicher Stärke schneiden, höchstens 3 cm dick. Auch anderes Obst mit festem und hellem Fleisch. Beispielsweise Kürbis, Reineclauden, gelbe und rote Pflaumen, Quitten, Ananas, Melonen und Exoten. Insgesamt rund 2 kg geputzte Früchte.
3. 250 ml Wasser, Zucker und Essig bei mittlerer Hitze zum Kochen bringen. Die Früchte getrennt hineingeben und glasig garen.
4. Fertige Früchte mit der Drahtkelle entnehmen, in ein Sieb geben und abtropfen lassen. Anschließend in die Gläser schichten – die einzelnen Sorten übereinander. Oder mischen und in die Gläser verteilen. Einfüllen, solange sie warm sind.
5. Den Abtropfsaft zum Sirup geben. Bei starker Hitze 10 Minuten brausend kochen. Abkühlen lassen.
6. Senfmehl mit etwas Sirup zu einer glatten Paste verrühren. Den übrigen Sirup nach und nach dazugeben und mit dem Schneebesen verrühren. So ist die Gefahr von Klümpchen gebannt. Abschmecken. Mit mehr Senfmehl, wenn der Sirup noch schärfer sein soll. Dann wie oben verfahren und einkalkulieren, daß die Früchte einen großen Teil der Schärfe schlucken.
7. Die Früchte mit dem Sirup bedecken. Die Gläser verschließen und dunkel stellen, damit die frischen Farben nicht leiden.
8. Auch ohne Essig zubereiten und dafür 500 g mehr Zucker nehmen.
9. Später zu Fondue und Bratenaufschnitt genießen.

SIRUP & WÜRZE

Senfsirup ist eine feine Würze für Salate. Beispielsweise für Gemüse wie Fenchel, Gurken, Kohlrabi, Möhren, Sellerie, Sauerkraut, Weißkohl und Zucchini, die als frische Salate serviert werden sollen.
Er schärft Obstsalat und rundet den Geschmack von Saucen ab – beispielsweise Cumberlandsauce und Dillsaucen, die zu Graved Lachs serviert werden.

HERMETIC

VON KASTANIEN & NÜSSEN

Wenn die Tage kürzer werden, vollzieht sich alljährlich dasselbe Schauspiel: Die grünbraunen borstigen Hüllen der Kastanien platzen auf und geben die glänzende Frucht frei. Rundlich und einseitig abgeflacht bieten sich nun die Eßkastanien dar. Zu schade, um nur geröstet und heiß aus der Tüte gegessen zu werden. Schön aus der Schale gepellt sind sie zu kulinarischen Ausflügen bereit. Der Herbst ist auch die große Zeit der Nüsse. Um an ihren inhaltsreichen Kern zu gelangen, muß man sie erst mal knacken. Von Natur aus sind sie nämlich gut verpackt. Selbstgemachte Nußspezialitäten sind ganz besonders begehrt.

GRÜNE WALNÜSSE

8 Twist-Off-Gläser je 250 ml
Lagern: 12 Monate bei 1–20 °C

1 kg grüne Walnüsse
375 ml Weißweinessig
1 kg Zucker
5 Zimtstangen
1 EL Nelken
Schale von 1 unbehandelten Zitrone

1. Im Juni weiche und fleckenlose Walnüsse verwenden, die sich noch mit einer Nadel durchstechen lassen. Mit Wasser bedecken und bei mittlerer Hitze kochen.
2. Nach 5 Minuten ins Sieb schütten, abbrausen, abtropfen lassen und in ein Gefäß schichten, das alle Nüsse faßt.
3. 125 ml Wasser, Essig, Zucker, Zimt, Nelken und gelbe Zitronenschale verrühren und aufkochen. Über die Nüsse geben, beschweren und beiseite stellen.
4. Nach 2 Tagen abgießen. Den Sud aufkochen, die Nüsse hineingeben, aufkochen und bei schwacher Hitze ziehen lassen. Sie sollen ganz bleiben und mürbe geraten.
5. Nach etwa 45 Minuten prüfen, ins Sieb schütten und abtropfen lassen. In die Gläser verteilen, dabei die Gewürze entfernen. Den Abtropfsaft zum Sud geben, aufkochen und abschmecken. Kochendheiß über die Nüsse schöpfen, bis sie bedeckt sind. Gläser verschließen.
6. Walnüsse in Scheiben schneiden und als Garnitur an kaltes Fleisch, auf das Käsebrett und auf Gebäck legen.

KASTANIEN TROCKEN UND SÜSS

(zum Foto rechts)

7 Einkoch-Gläser je 500 ml
Einkochen: 30 Minuten bei 98 °C
Lagern: 12 Monate bei 1–20 °C

3 kg Kastanien (Maronen)
evtl. 500 g brauner Kristallzucker

1. Die Kastanien auf der runden, nach außen gewölbten Seite mit spitzem Messer einritzen.
2. 1 l Wasser über mäßiger Hitze leicht sprudeln lassen. Je 8 Kastanien hineingeben und 3 Minuten kochen. Mit der Drahtkelle entnehmen.
3. So heiß wie möglich schälen. Mit einem Tuch anfassen und aus den Schalen pressen. Die Reste der dünnen Haut lösen und diese auch aus den Ritzen ziehen – sie kann bitter machen. (Zum Schälen auch bei 175 °C im Ofen 8–10 Minuten rösten. Es kostet mehr Energie und birgt die Gefahr, mehr als gewollt zu garen.)
4. Für trockene Kastanien diese in Gläser geben und nichts hinzufügen. Verschließen, in kaltes Wasser setzen und einkochen.
5. Beispielsweise für ein feines Püree im Mixer zerschlagen, mit 80 ml Milch und dem Mark einer Vanilleschote aufkochen. Passieren, zu dickem Mus einkochen, mit je 80 g Zucker und Sahne verrühren, aufkochen und erkalten lassen. Mit 2 EL Rum cremig rühren, 150 g steife Sahne unterheben. Durch eine Spätzlepresse auf Dessertteller garnieren. Mit Sahne und Maraschino-Kirschen (Seite 38) schmücken.
6. Für süße Kastanien die geschälten Früchte feucht im Zucker wenden und in die Gläser geben. Verschließen, in kaltem Wasser aufsetzen und einkochen.
7. Bei Bedarf in Butter schwenkend erhitzen, bis sie heiß sind und rundum glänzen. So mit Rosenkohl oder Rotkohl zu Gans und Ente versuchen.

Kastanien einritzen. Bis 10 Minuten im Ofen rösten oder 3 Minuten kochen. Höchstens 8 Stück auf einmal.

Kastanien heiß schälen, weil es so am leichtesten ist. Mit einem Tuch anfassen und aus den Schalen pressen.

Die Reste der dünnen und bitter schmeckenden Haut mit dem Küchenmesser abziehen – auch aus den Ritzen.

KOKOSNUSS MILCH UND SPÄNE

je 50–100 ml Milch · 150 g Späne
Einfrieren: 3 Monate bzw. 4 Wochen bei – 18 °C

1 Kokosnuß (möglichst frisch)

1. Kokosnuß mit möglichst viel Fruchtwasser verwenden, das beim Schütteln deutlich gluckert. Mit dem Korkenzieher aufbohren und das Fruchtwasser durch ein Sieb laufen lassen.
2. Zum Schälen in den Ofen geben und bei 200 °C backen, bis die braune Schale nach etwa 15 Minuten aufreißt. Anschließend mit dem Hammer beklopfen und die Schalen abpflücken.
3. Das weiße Fruchtfleisch abwiegen – es sind 300–400 g. Die gleiche Menge Wasser aufkochen. Nuß, Fruchtwasser und heißes Wasser nach und nach in den laufenden Mixer geben und so schnell wie möglich pürieren. Anschließend in ein Tuch geben und die Reste auspressen, bis sie trokken und wertlos sind.
4. Höhere Ansprüche erfüllt die Milch so: Das Fruchtfleisch fein raspeln und mit 150–200 ml kochendem Wasser brühen. Nach 20–30 Minuten mit dem Fruchtwasser mischen und die Milch durch ein Tuch ablaufen lassen. Die Rückstände fest auswringen und wegwerfen.
5. Kokosmilch nach Wunsch und Rezept portionieren, pro Person 50–100 ml. Einpacken und einfrieren.
6. Für Speisen aus der asiatischen und karibischen Küche, die mit Kokosmilch gebunden werden. Gerichte erhalten so einen vollen und lieblich-scharfen Geschmack, der auch für europäische Gaumen reizvoll ist. Beispiel: Scheiben einer Zwiebel und ¼ TL Kurkuma bei mittlerer Hitze in 2 EL Kokosfett flott wendend braten. Nach 1 Minute 500 g rohe, geschälte Garnelen und 200 ml Kokosmilch beifügen. Oft schwenken und unter dem Siedepunkt ziehen lassen, bis die Garnelen gar sind und die Sauce andickt – nicht kochen.
7. Für Späne pro Person 150 g geschälte Kokosnuß im ganzen einpacken und nur bis 4 Wochen einfrieren. Auftauen, mit dem Sparschäler in Scheiben hobeln, in kleinen Portionen bei Mittelhitze flott wendend hell bräunen und leicht salzen – zu Entenbrust und Ananas ein feines Festessen.

KÖSTLICH & KROKANT

Krokant auch mit Mandeln, Cashewnüssen und Pinienkernen, die milder als Hasel- und Walnüsse sind, zubereiten. Auch Haferflocken passen gut, weil sie im Karamel anrösten und nußartig zu duften beginnen.
Für eine großartige Torte 4 Eigelb mit dem Mark einer Vanilleschote und 4 EL Rum verquirlen, auf Schnee aus 4 Eiweiß, 1 Prise Salz und 50 g Zucker geben. 200 g Krokant und 100 g Semmelbrösel mischen und unterziehen. Auf dem Backpapier zu 3 runden, 26 cm großen Platten ausstreichen und bei 225 °C auf der ersten Schiene von unten 7 Minuten bakken. 2 Böden mit tiefgekühlten Himbeeren bedecken und mit Glasur aus 200 ml Himbeersirup (Seite 32) und 4 Blatt Gelatine überziehen. 4 Eigelb und 100 g Zucker im Wasserbad bei 70 °C heiß aufschlagen, 6 Blatt eingeweichte Gelatine darin auflösen. 50 ml Himbeergeist einrühren. Nach dem Abkühlen 500 g steife Sahne und 200 g Krokant unterheben. Auf die Himbeeren geben, übereinander legen, mit dem dritten Boden bedecken und mit 250 g Schlagsahne einstreichen. Mit Himbeerschönheiten, Raspelschokolade und Walnüssen verzieren.
Die Krokantmasse der Torte eignet sich gut für zierliches Gebäck. Dafür auf Backpapier, das ein Backblech bedeckt, glätten. 5 Minuten bei 225 °C backen. Heiß in Streifen, Dreiecke oder Rechtecke schneiden und fertig bakken. Kalt in Dosen geben, kühl aufheben und in den nächsten 4 Wochen verbrauchen. So zum Beispiel Eiskugeln und Sahne in einen Keil aus 2 Dreiecken stekken. Schnitten mit Sahne füllen, die mit Fruchtsauce aromatisiert wurde. Streifen mit flüssiger Schokolade überziehen und mit dem Garnierkamm wellenförmig durchfahren.
Anlaß, eigenen Krokant herzustellen, geben Makronen, Konfekt und Pralinen, die zum Naschen und Verschenken gedacht sind.

KROKANT

6 Portionen je 150 g
Lagern: 6 Monate

200 g Haselnußkerne
200 g Walnußkerne
Öl zum Einfetten
500 g Zucker

1. Nur Nüsse verwenden, die weich sind und frisch riechen. Die Haselnüsse bei Mittelhitze oft schwenkend anrösten, in ein grobes Sieb geben und etwas reiben, bis die meiste Schale durch die Maschen gefallen ist. Die Walnüsse grob hacken. Ein Blech mit Öl einfetten.

2. Zucker bei mäßiger Hitze erwärmen und erst rühren, wenn er zu schmelzen beginnt. Goldbraun werden lassen.

3. Oder den Zucker mit 80 ml Wasser mischen und bei mäßiger Hitze zu goldenem Sirup kochen – er wird sehr heiß und muß rechtzeitig von der Herdplatte, je schwerer die Pfanne, um so eher.

4. Sobald der Karamel bzw. Sirup den richtigen Ton erreicht hat, die Pfanne an die Seite rücken und die Nüsse kraftvoll und schnell darunter rühren, bevor alles zäh wird und erstarrt. Die Masse auf das Blech geben, flink glatt und flach rollen. Hart und kalt werden lassen.

5. Krokant in Portionen brechen, einpacken und gut verschlossen frisch erhalten.

6. Erst bei Bedarf grob zerhakken und feiner rollen. Die feinen bis großen Krümel als schmackhaften Schmuck nutzen. Auf Kuchen rieseln lassen, an Tortenränder werfen und auf Desserts streuen: Pfirsich mit Vanille-Eiscreme und Erdbeermark (Seite 30), Birne mit Schokoladensauce oder Apfelmus (Seite 43).

SÜSSES NASCHWERK AUS FRÜCHTEN

Geleekonfekt in Zellophan gehüllt, zierliche Ingwerwürfel in bunte Papiermanschetten gesetzt – wer kann da wirklich widerstehen? Selbstgemachtes Konfekt trägt immer eine ganz persönliche, liebevolle Handschrift. Kleine süße Kunstwerke, allein zum Verwöhnen und Genießen gedacht.

Gelatine kalt einweichen, ausdrücken und in einem heißen Sirup aus Orangensaft und Zukker auflösen.

Bonbons mit einem Teelöffel abstechen und in Form rollen. In Vanillezucker wenden – so damit überziehen.

Hagebuttenmark zum Sirup geben und verrühren. Auf einen Teller gießen und fest werden lassen.

10 × 10 cm große Blätter aus Zellophan in Weinbrand tauchen. Die getrockneten Bonbons darin eindrehen.

HAGEBUTTEN-BONBONS

40 Bonbons je 15 g
Lagern: 12 Monate bei 1–18 °C

500 g Hagebutten
(oder Hagebuttenmus)
4 EL Orangensaft
250 g Zucker
6 Blatt Gelatine
70 g Vanillezucker
etwas Weinbrand

1. Hagebutten waschen. Folienhandschuhe anziehen und die Früchte halbieren und entkernen. Dabei Stiele und Blütenkronen entfernen.
2. Das Fruchtmark in 4 EL Wasser bei schwacher Hitze weich dämpfen. Mit dem Stabmixer pürieren, anschließend durch ein Sieb rühren. (So auch fertig kaufen, beispielsweise im Reformhaus.)
3. Orangensaft und Zucker mischen und klar kochen. Die Gelatine in kaltem Wasser aufweichen, ausdrücken, hinzufügen und verrühren, bis sie aufgelöst ist. Hagebuttenmark beifügen und verrühren. Lauwarm in einen Teller entleeren und abkühlen lassen.
4. Sobald das Gelee kalt und zäh ist, mit einem Teelöffel abstechen und formen. Die Bonbons in Vanillezucker rollen, bis sie dünn überzogen sind. Auf ein Gitter legen und zimmerwarm liegen lassen, bis sie fest wie Gummi sind und sich nicht mehr klebrig anfühlen.
5. Zellophan in Weinbrand tauchen, die Bonbons eindrehen und unter Verschluß halten, bis Erkältungen abgewendet werden sollen – Hagebutten speichern viel Vitamin C!

GELEEKONFEKT

65 Stück je 20 g
Lagern: 8 Monate bei 1–18 °C

500 ml ungesüßter Fruchtsaft
1 kg Gelierzucker 1 + 1
Hagelzucker zum Wenden

1. Für den Saft zum Beispiel Äpfel, Preiselbeeren und grüne Stachelbeeren durch den elektrischen Entsafter treiben. Rote und schwarze Johannisbeeren sowie saure Kirschen entsteint im Mixer pürieren. So Säfte in verschiedenen Farben herstellen und durch ein feines Sieb passieren.
2. Gelierzucker und den Saft mischen und warten, bis sich die Kristalle aufgelöst haben. Danach bei mäßiger Hitze oft umrühren und 10 Minuten kochen. Den dickflüssigen Saft in eine flache Schale gießen, abkühlen lassen, zudecken und kühl stellen.
3. Nach 2 Tagen das feste Gelee in Würfel, Rauten oder Dreiecke schneiden, die 2–3 cm groß sind. In Hagelzucker wenden, bis er gleichmäßig verteilt ist. Auslegen und bei Zimmertemperatur trocknen lassen.
4. Das fertige Konfekt zwischen Zellophan in Gläser schichten und verschließen. Zu Weihnachten vielleicht als Schmuck und Verlockung zum Naschen in die Tanne hängen. Einfach mit einer Nähnadel durchbohren und an Fäden aufhängen.

QUITTENBROT

75 Stück je 20 g
Lagern: 8 Monate bei 1–18 °C

1,5 kg Quitten
ca. 1 kg Gelierzucker 1+1
2 Vanilleschoten
250 g Zucker für Vanillezucker

1. Quitten auf den Rost legen, bei 175 °C mitten in den Ofen schieben und in 60 Minuten weich werden lassen. Unter kalter Dusche abschrecken und auf einem Tuch abkühlen lassen, bis sie wieder trocken sind. Noch warm aufschneiden und mit stumpfem Messer von den Schalen und Kernhäusern befreien.
2. Das Fruchtfleisch mit einer Gabel zermusen, mit dem gleichen Gewicht Gelierzucker mischen und bei mäßiger Hitze oft rühren. Vanille spalten. Das Mark herausschaben und beifügen. Die Schoten aufbewahren.
3. Das Mus 4 Minuten kochen, in ein kaltes Bad setzen und weiter rühren, bis es schwerer fällt. Die streichfähige Paste auf Folie geben und zum Ziegel formen. Lauwarm mit Folie bedecken und 2 cm dick ausrollen. Offen kalt werden lassen.
4. Die feste Paste am nächsten Tag in kleinste Laibe schneiden und die Oberfläche mit einem Messerrücken einkerben. Schräg in Abständen von etwa 3 mm.
5. Die Vanilleschoten in kleine Stücke schneiden und mit dem Zucker im Mixer zerschlagen. Quittenbrote darin wenden, bis sie dünn überzogen sind. Auf Gittern trocknen, dicht an dicht in luftdichte Behälter schichten und verschließen.
6. Restlichen Vanillezucker durch ein Sieb rieseln lassen, in kleine Gläschen füllen und verschlossen aufheben.

INGWERWÜRFEL

70 Stück je 20 g
Lagern: 8 Monate bei 1–18 °C

500 g Äpfel
500 g frischer Ingwer
2 unbehandelte Zitronen
900 g Gelierzucker 1+1

1. Äpfel und Ingwer waschen und kleinschneiden. Mit dünner Schale einer Zitrone, dem Saft beider Zitronen sowie 400 g Gelierzucker mischen. Stehen lassen und gelegentlich mischen, bis sich die Kristalle aufgelöst haben.
2. Am nächsten Tag bei mäßiger Hitze rühren und kochen, bis die Äpfel zerfallen. Durch ein Sieb passieren und trockene Rückstände wegwerfen.
3. Das Mus mit 500 g Gelierzucker mischen, bei mäßiger Hitze rühren und schwach sprudelnd kochen, bis es nach etwa 15 Minuten dick ist. Beiseite stellen und mit dem Löffel durchfahren, bis es streichfähig ist. Zwischen einer Folie 2 cm dick rollen und offen ruhen lassen.
4. Nach 2 Tagen ist die Paste fest. In Würfel schneiden, nach Belieben in Zucker umdrehen, auf Gitter legen und trocknen lassen. In luftdicht verschlossenen Behältern aufbewahren.

DATTELN MIT MARZIPAN

ca. 50 Datteln
Lagern: 6 Monate bei 1–18 °C

400 g Mandeln
16 EL fester Honig
4 EL Rosenwasser (Tip Seite 49)
1 kg frische Datteln
Puderzucker
Vanillezucker

1. Mandeln in Wasser aufkochen, abgießen, in kaltem Wasser spülen und aus den Schalen drücken. Auf einem Tuch sammeln und abtrocknen.
2. Die weißen Kerne durch eine Mühle drehen oder mit dem Mixer in wenigen Intervallen fein zerkleinern – nicht länger als nötig und in 4 Portionen nacheinander.
3. Je 50 g gemahlene Mandeln, 2 EL Honig und etwas Rosenwasser in einen großen Mörser geben und zu Marzipan zerstoßen. Zum glatten Ball kneten und mit Folie umspannen. Vielleicht in einen Plastikbeutel hüllen und im Kühlschrank zwischenlagern.
4. Datteln entstielen, längs aufschneiden, entsteinen und die Pergamenthaut abziehen. Marzipan in der Folie zur Rolle formen, auf Puderzuckerstaub legen und dünner rollen. In Stücke gleicher Größe schneiden – für jede Dattel eines.
5. Die kleinen Stücke Marzipan auf Puderzuckerstaub zuerst mit der Hand kreisend rund, dann vor und zurück rollen und so länglich formen.
6. Datteln füllen und behutsam zusammendrücken, damit das Marzipan sich an die Hohlräume schmiegt. Sie werden so dicker als vorher. Der Einschnitt klafft auseinander und wird von Marzipan ausgefüllt.
7. Gefüllte Datteln in Vanillezucker wenden, zwischen Klarsichtfolie verpacken und verschließen.
8. Für die Füllung eignen sich auch Haselnüsse und Walnüsse. Diese mit dem gleichen Gewicht Zucker bei schwacher Hitze rührend erwärmen, bis die Masse nicht mehr an den Fingern klebt. Mit etwas Puderzucker geschmeidig kneten. Mit Kaffee, Kakao und Schalen von Zitrusfrüchten sparsam würzen, um das Aroma der Nüsse nicht zu übertönen.

PRALINEN AUS TROCKENFRÜCHTEN
(zum Foto oben)

60 Pralinen je 20 g
Lagern: 8 Monate bei 1–18 °C

200 g getrocknete Birnen
200 g Backpflaumen
200 g getrocknete Aprikosen
200 g dunkle Rosinen
1 Vanilleschote
275 g geriebene Mandeln
8–10 EL Mandellikör (Amaretto)
100 g Kokosflocken

1. Birnen, Backpflaumen, Aprikosen und Rosinen in winzige Stücke schneiden. Die Vanilleschote spalten, das Mark herausschaben. Früchte, Mandeln, Mark und Likör gründlich mischen, zudecken und ruhen lassen.
2. Nach 1–2 Stunden die Masse mit zwei Teelöffeln zu ovalen Pralinen formen. Anschließend in Kokosflocken wenden, nebeneinander auf Küchenpapier legen und trocknen lassen.
3. Die Pralinen zwischen Zellophan in Dosen schichten. Fest verschließen und einige Wochen reifen lassen.

Für Pralinen das Trockenobst in kleine Würfel schneiden. Mit Vanille, Mandeln und Likör gründlich mischen.

Die Masse mit 2 Teelöffeln abstechen und formen. In Kokosflocken wenden. Trocknen.

WICHTIG & NÜTZLICH

Fruchtwürfel zum Trocknen auf Gitter legen und heizungsnah aufstellen, bis sie sich wie weicher Gummi anfühlen. Dann sind sie fertig und gut haltbar. Solange beim Drücken noch Safttropfen hervorquellen, müssen sie weiter schrumpfen.
Für einzelne Stücke Zellophan in 5 × 10 cm große Rechtecke schneiden. Durch Weinbrand ziehen, je ein Bonbon auf die Mitte legen und einrollen. Die Zipfel an beiden Seiten anfassen und gegeneinander drehen, bis die Bonbons fest eingeschlossen sind. Liegen lassen, bis das Papier trokken ist und wieder knistert.

LIKÖR & MAGENTRÖSTER

Arnoldus Villanvanos, Mönch und päpstlicher Leibarzt, hatte nicht nur Zeit, sondern auch Einfälle. Es muß ihn gestört haben, daß Tinkturen Leiden lindern, aber beim Schlucken widerspenstig sind. Also vereinte er Bitteres mit Schnaps und Zuckersaft. Seine Idee hat in vielen Klöstern eine Welle von Experimenten ausgelöst. Bitterliköre wurden zu Wächtern des Wohlseins. Sie beziehen ihre heilkräftigen Stoffe aus allen möglichen Teilen von Pflanzen. Professionelle Bitterliköre schmücken sich gern mit klösterlichen Namen, obwohl längst nicht alle aus Klosterküchen stammen und nach streng gehüteten Rezepturen von Anno dazumal entstehen. Sinnieren über die geheiligten Ursprünge könnte Anlaß genug sein, die eigene Küche für bitteren und süßen Likör zu öffnen.

LIKÖR DER 10 GEWÜRZE
(zum Foto rechts)

2 Flaschen je 500 ml
Lagern: fast unbegrenzt bei 18°C

Schale von 2 unbehandelten Orangen
je 5 g Kardamom und Sternanis
je 5 g Muskatblüte und Süßholz
je 5 g Zimt und Koriander
je 5 g Muskatnuß und Nelken
je 5 g Fenchel und Ingwer
750 ml trockener Wermut
150 g Tannenhonig

1. Orangenschalen mit dem Sparschäler dünn abziehen. An die Luft hängen, wo es zieht und trocken ist, bis sie hart sind. Anschließend in den Mixer geben und fein zerschlagen. Ebenso Gewürze zerkleinern, soweit sie nicht gemahlen sind. Alle Gewürze, Orangenschalen und 250 ml Wermut mischen. In einem Glas auf ein sonniges Fensterbrett stellen. Verschließen.
2. In der Zwischenzeit gelegentlich schütteln. Nach 14 Tagen durch Filterpapier für Tee laufen lassen. Mit dem Honig mischen und in ein Wasserbad mit 50°C stellen. Ab und zu rühren, bis sich der Honig aufgelöst hat.
3. Den Auszug mit 500 ml Wermut verlängern, in Flaschen füllen, verschließen und bei 18°C 4 Wochen und länger reifen lassen – ein Halbbitter, der nach reichlichem Essen wohltuend wirkt.

Gewürze und getrocknete Orangenschalen für Likör im Mixer oder Cutter in kleine Stücke zerschlagen.

Die Gewürzmischung in ein Glas geben, dazu Wermut. Verschließen, schütteln und 14 Tage an die Sonne stellen.

KIRSCHLIKÖR

3–4 Flaschen je 500 ml
Lagern: 4 Monate bei 15–18°C

500 g süße Kirschen
500 g Schattenmorellen
250 g Himbeeren
200 g feiner, weißer Kandis
3 cm Zimtstange
2 Rosetten Sternanis
1 l Kirschwasser (42 % Alkohol)

1. Kirschen und Himbeeren waschen. Kirschen entstielen und entsteinen. 20 Kirschsteine zerschlagen. Früchte und Steine in ein Glas geben, das 2 l faßt. Kandis, Zimt und Anis untermischen. Zudecken und kühl stellen.
2. Etwa 24 Stunden später das Kirschwasser dazugießen. Zudekken und lagern wo es hell, aber nicht sonnig ist.
3. Nach 4 Wochen ins Safttuch gießen und den Likör ruhig ablaufen lassen. In Flaschen umfüllen, verschließen und mindestens 4 Wochen reifen lassen.

LIKÖRE MIT GEWÜRZEN

Für Anislikör 50 g Anis zerstoßen, mit 1 l Doppelkorn mischen, verschließen und dunkel stellen. Täglich schütteln, nach 7 Tagen filtern, mit Sirup aus 400 g Zucker und 100 ml Wasser mischen.
Für Bärenfang 1 Zimtstange und die unbehandelte Schale einer Zitrone in 500 ml Wodka ausziehen lassen, mit 250 g Honig mischen.
Für Gewürzlikör je 12 g Kardamom, Nelken, weißen Pfeffer und Zimt zerstoßen, mit 250 g Zucker und 700 ml schwerem Rotwein mischen und 20 Minuten knapp unter dem Siedepunkt halten. Im Tuch ausdrücken und warm mit 700 ml Weinbrand mischen.
Für Kümmellikör 45 g Kümmel mit 3 g Sternanis fein zerstoßen und in ein 1-l-Einkochglas geben. Mit 750 ml Doppelkorn füllen, verschließen und im Wasserbad erhitzen, bis Perlen aufsteigen. 30 Minuten so heiß halten, kalt filtern. Mit Sirup aus 500 g Zucker und 500 ml Wasser mischen.
Für Pfefferminzlikör 250 g grüne Minzeblätter mit 1 TL Muskatblüten, 10 Gewürznelken und Schale einer Orange in eine Flasche geben, 500 ml Weingeist (90 %) darübergießen, verschließen und dunkel stellen. Nach 2 Wochen filtern, 150–200 g Zucker und 375 ml Wasser erhitzen und abgekühlt mit dem Alkohol mischen.

ZITRONEN-EIERLIKÖR

7 Flaschen je 330 ml
Lagern: 6 Monate bei 1–18°C

750 g Eier (12–17 Stück)
15–20 unbehandelte Zitronen
500 g Zucker
700 ml Rum (54 %)

1. Kleine Eier (ca. 40–70 g) waschen, abtrocknen und mit Schale in einen Krug stapeln.
2. Die gelbe Schale von 2 Zitronen abziehen und den Saft aller Zitronen auspressen. Die Schalen in den Krug geben und soviel Saft zugießen, daß alle Eier ganz bedeckt sind. Zudecken und bei 10–15°C kühl lagern.
3. 8–10 Tage stehen lassen. In den letzten Tagen ab und zu umrühren, bis sich die Schalen aufgelöst haben.
4. Zucker in die Rührschüssel der Küchenmaschine geben. Die Eier nach und nach dazugeben und mittelschnell rühren, bis eine sehr helle Creme entstanden ist, in der sich nur noch winzige Luftbläschen befinden. Von Hand ist es am leichtesten in einer halbkugelförmigen Schüssel mit einem Schneebesen, der dicht mit dikken Drähten bestückt ist und deshalb eine hohe Schlagkraft hat.
5. Rum in die Creme geben und verrühren. Ein feines Leinentuch in Essigwasser aufkochen, heiß auswringen und in ein Sieb legen. Den Likör hineingeben und ruhig ablaufen lassen – er soll wie flüssige Sahne frei von Luftbläschen sein, weil diese vorzeitiges Verderben bringen können.
6. Den Likör randvoll in Flaschen füllen, verschließen und dunkel verwahren.
7. Das ist ein altes Hausrezept für Genesende. Tatsächlich enthält der Likör alle Vitamine außer B_{12}, sehr viel Kalk und alle Mineralstoffe, so daß ein Gläschen pro Tag als aufbauend betrachtet werden darf.

SÜSSER LIKÖR AUS OBST

Alle Arten nach dem Rezept Kirschlikör ansetzen, vielleicht durch Koriander, Nelken, Pfeffer, Sternanis, Vanille oder Zimt eine persönliche Note geben, aber sparsam würzen. Mit hochwertigem, mindestens 38%igem Alkohol ansetzen.

Für Aprikosenlikör: 250g getrocknete Früchte, 125ml Wasser und 125g brauner Kandis sowie 500ml Weinbrand.

Für Brombeerlikör: 500g Beeren und 250g brauner Kandis sowie 1l Wodka oder Korn.

Für Curaçao: 50g unbehandelte, gelbe Schale von 4–5 Orangen und 100g weißer oder brauner Kandis sowie 1l Weinbrand oder Gin.

Für Erdbeerlikör: 500g reife Beeren, gelbe Schale und Filets einer Orange, 50g Mandelblättchen, je 125g weißer und brauner Kandis sowie 1l Weinbrand.

Für Hagebuttenlikör: 500g Früchte, 250ml duftende Blütenblätter von Wildrosen und 200g Kandis sowie 1l Obstbranntwein.

Für Himbeerlikör: 300g Beeren und 125g weißer Kandis sowie 500ml Himbeergeist oder Gin.

Für Holunderlikör: Beeren von 1kg Dolden mit 125g Zucker zerkocht sowie 700ml Weinbrand.

Für Johannisbeerlikör: 500g schwarze Beeren, 275g weißer Kandis und 2 Stück getrockneter Ingwer sowie 700ml Obstbranntwein.

Für Orangenlikör: 30g unbehandelte, gelbe Orangenschale, 500ml Saft und 125g weißer Kandis sowie 700ml Weinbrand und 250ml weißer Wermut.

Für Ingwerlikör: 50g weiße Johannisbeeren, 200g frischer Ingwer und 500g Zucker sowie 700ml Rum.

Für Preiselbeerlikör: 300g verlesene Preiselbeeren, 150g brauner Kandis, 1 Stück Zimtstange sowie 500ml Wodka und 250ml Korn.

Für Quittenlikör: 1l Quittensaft (von 2kg Quitten), 400g weißer Kandis, 2 bittere Mandeln, 20g Korianderkörner sowie 1l Korn.

ESSENZEN

Ein ganz besonderer Duft, ein geliebter Geschmack – wie gerne würden wir manchmal diese Dinge festhalten. Bei Kräutern, Gewürzen und Blüten ist es machbar. Die Aromen werden in Sirup oder Alkohol in konzentrierter Form gebunden. Für den Fall, daß es jemanden ganz plötzlich und ebenso unaufschiebbar nach dem Lieblingsaroma gelüstet.

Für Punsch-Essenz Schalen von Zitrusfrüchten mit dem Sparschäler dünn abziehen.

Kandis, Schalen und Saft der Früchte, Zimt und Nelken mischen und ziehen lassen.

PUNSCH-ESSENZ

2 Flaschen je 500 ml
Lagern: 6 Monate bei 18–20 °C

2 unbehandelte Zitronen
2 unbehandelte Orangen
2 Zimtstangen
1 EL Gewürznelken
700 g brauner Kandiszucker
700 ml Rum (54 %)

1. Die Zitrusfrüchte heiß waschen und abtrocknen. Die Schalen hauchdünn abschneiden, so daß nichts Weißes dabei ist. In Stücke schneiden.
2. Zitronen und Orangen auspressen. Den Saft mit den Schalen, Zimt, Nelken und Zucker mischen. Zudecken und beiseite stellen.
3. Am nächsten Tag bei schwacher Hitze 10 Minuten perlend kochen. Durch ein Sieb mit winzigen Maschen laufen lassen. Mit dem Rum mischen, in Flaschen füllen und verschließen.
4. Bei Bedarf einen Schuß davon in Tee, heißen Holundersaft oder in Rotwein geben und mit kochendem Wasser verdünnen.

Am nächsten Tag bei schwacher Hitze 10 Minuten perlend kochen.

ESSENZ AUS ZITRONEN

5 Einkoch-Flaschen je 300 ml
Einkochen: 20 Minuten bei 90 °C
Lagern: 12 Monate bei 1–20 °C

20 unbehandelte Zitronen

1. Zitronen heiß waschen, bürsten und abtrocknen. Den Saft auspressen und durch ein Sieb laufen lassen. Rückstände und Schalen in ein Gefäß pressen, mit Wasser bedecken, zudecken und wegstellen.
2. Am nächsten Tag abgießen. Die Flüssigkeit mit dem Zitronensaft mischen, in Flaschen trichtern, verschließen und einkochen.
3. Die Zitronen-Essenz ersetzt frischen Saft und ist ergiebiger. Anstelle von Zitronen auch andere Zitrusfrüchte sowie Ananas verwenden.

NUSS-ESSENZ

2 Flaschen je 350 ml
Lagern: 12 Monate bei 18–20 °C

30 grüne Walnüsse
30 Nelken
4 Zimtstangen
20 Kaffeebohnen
400 g hellbrauner Kandiszucker
500 ml Weinbrand

1. Nüsse im Juni suchen und pflücken, solange sie weich sind. Waschen, in kleine Würfel schneiden und mit warmem Wasser bedecken.
2. Nach 30 Minuten in ein Sieb schütten und abtropfen lassen. In eine weithalsige Literflasche geben, dazu Nelken, Zimt, Kaffee, Kandis und den Weinbrand. Verschließen und an die Sonne stellen. Wöchentlich schütteln.
3. Nach 6–8 Wochen durch ein feines Tuch filtern, in Flaschen trichtern, verschließen und zimmerwarm reifen lassen.
4. Zum Beispiel als Würze für Schlagsahne, Kaffee, heiße Schokolade und Glasuren verwenden.

TEE- UND GROG-ESSENZ

2 Flaschen je 500 ml
Lagern: 6 Monate bei 18–20 °C

2 unbehandelte Zitronen
2 unbehandelte Orangen
2 Zimtstangen
1 EL Nelken
700 g brauner Kandiszucker
700 ml Rum

1. Die Zitrusfrüchte heiß waschen und im Tuch abtrocknen. Mit dem Sparschäler abziehen, so daß nichts Weißes dabei ist.
2. Zitronen und Orangen halbieren und auspressen. Saft, Schalen, Zimt, Nelken und Zucker mischen. Zudecken.
3. Am nächsten Tag bei schwacher Hitze 10 Minuten perlend kochen. Durch ein Teesieb laufen lassen. Mit Rum mischen, abfüllen und bei Bedarf in Tee oder heißes Wasser geben.

MANDELSIRUP

2 Twist-Off-Flaschen je 375 ml
Lagern: 12 Monate bei 1–18 °C

250 g Mandeln
800 g Zucker
1 unbehandelte Zitrone

1. Die Mandeln in Wasser kurz aufkochen, in ein Sieb schütten und kalt abschrecken. Dann in frisches Wasser geben. Aus den Schalen drücken und in einem Tuch abtrocknen.
2. Im Mixer fein zermahlen und mit 100 ml Wasser, Zucker, gelber Zitronenschale und dem Saft der Zitrone mischen. Zudecken und kühlen.
3. Am nächsten Tag in ein feines Sieb schütten. Die weichen Rückstände im Mixer fein pürieren. Mit dem Mandelsirup mischen und bei schwacher Hitze dünnflüssig werden lassen. In ein Tuch gießen und ablaufen lassen. Die Rückstände auswringen.
4. Den Mandelsirup aufkochen, in Flaschen füllen und verschließen.
5. Für Mandelgelee mit Milch verdünnen, mit 6 Blatt weißer Gelatine pro ½ Liter Flüssigkeit binden. Erstarren lassen und mit Kompott genießen.

SCHOKOLADENSIRUP

2 Twist-Off-Flaschen je 500 ml
Lagern: 6 Monate bei 8–12 °C

300 g zartbittere Schokolade
250 g Kakao
1 TL Salz
300 g Zucker und mehr

1. Die Schokolade zerbröckeln. 300 ml Wasser bei schwacher Hitze aufsetzen. Kakao, Salz und Zucker mischen, in das Wasser geben und bis zum Aufkochen rühren.
2. Schokolade hineingeben und umrühren, bis sie sich aufgelöst hat. Mit Zucker nach eigenem Geschmack abrunden, aufkochen, in weithalsige Flaschen füllen und verschließen.
3. Bei Bedarf in kalte oder heiße Milch rühren. Oder zu Vanille-Eiscreme genießen.

KANDIERTES & KONZENTRATE

Ob Früchte oder Nelken – kandiert kann nichts verwelken. Ein schwacher Reim, aber eine starke Tatsache. Ob Früchte, Blütenblätter, Maronen oder sogar Gemüse – sie sind ein zuckersüßes, hinreißendes Dekor für Konfekt, Petit fours und Torten. Farben und Formen werden durch den Zucker perfekt konserviert. Ebenso werden bei den Konzentraten die Aromen durch Zucker eingefangen. Und sind später in der Lage, in kleinen Mengen eine wahre Pracht an Geschmackserlebnis auszulösen.

KANDIERTE ORANGENSCHALEN

3 Gläser je 200 ml
Lagern: 12 Monate

500 g Orangenschalen
(10–12 Früchte)
375 g Zucker

1. Die dünne Schale unbehandelter Orangen in reichlich Wasser kochen. Nach 30 Minuten entnehmen und in kaltes Wasser legen.
2. Nach 1 Stunde abgießen, abtropfen lassen und zum Abtrocknen fest in ein Tuch rollen. Anschließend in 5 mm breite Streifen schneiden.
3. 4 EL Wasser und Zucker mischen, langsam erhitzen und klar kochen. Die Orangenschalen darin wenden und beschweren, damit sie in dem Zuckersirup untertauchen.
4. Am nächsten Tag den Zuckersaft abgießen und etwa 10 Minuten zu einem dicken Sirup einkochen. Wieder mit den Schalen mischen, beschweren und ruhen lassen. Täglich wiederholen, bis die Orangenschalen den Sirup ganz aufgenommen haben.
5. Die Schalen auf Gitter legen und zimmerwarm trocknen lassen, bis sie nicht mehr klebrig sind. In Gläser füllen, verschließen und trocken lagern.
6. Immer dann hervorholen, wenn die Schale zum Garnieren paßt. Ganz oder in winzigen Würfeln auf Desserts und Gebäck streuen.
7. Nach diesem Rezept können Sie auch andere Früchte wie zum Beispiel Ananas, Aprikosen, Birnen, Kirschen, Pfirsiche und Reineclauden kandieren. In 2 cm starke Stücke schneiden und beim ersten Arbeitsgang in einer Lösung aus halb Zucker, halb Wasser glasig kochen.

KANDIERTE FRÜCHTE

3 Gläser je 400 ml
Lagern: 12 Monate

1 kg Früchte
100 ml weißer Essig
1 kg Puderzucker

1. Die Früchte waschen, putzen und das Fruchtfleisch in zierliche Stücke schneiden – bis 2 cm dick. Zum Beispiel Ananas, Aprikosen, Birnen, Sauerkirschen, Pfirsiche und Reineclauden. Oder unbehandelte und heiß gewaschene Zitrusfrüchte in 1 cm dicken Scheiben.
2. Essig und 300 ml Wasser in einen Untertopf geben, darüber einen gelochten Aufsatz. Die Früchte hineingeben, entsteinte Kirschen mit der Öffnung nach oben. Den Topf schließen und bei starker Hitze zum Summen bringen. Die Hitze senken und die Früchte 5 Minuten dämpfen. Sie sollen gar, aber noch fest sein und ihre Form haben.
3. Die Früchte nebeneinander auf eine ebene Platte legen. Darüber Puderzucker durch ein Sieb reiben, bis sie leicht überzogen sind. Einziehen lassen. Anschließend wenden und die andere Seite mit Puderzucker bestäuben.
4. Das Bestäuben und Wenden wiederholen, bis die Früchte keinen Zucker mehr aufnehmen. Nach einigen Tagen sind sie fertig. Das zeigt sich an einer dünnen Glasur, mit der die Früchte dann überzogen sind.
5. In Gläser füllen, verschließen und trocken lagern.
6. Man kann sie zum Tee naschen und für Garnituren in zierliche Stücke schneiden.

Zitrusfrüchte in 1 cm dicke Scheiben schneiden und auf dem gelochten Einsatz über Essigwasser dämpfen.

Die Früchte gar, aber noch fest nebeneinander auf eine ebene Platte legen. Mit Puderzucker bestäuben.

Zuckern, Einziehenlassen und Wenden so lange wiederholen, bis die Früchte keinen Zucker mehr aufnehmen.

Die Kanditen haben eine dünne Glasur aus Zucker – ein schmackhafter Schmuck für Süßspeisen.

VANILLEZUCKER

5 Twist-Off-Gläser je 50 ml
Lagern: 12 Monate

2 Vanilleschoten
250 g Zucker

1. Die Schoten in kleine Stücke schneiden, in den Mixer geben und mit Zucker bedecken. Mit dem Flügelmesser in einigen Intervallen zerschlagen, bis die Vanille nur noch als winzige Pünktchen sichtbar ist.
2. Den Vanilleextrakt mit dem übrigen Zucker mischen, in die Gläser füllen und verschlossen aufheben. Wie fertig gekauften Vanillezucker gebrauchen.

ZITRONENAROMA

4 Twist-Off-Gläser je 50 ml
Lagern: 12 Monate bei 1–20 °C

100 g unbehandelte
Zitronenschale
4 EL Zitronensaft
200 g Zucker

1. Die Schalen fein reiben, mit Saft und Zucker mischen und bei schwacher Hitze rühren, bis sich der Zucker aufgelöst hat.
2. Kochendheiß in Gläser füllen, zuschrauben und immer dann verwenden, wenn Zitronenaroma erwünscht ist.

FRÜCHTE DES SÜDENS

Während das einheimische Obst Winterschlaf hält, haben Früchte aus südlicheren Regionen Hochsaison. Frisch und hocharomatisch vertreiben sie uns auf vielfältige Weise die Pause bis zum ersten Rhabarber im Frühjahr. Die Exoten wecken Entdecker-Lust in der Küche. Völlig neue Rezepte wollen damit verwirklicht werden.

SAFT UND MOST AUS ANANAS

8 oder 10 Flaschen je 500 ml
Lagern:
Saft 12 Monate bei 1–18°C
Most 6 Monate bei 1–12°C

3 Ananas
ca. 750 g Zucker
Saft von 1 Zitrone
12 Nelken

1. Für Saft 150 ml Wasser und 600 g Zucker in einem breiten Topf zu Sirup kochen.
2. Ananas vierteln, schälen, die holzige Mitte abschneiden. Das Fruchtfleisch kleinschneiden und im Mixer pürieren. Mit Sirup und Zitronensaft mischen.
3. Nach 2 Stunden durch ein Tuch geben und auspressen. In 6 Flaschen füllen, verschließen und 20 Minuten bei 75°C einkochen. Später als Sauce zu Crêpes und für Fruchtsalate nutzen. Zum Trinken verdünnen.
4. Für Most alle Reste, Stamm und Schalen der drei Ananas mit 1,8 l lauwarmem Wasser übergießen und luftig bedecken. Zimmerwarm stehen lassen, bis es in wenigen Tagen lebhaft schäumt. Dann filtern, mit Zucker oder Honig süßen, in 4 Flaschen füllen und verschließen.
5. Oder alle Reste, Abschnitte und Schalen mit 900 ml Wasser, 150 g Zucker und 12 Nelken langsam erhitzen, 10 Minuten kochen, ins Safttuch gießen und auspressen. Kochendheiß in 2 Flaschen füllen und verschließen. Das Getränk schmeckt pur und ist mit Wasser verdünnt durstlöschend.

ROTER SAFT AUS GRANATÄPFELN
(zum Foto oben)

4 Einkoch-Flaschen je 500 ml
Lagern: 12 Monate bei 1–20°C

3 kg Granatäpfel
1 kg Blutorangen
200 g Zucker

1. Granatäpfel in den gußeisernen Bräter legen, zudecken und in die Mitte des Ofens schieben. Bei 150°C eine Stunde backen. Sie sollen breiig sein und im eigenen Saft liegen.
2. Die Früchte in ein Tuch schütten und den Saft über Nacht ablaufen lassen. Nicht pressen.
3. Die Orangen auspressen, ihren Saft durch ein Tuch laufen lassen und die Rückstände auswringen.
4. Beide Säfte mischen. Zucker mit 50 ml Saft klar kochen. Den übrigen Saft dazugießen, auf etwa 90°C erhitzen, in Flaschen füllen und verschließen. Oder 10 Minuten bei 90°C einkochen.
5. Der rote Saft eignet sich hervorragend zum Mixen und für Cocktails, die durch eine frische, rote Farbe auffallen sollen. Ein bißchen davon schmeckt aber auch fabelhaft als Appetitmacher vor dem Essen.

POMELO MAL VIER

10 Twist-Off-Gläser je 500 ml
Lagern: 12 Monate bei 1–18°C

2 Pomelos (1,4 kg, 600 g Schale)
Saft von 4 Zitronen
ca. 3,5 kg Gelierzucker 1 + 1
400 ml ungesüßter Kirschsaft

1. Die birnenförmigen schweren Früchte achteln. Das feste Fruchtfleisch abpflücken. Die Schalen grob schneiden, mit gut 1 l Wasser 30 Minuten köcheln und abkühlen lassen.
2. Für Gelee 1 l Sud, Saft von 2 Zitronen und 1,2 kg Zucker mischen, bei mittlerer Hitze rührend erwärmen und 4 Minuten sprudelnd kochen.
3. Für gelbe Marmelade 300 g Schalen in feine Streifen schneiden. 400 g Fruchtfleisch kleinschneiden. Beides mit 700 g Zukker und dem Saft von 2 Zitronen mischen. Am nächsten Tag bei Mittelhitze rühren und 4 Minuten sprudelnd kochen.
4. Für rote Marmelade 300 g Schalen in winzige Würfel schneiden. Mit unverdünntem, ungesüßtem Kirschsaft und 700 g Zukker mischen, bei mäßiger Hitze erwärmen und 4 Minuten sprudelnd kochen.
5. Für helle Marmelade das restliche Fruchtfleisch (ca. 1 kg) abwiegen, kleinschneiden und mit dem gleichen Gewicht Gelierzukker mischen. Am nächsten Tag rührend erhitzen und bei mittlerer Hitze 4 Minuten kochen.
6. Gelee und Marmeladen kochendheiß und randvoll in Gläser füllen und sofort zuschrauben.
7. Gekochte Schalen auch einfrieren und im Sommer mit Brombeeren, Erdbeeren, Preiselbeeren oder Zwetschen zu Marmelade kochen.

SÜDFRÜCHTE VON A–Z

Ananas roh einfrieren: In Stücke schneiden, dicht einschichten, mit kaltem Sirup bedecken, verschließen und einfrieren. Für den Sirup 100 g Zucker und 250 ml Wasser einige Minuten klar kochen. Vorzugsweise zu eiweißreicher Kost wie Fleisch und Meeresfrüchten reichen.
Avocados wie anderes Obst zu Likör verarbeiten und mit weißem Rum zubereiten. Oder pürieren und in Vanillecreme mit Kaffee oder Kakao geben und zum Parfait einfrieren.
Baumtomaten eignen sich für Konfitüre und Fruchtsaucen, die Sie einkochen und einfrieren können.
Clementinen zerlegen und pro 500 g in kochendem Sirup aus 250 ml Wasser mit Schalenaroma und 200 g Zucker 10 Minuten ziehen lassen. Trocken in Twist-Off-Gläser füllen und mit kochendheißem Sud bedecken, der mit 50 g Gelierzucker klargekocht wurde. Sofort zuschrauben und für Crêpes Suzettes und Salate und Desserts reservieren, die nach Orangenaroma verlangen.
Datteln und Feigen Ende des Jahres einlegen, wenn sie fest sind und glänzen. Mit kochendem Wasser brühen und wie Rumfrüchte einlegen: 500 g Datteln ohne Haut und Stein mit etwas Orangenschale, 100 g Zucker, 1 Zimtstange, 1 Prise Kardamom und 500 ml weißem Rum. Mit milder Creme aus Frischkäse oder Marzipan füllen. Oder 500 g Feigen mit 6 Nelken, 1 Zimtstange, je 1 Band Zitronen- und Orangenschale in 500 ml Weinbrand. Für Salat aus Äpfeln wie Cox Orange mit gekochter Weißweinsauce, in der Rosinen schwimmen, verwenden.
Guaven sind empfehlenswert für Fruchtmark, das Sie einkochen oder einfrieren können, um es später in Eiscreme zu mischen oder in eine Sauce zu verwandeln, die gut zu heller Schokoladencreme schmeckt.
Kakifrüchte und Kiwis wie auf Seite 136 in Fruchtsaucen verwandeln und einfrieren.
Kapstachelbeeren brühen, einritzen und mit leichtem Sirup aus Gewürztraminer einkochen. Als Kompott servieren oder auf Obstkuchen legen und mit Gelee aus dem Aufguß überziehen.
Karambolen waschen, abtrocknen und in dünne Sterne schneiden. Wie Ananas mit Sirup bedekken und einfrieren oder wie Rumfrüchte mit Weinbrand einlegen.
Litschis aus ihren spröden Schalen brechen. Wie Datteln brühen, einschneiden und entkernen. 100 g Zucker und 150 ml weißen Wermut aufkochen, mit je 150 ml weißem Rum und Gin mischen. Litschis darin einlegen. Später kühl als Cocktail servieren oder in Obstsalat aus roten Beeren geben.
Mangos und Papayas wie Ananas mit kaltem Sirup bedecken und für Soloauftritte zu Cremes und Flammeris einfrieren. Oder pürieren, mit Zucker abschmecken und für Drinks, Saucen und Eiscreme einfrieren oder einkochen.
Mangostanen sind als Sorbet lekker und am besten lagerfähig. Sie passen als eisiges Püree zu Vanilleflammeri.
Passionsfrüchte gibt es fertig als Maracujalikör und konzentrierten Saft in guter Qualität.
Tamarillos und Kaktusfeigen nach Neigung probieren und verarbeiten – sie eignen sich für Kompott und Konfitüre.
Zwergorangen (Kumquats) brühen und in Sirup aus 250 ml Wasser und 600 g Zucker 20 Minuten sanft siedend glasig werden lassen – 2 × 500 g. Trocken in Twist-Off-Gläser füllen, mit kochendheißem Sud bedecken und zuschrauben. Orangenscheiben mit unbehandelter Schale auch so einkochen und zum Garnieren verwenden. Der Aufguß eignet sich für alles, was Schalenaroma und Süße braucht.
Ananas, Kiwis und Papayas machen Fleisch weich und sind Verdauungshilfen. Roh hindern sie Gelatine am Festwerden, gekocht nicht.

ROTES GELEE AUS ORANGEN

5 Twist-Off-Gläser je 350 ml
Lagern: 12 Monate bei 1–18 °C

10–12 Blutorangen
ca. 1,5 kg Gelierzucker 1 + 1
100 ml Arrak oder Kirschwasser

1. Orangen halbieren und auspressen. Den Saft durch ein Sieb gießen. Weiche Rückstände ohne Kerne durch das Sieb reiben. Zum Saft geben und abmessen.
2. Das Maß mit 1,5 multiplizieren – für 1 l Saft 1,5 kg Gelierzucker. Beides mischen, bei Mittelhitze rühren und 4 Minuten sprudelnd kochen. Den Schnaps einrühren und einmal aufwallen lassen. Das Gelee kochendheiß in Gläser füllen, zuschrauben und auf die Deckel stellen, bis es kalt ist.

GEWÜRZ-ANANAS

4 Twist-Off-Gläser je 370 ml
Lagern: 12 Monate bei 1–18 °C

1,2 kg Ananas (netto 700 g)
250 ml Rotweinessig
250 g Zucker
½ TL Salz
1 Zimtstange
3 Nelken
4 Muskatblüten
unbehandelte Zitronenschale

1. Noch grüne Ananas am Schopf aufhängen, bis sie gelb ist und ein einzelnes Blatt sich leicht herausziehen läßt. Dann längs vierteln, das saftige Fleisch von Schalen und harter Mitte schneiden. In Keile teilen.
2. Essig und die anderen Zutaten mit etwas dünner Zitronenschale 5 Minuten kochen.
3. Ananas in den Sud geben, aufkochen, abkühlen lassen und abgießen. 2 × wiederholen.
4. Nach dem letzten Aufkochen ins Sieb schütten und kochendheiß in Gläser geben. Mit kochendheißem Sud bedecken und zuschrauben.
5. Als Beilage zu gebratener Schweinshaxe und Kasseler mit Sauerkraut reichen.

ENGLISCHE FRÜCHTECREME

2 Twist-Off-Gläser je 250 ml
Lagern: 3 Monate bei 1–8 °C

2 unbehandelte Zitronen
250 g Zucker
60 g Butter
3 Eier

1. Zitronen heiß waschen, abtrocknen und die gelbe Schale fein abreiben. Die Früchte durchschneiden und auspressen.
2. Schalen, Saft, Zucker, Butter und Eier in einer Schüssel aus Edelstahl verquirlen. In ein Wasserbad setzen, das 80 °C heiß ist. Langsam und stetig rühren, regelmäßige Achten durch die ganze Creme ziehen. Nicht schaumig schlagen.
3. Wenn sich der Zucker aufgelöst hat, die Farbe intensiver ist und die Creme ein bißchen glasig aussieht, ist sie fertig. Heiß in Gläser geben, verschließen, kühl aufheben und nach dem Öffnen schnell vernaschen.
4. Für längere Haltbarkeit in Einkoch-Gläser füllen, verschließen, in kaltem Wasser aufsetzen, langsam auf 75 °C erwärmen, beiseite stellen und im Wasserbad abkühlen lassen.
5. Die Creme ist ein Aufstrich für Brot, der Butter als Unterlage entbehrlich macht. Sie wird auch aus vielen anderen Früchten zubereitet: Zum Beispiel aus 350 g Brombeeren, 125 g Apfel, 1 Zitrone, 125 g Butter, 500 g Zucker und 4 Eiern. Oder aus 1 kg Stachelbeeren, 60 g Butter, 500 g Zucker und 3 Eiern.

EISKALTE VERFÜHRUNGEN

Eine durchaus erfrischende Geschichte. Am Anfang war das Eisgetränk – gestoßenes Eis oder einfach Schnee wurde mit einem kräftigen Schuß Fruchtsaft aromatisiert. Und in der persischen Heimat »sharbate« genannt. Der Urahne des Sorbets also. Heute kennt man viele verfeinerte Zubereitungen davon – und immer noch sind Früchte im Spiel. Eis als leichtes Dessert hat viele Namen und noch mehr Verwandlungsmöglichkeiten. Und elektrisch angetriebene Eismaschinen rühren unermüdlich cremige Genüsse von zartem Schmelz.

Für Camparisorbet fein geschnittene Orangenschale mit 100 g Zucker und 200 ml Wein 5 Minuten kochen.

Eiweiß und 50 g Zucker in einem heißen Wasserbad steif schlagen. Im kalten Wasserbad weiter schlagen, bis der Schnee abgekühlt ist.

RHABARBER AUF EIS

1 kg Rhabarber in kleinen Stükken mit 850 ml Wasser und 750 ml Weißwein zu Mus kochen. Pürieren, durch ein Sieb streichen und mit 850 g Zucker zu Sirup kochen. Sofort in Flaschen füllen, verschließen und bei 1–18 °C lagern. Bei Bedarf über fein zerstoßenes Wassereis gießen, das mit Früchten gemischt sein kann. Oder mit Mineralwasser auffüllen und trinken.

CAMPARISORBET

ca. 850 g · 10–12 Portionen
Einfrieren: 4 Monate bei –18 °C

3 Sevilla-Orangen (400 ml Saft)
150 g Zucker
200 ml Weißwein
1 Limette (grüne Zitrone)
2 Eiweiß
90 ml Campari Bitter

1. Die Schale einer unbehandelten Orange in dünnen Streifen abziehen. Mit 100 g Zucker und Wein 5 Minuten kochen. Orangen und Limette auspressen. Den Saft beifügen und aufkochen. Abkühlen lassen.
2. Eiweiß und restlichen Zucker verschlagen, in ein 80 °C heißes Bad setzen und steif schlagen. In ein kaltes Bad setzen und weiter schlagen, bis der Schnee abgekühlt ist.
3. Orangensud durch ein Sieb laufen lassen. Mit Campari mischen, auf den Schnee geben und unterziehen. Portionieren und einfrieren.
4. Bei Bedarf in eine Rührschüssel umfüllen und einige Stunden ins Eiswürfelfach stellen. Mit dem Schneebesen schaumig rühren oder in die Sorbetiere geben, die mit rotierenden Flügeln schneidend arbeitet und mehr Volumen bringt. In den gekühlten Spritzbeutel geben und durch die Sterntülle kreisend in eiskalte Gläser füllen.

Granatäpfel und Zitronen quer durchschneiden und auf der Zitruspresse ausdrücken. Sie brauchen 875 ml Saft.

Zucker, Saft und Burgunderwein mischen und kurz aufkochen. Den Saft durch ein Sieb gießen, portionieren und einfrieren.

GRANATAPFEL-GRANITÉ

1,5 l · 16–18 Portionen
Einfrieren: 12 Monate bei –18 °C

10–12 Granatäpfel
(825 ml Saft)
3 Zitronen (50 ml Saft)
500 ml Rotwein
(Spätburgunder)
250 g Zucker

1. Die Granatäpfel und Zitronen quer durchschneiden und auspressen. Mit Rotwein und Zucker mischen und aufkochen.
2. Den Saft durch ein Sieb laufen lassen, abschmecken, portionieren, flach einpacken und einfrieren.
3. Bei Bedarf in eine flache Schale geben und ins Eiswürfelfach stellen. Pro cm 1 Stunde ruhen lassen.
4. Das nicht mehr harte Eis mit dem Stabmixer zerschlagen oder mit einer Gabel zerdrücken, bis es fein zerkleinert ist und aus glitzernden Kristallen besteht. In eiskalte Gläser geben und vielleicht mit hellen Triebspitzen von Zitronenmelisse schmücken.

MEHR SORBETS

Grapefruitsorbet: Sirup aus 180 g Zucker, je 200 ml Wasser und rosa Grapefruitsaft. Mit 500 ml Traminer Spätlese und 80 ml Campari Bitter.
Tamarillosorbet: Je 250 g rohes Püree aus Pfirsichen und Tamarillos. Mit Saft einer Zitrone und Orange und Sirup aus 175 g Zukker, 300 ml Wasser, 1 Nelke und 1 Stück Orangenschale.
Kiwisorbet: 450 g rohes Püree ohne Kerne mit Sirup aus je 250 ml Weißwein und Wasser, 100 g Zukker und Saft einer Zitrone.
Mangostanensorbet: 250 g rohes Püree mit 250 ml trockenem Sekt. Mit heiß und kalt geschlagenem Schnee von 2 Eiweiß und 100 g Zucker.
Mangosorbet: Sirup aus 150 g Zucker, ¼ TL Zimt, 4 EL Zitronensaft und 250 ml Mineralwasser. Mit 500 g rohem Mangopüree.
Melonensorbet: Sirup aus 100 g Zucker, 50 ml Honig, 20 ml Zitronensaft und 400 ml Mineralwasser. Mit 300 g rohem Püree süßer Melone wie Ogen oder Cantaloupe.
Johannisbeersorbet: Püree aus 1 kg roten Beeren mit 250 ml süßem Tokaier und Schnee aus 4 Eiweiß und 200 g Zucker – heiß und kalt geschlagen.
Kokossorbet: 300 ml Kokosmilch (Seite 140), 50 ml Zitronensaft und 1 EL weißer Rum. Mit heiß und kalt geschlagenem Schnee von 2 Eiweiß und 100 g Zucker.

WICHTIG & NÜTZLICH

Säfte und Wein zu farbigen Würfeln gefrieren und zum Kühlen in passende Getränke geben, ohne sie zu verwässern.
Zum Garnieren Zierliches einfrieren. Rote Rispen von Johannisbeeren und kernlose Weintrauben in kleinen Büscheln, die mit Puderzucker beschneit sind. Rosetten aus Schlagsahne, die beim Garnieren übrig geblieben ist. Röllchen aus zerlassener und auf 20 °C abgekühlter und ausgestrichener Schokolade, abgeschabt mit einer geraden Palette. Alles offen gefrieren, anschließend einpacken und weiter einfrieren.

VANILLE-EISCREME

15 Portionen je 100 ml
Einfrieren: 4 Monate bei –18 °C

2 Vanilleschoten
250 ml Milch
7 Eigelb
200 g Zucker
350 g Sahne

1. Vanille spalten und ausschaben. Schoten und Vanillemark in Milch geben und bei mäßiger Hitze bis zum Siedepunkt bringen. Die Schoten entnehmen, ausdrücken und entfernen.
2. Eigelbe und Zucker langsam rühren, bis sie cremig und nicht schaumig sind. Die Vanillemilch zugießen und gleichzeitig verrühren. Umfüllen und bei mäßiger Hitze rühren, bis sie etwa 70 °C heiß ist und bindet – sie überzieht dann einen Holzlöffel. »Zur Rose abziehen« heißt es kurz bei Profis.
3. Die Creme in ein kaltes Bad setzen und kalt werden lassen. Ab und zu rühren, damit keine Haut entsteht. Kühlen. Ebenso eine Kastenform, die 1,5 l faßt und faltenfrei mit Folie ausgelegt ist.
4. Sahne in die eiskalte Rührschüssel geben und mit Maschinenkraft auf höchster Stufe cremig werden lassen. Mittelschnell schaumig schlagen und zuletzt von Hand mit dem Schneebesen steif schlagen, damit sie nicht körnig wird – so wird das größtmögliche Volumen erreicht.
5. Vanillecreme dickflüssig und so kalt wie die Sahne beifügen und mit dem Schneebesen zügig unterziehen. In die Kastenform geben, glätten, verschließen und einfrieren.
6. Später 6–7 Stunden vor dem Servieren ins Eiswürfelfach umquartieren, damit sie geschmeidig wird. Zum Anrichten in Scheiben schneiden. So heißt sie Parfait.
7. Für die Eismaschine Vanillecreme aus 750 ml Milch, 375 ml Sahne, 2 Vanilleschoten, 10 Eigelb und 300 g Zucker zur Rose abziehen. Kalt zu Eis rühren, einpacken und einfrieren.

Für Vanille-Eiscreme Eigelbe und Zucker mit dem Handrührgerät rühren. Nicht schaumig schlagen.

Vanillemilch kochendheiß zugießen und verrühren. In den Kochtopf geben und bei mäßiger Hitze rühren.

Die Creme ist fertig, wenn sie den Rücken des Holzlöffels überzieht und sich beim Pusten sanfte Wellen bilden.

SCHOKOLADEN-EISBOMBE

18 Portionen je 100 ml
Einfrieren: 4 Monate bei –18 °C

100 g zartbittere Schokolade
500 ml Milch
1 Prise Salz
200 g Zucker
2 TL Zimt
8 Eigelb
200 g Mandelkrokant (Seite 141)
750 g Sahne

1. Schokolade in kleine Stücke brechen, in ein Schälchen geben und in ein Bad setzen, das 50 °C warm ist.
2. Milch, Salz, Zucker, Zimt und Eigelbe verquirlen und im Wasserbad rühren, bis die Creme 70 °C heiß ist und andickt. Die weiche Schokolade hinzufügen und verrühren. In ein kaltes Bad umsetzen und beim Abkühlen gelegentlich umrühren.
3. Krokant mit dem Rollholz fein zermahlen. Sahne steif schlagen. Creme und Krokant beifügen und zügig unterziehen. Randvoll in halbkugelförmige Formen für Eisbomben füllen, verschließen und einfrieren.
4. Bei Bedarf im Eiswürfelfach antauen und aus der Form drükken. Mit Krokant, Schlagsahne und Makronen garnieren.

EISIGE ZUGABEN

Avocadoparfait: 400 g rohes Püree, 4 EL Zitronensaft, 200 g Zukker und 1,5 l Vanillecreme, mit Orangenschale und Ananassaft statt Milch zubereitet, mischen. Zu Kakisauce (Seite 136) und Cranberrysauce (Seite 46).
Fürst Pückler: 3 × 250 g Sahne mit 20 g Zucker steif schlagen. Einen Teil mit 100 g süßer, flüssiger Schokolade (20 °C) mischen. Die zweite Portion mit 125 g Erdbeer- oder Himbeermark (Seite 30) und den letzten Teil mit 4 EL Maraschino und 2 EL Puderzucker mischen. Braun, rosa und weiß schichten. Rund als Torte auf Baiser, ziegelförmig für Schnitten.
Mohnparfait: 125 g gemahlenen Mohn in 250 ml heißer Milch mit gespaltener Vanilleschote 10 Minuten ausquellen lassen. Creme aus 2 Eiern und 150 g Blütenhonig einrühren, kurz Blasen werfen lassen, kalt rühren. Mit 400 g Schlagsahne mischen. Zu Vanilleäpfeln oder Kompott von Seite 42/43 reichen.

VARIANTEN

250–350 g Fruchtmark oder zu Mus zerquetschte Beeren süßen, stark kühlen und nach der Sahne in die kalte Vanillecreme geben, bevor sie gefroren wird. Dazu: Früchte-Schönheiten aus der Tiefkühlreserve.
Für eisigen Weihnachtsstollen den Zucker bei mäßiger Hitze rührend karamelisieren, goldbraun mit der Milch ablöschen. Nach dem Grundrezept fertigstellen. Je 50 g Zitronat, Orangeat, Backpflaumen und dunkle Dörraprikosen in winzige Würfel schneiden. Mit je 50 g dunklen Rosinen und gehackten Mandeln, ½ TL Lebkuchengewürz und 1 EL Kakao mischen. Kühl unterheben und in eine eiskalte Stollenform füllen. Zum Servieren stürzen und mit Puderzucker bestäuben. Dazu paßt Sauce aus Hagebuttenmus (Seite 49) mit Apfelsaft.
500 g Krokant zubereiten (Seite 141), fein zermahlen und unter die fertige Vanillecreme ziehen. Vielleicht Löffelbiskuits in einer Mischung aus halb Kaffee und Weinbrand mit Mandellikör tränken. Als herben Kontrast mit der süßen Creme einschichten und einfrieren.
40 g Kaffee mit der Milch brühen, nach 5 Minuten durch ein Sieb gießen, wie im Grundrezept fertigstellen und mit Weinbrand würzen. Später mit süßer Sahne und Mokkabohnen garnieren. Dazu paßt Aprikosenmark (Seite 36).
25 g Teeblätter in die kochende Milch geben, 4 Minuten ziehen lassen und durch ein Sieb gießen. Wie Vanillecreme fertigstellen. Bei Bedarf mit Senffrüchten in zierlichen Stiften garnieren und genießen – nach Rezept auf Seite 138.
5 Stangen Zimt 10 Minuten in der Milch ausziehen lassen, bevor sie nach dem Grundrezept verarbeitet wird – Zimteis zu Weinpflaumen (Seite 40) oder Kakisauce (Seite 136) genießen.

TEIG & KUCHEN IN RESERVE

Was wäre ein Sonntag ohne Kuchen? Für viele eine undenkbare Vorstellung. Und selbstgebacken muß er sein – das ist doch Ehrensache. Und was ist, wenn mal was dazwischenkommt? Kein Problem für die, die Kuchen in Reserve haben. Entweder eingekocht oder eingefroren. Damit kann einen auch der überraschendste Besuch nicht aus der Ruhe bringen. Ein gutes Gefühl.

NUSS- UND VANILLE-SCHNITTCHEN

7 Einkoch-Gläser je 750 ml
Einkochen: 90 Minuten bei 175 °C
Lagern: 6 Monate bei 1–18 °C

10 Eier
½ TL Salz
525 g Zucker
750 g Mehl
2 Vanilleschoten
30 g Mandeln mit Haut
250 g Haselnußkerne
Butter und Semmelbrösel

1. Eier, Salz und Zucker zu hellem Schaum schlagen, der nur noch winzige Luftblasen hat. Vanille spalten, das Mark ausschaben und hinzufügen.
2. Das Mehl sieben, auf den Schaum geben und mit einem Löffel unterziehen, bis der Teig glatt ist – er wird sehr fest und soll nicht mehr als nötig bearbeitet werden.
3. Gläser mit Butter einfetten, mit Bröseln ausstreuen und kühlen, damit die Schicht fest und stabil wird. Den Backofen auf 175 °C einschalten.
4. Den Teig in zwei gleiche Portionen teilen. Mandeln und Haselnüsse in eine Hälfte geben, in 4 Gläser füllen. Vanilleteig in 3 Gläser geben. Die Gläser verschließen.
5. Das tiefe Blech des Ofens mit Wasser füllen und auf den Boden stellen. Die Gläser darüber mit etwas Abstand auf das Gitter setzen. Ein nasses Tuch darüber ausbreiten, um die Gummiringe zu schützen. 90 Minuten backen und gleichzeitig einkochen.
6. Bei Bedarf aus dem Glas stürzen und in hauchdünne Scheiben schneiden, nicht dicker als 2 mm. Bei 200 °C in den Ofen geben und rösten, bis sich die Schnitten krümmen, braune Flecken haben und knusprig sind.

Das Mehl auf einen Schaum aus Eiern, Salz, Zucker und Vanille sieben und verrühren.

Mandeln und Nüsse in eine Teighälfte mischen. Die Gläser einfetten und ausstreuen.

Das Gebäck bei Bedarf aus dem Glas stürzen, dünn schneiden und knusprig backen.

ECHTER BLÄTTERTEIG

25 Portionen je 100 g
Einfrieren: 8 Monate bei –18 °C

1,1 kg Mehl und mehr
20 g Salz
1 kg Butter

1. Für die Herstellung von echtem Blätterteig brauchen Sie Zeit und Geduld. 1 kg Mehl und Salz mischen und von der Mitte aus mit kaltem Wasser zu einem festen, glatten Teig verrühren – je quellfähiger das Mehl, um so mehr Wasser, höchstens 400 ml.
2. Butter und 100 g Mehl verkneten und zwischen Pergament zum Quadrat formen und rollen – etwa 2 cm dick.
3. Den Teig auf Mehlstaub doppelt so groß wie das Butterstück ausrollen. Die Butter diagonal auflegen und mit den Teigzipfeln bedecken. Mit dem Rollholz sanft drückend überfahren – genau rechtwinklig von vorn nach hinten und von rechts nach links und wieder zurück zu doppelter Größe. 3fach zusammenfalten und mindestens 20 Minuten kühlen.
4. Das Ausrollen, Zusammenfalten und Kühlen 3 × wiederholen, dabei möglichst wenig oder gar kein Mehl zugeben. Anschließend 5 mm dick ausrollen, rechteckig schneiden, mit Mehl bestäuben, in gebräuchlichen Portionen einpacken und einfrieren.
5. Bei Bedarf nebeneinanderlegen und in 30 Minuten auftauen lassen: unter einem Tuch, damit der Teig trocken bleibt. Nach Rezept für süßes und salziges Gebäck nutzen. Es entsteht Gebäck, das durchgehende Schichten hat und beim Backen hoch aufgeht.

FRÜCHTEBROT MIT KRAFT

350 g Sonnenblumen-, 200 g Haselnuß- und 50 g Walnußkerne mit 1 kg Roggen mittelfein mahlen. 1 EL Anis, 1 EL Koriander, ½ TL Nelken, 200 g dunkle Rosinen und 200 g entsteinte Datteln mit etwas Mehl mischen und fein hacken. Mit dem restlichen Mehl mischen, mit 400 ml lauwarmem Wasser zu einem glatten, festen Teig kneten. Zu 2 Laiben formen, auf luftige Gitter legen und an kühler Luft bei leichtem Wind trocknen lassen, bis sich das Früchtebrot dünn aufschneiden läßt. Kühl monatelang lagern, zimmerwarm in Dosen vor dem Austrocknen schützen.

HEFEKUCHEN MIT SCHWIPS

7 Einkoch-Gläser je 1 l
Einkochen: 30 Minuten bei 98 °C
Lagern: 6 Monate bei 1–18 °C

1 kg Mehl
2 Würfel Hefe je 42 g
ca. 350 g Zucker
500 ml lauwarme Milch
12 Eier
1 EL Salz
200 g weiche Butter
6 EL Semmelbrösel
Schale von 2 unbehandelten Zitronen
250 ml Rum
700 g Aprikosenkonfitüre

1. Mehl in die Rührschüssel geben und eine Grube formen. Hefe mit 2 EL Zucker verrühren. Mit der Milch verquirlen, in die Grube gießen und mit etwas Mehl dickflüssig rühren. Mit Mehl bestäuben und gehen lassen, bis der Vorteig Risse hat.
2. Eier und Salz schaumig rühren. Zum Vorteig geben und alles zu einem geschmeidigen Teig kneten. Dabei die Butter hinzufügen und weiter kneten, bis der Teig glänzt und sich von der Schüssel löst. Ohne eigene Kraft machen es die Knethaken der Küchenmaschine, wenn sie zuerst langsam und dann etwas schneller kreisen.
3. Die Gläser mit Butter einfetten und mit Bröseln ausstreuen. Soviel Teig hineingeben, daß sie halb gefüllt sind. Zimmerwarm stehen lassen, bis der Teig bis an den Rand gestiegen ist. Nebeneinander auf den Rost stellen – sie dürfen sich nicht berühren. Auf der zweiten Schiene von unten 75 Minuten bei 200 °C backen.
4. 500 ml Wasser, 300 g Zucker und Zitronenschale 10 Minuten kochen. Die Schale ausdrücken und wegwerfen. Den Rum dazugeben und kurz kochen. Die Kuchen nach und nach damit tränken. Abkühlen lassen.
5. Aprikosenmarmelade durch ein Sieb streichen und auf die Kuchen verteilen. Die Gläser verschließen, in kaltes Wasser setzen, langsam erhitzen und einkochen.
6. »Baba au rhum« vor dem Servieren in heißes Wasser stellen, erwärmen, aus der Form stürzen und wie eine Torte in Spalten schneiden. Dazu Schlagsahne und Kompottfrüchte reichen.

STRUDELTEIG
(zum Foto rechts)

1,8 kg · 9 Strudel je 40 cm
Einfrieren: 8 Monate bei –18 °C

1,2 kg Mehl
40 g Salz
200 ml Öl

1. Mehl sieben und eine Grube formen. Salz, Öl und 480 ml handwarmes Wasser hineingeben und von der Mitte aus zum festen Teig rühren. Mit warmen Händen von außen nach innen glatt kneten. Vielleicht etwas mehr Wasser beifügen.
2. Den Teig zur Kugel rollen und auf Mehlstaub kräftig durchschlagen, bis er blank und geschmeidig ist. In Klarsichtfolie hüllen und ruhen lassen. Je 300 g zu einem flachen Ziegel formen, einpacken und einfrieren.
3. Oder auf Mehlstaub rechteckig ausrollen und auf einem Tuch mit den Händen so dünn wie möglich ausziehen. Wulste am Rand abschneiden. Den Teig mit Klarsichtfolie bedecken und fest aufrollen. In Gefrierbeutel packen und einfrieren.
4. Später rechtzeitig auftauen, beliebig füllen und aufrollen. Strudel mit Butter einfetten und bei 200 °C in 35–45 Minuten knusprig backen.
5. Für Apfelstrudel ⅔ der Fläche mit 30 g flüssiger Butter bestreichen. ⅓ der Fläche mit 80 g Semmelbröseln bedecken, geröstet in 20 g Butter. Darauf 1 kg saure Äpfel wie Boskop und Cox in dünnen Scheibchen, 50 g Rosinen, 1 EL Zimt und 50 g gehackte Mandeln. Backen und warm mit Vanillesauce servieren. Oder kurz vor Ende der Backzeit Sahne über den Strudel gießen und mit Zukker bestreuen.
6. Strudel mit Füllung roh oder gebacken bis 3 Monate einfrieren.

MÜRBETEIG

6 Tortenböden je 300 g
Einfrieren: 4 bzw. 8 Monate bei –18 °C

1 kg Mehl
500 g kalte Butter
250 g Zucker
1 EL Salz
4 Eigelb

1. Mehl auf das Backbrett sieben und eine Grube formen. Butter in kleinen Stücken auf den Rand legen. Zucker, Salz und Eigelbe in die Mitte geben. Am Rand beginnend mit dem langen Messer hakkend bearbeiten, bis feine Krümel entstanden sind. Mit den Händen rasch zu einem glatten Teig zusammendrücken, portionieren, zu flachen Ziegeln formen, einpacken und bis 8 Monate einfrieren. Bei Bedarf pro cm 1 Stunde auftauen lassen und nach Rezept verarbeiten.
2. Für fertiges Gebäck den Teig mit Klarsichtfolie bedecken und bei 12–15 °C ruhen lassen. Nach 1 Stunde auf Mehlstaub 26 cm groß und rund ausrollen, mit einem Tortenring glatt ausstechen und bei 200 °C in 10 Minuten hell backen. Frisch einpacken und bis 4 Monate einfrieren. Bei Bedarf aufbacken und bräunen.

WICHTIG & NÜTZLICH

Baiser immer backen, wenn nur Eigelb gebraucht wurde. 8 kalte Eiweiß mit 250 g feinem Zucker schnittfest schlagen. 200 g Puderzucker und 30 g Stärkemehl sieben und unterziehen, vielleicht auch etwas Kakao, Pulverkaffee oder gemahlene Nüsse. Zu beliebig großen Böden auf Backpapier spritzen. Bei 120 °C in den Ofen schieben, auf 50 °C zurückschalten und mit offenem Wrasenschieber über Nacht trocknen lassen. In Dosen packen – trocken aufheben und vor fremden Düften schützen. Sie sind lange haltbar.
Biskuit eher auf dem Blech als in einer runden Form backen, um ihn platzsparend einzufrieren. In 8 cm breite Streifen schneiden, einpacken und bis 6 Monate einfrieren. Später auftauen lassen, während die Füllung entsteht. Auch nach Rezepten für Torten füllen, stapeln, garnieren und 4 cm breit teilen.
Mürbeteiggebäck bleibt in Dosen bis 4 Wochen gut und kann zwischen Folie bis 4 Monate im Gefriergerät bleiben.
Weihnachtsstollen nach dem Backen 2 Tage luftig und kühl liegen lassen, dann in Folie einschlagen und zum Reifen in einen kühlen Raum legen. So bis 12 Wochen lagern.
Honigkuchen in Dosen mit einem Stück Apfel unter Verschluß halten und einige Tage reifen lassen, bis er gut ist. In den nächsten Wochen verbrauchen oder bis 4 Monate einfrieren.
Hefe eher einfrieren als Hefeteig. In körperwarmer Flüssigkeit – mehr Hitze würde ihr das Leben nehmen – taut sie schnell auf. Die anderen Zutaten sind zimmerwarm und bringen frischen Teig schnell zum Gehen.
Sahnetorten unter einer Abdeckhaube gefrieren, hautnah einpakken und bis 2 Monate einfrieren. Nichts mit Gelatine- oder Stärkebindung einfrieren.

ZUM PLANEN & NACHSCHLAGEN
Einmachsaison
Importe und schwankend
Angebote geringer
Selten und teuer

METHODEN ZUM EINMACHEN
● empfehlenswert
○ möglich
WIE LANGE VORKOCHEN?
1–10 Minuten wallend kochen
● muß sein
○ empfehlenswert
SPEZIELLES
siehe Tips bei den Rezepten

Kräuter	Einfrieren	In Essig	In Öl	Trocknen
Basilikum	●	○	●	○
Beifuß				●
Bohnenkraut	●			●
Borretsch	●	●	●	
Dill	●	●	○	
Estragon	●	●	○	○
Kerbel	●	○		○
Kresse	○			
Lavendel				○
Liebstöckel	○		○	○
Majoran				●
Meerrettich	●			
Oregano				●
Petersilie	●		●	○
Pfefferminze	○	●		●
Pimpinelle	●	●	○	
Rosmarin		○	●	●
Salbei		○	●	●
Sauerampfer	●	○	○	
Schnittlauch		○	○	
Thymian	○	○	●	●
Tripmadam		●		
Ysop				○
Zitronenmelisse	○	○	○	○

Vorkochen/Minuten	Einkochen	Einfrieren	Trocknen	Milchsäuregärung	Saft	Einlegen	Spezielles	**Gemüse und Pilze**	Januar	Februar	März	April	Mai	Juni	Juli	August	September	Oktober	November	Dezember
5 ●	●	●				○		Artischocke												
2 ●	○	●				●	○	Aubergine												
2 ●	○	●		○		●		Blumenkohl												
2 ●	●	●						Bohne, dick												
2 ○	○	●		●		○		Bohne, grün												
2 ●	●	●		○		○		Bohnenkerne												
2 ●	○	●		○		○		Broccoli												
1 ●	●		○		○			Chinakohl												
2 ○	○			●	○	●		Einmachgurke												
2 ○	○	●					○	Erbsen												
2 ●	○	●		○	○	●		Fenchel												
0 ●		●				○		Frühlingszwiebel												
5 ●	●	●					○	Grünkohl												
10 ●	●				○		○	Kartoffel												
		○			●			Kirschtomate												
2 ●	●		○		○	○	●	Knoblauch												
2 ●	○	●		○	○	○		Kohlrabi												
4 ○	○	○			○	●	●	Kürbis												
5 ●	○	●		○	○	○		Mairübe												
1 ○					○			Maiskolben, klein												
5 ●	○	○						Maiskolben, groß												
2 ○	○	●		○				Mangold												
	○						○	Meerrettich												
5 ●	○	●	○	○	●	●	●	Möhre												
2 ○	○	●		○		○	●	Paprikaschote												
			○				●	Pfefferschote												
3 ○	●	●	○	○	○	○		Petersilienwurzel												
2 ○	○	●	○	○	○	●		Porree												
3 ●	○	●						Rosenkohl												
4 ●	●	●		●	●	●		Rote Bete												
5 ○	●	●		●		●		Rotkohl												
○				○	○			Salatgurke												
10 ○	●	●				○		Schwarzwurzel												
2 ●	○	●	○	○	○	●		Sellerieknolle												
3 ○	●	●			○	○	○	Spargel												
2 ●	○	●	○	○	○	●		Staudensellerie												
5 ●	●	●		○				Steckrübe												
1 ●		●			○			Spinat												
5 ●	○	●				○		Teltower Rübchen												
	○		●		●		●	Tomate												
3 ●	●	●		●	●	●		Weißkohl												
1 ●		●			●			Wirsing, Spitzkohl												
1 ○	○	●		○	○	●		Zucchino												
1 ○	○	●						Zuckerschote												
1 ○	○				○	●		Zwiebel												
3 ○	○	●	○			○	○	Austernpilz												
2 ○	○	○	●					Birkenröhrling												
2 ●	●	●	●			○	○	Champignon, Egerling												
			●					Habichtpilz												
2 ○	●	○				○		Hallimasch												
2 ○	○	●	○					Krause Glucke												
2 ○	○	○	●					Maronenröhrling (Braunkappe)												
	●	●	●					Morchel, Maipilz												
2 ○	○	●						Pfifferling												
2 ○	●	○	○					Reifpilz, Rehpilz												
2 ○	●	●	●					Rotkappe (Rothäuptchen)												
2 ○	○	●	●			○		Sandröhrling												
	○	●	●					Shitake												
	○	●	●					Schopftintling												
		●	●					Steinpilz												
	○	●	●					Stockschwämmchen												
	○	●	○					Täubling, brauner Leder-												

Einkochen	Trocknen	Roh einfrieren	Eiscreme	Saft	Sauce	Mus	Likör	Marmelade	Gelee	Mit Essig	Für Essig	Spezielles	Früchte und Nüsse	Januar	Februar	März	April	Mai	Juni	Juli	August	September	Oktober	November	Dezember
●	●			●		●	○	○	○	○	○	○	Apfel	orange	orange	orange	grün	grün	gelb	gelb	gelb	orange	orange	orange	orange
○		●	○	○	●		○	○	○	○		○	Ananas	gelb	gelb	gelb	gelb	gelb	gelb	gelb	gelb	grün	grün	grün	grün
●	○		○		●	○	●	●		○		○	Aprikose					gelb	orange	orange	orange	gelb			
			○				○						Avocado	grün	grün	grün	grün	grün	gelb	gelb	gelb	gelb	grün	grün	grün
	○				○		○	○					Banane	gelb	grün	grün	grün	grün	grün	grün	grün	grün	grün	grün	grün
			○		●		○						Baumtomate	grün	grün	grün	grün	gelb	gelb	gelb	gelb	gelb	gelb	grün	grün
	○	○		○			○	○	●				Berberitze											grün	grün
●	○			○			○			●		○	Birne	gelb	gelb	gelb	gelb	gelb	gelb	gelb	orange	orange	orange	gelb	gelb
○	○	●	○	○	●		○	○		○		○	Blau-, Bick-, Heidelbeere						gelb	orange	orange	orange			
			●	●	●		○	●	●				Blutorange	grün	grün	grün	grün								
○	○	●	○	○	●		●	○		○		○	Brombeere							gelb	orange	orange	gelb		
			●		●		●						Cherimoya	gelb	gelb	grün						gelb	grün	grün	gelb
							○	●	●	○		○	Clementine	grün	grün	gelb							gelb	grün	grün
○	○	○	○	○	●			●	●				Cranberry	grün	grün	gelb	gelb					gelb	gelb	grün	grün
	○	●					○					○	Dattel	grün	grün	grün	grün	grün	grün	grün	grün	grün	grün	grün	grün
○					○	○	○	○		○		●	Eierpflaume							orange					
○		●	●	●	●	○	○	●			○	●	Erdbeere	gelb	gelb	gelb	grün	orange	orange	orange	gelb			gelb	gelb
○	○	●			○		○	○				●	Feige	gelb	gelb	gelb	gelb	gelb	gelb	gelb		grün	grün	grün	grün
●	○	○	○	○	○	○	●	○		●	○	○	Glaskirsche						orange	orange					
			●	●			●	○	○				Granatapfel	gelb	gelb				gelb	gelb	grün	grün	grün	grün	grün
			●	●	○		○	●	●				Grapefruit	grün	grün	grün	grün	grün	grün	grün	grün	grün	grün	grün	grün
			●		○		○						Guave	grün	grün	grün	grün	grün	grün	grün	grün	grün	grün	grün	grün
○	○	○		○	○	●	○	○		○			Hagebutte								orange	orange	grün		
			○				○						Haselnuß	gelb	gelb	gelb	gelb	gelb	gelb	gelb	gelb	grün	grün	gelb	gelb
○		●	●	●	●	○	○	○	○		●	○	Himbeere						gelb	orange	orange	gelb			
	○	○		●	○			○				○	Holunderbeere									grün	orange	grün	
	○	○	○				○					○	Holunderblüte					orange	orange						
○								○	○				Holzapfel										orange		
	○						○	○		○		○	Ingwer	grün	grün	grün	grün	grün	grün	grün	grün	grün	grün	grün	grün
○	○	●	●	●	●		●	●	●		●	○	Johannisbeere, rot						gelb	orange	orange				
○	○	●	●	●	●		●	●	●			○	Johannisbeere, schwarz							orange	orange				
			○		●		○			○			Kaki, Sharon	grün	grün	gelb	gelb	gelb	gelb			gelb	gelb	grün	grün
		○	○				○					○	Kaktusfeige	gelb	gelb	gelb	gelb	gelb		gelb	gelb	orange	orange	grün	grün
○			○				○		○				Kapstachelbeere	grün	grün	grün	grün	grün	grün						grün
		●	○	○	○		○		○			○	Karambola	grün	grün	grün	grün	gelb	gelb	gelb	grün	grün	grün	grün	grün
●	●					●							Kastanie									grün	grün	grün	grün
○	○			○		●	○	○		○		●	Kirsche, süß					grün	orange	orange	grün				
●	○	○	○	○	●	○	○	○		●		○	Kirsche, sauer							orange	orange				
			○		○		○		○			○	Kiwi	grün	grün	grün		gelb	gelb	grün	grün	grün	grün	gelb	gelb
	○	○			●		○					○	Kokosnuß	grün	gelb	gelb	gelb	gelb	gelb	gelb	gelb	gelb	grün	grün	grün
			○		○		○					○	Litschi	gelb	gelb	gelb	gelb	gelb	gelb	gelb	grün	grün	grün		gelb
			○				○	●	●	●		○	Mandarine	grün	grün	grün									grün
			○		●		○			●		○	Mango	gelb	gelb	gelb	gelb	gelb	gelb	gelb	gelb	grün	grün	gelb	gelb
		○	●		○		○						Mangostane	grün	grün	grün		grün	grün	grün	grün	grün	grün	grün	grün
●			○	○	●	●	○	○		●		○	Mirabelle								orange	orange			
●			○	○	●	○	○	○		●		○	Nektarine	gelb	gelb	gelb	gelb	gelb	orange	orange	orange	orange	gelb	gelb	gelb
										●			Nüsse, grün						orange	orange					
			○	●	●		●	●	●			○	Orange	grün	grün	grün	grün	grün	grün	gelb	gelb	gelb	gelb	grün	grün
			●		●		●		●			●	Papaya	grün	gelb	gelb	gelb	grün	grün	grün	grün	gelb	gelb	grün	grün
			○	●	○		○	●	●				Pampelmuse	grün	grün	grün	grün	grün	grün	grün	grün	grün	grün	grün	grün
					○		○	●	●				Pomelo	grün	grün	grün	grün	grün	grün	grün	gelb		grün	grün	grün
			●	○	●		○						Passionsfrucht	grün	grün	grün	grün	grün	grün	gelb	gelb	gelb	grün	grün	grün
●			○		○	●	○	●		●		●	Pfirsich	gelb	gelb	gelb	gelb	gelb	orange	orange	orange	gelb			
●	○		○	○	●	●	○	○		●		○	Pflaume	gelb	gelb	gelb	gelb	gelb	gelb	orange	orange	orange	gelb	gelb	gelb
○	○	○	○	○	●			●	●				Preisel-, Moosbeere								gelb	orange	gelb		
●			○	●	●	●	●	●	●	○		○	Quitte								gelb	orange	orange	grün	
○					○	○	○	○		○		●	Reineclaude							orange	orange	orange			
○			○	●	●		○	○	○				Rhabarber				orange	orange	grün						
	○	○		●	○	○		○					Sanddornbeere									orange	orange	gelb	
●	○	○	○	○	●	○	○	○		●		○	Schattenmorelle							orange	orange				
	○	○					●			○			Schlehe, Schwarzdorn											grün	orange
●			○	○	●	○	○	●	●	○		○	Stachelbeere					gelb	orange	orange	grün				
	○	○							○				Vogelbeere									orange	grün		
	○												Wacholderbeere									grün	orange	gelb	
○	○	●	●	○	○	○	○	○	○		●	●	Waldbeere							grün	grün	grün	grün		
			○				○						Walnuß	gelb	gelb	gelb	gelb	gelb	gelb	gelb	gelb	gelb	grün	grün	grün
		○		○								●	Weintraube	gelb	gelb	gelb	gelb	gelb	gelb	grün	grün	grün	grün	gelb	gelb
●	○		○	○	●	●	○	○	○	●		○	Zwetsche	gelb	gelb	gelb	gelb	gelb	gelb	grün	orange	orange	grün	gelb	gelb
			○	○	○		○	●	●			○	Zitrone, Limette	grün	grün	grün	grün	grün	grün	gelb	gelb	gelb	grün	grün	grün
				○	○		○			●		●	Zuckermelone	gelb	gelb	gelb	gelb	grün	grün	grün	grün	grün	grün	grün	gelb
			○							○		○	Zwergorange	grün	grün	grün	grün	grün		grün	grün	grün	grün	grün	grün

MASSE & GEWICHTE		
1000 ml	1000 ccm	1 Liter = l
500 ml	500 ccm	½ l
250 ml	250 ccm	¼ l
237 ml	237 ccm	1 cup
150 ml	150 ccm	1 Tasse
125 ml	125 ccm	⅛ l
100 ml	10 cl	1 dl
50 ml	50 ccm	5 cl
20 ml	20 ccm	2 cl
1 Barlöffel	½ cl	2,5 ml
1 EL (Eßlöffel)	3 TL (Teelöffel)	15 ml
g = Gramm · kg = Kilogramm		
Pfund = 500 g · lb Pound = 454 g		
Unze (Ounce) = 28,35 g		

DAMPFENTSAFTEN: ZUCKER, ZEITEN UND ERTRAG

Früchte in Gramm	Zucker je kg	Minuten	Liter aus 5 kg
Apfel	20–50	90	2,1–3,1
Birne	50	90	2,7–3
Blaubeere	100	60	3,1–3,4
Brombeere	100	45	3,3–3,6
Erdbeere	50	45	3,3–3,7
Himbeere	50	45	3,3–3,4
Holunderbeere	80	45	2,7–3,3
Johannisbeere, rot	100	60	3,7–4,1
Johannisbeere, schwarz	150	60	3,7–4,2
Kirsche, süß	50	60	2,6–2,8
Kirsche, sauer	100	60	2,7–2,9
Pflaume	80–100	75	2,6–3,6
Pfirsich	50	75	2,8–3
Preiselbeere	100	75	3,5–3,7
Quitte	100	90	2,2–2,3
Rhabarber	100	90	3,9–4
Stachelbeere	100	60	3,6–3,8
Weintraube	50	60	2,9–3,3

ZUCKERMENGEN

Zum Einkochen mit Zuckerlösungen je nach Reifegrad der Früchte und eigenem Geschmack die kleinere oder größere Menge Zucker verwenden.

Zucker in g	für 1 l Aufguß	für 1 kg Früchte
Apfel	150–400	20–150
Aprikose	280–460	70–160
Birne	125–375	20–100
Blaubeere	300–450	60–120
Brombeere	300–475	90–140
Erdbeere	200–450	90–150
Himbeere	300–500	150–200
Johannisbeere, rot	350–600	135–265
Johannisbeere, schwarz	450–600	240–290
Kirsche, sauer	300–475	90–180
Kirsche, süß	200–350	30– 80
Mirabelle	275–375	30– 80
Pfirsich	200–375	40– 90
Pflaume	200–575	75–255
Preiselbeere	300–500	140–190
Reineclaude	275–375	20– 70
Rhabarber	350–450	95–145
Quitte	350–450	55–105
Stachelbeere	250–500	65–195

Beim Süßen mit Fruchtzucker das angegebene Gewicht um 10 bis 50%, je nach Geschmack, senken. Pro Liter Aufguß reichen 2–4 TL flüssiger Süßstoff (z.B. Natreen), 1 TL fester Diät-Süßer (z.B. Lihn) = 100 g Zucker, 75 ml flüssiger Diät-Süßer (z.B. Lihn) = 1 kg Zukker, 4 TL Süßstoff (z.B. Assugrin) = 250 g Zucker.

BRUTTO UND NETTO

Abfälle bis 10% sind mit Augenmaß einzuschätzen, solche Lebensmittel bleiben ungenannt. Es folgen Zutaten, die mehr Abfall haben und aus dem Handgelenk schwer zu berechnen sind. Die Brutto-Zahlen mit dem Gewicht malnehmen, das gebraucht wird. Beispiel: Um 1 kg Erbsen netto zu erhalten, benötigt man 2,5 kg Erbsen in der Schale (1 x 2,5 = 2,5 kg).

Frische Ware	Brutto
Ananas	2
Artischocke	2
Banane	1,5
Blattgemüse	1–1,5
Blumenkohl	1,6
Broccoli	1,4
Bohnen, dick	2–3
Ente	1,3
Erbsen, frisch	2,5
Erdnuß	1,5
Fisch	1,5–2,5
Gans	1,6
Garnelen	2,4
Granatapfel	2,8
Gurke, Kürbis	1,4
Haselnuß	2,4
Herz, Lunge, Niere	1,3
Huhn, Pute	1,3
Hummer	2,8
Kaktusfeige	1,8
Kastanie	1,3
Kernobst	1,3
Kohl, Rübe	1,3
Kokosnuß	1,4
Krebs	3
Litschi	1,6
Mandel	2
Maiskolben	2,7
Mango, Papaya	1,4
Melone	1,3
Miesmuschel	5,5
Paprikaschote	1,3
Porree	1,3
Paranuß	2
Schnecken	2,5
Schwarzwurzel	1,7
Sellerie	1,4
Spargel	1,3
Walnuß	2,3
Zitrusfrucht	1,5

TEMPERATUR UND BACKÖFEN

Eingestellte Temperaturen können von tatsächlichen abweichen. Bei E-Herden werden bis 15 °C toleriert, bei Gasherden 10 °C. Kontrollen mit dem Thermometer schaffen Klarheit, der Fachmann kann es korrigieren. Bei Umluftherden ist Wärme aggressiver und muß um rund 10% geringer eingestellt werden.

Ober- und Unterhitze °C	Umluft °C	Gas Stufe
50– 60	50	1 mit
60– 80	60– 70	viel Luft
80–100	70– 80	1 mit
100–120	80–100	Lüftung
120–140	100–120	
140–160	120–140	1 oder 2
160–180	160–180	2 oder 3
200–220	170–190	3 oder 4
220–240	190–210	4 oder 5
240–260	210–230	5 oder 6
260–280	230–250	6 oder 7
280–300	250–270	7 oder 8

GELIERKRAFT IN FRÜCHTEN

Früchte und Säfte enthalten 80 bis 92% Wasser. Sie gelieren durch Säure, Pektin, Zucker, freies Calcium und Trockensubstanz, die mitsamt Zucker 60% erreichen muß. Sorten, Boden, Wetter und Reifegrad beeinflussen die Werte – sie schwanken stark und sollen möglichst hoch sein. Für eigene Einfälle und Mischungen hilft die Tabelle entscheiden, ob Gelierhilfen notwendig sind oder ob Sie ohne auskommen. Am besten für Geschmack, Gelierung und Haltbarkeit ist ein pH-Wert von 2,8–3,1. Weniger macht spröde, mehr als 3,3 verhindert ein Gelieren. Der Wert kann mit Lackmuspapier gemessen und mit kristallisierter Wein- oder Zitronensäure sowie mit Zitronensaft korrigiert werden – nach dem Kochen hinzufügen.

Pektin (1 = 0,1 g)
1–5 niedrig · 6–8 mittel · 9– hoch
Säure (1 = 0,1 g)
1–7niedrig · 8–14 mittel · 15– hoch

Früchte	Pektin	Säure
Ananas	1	6–17
Apfel	1–16	2–27
Aprikose	4–13	5–27
Banane	2–6	3–14
Birne	0,5–6	1–9
Blaubeere	mittel*	15
Brombeere	3–12	1–28
Cranberry	hoch*	39
Eberesche	4	16–25
Erdbeere	1–14	5–21
Grapefruit mit Schale	16–45	8–26
Hagebutte	niedrig*	26–40
Heidelbeere	mittel*	15
Himbeere	1–9	7–33
Holunderbeere	niedrig*	4–14
Johannisbeere, rot	3–15	18–32
Johannisbeere, schwarz	6–18	8–42
Johannisbeere, weiß	mittel*	3–6
Kaki	5	2–3
Kaktusfeige	niedrig*	11
Kirsche, süß	1–8	0,5–14
Kirsche, sauer	1–11	5–22
Kiwi	7	25
Kürbis	0	0,2
Mirabelle	mittel*	11
Mango	niedrig*	6
Melone	2–4	0–2
Nektarine	niedrig*	niedrig*
Orange mit Schale	2–38	13
Papaya	niedrig*	6
Passionsfrucht	niedrig*	4
Pfirsich	3–11	8
Pflaume	3–15	2–35
Preiselbeere	12	20
Quitte	6	9
Reineclaude	7–14	5–29
Rhabarber	niedrig*	22
Sanddorn	niedrig*	15–29
Stachelbeere	3–12	11–19
Weintraube	3	9–14
Zitrone mit Schale	30–40	31–86

* Erfahrungswert

EINFRIEREN UND AUFTAUEN

Alles kühlschrankkalt und bei größter Kälte einfrieren. Höchstens 5 kg bei 100 l Fassungsvermögen. Mehr am nächsten Tag einfrieren. Bei −18 bis −20 °C lagern. Die Zeiten sind Grenzwerte, kurze gelten für höchste Ansprüche und fette Lebensmittel. Überschreiten der längeren Lagerzeiten bedeutet noch keinen Verderb, aber eine allmähliche Abnahme der Qualität und ranzig werdendes Fett. Auftauen im Kühlschrank ist die beste Methode für hohe Ansprüche. Sie ist die sparsamste Art in der Energiebilanz. Es dauert nach einer Faustregel pro Zentimeter 3 Stunden, bei 20 °C in der Küche noch 1 Stunde. Bei 50 °C dauert es 30 Minuten.
Mikrowellen schaffen es bei kleiner Leistung noch schneller, wenn das Gewicht unter 1 kg liegt. Einige Beispiele für das Auftauen bei 150–190 Watt: 600 g Gemüse 11–13 Minuten, 500 g trockener Kuchen 2 Minuten, 250 g Käse 10 Minuten, 200 g Steak 7 Minuten, 100 g Beeren 2–3 Minuten, 1 Brötchen 30 Sekunden. In kurzen Schüben auftauen und dazwischen wenden oder mischen. Zudecken, was austrocknen kann. Es schließt sich eine ebenso lange Wartezeit an, in der die Wärme von außen bis in den Kern eindringt und sich gleichmäßig verteilt. Faustregel: doppelte Menge ist doppelte Zeit, halbe Menge ist halbe Zeit.

Lebensmittel	**Lagerzeiten in Monaten**
Ananas, roh	1– 2
Beeren und Saft	10–12
Biskuit	4– 6
Blätterteiggebäck	2– 4
Blattgemüse	10–12
Bohnen und Erbsen	6–12
Brötchen	2– 4
Brot	4– 6
Butter	6– 8
Butterteig	6– 8
Datteln, frisch	8–10
Ei, flüssig	8–10
Eiscreme	4– 7
Ente, Gans, Pute	4– 6
Fertige Speisen	2– 3
Fisch	1– 8
Fruchtgemüse	6– 8
Garnelen in Schalen	3– 6
Hackfleisch	2– 4
Hartkäse	2– 4
Huhn	8–10
Innereien	2– 3
Kalb	6– 9
Knochen	6– 8
Kohlgemüse	6–10
Kompott	12
Kräuter	6– 8
Lamm	2–10
Pilze	3–12
Pommes frites	6– 8
Quark	10–12
Rind, mager	9–12
Rührkuchen	4– 6
Sahne	2– 3
Schwein	4– 7
Speck, roh	1– 3
Speck, geräuchert	2– 3
Suppengemüse	6– 8
Steinobst	8–12
Torten	1– 3
Weichkäse	4– 6
Wild	8–10
Wildgeflügel	6– 8
Wurst	1– 2
Wurzelgemüse	6–10

TEMPERATUREN UND ZEITEN ZUM EINKOCHEN

Kurze Zeiten gelten für Füllgut, das wenigstens 75 °C heiß ist. Fleisch und eiweißreiches Gemüse müssen nach dem Garen eine Pause von 24 Stunden machen, wenn die kurze Einkochzeit gewählt wird. Lange Zeiten gelten für Lebensmittel, die frisch und kalt ins Glas kommen.
Wasserbad und Füllgut müssen die gleiche Temperatur haben, damit die Hitze gleichmäßig in die Mitte eindringt – weniger kann Verderben bringen.

Lebensmittel	**Minuten**	**Hitze**
Äpfel, Kompott	5–10	75– 90 °C
Äpfel, Hälften	15–30	82– 90 °C
Ananas, Scheiben	15–30	75– 90 °C
Beeren	15–30	75– 90 °C
Birnen, ganz	50–60	88– 90 °C
Gelee und Marmelade	10	75– 90 °C
Fruchtmus	5–30	75– 90 °C
Kastanien	30	98–100 °C
Kompott	5–30	75– 90 °C
Nüsse, grün	30	90 °C
Obst ohne Aufguß	30	75– 90 °C
Quitten	30	88– 90 °C
Rhabarber	5–30	75– 90 °C
Saft und Sirup	10–25	90 °C
Steinobst	10–30	82– 90 °C
Blattgemüse	90	98–100 °C
Bohnen und Erbsen	60–120	98–100 °C
Fruchtgemüse	20–45	90– 98 °C
Maiskolben	60	98–100 °C
Kartoffeln	90	98–100 °C
Kohlgemüse	90–120	98–100 °C
Paprikaschoten	60	98–100 °C
Pilze	75–90	98–100 °C
Sauergemüse	15–90	85–100 °C
Suppengemüse	90	98–100 °C
Spargel	30	98–100 °C
Tomaten	30	90– 98 °C
Wurzelgemüse	90–120	98–100 °C
Auflauf und Pudding	120	98–100 °C
Gemüsepüree	20–90	98–100 °C
Brühe und Fonds	30	98–100 °C
Fleisch, roh	120–180	98–100 °C
Fleisch, gar	60–75	98–100 °C
Körner	60	98–100 °C
Kräuter	15	98–100 °C
Saucen, süß-sauer	5–30	75– 98 °C
Sauerfleisch	60	98–100 °C
Suppen	60–90	98–100 °C
Kuchenteig	90–120	175–190 °C
Gebäck	30	98–100 °C
Tomatenpüree	20	90 °C
Wurst und Pasteten	60–120	80–100 °C

QUELLENNACHWEIS

Das neue Menü
Menü-Praxis
Zuchtpilze
Mosaik Verlag München

Das große Buch der Desserts
Das große Buch der Pasteten
Teubner Edition Füssen

Konservieren
Time-Life-Bücher Amsterdam

Die Zusammensetzung der Lebensmittel
Souci, Fachmann, Kraut
Wissenschaftliche Verlagsgesellschaft mbH Stuttgart

Haltbarmachung von Lebensmitteln
Dr. Antal Bognár
AID Verbraucherdienst 7/90

Lebensmittelverarbeitung im Haushalt
Verlag Eugen Ulmer Stuttgart

Nahrungsmittel ABC
Paul Pietsch Verlag Stuttgart

Natürlich konservieren
Wilhelm Heyne Verlag München

Pilzschlemmereien
Gräfe & Unzer München

BEZUGSQUELLEN

Einkochgläser mit Schraubring:
Leifheit International GmbH
Postfach 280 · 5408 Nassau

Gläser, Einkochtöpfe, Dampfentsafter, Zubehör und Beratung zum Einkochen:
J. Weck GmbH & Co
7867 Wehr-Öflingen

Gärtöpfe:
Töpferei B. Erning Söhne
Eschstraße 31 · 4424 Stadtlohn
Steinwerkzeug Harsch
Postfach 1280 · 7518 Bretten

Geräte zum Entsaften:
Metallwarenfabrik Firma Peter
Postfach 788 · 7300 Esslingen 1

Multitopf:
Krech Edelstahl GmbH
6342 Haiger 13 (Weidelbach)

Passetout Passiersieb:
Rösle Metallwarenfabrik GmbH & Co
Postfach 1263
8952 Marktoberdorf

Twist-Off-Deckel:
EmSy Einkochsystem
Werner Scholand
Gernotstraße 16
4600 Dortmund 13

BILDNACHWEIS

Titelbild: R. Feuz
Brauner 37, 53 M., 54 u., 55, 61, 63, 64 (2), 65, 66, 71, 73, 75, 77, 81, 82 u., 85, 92 (2), 93, 99, 102, 130 (2), 131, 136 u.
Eising 30 r., 39, 60 M., 87 l., 117 o., 118, 124 u., 126 (3), 127
Feuz 8, 9 (4), 10, 11 (3), 12 (3), 13, 14 (4), 15, 16 (3), 17 (4), 18 (4), 19, 20 (3), 21 (3), 22 (3), 23 (4), 24 (3), 26/27, 28 (2), 31, 34, 35 (3), 38 l., 40 (2), 41, 42 (3), 43 (2), 45 (3), 48, 49 (3), 58 u., 59, 67 (2), 68 (2), 69, 74 (2), 78 (4), 79, 80 (2), 83, 84 (3), 88, 91 o., 94/95, 96 (3), 97 (3), 100 (3), 101 (3), 104 (3), 105, 106/107, 110 (2), 111, 113 (4), 114 (2), 115, 121 (3), 122/123, 129, 134/135, 138 (2), 139, 140 (3), 141, 142 (4), 143 (3), 144 (2), 145, 146 (3), 147 (4), 148, 152 (3)
Goldmann 33, 47, 72 o., 132 (3)
Holz & Wunsch 51/52, 87 r.
Kerth 38 r., 44, 53 u., 72 u., 103
Köhnen 29
Piepenstock 136 o.
Pudenz 52 M. (2), 91 u., 133
Teubner 30 l., 32 (2), 36 (4), 46 (2), 52 o. und u., 53 o., 54 o., 56 (4), 57, 58 o., 60 o. und u., 62 (2), 82 o., 86, 90 (2), 108 (4), 112 (3), 116 (3), 117 u., 119 (3), 120 (3), 124 o., 125 (3), 128 (3), 137, 150 (4), 151 (3), 153